최고사령부

SUPREME
COMMAND

SUPREME COMMAND
by Eliot A. Cohen

Korean Language Translation Copyright ⓒ 2002 by **GASAN** Publishing Co.
Copyright ⓒ 2002 by Simon & Schuster, Inc.
All right reserved

This Korean edition was published by arrangement
with The Free Press, A Division of Simon & Schuster, Inc., New York
through Korea Copyright Center, Seoul.

이 책의 한국어판 저작권은 한국저작권센터(KCC)를 통한
저작권자와의 독점계약으로 **가산출판사**에 있습니다.
저작권법에 의해 한국 내에서 보호받는 저작물이므로
무단전재와 복제를 금합니다.

전쟁을 승리로 이끈 위대한 정치지도자의 리더십
최고사령부

엘리엇 코언 지음 | 이진우 옮김

SUPREME

COMMAND

가산출판사

최고사령부 SUPREME COMMAND

초판1쇄 인쇄 2002년 12월 5일
초판1쇄 발행 2002년 12월 10일

지은이 | 엘리엇 코언
옮긴이 | 이진우
펴낸이 | 이종헌
만든이 | 최판남 · 정규보
펴낸곳 | 가산출판사
주 소 | 서울시 마포구 신수동 85-15
       TEL (02) 3272-5530~1
       FAX (02) 3272-5532
등 록 | 1995년 12월 7일 제10-1238호

ISBN 89-88933-42-7 03300

셰익스피어는 화려한 예복과 왕관 그리고 보석이 남성의 내적 위엄을 외적으로 표출하는 데 가장 적당한 의상이라고 생각했지만, 오늘날의 우리는 그러한 의상을 갖춘 남성을 보면 그지없이 왜소해 보이고, 그런 까닭에 우스꽝스러워 보일 수밖에 없다. 우리가 왕에 대한 글을 쓰지 않음은 아무도 왕이 될 정도의 덕망을 갖추고 있다고 생각하지 않기 때문이고, 우리가 왕실에 대한 글을 쓰지 않음은 왕실에 있는 이들에게는 차라리 허름한 오두막집이 더 어울린다고 믿기 때문이다.

Joseph Wood Krutch, *The Modern Temper*

| 들어가는 글 |

전쟁은 너무나 중요하기 때문에
장군들에게만 맡겨놓아서는 안 된다

　이 책은 전시戰時의 리더십에 관한 책이다. 좀더 정확히 말하자면 민간인 지도자와 군 지도자의 리더십에 관한 책이다. 이 책에서 필자는 전시의 전략수립에 대한 본질을 파악하기 위한 방법론적 측면에서, 4명의 위대한 정치가와 그들이 군 지도자들을 어떻게 다루었는지에 대해 초점을 두었다. 필자의 바람은 이런 노력을 통해 리더십의 근본적인 본질을 파악하고자 함이다. 그런 까닭에 이 책은 단순히 역사적 사실에 대한 분석에서 그치지 않고 오늘날까지도 중요하게 여겨지고 있는 여러 가지 문제에 대한 연구라 하겠다.
　이 책에 나오는 4명의 정치인에 대해 알고자 하는 독자나, 국가 지도자가 당면한 난제들을 어떻게 풀어가는지에 대해 관심이 있는 독자에게 이 책이 도움이 되었으면 하는 바람이다. 물론 다른 의도를 가진 독자도 있으리라 생각된다. 예를 들어, 독자들 중에는 좀더 폭넓은 차원의 리더십에 대해 알고 싶어 하는 사람도 있을 것이고, 전시에 민간인과 군부와의 관계에 대해서 더 많이 알고자 하는 군장병도 있을 것이고, 이 분야를 연구하는 학자나 정치인들도 있을 줄로 안다.
　이 책은 일반적인 관점에서 민간인과 군부간의 관계에 대한 논의에서부터 시작된다. 이 문제에 대해 더 많은 관심을 갖고 있는 독자라면 부록 〈민간인 통제이론The Theory of Civilian Control〉을 참고하길 바란다.

제1장은 민간인과 군부의 '정상 normal' 관계에 관한 이론이다. 이는 그 다음의 4개 장에 걸쳐 나오는 구체적인 실제 상황에서는 제대로 지켜지지 않았던 이론이다. 링컨, 클레망소, 처칠, 벤구리온 각자에 대해 한 장의 지면이 할당되고 여기서 민간인 지도자와 군부와의 관계에 대해 집중적으로 알아보기로 한다. 물론 전시의 리더십에 관한 모든 측면을 다루지는 않으며, 다만 전시 리더십과 관련하여 민간인 지도자와 군부간의 관계에 국한하여 알아보기로 한다. 제6장은 제2차 세계대전 후 민간인 지도자와 군부간의 관계를 알아보기 위한 차원에서, 앞서 언급한 4명의 지도자에 비해 다소 비효과적인 리더십 아래에서 미국이 지금까지 전쟁을 수행해온 과정을 둘러보기로 한다. 마지막 장에서는 현대의 민주주의 국가와 리더십에 대해 공부하는 학생들이 좀더 일반적인 교훈을 얻을 수 있도록 노력했다.

 이 책은 필자가 1980년 중반 로드아일랜드의 뉴포트Newport, Rhode Island에 자리한 해군대학Naval War College에서 교수로 재직할 때에 구상하였다. 당시 전략학부 교수였고 그런 까닭에 여러 고위급 군 장교들과 고대에서 현대에 이르기까지 전쟁의 역사에 대해 많은 이야기를 나눌 수 있었다. 어느 날 한 장교가 실망스런 표정을 지으며 내게 찾아와서 "이건 전략에 관한 강의가 아니라 민간과 군부와의 관계에 관한 내용이군요."라고 말했던 것을 기억한다. 그의 말은 정곡을 찔렀다고 할 만하다. 사실 전략이 무엇인가에 대한 문제의 밑바탕에는 군인과 정치인간의 관계가 있다. 이 관계는 군인과 국가와의 관계와는 다른 차원의 문제이다. 이 책의 제1장에서 독자들은 전략수립 과정이 민간 대 군부와의 관계와 얼마나 밀접하게 얽혀 있는지에 대해 확인할 수 있을 것이다.

 뉴포트에 있을 때 여기서 다룬 주제에 대해 깊이 생각할 기회를 가지게 되었다. 특히 영미권의 두 위대한 전시 지도자인 링컨 대통령과 처칠 총리를 다시금 되돌아본 좋은 시간이었다. 여기서 한 가지 분명히 밝혀두고자 하는 사실은 이 책을 집필하게 된 동기에는 제2장에서 제5장까지 나오는 인물들, 특히 처칠에 대한 인간적 매력도 한몫을 했다는 점이다.

많은 이들처럼 필자도 대영제국을 히틀러가 이끈 독일로부터 구해낸 처칠의 용기에 대해 존경하는 마음을 금할 길이 없다. 하지만 처칠에 대해 더 많이 알게 되면서, 처칠이 전쟁 수행에 대한 정형화된 이론을 갖춘 인물이라는 결론을 내리게 되었다. 처칠에게서 나타나는 독특한 점은 그가 단순히 정쟁이나 일삼는 평범한 정치인이 아니라 탁월한 정치적 식견과 수완을 갖춘 인물이었다는 사실이다. 더군다나 처칠의 전쟁 지휘에 대해 더 많이 연구하면서, 일부 회고록 작가나 역사학자들이 묘사한 충동적이고 괴팍하고 터무니없이 로맨틱한 귀족출신 정치인의 이미지가 실제의 처칠과는 상당한 거리가 있음을 깨달았다.

처칠은 현대전에 대해 군부의 장성들보다 더 정확히 알고 있었고, 오늘날의 정치인보다 훨씬 더 많은 지략을 갖추고 있었다. 지난 20년 동안 역사가들은 처칠의 전쟁수행 방식에 대해 비판적인 시각으로 일관했으며, 다소 정도의 차이는 있지만 벤구리온에 대해서도 마찬가지였다. 여기서 필자는 이 책을 통해 처칠과 다른 전시 지도자들을 대변하여 서술하고자 하는 바람이 있음을 밝혀둔다.

일부에서는 필자가 영웅 숭배에 젖어 있다고 비판할 수도 있으며, 이 점을 충분히 인식하고 있다. 사실 이는 정치인의 정치력보다는 개인의 섹스 스캔들과 같은 문제에 더 관심을 갖는 요즘 세태의 반영이라고 할 수 있다. 더군다나 '위대한 정치인'이라는 정의 자체에서 남들과는 다른 비범함을 가정하고 있기 때문에 우리에게 익숙하게 다가오지만은 않는다. 헨리 키신저Henry Kissinger가 말한 "위대한 자는 너무나 희귀해서 일반인들이 제대로 알아보지 못한다."는 구절을 상기해 보라.[1] 더군다나 필자가 생각하기로 정치학과 역사는 본래의 주제와는 점점 더 거리가 멀어지는 방향으로 전개되는 것이 아닌가 하는 심증이 들기도 한다.

위대한 정치인에 대한 인간의 개인적 믿음은 사회적 역학관계나 제도에 기초하여 수립된 다양한 이론들을 무용지물로 전락시키고 '이성적 선택'과 같은 체계적 설명을 거부하기도 한다. 탁월한 정치인의 능력은 한때 인기 있고 정통성 있는 연구대상이었지만, 이제는 더 이상 사실이 아니다. 학문의 전문화가 의미하는 바는 많은 학자들이 과거에 비해 편협한 개인적 식견과 인간관계를 가지게 되었다는 점이다. 사무엘 엘리엇 모리슨Samuel Eliot Morison은 "위대한 역사가는 거의 예외 없이 역사에 대한 연구뿐만 아니라 역사를 몸소 실천한 인물이다."라고 말했다. 그는 제2차 세계대전 참전용사들에게 그들의 전쟁 경험은 "학계에서 오랫동안 몸담으면서 연구하는 것보다 인간의 행위에 대해 훨씬 더 많은 이해력을 가져다줄 수 있을 것"이라고 주장했다.[2]

모리슨과 그의 제자들은 전쟁의 충격을 직접 경험함으로써 훨씬 더 많은 것을 이해할 수 있었다. 하지만 전후 세대들은 실제 전쟁에 대한 경험이 부족했고, 그 결과 학계에서는 정치 지도자들이 떠안게 되는 인간적 번민과 정치적 부담에 대해서는 별다른 관심을 보이지 않았다. 에드먼드 윌슨Edmund Wilson은 한때 문학 비평가들에 대해 자신의 지론을 피력한 적이 있다. "교수와 자신의 전공 분야에 대한 관계는 … 대부분 긴장되고 난처한 관계이다. … 만약 교수가 휘트먼Whitman이나 바이런Byron 같은 문인들을 직접 만난다면 가장 불편한 경험이 될 것이다. 그는 교수로서의 자신을 좋아하지 않게 될 것이고, 사실 실제로도 좋아하지 않는다."[3] 그와 마찬가지 사실이 군사 분야의 역사학자들에도 적용된다.

하지만 이 책의 집필 의도는 소개한 인물들의 명성을 지켜주고자 함이 아니라 그들이 직면했던 여러 가지 난제와 당시의 복잡한 상황에 대한 본질을 구체적으로 이해하고자 함이다. 전시에 위대한 정치인으로 평가받는 이들의 능력이 평화시의 정치인들의 능력을 능가하는 경우가 종종 있다는 점을 분명히 언급하고자 한다. 필자는 이 책에서 소개한 인물들의 전쟁 지휘에 대한 모든 측면을 설명하는 위인전식 서술은 지양할 것이다. 이미 여러 작가의 입을 통해 이들에 대한 책이 다수 발간되었기 때문이다. 전시 지도자로서 4인의 활약상에 대한 기술을 통해 전시에서 항상 나타나는 민간인과 군부와의 관계 문제를 명확하게 짚어보고자 한다. 이들의 경험에 대한 모든 측면보다는 핵심이 되는 특성이나 특징들에 초점을 맞추고 있고 각 지도자의 활약상에 대한 포괄적인 설명은 가급적 삼가고자 한다. 사실 각 인물에 대한 전반적인 설명은 피상적인 인물평으로 전락할 수도 있는 것이다.

탁월한 인간의 경험에서 나오는 주장은 범인들을 당혹스럽게 할지도 모른다. 이런 이유로 이 책은 "지도자는 있으나 천재는 없다"라는 장을 통해 보통 수준의 정치인과 역사학자들이 전쟁을 치를 때 당면하는 문제에 대한 논의의 장을 마련하였다. 이 장을 통해 필자는 탁월한 지도자들의 전쟁수행 방법과 문제에 대한 접근법은 평범한 지도자들의 그것과는 근본적인 차이가 있다는 점에 대해 상세히 기술할 것이다. 여기서 필자는 또한 역사가들이 말하는 전면전total war과 국지전의 차이에 대해 알아볼 것이다. 전면전이든 국지전이든 민간 지도자들이 경험하게 되는 근본적인 어려움에서는 별반 차이가 없음이 판명되었고, 이에 대해서는 필자도 놀라움을 금할 수 없었다. 극단적인 환경은 우리로 하여금 위대한 지도자들이 하는 일과 위대한 지도자가 되기 위한 자격요건을 분명히 파악할 수 있도록 해준다. 무릇 최고의 강철을 연구하고자 하는 사람이라면 우선 가장 고온의 용광로를 찾는 일이 최선책인 것이다.

차 례

제1장 군인과 정치인

나와 함께 미케도니아로 입성하게 하라　18
민간인과 군부와의 관계에 대한 정상이론　21
전쟁은 정책의 집행이 아니라 진정한 정치적 수단이다　26
이 사람 또한 입 하나와 손 하나를 가지고 있다　31
인간의 놀라운 지적능력　34

제2장 링컨의 편지

평범한 아마추어치고는 놀랄 만큼 훌륭했다　39
어울리지 않는 군통수권자　44
그는 전신 사무소에서 거의 살다시피 했다　51
이들 모두가 적이 된다면 우리의 임무는 감당하기 어려울 것이오　61
정부는 전문가의 능력을 제대로 활용할 줄 몰랐다　66
매일 매시간을 조심하고 그 다음엔 밀어붙여라　74
전투와 정치력은 상호의존적이다　88

제3장 클레망소의 방문

호랑이 클레망소 99
목격자의 일지 113
뭐라도 얻기 위해서는 오직 한 가지 싸우는 길 밖에 없소 118
나는 총리의 부하가 아니란 걸 모르시오? 138
위대한 대통령께서는 10개 조항으로도 대충 때울 수 있으련만 141
총사령관께서는 정책과 전략을 혼동하는데, 이 점이 염려스럽소 148
당신은 내게 도전을 하고 있소 나는 여기 있소 155

제4장 처칠의 질문

그 무엇보다도 짜릿한 경험 163
그는 골칫덩어리 정치인이야 166
인간의 뇌가 두 부분으로 나뉘어졌기 때문에 생겨난 실수 175
주어진 기간 동안의 모든 무력과 압력의 총합 182
처칠의 질문술 198

제5장 벤구리온의 세미나

오두막 속의 초상화 223
독립의 전주곡 226
늙은 거장 233

벤구리온의 세미나: 우리는 모든 것을 처음부터 시작해야 한다 238
그들은 군 복무 경험도 없고 또한 원하지도 않는다 246
특수부대의 전쟁 255
우리 군의 결함 중에서도 기강 해이가 가장 심각한 문제이다 270
최후의 경고 279

제6장 리더십은 있으나 천재는 없다

예외에 해당하는 위대한 천재들 287
가정은 느슨하게, 질문은 피하고, 분석은 얕게 289
민주주의를 위해 군이 무엇을 할 수 있고 무엇을 할 수 없는지 303
정치적 결정이 내려진 후의 군사행동의 자유 309
이제 우리는 베트남 신드롬을 완전히 벗어던졌다 325
일상적인 방법 331

제7장 불평등한 대화

평범한 인간의 표본 339
위기상황에서 누구라도 잘못된 판단을 내릴 수 있다 343
진정한 일관성 357

SUPREME COMMAND

부 록 민간인 통제이론

    일반 국민과는 다른 남자들의 집단 367
    정상이론의 비판자들 374
    반대 이론: 전략적 허무주의 380
    특수한 직업 389
    불평등한 대화 401

    감사의 글 403
    NOTES 407

CHAPTER 1
군인과 정치인

네 명의 위대한 정치인들의 사회적 배경은 매우 다양하다. 링컨은 소박한 변호사였으며, 클레망소는 프랑스 의사에서 언론인으로 변신했다가 정치에 입문했고, 처칠은 불량한 귀족 출신이었고, 벤구리온은 가난한 유대인 사회주의자였다. 이러한 다른 사회적 배경에도 불구하고, 이들 모두는 휘하의 장군들을 존중했고 때로는 이들에게 절망감을 느꼈으며 때로는 승진을 시켰고 때로는 해직시켰다. 또한 이들은 당대 최고의 장군이라 할지라도 경계를 늦추지 않았고 그러면서도 애정어린 시각으로 지켜보았다.

조직의 운영에 있어서 고위급 지도자를 선택하는 일만큼 어려운 일도 많지 않다. 다채로운 이력을 갖춘 인물이 요직에 중용되는 경우가 적지 않게 눈에 띄는 것도 이러한 이유에서이다. 예를 들면, 뉴욕의 컬럼비아 대학교는 제2차 세계대전 후 미군의 최고위 장성이었던 드와잇 아이젠하워Dwight D. Eisenhower를 총장으로 임명했다. 1985년 로널드 레이건 Ronald Reagan 대통령은 민간 기업의 경영인을 대통령 비서실장으로 임명했으며, 1990년대 초 경영난을 겪었던 미국의 백화점 체인망인 시어즈 로벅Sears Roebuck은 걸프전에서 군수물자 총사령관을 영입하여 부진에서 탈피하려고 했다. 물론 그러한 영입 사례가 실패로 돌아간 경우는 비일비재하다.

한 분야에서 성공의 뒷받침이 된 개인의 능력과 적성이 다른 분야에서도 반드시 통하리라는 법은 없으며, 어떤 경우에는 부정적인 영향을 미치기도 한다. 정치와 경제의 작동원리가 같을 수는 없으며, 대학이 기업의 운영방식대로 운영될 수는 없는 노릇이다. 심지어 경제계 내에서도 자동차 업체와 컴퓨터 소프트웨어 업체는 같은 방식으로 운영될 수 없고, 무기제조 업체와 아이스크림 업체간에는 엄연한 기업문화의 차이가 존재한다.

그러나 분명한 점은 최고위 지도자들의 임무는 대동소이하다는 사실이다. 우선 조직의 나아갈 방향을 설정하고 참모들을 선발하고 실적을 평가하고 외부 거래업체들을 상대하고 직원들의 성과를 독려하는 일 등은 고위급 지도자들의 공통적인 임무에 속한다. 지도자들은 다른 분야에서 활동하는 누군가가 자신들이 직면한 딜레마에 대한 해답을 갖고 있다고 생각하는 경향이 있다.

군의 고위 장성들이 경영관련 서적을 읽고 재계의 최고 경영자들이 군대의 역사에 대해 숙독하는 이유도 여기에 있다. 하지만 사실 양자의 업무는 첨예하게 다르고 실제 현장에서는 양자간에 존재하는 유사성이 사라져 버리는 경우가 허다하므로, 양자간 관계에 대해 세밀한 분석 작업이 뒤따라야만 소기의 성과를 거둘 수 있다.

전시에 정치인과 군인과의 관계는 이러한 현상이 나타나는 좋은 예이다. 민간 부문에서 활동하는 최고 경영자들도 뛰어난 식견과 경험을 갖춘 전문가들을 관리하는 데 많은 노력을 기울이겠지만, 전시에 군의 장성들을 다뤄야 하는 정치인들은 상당한 어려움을 겪게 된다. 전쟁의 규모가 큼에 따라 상호간의 이해 차이에서 생기는 공백은 더욱 커지게 되며, 각자의 성격과 배경상의 차이는 너무나 커서 민간 부문에서 발생하는 어떠한 난제들도 여기에 비할 수 없을 정도이다.

비단 역사학자와 정치학자들만이 아니라 어려움을 뚫고 나가는 리더십에 관심이 있는 모든 이들이 정치인과 군부와의 관계에 대해 관심을 기울여야 하는 이유도 아마 여기에 있을 것이다. 전시에 정치인들이 장군들을 다루는 방법을 알기 위해서는 우선 직업으로서의 군인이 갖는 특수성과 전쟁이 조성하는 분위기와 가치에 대한 충분한 이해가 필요하다. 이런 특수성과 전시환경은 매우 독특하고 극단적이며, 평화시에 그리고 심지어 전시에도 평범한 시민이나 군인들이 생각하는 것보다 훨씬 더 복잡하며 긴장감도 더하다.

"나와 함께 마케도니아로 입성하게 하라"

이에 대한 이유를 찾기 위해서 기원전 168년으로 거슬러 올라가 보자. 그 무렵 로마 제국의 원로원에서는 마케도니아에 대한 3차 공격을 둘러싸고 토론이 벌어졌고, 원로원의 의장이자 집정관(귀족 과두정치 시기에 로마에서는 귀족 출신 중에서 2명의 집정관이 선출되어 왕 대신에 임기 1년 동안 군사, 사법, 종교 등의 부문에서 최고권을 행사했다)이었던 루시우스 아이밀리우스Lucius Aemilius는 다음과 같이 말했다.

시민 여러분, 저는 지도자들에게 일체의 조언도 필요 없다고 보지는 않습니다. 물론 저는 그들이 현명하지 못하고 오만하여 모든 것을 자신의 생각대로 수행하고자 한다고 판단을 내린 것도 아닙니다. 그렇다면 저의 결론은 무엇이겠습니까? 장군들은 조언을 받아야만 합니다. 우선 군사문제에 조예가 깊고 경험이 풍부한 전문가들로부터 조언을 구해야 하고, 그 다음으로는 실제 전투에 임했던 자와 격전지의 지형, 적, 개별 상황을 잘 알고 있는 자와 같은 배에 탄 동료들로부터도 도움을 받아야 합니다.

만약 제가 지휘하고자 하는 이번 전쟁에서 제게 조언을 함으로써 국가에 득이 될 수 있다고 생각하는 이가 있다면 국가에 대한 그의 충정을 거부해선 안 될 것이고 마땅히 저와 함께 마케도니아로 입성할 수 있도록 해야 할 것입니다. 저는 그에게 해상 통행권과 말, 텐트, 심지어 여행경비까지 제공할 계획입니다. 하지만 만약 누구라도 이런 의무를 떠맡기를 주저하고 전쟁에 참전하여 고생을 하는 것보다 고향에 머무르면서 빈둥거리기를 선호한다면, 그런 자가 배를 지휘하게 해선 안 될 것입니다. 로마 자체는 대화를 위한 충분한 이야깃거리를 제공합니다. 그런 자들은 국내 문제에 대해서나 떠들어대도록 하고 또한 그들로 하여금 저는 야전에서 나오는 조언만으로도 충분하다는 사실을 인식하게 해야 합니다.[1]

위의 연설에서 집정관이 요구한 군사작전상의 재량권은 역사에서 모든 장군들이 바라온 것이었다. 물론 역사학자 리비Livy가 주장했듯이 로마 원로원의 상당수 의원들도 실제로 전쟁 참전했지만 말이다. 일단 임무가 하달된 장군은 임무의 완수과정에서 거의 전권에 가까운 재량권을 휘둘렀는데 이는 우리에게 시사하는 바가 크다 하겠다.

베트남 전쟁과 걸프전에 대한 세간의 해석은 군인과 민간인의 책임을 구분하는 분명한 경계선이 얼마나 중요한지를 잘 보여주는 것 같다. 베트남 전쟁은 민간인이 전쟁에 깊이 관여했던 전쟁으로 인식되고 있고, 걸프전은 민간인 지도자가 전쟁 수행과 작전에 관여하지 않은 전쟁으로 성격 지어진다. 미국의 서남아시아군 사령관이었던 노먼 슈워츠코프Norman Schwarzkopf 장군의 수석 참모는 "슈워츠코프 장군은 민간인 지도자의 의심을 받지 않았다. 일은 이런 식으로 진행되어야 한다."라고 말했다.2

구체적으로 말하자면, 당시 조지 부시George Bush 대통령은 미 육군의 조지 커틀렛 마샬 메달George Catlett Marshall Medal을 받는 자리에서 다음과 같이 선언했다. "나는 단 한 명의 미군이라도 한손을 등에 묶인 채 전장으로 나가게 하지 않을 것이라고 공언했습니다. 우리는 정치를 했고 여러분들은 전쟁에 나가 혁혁한 공을 세웠습니다."3 이런 상황에 미국 육군대학US Army War College의 저널 편집인이 자신의 군 동료에게 다음과 같은 서신을 보낸 것은 그리 놀랄 일도 아니다.

나폴레옹식 콤플렉스와 근시안적 사고 구조를 가진 민간인 관료들이 작전 통제권을 차지하기 위해 안달하는 상황이 도래할 것이다. 통제권을 차지한 후에는 서투른 운영으로 재앙을 초래할 수도 있는 때가 찾아올 것이다. 그런 상황이 초래될 경우, 최고위 군사령관은 반드시 용기를 내어 자신의 민간인 지도자에게 "당신은 할 수 없어!"라고 외칠 수 있어야 한다. 그 다음 의사결정에 있어서 주도권을 확보하여 민간인 지도자들에게 어떤 식으로 일을 처리해야 하는지를 알려주어야 한다.4

물론 민간인 지도자와 군부간의 역할에 대한 이런 식의 견해는 기존의 팽배해 있던 인식을 반영한 것이다. 예를 들어, 1996년에 출시된 영화〈인디펜던스 데이Independence Day〉에는 오직 한 명의 악당만이 나온다. 물론 지구를 파괴하고 정복하려는 외계인들은 예외로 하고서 말이다. 지나친 자신감이 넘치는 미국의 국방장관은 우주로부터의 침략자들에 대한 미군의 반격을 지휘하려고 시도하지만 실패한다. 그 후에 비로소 대통령이 나서서 전직 전투기 조종사로서의 이력을 되살려 제복을 입고 이 영화의 클라이맥스 대목인 외계인과의 공중전을 이끈다. 마침내 이에 고무된 군에서도 한 민간인 과학자의 도움을 받아 대통령과 함께 적을 쳐부수게 된다. 영화에서처럼 민간인 지도자와 군부 그리고 할리우드가 일치단결하여 적을 쳐부순다는 것은 학계의 이론에 부합되는 내용이다.

당대 최고의 정치학자라는 평가를 받고 있는 사무엘 헌팅턴Samuel Huntington은 고전적 이론서인 『군인과 국가The Soldier and The State』에서5 '객관적 통제objective control' 이론을 내놓았다. 헌팅턴의 객관적 통제는 민간인 지도자가 군을 가장 건전하고 효과적으로 통제하는 형태로서, 군인을 정치와 분리시키고 그들에게 군의 문제에 대해서는 가능한 최대의 재량권을 용인해 줌으로써 전문화professionalism의 효과를 최대화하는 것이라고 말한다.

민간인과 군부와의 관계에 대한 정상이론

이러한 형태의 합의를 민간인과 군부 관계에 대한 '정상normal'이론이라고 부를 수 있으며 그 작동원리는 다음과 같다. 군 장교들은 전문가들로서 고도로 훈련받은 외과 의사들에 비유할 수 있다. 반면 정치인은 세심하게 돌봐주어야 하는 환자의 입장에 놓인 사람들이다. 환자는 수술을 받을지 말지 여부를 결정하고 담당의를 교체할 수도 있다. 물론 이런 경우는 현실 세계에서는 거의 일어나지 않지만 말이다. 하지만 환자는 수술과정을 관장하거나 집도의가 어떤 메스를 선택해야 하는지 결정한다거나 자신이 좋아하는 수술실을 고를 수 있는 권한은 없으며 또 그래서도 안 된다. 심지어 의학 수련과정을 거친 환자라 할지라도 그런 월권행위는 자제하도록 충고를 받으며, 만약 이를 어기고 참견할 경우, 담당 의사는 당연히 불만을 토로할 것이다.

이러한 과정의 결과로 나타난 주장이 바로 군 내부 문제에 대해서는 민간인의 간섭이 일정 수준에서 제한되어야 한다는 것이다. 전술과 세세한 군장비, 작전계획, 작전성공에 대한 평가에 대해 너무 많은 질문을 늘어놓는다든가 아니면 최고위 군사령관 직위 외에 다른 직위에 대한 승진 및 해임에 관여하는 일은 지나친 참견과 개입에 해당한다. 이는 부적당한 일이며 직접적인 위험을 초래하는 일이다.

여기서 발생하는 난제는 전시의 위대한 정치인들은 앞서 말한 부적당한 일만을 한다는 점이고, 더욱 우리를 곤혹스럽게 만드는 사실은 그들이 그렇게 했기 때문에 성공을 거두었고 위대한 정치인이 되었다는 점이다. 이 책은 의문의 여지없이 위대하고 성공적인 전쟁 지도자인 에이브러햄 링컨Abraham Lincoln, 조르주 클레망소Georges Clemenceau, 윈스턴 처칠Winston Churchill, 다비드 벤구리온David Ben-Gurion을 조명한다. 이들의 재임 기간은 상당히 긴 편이었고 다양한 민주주의 정치형태를 보여준다. 네 명의 정치인들은 서로간에 공통점도 많았지만 차이점도 많기 때문에 전시에 민간과 군부와의 관계에서 나타나는 다양한 문제점들을 제시하는데 큰 무리는 없다. 필자는 미국적 시각에서 그러한 문제점들을 돌아볼 경우 발생하는 위험을 감안하여 네 명 중 단 한 인물만 미국인으로 골랐다.

링컨, 클레망소, 처칠, 벤구리온은 매우 어려운 상황에 처해 있는 네 가지의 매우 다른 형태의 민주주의 정부를 이끌었다. 각자가 처해 있는 사회에서 민군관계에 대한 기존의 관행과 전통은 엄연한 차이를 보였고, 네 명의 정치인들 또한 상이한 경험을 했고 각각 다른 성격의 군부와 민간 지도자 집단을 거느렸다. 각자 앞에 놓인 민주주의 형태의 본질이 자신들이 발휘할 수 있는 리더십의 본질을 결정했고 그것이야말로 그들에게 꼭 필요한 덕목이었다.

하지만 한편으로 네 명의 지도자들을 둘러싼 환경에는 많은 공통점들도 존재했다. 전반적으로 언론의 자유가 보장되었고 입법부의 권한이 강화되었기 때문에 이로 인해 행정부의 권한은 제한을 받을 수밖에 없었고, 국민들의 행동과 여론이 자신들의 정치활동에 직접적인 영향을 줄 수 있는 환경이었다. 네 명 모두 개인적으로 강력한 권력을 휘두른 정치인이었지만 전쟁의 승패에 따라서 정치 생명의 장래가 걸려 있다는 점도 인식해야만 했다. 군부를 다루면서 폭력을 동반한 쿠데타에 대해 두려워할 필요는 없었지만, 군부로부터의 반대는 정치권에도 영향을 주어 다양한 형태의 정치적 반대로 이어질 가능성을 배제할 수는 없었고 또한 실제로도 유사한 상황이 벌어졌다. 때로는 그와 같은 반대의 흐름이 자신들을 전복시킬 정도의 잠재력을 보유하기도 했다.

네 명의 정치인들이 활동하던 시기 사이에는 약 100년의 시간차가 존재하고 이를 통해 독특한 전쟁 형태가 발전하게 되었다. 이는 때로는 '전면전'으로 불리기도 하지만 좀더 정확하게 표현하자면 '산업화된 전쟁 industrialized warfare'이다. 당시 전쟁에서의 성공은 주로 대량 생산된 무기를 확보하는 능력에 달려 있었다. 직접 생산이든 해외로부터의 수입이든지 여부는 문제가 되지 않았다. 동시에 이들 지도자들은 현대전에 이르러 전략적으로 중요한 변수로 부상한 대량살상 무기에 대해서는 고려할 필요가 없었다. 하지만 흥미로운 점은 원자탄의 역설적인 평화유지 능력을 초기에 인식한 장본인은 바로 처칠이었고, 이스라엘의 재래식 화력이 증강될 당시에 핵무기 개발계획에 대한 토대를 구축한 이는 바로 벤구리온이었다는 사실이다.

네 명의 정치인들은 제1차 통신혁명이 시작되는 시기에 전쟁을 지휘했다. 통신혁명을 통해 유용한 정보를 거의 즉각적으로 송수신할 수 있었고 거대한 규모의 인적자원과 군수물자를 기계적 수송수단을 이용하여 빠른 속도로 이동시킬 수 있었다. 물리학에서 속도와 질량의 곱은 에너지라는 등식이 성립한다면 이는 또한 전쟁에서도 마찬가지로 적용된다. 따라서 이들 네 명의 정치인들은 전쟁 수단 자체가 변화를 거듭하고 더욱 가속화되는 시점에서 전쟁을 수행해야 했다. 혹자는 초 단위 통신혁명은 현재에도 진행되고 있고 엄청난 양의 정보를 빠른 속도로 지구 전역에 송수신할 수 있게 됨에 따라 현재의 문명화된 삶 속에서 사회를 변혁시키고 궁극적으로는 전쟁수행 방식까지도 크게 뒤바꿀 것이라고 주장한다.

따라서 앞서 언급한 네 명의 전시 지도자들의 사례는 거대한 변혁이 일어나는 시기에 전쟁을 치를 경우 시도자들이 겪게 되는 각종 문제점들을 잘 제시해 줄 것이다. 그러한 시대에서 발생했던 난제들을 이해함으로써 오늘날 우리에게 발생하는 변화의 본질이 무엇인가를 더욱 정확히 이해할 수 있을지도 모른다. 현재의 지도자들이 당면한 정치적 능력의 근본적인 문제들은 생각하는 것만큼 그렇게 급격한 변화를 겪지는 않았다. 이 문제는 이 책의 결론 부분에서 다룰 주제이다.

마지막으로 이들 정치인들은 시간적으로 차이가 있지만 서로간에 깊은 경외심을 갖고 있었다. 클레망소는 남북전쟁 후에 미국을 방문했고 링컨에 대한 자신의 존경심을 표현한 바 있다. 처칠 또한 클레망소에 대해 경외심을 여러 번 표명했다. 벤구리온은 처칠이 사망하기 몇 년 전 글을 통해 처칠에 대한 경의를 표한 적이 있는데 그 내용은 "당신이 구한 것은 비단 국민들의 자유와 명예만이 아니었다."라고 시작된다.6 따라서 눈에 확연히 띄지는 않지만 인간적이면서 단순히 개념적 차원 이상의 그 무엇인가가 이들 네 명을 연결하고 있는 것이다.

이들간의 인간적 유사점과 차이점은 검토해 볼 충분한 가치가 있다. 클레망소, 처칠, 벤구리온 세 사람은 고령에 군 최고 통수권자의 위치에 올랐고, 링컨과 클레망소의 경우에는 대규모 전쟁을 준비하는데 국내에서 별다른 반대 움직임이 없었다. 물론 벤구리온에 대해서도 같은 시각으로 볼 수도 있을 것이다. 각자는 방법 면에서는 상당한 차이가 있었지만 유사한 수준의 냉혹함과 치밀함을 보여주었고 기술에 대한 강한 신뢰를 갖고 있었다. 네 명의 정치인들 모두 마치 자신들이 전쟁 전문가라도 되는 것처럼 휘하의 군 장성들만큼이나 전쟁에 대해 많은 지식에 통달해 있었다. 또한 네 명 모두 군부와의 갈등을 겪었다.

1948년 벤구리온은 글을 통해 당시 이스라엘 군의 실질적인 참모총장 역할을 수행한 이갈 야딘Yigal Yadin을 거세게 성토한 적이 있다. 야딘은 32살의 젊은 나이에 중책을 맡은 이로서 정식 군생활을 한 적도 없는 인물이었다. 누구라도 벤구리온이 작성한 글을 읽어보면 그 내용이 윈스턴 처칠과 영국의 야전 사령관이었던 앨런 브룩Allen Brooke간의 통렬한 설전 내용과 크게 다르지 않음을 느낄 수 있을 것이다. 당시 대영제국 군참모총장의 직위에 있었던 브룩은 약관 25세의 나이로 야딘보다는 어렸지만 군 경력은 보유하고 있었다.

네 명의 위대한 정치인들의 사회적 배경은 매우 다양하다. 링컨은 소박한 변호사였고, 클레망소는 결투하기를 좋아하는 프랑스 의사에서 언론인으로 변신했다가 정치에 입문했고, 처칠은 불량한 귀족 출신이었고, 벤구리온은 가난한 유대인 사회주의자였다. 이러한 상이한 사회적 배경에도 불구하고, 이들 모두는 휘하의 장군들을 존중했고 때로는 이들에게 절망감을 느꼈으며 때로는 승진을 시켰고 때로는 해직시켰다. 또한 이들은 당대 최고의 장군이라 할지라도 경계를 늦추지 않았고 그러면서도 애정 어린 시각으로 지켜보았다.

"전쟁은 정책의 집행이 아니라 진정한 정치적 수단이다"

만약 이들 네 명의 정치인들이 공동의 군사 자문가를 두게 된다면, 그 대상은 다름 아닌 칼 폰 클라우제비츠Carl von Clausewitz가 될 것이다. 클라우제비츠는 역사상 가장 위대한 전쟁 이론가로 꼽히는 인물로서 그의 저서 『전쟁론On War』은 오늘날까지도 야심에 찬 전략가들의 기본 교범으로 채택되고 있는 역작이다.

클라우제비츠는 성년기의 대부분을 프랑스 대혁명과 나폴레옹에 반대하여 전쟁을 이끈 프로이센의 장군으로서, 그는 정치인과 군인의 업무 분할이란 실현 가능성이 거의 없는 희망사항일 뿐이라고 생각했다. 19세기 초에 그가 '정상'이론을 정면으로 거부한 것도 바로 그런 이유에서였다. 네 명의 정치인들이 전쟁에 대한 전권을 휘하의 장군들에게 위임하지 않은 이유를 좀더 깊이 이해하기 위해서는 클라우제비츠의 유명한 금언 "전쟁은 단지 다른 수단을 통한 정치의 연장일 뿐이다."를 상기해 보라. 하지만 이를 통해 클라우제비츠는 일반인들이 생각하는 것보다는 훨씬 더 근본적인 개념을 도출해냈다.7

그는 "그런 까닭에 우리는 전쟁이 단순히 정책의 집행이 아니라 진정한 정치적 수단으로서 정치적 상호작용의 연장선상에 있고, 다만 다른 수단을 통해 수행될 뿐이라고 본다."라고 말했다.8 이 문장의 첫 번째 부분인 '단순한 정책의 집행이 아니라'는 그 다음에 나올 내용을 설명하고 그에 대한 근본적인 본질을 시사하고 있다. 클라우제비츠는 정치적 고려에 의해 영향을 받지 않는 군사적 행동은 없다고 보았다. 그에 따르면, 현실적으로는 정치가 초병의 배치나 정찰병의 투입 등을 결정하지 않을지 몰라도, 이론적으로 볼 때는 그럴 개연성이 있다는 것이다.

물론 클라우제비츠는 전쟁이 갖는 위력이 정치적 합리성을 압도할 정도로 크다는 사실은 충분히 인식하고 있었다. 즉 전쟁은 인간을 피에 굶주리게 만들 수도 있고 또는 정치권과 군부간의 알력으로 인해 상황이 교착상태를 면치 못할 수도 있다. 하지만 그는 전쟁중에 일어난 모든 활동은 정치적 파장과 반발을 초래할 만한 잠재력을 가지고 있고, 따라서 전쟁을 이용하여 정치적 목적에 부합되도록 최선의 노력을 다해야 한다고 생각했다.

클라우제비츠의 견해는 민군관계에 대한 '정상'이론이 제시하는 '전문화' 원칙과는 양립할 수 없다. 만약 군의 모든 활동이 정치적 결과를 초래하고 전쟁의 모든 국면이 정치적인 상황에 따라 전개된다면 민간과 군부와의 관계에는 문제가 발생하게 된다. 민간과 군부간의 관계에 대해 클라우제비츠가 주장하는 바는 정치인은 그 행위가 신중하지 못하다 해도 전쟁의 어떤 국면에서도 합법적으로 개입할 수 있다는 점이다. 대부분의 경우, 정치 지도자들은 전술적 결정에 개입할 지식이나 판단력을 갖고 있지 않으며, 전쟁중에 일어난 여러 가지 세부적 사항들은 정치권에까지 전해지지 않는다.

하지만 클라우제비츠의 시각에서 볼 때, 군사적 행동이나 그에 대한 책임의 측면에서 민간 지도부와 군 지도부에 대한 명확한 구분은 없다. 그는 "일반인들이 전쟁 수행에서 정치권이 개입함으로써 초래되는 부정적인 영향에 대해 이야기를 나눌 경우, 이는 자신들이 진정으로 얘기하고자 하는 것이 아니다. 대화의 주제는 '영향'이 아니라 '(개입)정책' 그 자체가 되어야 한다. 만약 그 정책이 옳다면, 즉 성공적이라면 전쟁 수행에 대해 정책이 미친 의도적 영향은 선이 될 수 있다."라고 주장했다.9

클라우제비츠식의 이론이 이러한 결론에 도달할 수밖에 없는 이유는 전쟁 자체가 갖는 정치적 본질 때문이다. 군사적 전문화의 본질 또한 마찬가지 역할을 한다. 직업으로서 정치인이 갖는 특성 때문에 정치인들은 다른 분야의 의뢰인이나 전문가들의 고용주들에게서 요구되는 통상적인 수준보다 더 적극적으로 행동해야 한다.

장성급 인사의 임명 및 해임이 그 한 예이다. 장군들이 전쟁 발생시 자신들을 임명한 정치인들보다 더 오랜 기간 동안 해당 직위에서 군을 지휘하는 경우는 거의 없다. 따라서 이들의 실제 능력은 거의 항상 제대로 증명되지 않게 된다. 군 지도자들의 능력에 대한 평가를 내려야 하는 일은 종종 정치 지도자들의 소관이 되지만, 이와 관련하여 제공되는 정보는 부정확한 경우가 많다. 전쟁에서 패했다고 해서 모든 장군들이 무능하다고 말할 수는 없는 노릇이기 때문이다. 더군다나 특정 종류의 작전에 적합한 장군이 다른 작전에는 전혀 맞지 않는 경우도 있다.

공격 전문 사령관은 방어를 하는 데 필요한 지구력이 부족할 수가 있고 동맹국의 병력을 다루는 데 필요한 지략이 모자랄 수도 있다. 물론 송사에서 피고나 원고와 같은 의뢰인들은 자신의 변호사를 해고하는 경우가 종종 있고, 환자들도 새로운 의사를 찾고 기업체에서도 다른 기술자를 고용하는 경우가 있다. 하지만 군 지도자를 발탁하는 일은 그보다 훨씬 더 까다로운 일이다. 새로운 군 지도자를 발탁하는 일은 다른 분야에 비해 발생 빈도가 훨씬 더 높을 뿐만 아니라 그 파급 범위도 훨씬 더 크다.

사실 대부분의 환자들은 담당 의사를 교체하지 않으며 설령 하더라도 그 시기는 너무나 늦은 경우가 대부분이다. 단 한 명의 전문가를 물색하는 것이 아니라 정치인들은 십수 명 많게는 수십 명에 달하는 인사를 물색해야 한다. 정치인들은 후임자가 전임자보다 일을 더 잘 해낼 수 있을지 여부에 대해서도 알 수 없는 경우도 허다하다. 긴 전쟁이 끝나갈 무렵이 아니라면, 적을 상대로 복잡한 군사작전을 효과적으로 수행한 경력이 있는 장군들을 확보하지 못한다.

그리고 민간 부문에서 특정 장군의 해직과 관련하여 발생하는 군의 사기저하나 국내 정치 상황의 불협화음에 비견할 만한 정도의 중대한 문제는 찾아보기 힘들다. 민간 부문에서 한 전문가의 인사는 단순히 그가 상대하는 고객의 불편 정도로 치부되지만, 전시에는 장군들이 상당히 중요한 존재로 인식되며 반독립적인 성격의 정치적 인물로 변하게 된다. 군인은 단순히 국가의 중립적 수단일 뿐만 아니라 전사이고, 전시에 전사들은 국민들로부터 경외감과 존경심을 자아낸다. 대부분의 장군들이 이를 잘 알고 있고 많은 장군들이 이에 따라 처신하고 있다.

전시에는 고위급 군 지도자가 최고위 명령 계통에서 제외되는 경우는 거의 없다. 오히려 전시에는 군 장성들이 의원들과 언론인 그리고 고위급 관료들과 평화시보다 더 많은 접촉을 갖게 된다. 이들은 신문지상의 제1면을 장식하고 사회 지도층 인사들에 의해 추앙을 받게 되기도 한다. 또한 심한 경우에는 장군들은 공개 토론회에 나가 자신들의 임명권자의 권위를 약화시키는 발언까지 하는 경우도 있다.[10] 해고당한 변호사나 의사에게 그런 기회가 주어지는 법은 거의 없다.

하지만 전시에 정치인들의 주요 책임은 비단 장군들의 임명과 해임만이 아니라, 군 교범이 제시하는 것처럼 전쟁목표의 명확한 제시와 군수물자의 배분까지 포함한다. 또한 정치인은 동맹군을 관리해야 하고 군사작전으로 허용할 수 있는 위험의 한계를 정해야 하고, 작전중에 취할 수 있는 여러 가지 대안을 마련해야 하며 군 조직을 재정비해야 한다.

예를 들어 제2차 세계대전중 영국의 전시 내각은 대서양 횡단 호위함대의 규모를 13척으로 해야 하는지 아니면 15척으로 해야 하는지 등의 아주 세부적인 문제까지 일일이 결정을 내려야 했다. 물론 해군 자문단이 각 대안의 장점과 단점에 대한 정보를 제공했지만, 궁극적으로 그러한 결정에 대한 위험을 떠맡는 쪽은 정치인들이기 때문이었다.11

좀더 설득력 있는 사례를 제시하면, 1943년 6월 영국 폭격기들이 독일의 레이더망을 뚫고 공습할 수 있도록 적의 레이더를 교란시키는 장비인 윈도우WINDOW를 도입할 것인지에 대한 결정은 영국 총리의 몫이었다. 영국 공군 내부에서는 의견이 양분되었다. 폭격기 사령부는 장비 도입을 선호했지만, 영국의 영공 방어를 책임진 부대의 사령관들은 적들 또한 그러한 장비를 개발하여 사용할 것을 우려하여 반대했다. 이들은 만약 그러한 장비를 도입할 경우 약 6개월 동안은 영국의 야간 영공을 방어하지 못할 것이라고 주장했다.12

이 경우에도 마찬가지로 정치인들의 결정을 필요로 했다. 많은 다른 사례가 있지만 앞서 언급한 두 가지 실례에서 알 수 있듯이, 정치인들은 사안 자체가 매우 중요하거나 아니면 군에서 합의에 이르지 못하는 여러 문제에 대해 결정을 내려야 했다. 군 내부에서 개인의 의견이나 전문적인 배경 지식에 근거하여 의견 충돌이 발생할 경우, 군 지도자들은 최선의 방안이 무엇인지를 놓고 첨예한 입장 차이를 보이기도 한다. 예를 들어 벤구리온은 팔마흐Palmach(이스라엘의 특수 부대. 팔마흐는 1930년대 말 이스라엘이 아직 영국의 관리 체제하에 있을 때 반영국·반아랍 성격을 띠면서 조직된 지하 무장단체 중의 하나인 하가나Hagana의 예하 부대이다) 출신의 유대계 사회주의 엘리트들과 영국 육군 장성들 사이의 의견 충돌을 적절히 조정해야 했다. 스테판 로젠Stephen Rosen이 주장하는 것처럼, 군 조직은 단순히 전문가 집단으로서만이 아니라 근본적인 문제에 대해 내부적으로 이견을 보이는 정치적 공동체로 이해되어야 할지도 모른다. 로

젠은 "그들은 전시에 누가 죽고 누가 살아야 할지와 그 방법을 결정한다. 또한 전시에 누가 전방에 나가야 하고 누가 후방에 남아 있어야 할지를 결정한다."라고 말했다.13

앞으로 우리가 알아볼 네 가지 사례에서, 군인이 민간인 통제에 복종해야 한다는 기본적인 원칙에 대해서는 거의 이론의 여지가 없었다. 하지만 그런 복종과의 공존, 즉 민간인 통제의 우선권에 대한 정통성을 받아들이는 이면에는 민간과 군 상호간에 불신의 골이 깊게 흐르고 있다. 실제로 전시에 군인들과 정치인들은 기본적으로 서로 협력하지만 종종 불편하고 심지어는 충돌마저 겪는 관계에 놓이게 된다. 이런 상황에서는 보통 민간인 지도자가 우선권을 갖게 된다. 적어도 민주주의 정부라면 말이다. 양자간의 갈등은 경험과 시각의 차이에 의해서 더욱 악화되기도 한다. 이러한 차이는 이념적인 성격이 아니고, 기질적, 문화적인 차이이다.

"이 사람 또한 입 하나와 손 하나를 가지고 있다"

전직 군인에서 정치인으로 변신한 두 사람의 회고록이 이를 잘 증명해 준다. 이스라엘 총리로 재직한 에리얼 샤론Ariel Sharon은 1956년, 1967년, 1973년에 이스라엘이 치른 전쟁에 참전하여 영웅이 된 인물이다. 하지만 그후 샤론은 1982년 레바논 전쟁이 발발할 무렵에는 국방장관으로 재직하면서 악당으로 전락해 버렸다. 심지어 이스라엘 국민들조차도 그런 시각을 견지했다. 그의 회고록에는 장군으로서 정치인들에 대해 느끼는 불신의 정수가 드러나 있고, 자신이 정치에 입문하면서 느꼈던 감정이 고스란히 표현되어 있다. 그는 이스라엘 의회인 크네셋Knesset에 처음으로 입원하는 감회를 다음과 같이 적고 있다.

정치와 마찬가지로 군인으로서의 삶도 끊임없는 투쟁이다. 하지만 군 내부에는 그 모든 어려움과 갈등에도 불구하고, 적어도 일정한 복무규정이 있다. 정치에서는 아무런 규정도 균형감각도 위계질서도 없다. 이 신세계에 첫발을 디딘 이스라엘의 한 군인은 큰 승리도 맛보았고 끔찍한 패배도 겪어야 했다. 그는 환희의 순간과 비통한 순간을 모두 경험했다. 자신감이 최고조에 이르러 깊이 고무된다는 것이 무엇인지를 잘 안다. 하지만 또한 가장 비참한 형태의 두려움과 공포가 어떤지에 대해서도 잘 안다. 그는 자신과 다른 이들의 목숨이 걸린 문제에서 어려운 결정을 내리기도 했다.

바로 그가 정계에 입문하여 자신 또한 다른 사람들처럼 한 입으로 말하고 한 손으로 투표하는 평범한 인간이라는 사실을 발견한다. 아마도 그는 자신의 인생에서 심오하다거나 극적인 것을 한번도 지켜본 적도 없고 경험해 보지도 못했을지도 모른다. 그는 자신의 인생의 길이나 깊이에 대해 알지 못한다. 그는 자신을 시험한 적도 없고 자신의 목숨이나 동료의 목숨에 대해 중요한 결정을 내리거나 책임진 적도 없다. 바로 이 사람, 믿어지지 않지만 이 사람 또한 입 하나와 손 하나를 가지고 있다.14

찰스 드골Charles de Gaulle은 이보다 50년 전에 쓴 글을 통해서 앞서 말한 근본적인 차이에 대해 기술했다.

군인은 이따금씩 정치인은 믿을 수 없고 일관성이 없으며 대중의 관심을 끄는 데만 혈안이 되어 있다고 생각한다. 절제된 방식으로 교육받은 군인들은 정치인들이 보여주는 수많은 허식에 놀란다. … 상황의 반전이 계속되고 그러면서 국민들의 관심은 고조되고 무능하지만 영향력 있는 인사들이 출현한다. 이 모든 것들은 민간인 지도자들에게 필수적인 특성들이다. 이들의 권위는 바로 국민들의 의지에 달려 있기 때문이다. 정치인들은 직업 군인을 두려워한다. 군인의 삶은 어려운 임무를 수행하고 그러면서도 음지에서 생활해야 하고 국가에 대한 복무에 경의를 표하는 것이다.

역으로 제도와 자기 확신 그리고 경직성에 대한 취향은 오랫동안의 절제된 삶의 결과로서 군인의 행동 속에 베어 있다. 정치인들의 눈에는 이런 군인의 모습이 답답하고 고리타분하게만 보인다. 절대적이고 강제적이고 의문을 허용치 않는 군법의 모든 규정은 즉각적인 해법을 내야 하고, 따라서 끊임없는 호기심을 자아내야 하고 끊임없는 의사결정을 내려야 하는 사람들에게는 맞지 않는 것이다.[15]

드골은 여기서 그치지 않고 계속해서 자신의 주장을 펼친다. 그에 따르면 앞서 말한 정치인과 군인간의 차이점이 시사하는 바는 정치인들은 평화시에는 순종적이고 고분고분한 군 지도자를 선호한다는 사실을 설명한다. 물론 전쟁이 터지면 그러한 군 지도부가 교체되는 일이 잦지만 말이다. 시대적, 국가적 배경에 따라 차이는 있겠지만 이 말은 사실이다.

하지만 군부에 대한 민간인 지도자의 궁극적인 우위는 절대적인 것은 아니고 종종 연약한 기반 위에서 이뤄지며 항상 자신의 경험 부족으로 위축받게 된다. 민간인 지도자 또한 전쟁과 관련하여 중대한 결정을 내리는 일에 있어서는 경험이 전무한 경우가 보통이기 때문이다. 정치인이 군사행동을 지시하는 것은 거의 항상 어리석은 일에 지나지 않는다.

따라서 민간과 군부와의 관계는 동등하지 않은 지위간의 대화이며, 민간인 지도자가 군의 문제에 얼마만큼 개입해야 하는지는 어떤 원칙의 문제가 아니라 개인이 알아서 판단해야 할 문제이다. 원칙상으로 따지면 군 활동의 모든 부분이 민간의 조사와 지시에서 자유로울 수 없기 때문이다. 역사상 가장 위대한 지도자 중의 한 사람인 윈스턴 처칠은 제2차 세계대전에 대한 회고에서 "조사를 하는 것은 항상 옳다."라고 말하지 않았던가.[16]

"인간의 놀라운 지적능력"

영화 속에 나오는 한 장군이 다음과 같은 유명한 이야기를 했다.

> … 클레망소가 전쟁에 대해 한 말을 기억하는가? 그는 "전쟁은 너무 중요해서 장군들에게만 맡겨놓을 수는 없다"고 말했다.
> 50년 전 당시에 그가 한 말은 아마 옳았을지도 모른다.
> 하지만 현재에 이르러 전쟁은 너무나 중요해서 정치인에게만 맡겨놓을 수는 없다. 정치인들은 전략적 사고를 위한 시간도, 훈련도, 적성도 없다.

민간과 군부와의 관계를 연구하는 학자들은 이에 동의할지도 모른다. 물론 이 말을 한 장본인이 스탠리 큐브릭Stanley Kubrick의 영화 〈닥터 스트레인지러브Dr. Strangelove〉에서 반 미치광이로 통하는 잭 리퍼 Jack D. Ripper 장군이라는 사실을 알았다면 사정이 달라졌을지도 모른다. 미군에는 리퍼 장군과 같은 이들이 거의 없을지도 모른다. 하지만 리퍼 장군이 대변하는 정서는 확실히 미 군부 내에 만연해 있으며, 심지어는 일부 정치인들도 이에 공감을 표시하고 있다. 미 공군 대위 스콧 쿠퍼 Scott Cooper는 글을 통해 "민간인 지도자들이 전쟁중의 군사작전에 사사건건 간섭하는 행위는 부적당하다는 생각이 미 군부 내에 팽배해 있다."고 밝혔다. 쿠퍼는 미 군부의 이런 사고방식에 동조하지 않았고 그래서 "이 또한 잘못된 것이다."라고 못박았다.17

'정상'이론에 집착하는 장군과 정치인들은 그럴 만한 충분한 이유가 있다. 사실 '정상'이론은 군사적 행동과 관련하여 우리가 기존에 갖고 있었던 믿음을 재확인해 주는 이론으로서, 다소 시대착오적인 면이 있지만 대부분의 군 장교들은 이를 주요한 생활 원칙으로 삼고 있다. 물론 민간 사회와는 전혀 다른 군대만의 가치가 있다는 점은 부인할 수 없다. 예를 들면, 자기절제, 이타주의, 충성심, 용기 등이 그것이다. 민간과 군과의 차이와 군에서만 나타나는 독특한 가치들을 무시한다면, 이는 현명하지 못한 행동이며 효과적인 군사작전을 수행하는 데에도 장애가 될 것이다. 또한 누구라도 군의 정치적 중립성이 갖는 중요성을 간과해서는 안 될 것이다. 특히 정치인들이 군을 의회 쪽이냐 백악관 쪽이냐로 편 가르기 하는 상황이 펼쳐지는 시기에는 더욱 그러하다.18

하지만 '정상'이론이 실제 현장에서 제대로 작동되지 않는 경우는 군사행동에 대한 조사와 검증 그리고 지시에 있어서 정치인들은 관여하지 말아야 한다는 원칙에만 너무 집착할 때이다. 극단적인 경우, 이는 한 나라가 당면한 가장 중대한 도전과 그에 대한 실질적 책임으로부터 정치인들을 자유롭게 하고 정치인들로부터 군에 대한 감찰과 통제권을 박탈하게 한다.

오직 시행착오를 통해서만 깨닫는 인간의 그 놀라운 지적능력만이('인간의 그 놀라운 지적 능력'이란 표현에는 다소 반어적인 뉘앙스가 풍겨 나온다. 그래서 '정상'이론만 고집하다가 전쟁에서 실패를 해야지만 그것이 시행착오였음을 깨닫게 되고 유명한 군사전문가들의 이론에 오류가 있었음을 발견하게 된다는 의미이다) 유명한 군사이론가들의 주장을 설명할 수 있을 것이다. 이들 권위자들은 전쟁을 준비하고 전쟁의 초기 계획을 수립하는 데에는 정치권의 역할을 인정하지만, 일단 전쟁이 시작된 후에는 정치권이 군사적 전략에 간섭해서는 안 된다고 주장한다.… 만약 정치권이 전시에 군 작전에 대한 통제권을 포기하고 군 장성들의 우선권을 인정하며 이들의 요구에 암묵적인 동의를 표시한다면, 이는 결국 정치권 자체의 권위가 실추되었음을 스스로 인정하는 일이다.19

이는 러시아 출신의 한 명석한 전략가가 한 말이다. 비록 그는 스탈린이 실시한 숙청의 희생자로 전락했지만 1914년에서 1918년에 걸쳐 러시아와 유럽 국가들에게 불어닥쳤던 대재앙에 대해 철저하게 연구를 하고서 이와 같은 결론을 내렸다.

그의 주장이 주류 의견은 아니다. 전 연합군 최고사령관이었던 해리 트레인Harry Train 제독은 1982년에 발발한 포클랜드 전쟁을 분석하면서 "직무상 군 작전에 대해 책임을 져야 하는 정치 지도자들이 군의 임무수행을 결정하는 권리를 갖게 될 때, 국가는 문제에 직면하게 된다."라고 주장했다.20 하지만 진실은 그와 다르다. 정치인들이 그러한 의사결정에 있어서 자신의 의무를 게을리할 때, 국가는 문제에 봉착하게 되는 것이다. 베트남 전쟁에서 민간 지도자들의 미미한 역할과 군 지도자들의 전횡에 대해 분석한 한 전문가의 말을 빌리자면 "민간 지도자들은 결코 손을 늦추어서는 안 된다. 그리고 당연한 권리에 해당하는 군에 대한 통제권을 반드시 확보해야 하며 이에 대해서는 한마디 사과도 필요치 않다."21

지금까지는 이론에 국한되었지만 이제부터는 실제 사례를 연구해 보기로 한다.

CHAPTER 2

링컨의 편지

링컨은 철저한 규율과 충분한 교육을 받은 장군들을 전쟁 지도자로 임명했다. 링컨 자신 또한 공식적인 교육을 받지 못했지만 법전서와 셰익스피어에 통달했고 성서에도 조예가 깊었다. 한 순간만 깊게 생각해 보면 셰익스피어나 성서가 군사적 지식과도 상당한 관련이 있음을 확인할 수 있다. 즉 전쟁의 고통, 전사들의 다양한 개성, 그리고 전쟁의 지도자가 내려야 하는 결정들이 고스란히 녹아 있는 것이다.

"평범한 아마추어치고는 놀랄 만큼 훌륭했다"

1864년 4월 30일 에이브러햄 링컨 대통령은 신임 군사령관으로 임명된 율리시스 그랜트Ulysses S. Grant 장군에게 편지를 띄웠다. 그랜트는 얼마 안 있어 전쟁에 나갈 몸이었고 1년 동안의 피비린내 나는 전쟁에서 남부군을 대파하게 된다.

봄부터 시작되는 전쟁 전에 장군을 다시 볼 수 없을 것 같아서, 이렇게 서신을 통해 장군이 지금까지 해온 일들에 대해 내가 전적으로 만족하고 있다는 뜻을 전하고 싶소. 장군이 세운 세부적인 전쟁 계획에 대해서는 내가 아는 바도 없고 또한 알려고 바라지도 않겠소. 장군이 매사에 조심성 있고 믿음직하게 행동하는 사람이라는 사실이 기쁘오. 그런 까닭에 내가 장군에게 어떠한 행동상의 제약이나 장애가 되지 않았으면 하는 바람이오. 나 또한 우리 병력이 크나큰 재앙을 맞는다든지 대규모로 포로가 될지도 모른다는 생각에 노심초사하고 있소만 어찌 휘하의 장병들을 위하는 장군의 마음만 같겠소. 만에 하나라도 나의 능력으로 해줄 수 있는 무언가가 있다면 주저 말고 내게 알려주길 바라오.

용감한 병사들과 정당한 대의와 함께 장군에게 신의 가호가 깃들길 바라오.[1]

수많은 링컨의 편지와 마찬가지로 여기 소개한 편지에서도 링컨 특유의 미려한 문체와 분명한 의도가 잘 녹아 있다. 그리고 링컨이라는 사람 자체가 그러하듯 이 편지 또한 극도의 기만성을 보이고 있다. 링컨이 장군에게 보내는 편지는 치밀하고 빈틈없는 그의 사고를 반영하고 있기 때문이다. 링컨과 함께 링컨의 편지에 대해 깊이 연구를 한 사람이라면 누구나, 군사행동에 대한 세부적 사항에 대해서는 간섭하지 않겠다는 자신의 약속과는 정반대로 정치인이 전쟁에서 군사작전을 좌지우지하는 한 예를 보게 될 것이다.

하지만 오랜 세월 동안 역사가들은 이러한 견해에 공감하지 않았다. 군통수권자로서의 링컨에 대해 출판된 책들 중 가장 유명한 두 권의 책은 해리 윌리엄T. Harry William이 쓴 『링컨과 그의 장군들Lincoln and His Generals』과 케네스 윌리엄Kenneth P. William이 쓴 미완성 작품인 『링컨이 발견한 장군Lincoln Finds a General』이다. 두 권의 책 모두 군통수권자로서 링컨의 업적과 링컨이 직면했던 도전은 국가를 통합하기 위해 전쟁을 수행할 장군을 물색하는 그의 노력에만 초점을 두고 있다. 이런 책에서 링컨에 대한 평가는, 무능한 군사령관들을 가려내고 마침내 그랜트 장군과 같은 명장을 발견했고 그때부터 군사문제에 대해 간섭을 중단했다는 점에 대해서는 칭찬을 받을 만하다는 식이다.

의도치 않게 링컨의 후원자가 되어버린 것이 아닌가 하는 의심을 자아내는 한 단락에서 해리 윌리엄은 링컨의 "전략적 사고는 건전했고 평범한 아마추어치고는 놀랄 만큼 훌륭했다."라고 평가를 내렸다. 윌리엄은 또한 "링컨은 훌륭한 전략에 대해서는 개인적 판단을 배제했고 능력이 있다고 판단되는 장군의 의견을 존중했다. 그는 전략적 군사작전에 대한 자신의 지휘권을 전략수립과 수행에 있어서 유능함을 인정받은 장군에게 위임할 용의가 있었다."라고 기술했다.2 어떤 면에서 이는 민군의 '정상'관계 이론이 역사에까지 적용된 예라고 볼 수도 있다. 정치 지도자는 전쟁의 목표를 정의하고 병력을 동원하고 적당한 군 최고 지도자를 임명하고 전쟁 지휘권을 그에게 넘겨줌으로써 전쟁에 승리한다는 주장이다.

하지만 이들보다 더 최근에 링컨에 대한 글을 남긴 작가들은 이런 형태의 링컨에 대한 평가에 반박했다. 사실 링컨에 대한 기록을 더 많이 연구하면 할수록 그런 식의 주장에 동의하기란 더욱 어려운 노릇이다. 즉 남북전쟁에서 가장 중요한 문제는 링컨이 실제로 행했던 것처럼 장군을 지도하고 지시를 내리는 일이 아니라, 그의 모든 노력이 일개 장군을 물색하는 과정에 귀결되었다는 주장에 공감하기는 어렵다. 따라서 링컨의 서신 중 일부는 분명한 성격이 드러나지만 나머지는 다소 모호하다 하더라도 이를 아주 세심하게 검토할 필요가 있다.

예를 들어, 그랜트 장군에게 보낸 편지만 하더라도, 링컨이 편지를 보낸 시점은 그랜트가 대통령 관저와 얼마 떨어지지 않은 곳에서 두 달 동안 머무른 후였다. 그런 시점이라면 그랜트 또한 링컨이 어떤 인물인가에 대해서는 훤하게 파악하고 있을 때였던 것이다. 더군다나 그랜트의 작전계획에 대해서는 알고 싶지 않다는 내용의 편지를 작성한 지 일주일도 안 되어 링컨은 그랜트에게 정기적으로 때로는 날마다 특사를 파견하여 그의 일거수일투족을 보고하게끔 조치했다.3

물론 링컨이 이룩한 업적의 일부분에 대해서는 충분한 연구가 이뤄지지 않은 것이 사실이다. 하지만 남북전쟁을 연구한 대부분의 학자들이 『링컨이 발견한 장군』에서처럼 링컨이 장군을 물색하여 그에게 전권을 위임했다는 내용만 강조한 채, 링컨이 군사작전을 후방에서 지휘하고 휘하의 장군들을 교묘하고 능숙하게 다룬 점에 대해서 간과한 점은 받아들이기 어렵다.4

사실 링컨은 전쟁의 처음부터 끝까지 전황을 면밀하게 예의 주시했다. 1861년 4월 1일, 대통령에 취임한 지 불과 몇 주 만에 링컨은 당시 육군 최고사령관이었던 윈필드 스콧Winfield Scott 장군에게 매일 자신에게 '부대에서 일어나는 상황, 즉 사령관의 근황, 명령, 첩보수령 등에 대한 짧고도 포괄적인 내용의 보고서를 제출할 것'을 지시했다.5 스콧 장군은 지시를 어긴 적이 몇 번 있었지만 자신의 명령에 복종했다고 링컨의 회고록에 적혀 있다.

링컨은 당시에 동료 정치인들과 몇몇 역사가들로부터 자신감이 없고 자기 확신도 없으며 심지어는 우유부단하다는 평가를 받았지만,6 자신의 군사 자문관들의 주장에도 서슴없이 이의를 제기했다. 이는 군통수권자로서 기반을 확고히 다진 후가 아니라 남북전쟁 초기부터 시작되었다. 이러한 사실은 대통령으로 선출된 링컨이 미연방에서 분리한 남부 주들의 변방에 위치한 항구에 대해 어떤 조치를 취할 것인지 결정을 내려야 하는 문제에서 분명하게 보여준다. 이는 군사적인 문제와 정치적 결정 사항이 어떤 식으로 함께 얽혀 나타나는지를 잘 보여주는 경우이며, 링컨은 이를 통해 단순히 장군을 임명하는 차원을 뛰어넘는 능력을 유감없이 발휘했다.

1861년 3월 15일, 링컨은 휘하의 장군들에게 섬터 요새 Fort Sumter에 고립되어 있는 수비대원들에게 보급물자를 재지원해야 하는지에 대해 자문을 구했다. 당시는 위기상황이었다. 북부군의 병력은 소규모였고 그나마 남아 있던 장교들도 하나 둘씩 남부군 진영으로 투항해 버리는 사태가 발생했다. 7개 주가 연방에서 탈퇴했고 다른 주들도 탈퇴 준비를 하고 있는 중이었다. 연방에서 떨어져 나간 주들은 자체적으로 대통령과 부통령을 선출했고 헌법을 채택했다. 이들 주에 위치해 있던 연방의 무기고는 고스란히 해당 주 정부의 손에 넘어갔다. 수많은 장병들이 무기를 휴대하고 군사훈련을 받았지만 아직 본격적인 전쟁은 터지지 않았고 남부군이나 북부군 어느 진영도 전쟁을 원하지 않았다.

사이먼 캐머론 Simon Cameron 국방장관과 윈필드 스콧 육군 총사령관, 두 사람 모두 남부 해안에 고립된 수비대를 지원하는 데 대해 반대의사를 표시했다. 스콧 장군은 한술 더 떠서 섬터 요새와 피켄스 요새 Fort Pickens에서 철수하는 것이 최선책이라고 주장했다. 그 이유로 스콧 장군은 두 요새는 방어하기가 어렵다는 점과 자진철수 후에 기대할 수 있는

정치적 결과가 아군에 이로울 수 있다는 점을 꼽았다.7

링컨은 다른 의견을 듣기 위해 훗날 육군의 뛰어난 병참 사령관이 된 몽고메리 메이그Montgomery C. Meigs 대위와 같은 하위직 장교들에게도 자문을 요청했다.8 그 다음 링컨은 고위급 군 장성들의 충고를 뿌리치고 섬터에 보급물자를 공급해줄 것을 명령했다. 그는 이를 이용해 남부군을 전쟁에 끌어들일 미끼로 활용했다. 이 조치는 링컨의 진면목을 여실히 보여주는 치밀한 행보였다. 이를 통해 불확실하고 우유부단하게만 보였던 링컨이 전쟁의 위험도 감수하겠다는 강철 같은 의지를 유감없이 보여주었기 때문이다.

링컨은 1860년 12월에 한 친구에게 보낸 서신에서 "싸움은 어차피 일어나게 되어 있고 지금이 최적기야."라고 적었다.9 무엇보다도 그는 그 '싸움'이라는 것이 뭔지를 정확하게 이해하고 있었다. 그는 수적으로 열세에 있었던 수비대를 철수시키지도 병력을 증강하지도 않음으로써 무모한 군사적 행보를 취했지만, 이를 통해 좀더 큰 정치적 효과를 얻으려고 했다. 그 과정에서 링컨은 군사 자문관들의 충고를 거부했고 마지막까지도 자신의 의지대로 결정했다.

전쟁이 막바지에 이를 무렵, 링컨은 그랜트 장군과 그의 절친한 친구인 윌리엄 테컴세 셔먼William Tecumseh Sherman 장군에게 상당한 수준의 작전상 재량권을 허락했다. 하지만 이는 두 장군이 링컨이 전쟁 초기에 마련한 전략에 기초를 두고서 자신들의 전쟁 계획을 마련한 후에서야 비로소 가능했다. 링컨은 그랜트를 미합중국 육군의 총사령관으로 임명하기 전 몇 년 동안 그랜트에 대한 치밀한 조사와 작업을 벌인 후에 최종 결정을 내렸다.

더 중요한 점은 링컨이 실시한 조사 작업은 그랜트가 최고사령관이 된 이후에도 끝나지 않았다는 사실이다. 링컨은 이와 함께 자신이 지시한 군사작전이 제대로 실행되고 있는지에 대해서도 면밀한 검토작업을 지속적으로 추진해 나갔고, 이는 공식적인 대통령령만큼이나 효과적으로 추진되었다. 따라서 링컨은 휘하의 장군을 임명하기만 했을 뿐만 아니라 그들을 통제했던 것이다. 그는 전쟁의 마지막 날까지 전쟁의 기본계획을 직접 수립했고 마지막까지 평화를 정착시키기 위한 과정에서도 주도적인 역할을 담당하려고 했다.

어울리지 않는 군통수권자

서류상으로 볼 때, 군통수권자로서 링컨의 자격 요건은 그의 정적인 제퍼슨 데이비스Jefferson Davis에 비해 형편없는 수준이었다. 데이비스는 1828년 웨스트포인트West Point(미국 육군사관학교)를 졸업했고 7년 동안 현역으로 군복무를 했다가, 1846년에 다시 제복을 입고 의용군 부대를 지휘하여 몬테레이Monterrey 전투와 부에나 비스타Buena Vista 전투를 성공적으로 이끌었다. 그후 상원의원으로 당선되었다가 1853년에 국방장관으로 임명되어 4년간 재직했다. 국방장관 재임 당시 데이비스는 신형 탄환인 미니 볼Minie ball 도입을 본격화했고, 미군의 개인용 기본 화기로서 강선식 소총(무강선식 소총인 머스켓musket에서 한 차원 발전한 형태가 강선식 소총인 라이플rifle이다)을 채택했다. 그후에 그는 상원의원으로서 군사문제에 대해 깊숙이 관여했다.

그와는 정반대로 링컨은 1832년 발발한 '검은 매Black Hawk 전쟁'에 민병대 부관으로 참전하여 고작 몇 달 동안의 군 복무를 경험했을 뿐이었다. 더군다나 링컨은 타 중대의 중대장과 야영지 장소를 둘러싸고 주먹다짐까지 벌였다고 한다. 하지만 링컨이 데이비스보다 더 위대한 전쟁 지도자라는 데에 이견을 달 사람은 거의 없을 것이다. 데이비스는 황소고집에다 융통성이 모자랐고 유머 감각이나 인내심 그리고 동정심이라곤 찾아볼 수 없었다. 데이비스의 이런 결함 때문에 링컨은 군 생활 동안 실수도 하고 사령관으로서의 경험도 없었지만 최후의 승자가 될 수 있었다. 데이비스가 로버트 리Robert E. Lee와 같은 최상급 군인을 지휘했다면 이는 매우 쉬운 일이었을 것이다. 리는 우수한 야전 사령관이었을 뿐만 아니라 상관에게는 아주 충직한 모습을 보였기 때문이다.

지휘관으로서 데이비스의 능력을 시험하기 위해 더 좋은 인물은, 능력은 있지만 다혈질이고 비사교적인 성격이었던 브랙스턴 브랙Braxton Bragg과 같은 인물이었다. 1863년 10월 차타누가Chatta- nooga 외곽에 진을 친 테네시 육군Army of Tennessee의 장군들 간에 심각한 불화가 발생했다. 데이비스는 이들을 중재하려고 시도했지만 성공하지 못했다. 데이비스는 브랙에 반대하여 적의를 드러내고 있던 장교들을 해임할지 아니면 다른 곳으로 전출 명령을 내릴지에 대해 결정을 내리지 못한 채 상황을 방치해 버렸으며, 그 결과로 명령체계가 흔들리면서 서부지역의 전투에서 참패를 겪게 되었다. 이는 데이비스가 차타누가 전투에서 대승리를 거둔 지 불과 2개월 만에 벌어진 일이었다.[10]

상대적으로 링컨은 사람을 다루는 데 매우 능숙한 솜씨를 보였다. 1864년 4월에 그랜트 장군에게 보낸 편지보다 링컨의 용인술에 대한 더 많은 단서를 제공하는 자료는 1863년 1월 불같은 성격의 소유자인 조셉 후커Joseph Hooker 장군 앞으로 보내는 임명장이었다.

장군을 포토맥Potomac 육군의 지휘관으로 임명하는 바이오. 물론 나는 장군을 선택한 데 대한 충분한 이유를 갖고 있소. 하지만 개인적으로 장군에 대해 내가 만족하지 못하는 부분이 몇 가지 있다는 점을 알아줬으면 하오. 장군은 용감하고 능력 있는 군인이고 그 점에 대해서는 나도 마음 든든하오. 또한 장군은 군인으로서의 본분을 지키고 정치에 관여하지 않으니 이 또한 옳은 일이오. 장군은 자신감으로 충만해 있고 이는 귀중한 자산이라 하겠소. 장군은 야심에 찬 인물이지만 이성적인 경계를 넘지 않으니 이는 장군에게 해가 되기보다는 득이 된다 하겠소. 내가 생각하기로 번사이드 Burnside 장군이 사령관이었을 당시, 장군은 개인적 야심의 포로가 되어 번사이드 장군을 사사건건 방해했소. 이는 국가에 대한 불충이요, 명망 있고 존경할 만한 동료 장군에 대해 몹쓸 짓을 했다 하겠소. 또한 나는 근래에 장군이 미합중국의 육군과 정부에게는 독재자가 필요하다는 말을 했다고 들었소. 물론 이번 임명이 그에 대한 보답은 아니오.

하지만 그런 언행에도 불구하고 나는 장군을 군사령관으로 임명했소. 성공하는 장군들만이 독재자를 추대할 수 있소. 장군께 내가 요구하는 바는 군사적 성공이오, 그러면 나는 독재의 위험도 마다 않겠소. 정부는 최선을 다해 장군을 지원할 것이고, 지금까지도 모든 사령관들에게 최선을 다해 지지해 왔지만 앞으로도 변치 않을 것이오. 나는 장군이 군 내부에서 사령관에 대해 비난하고 신뢰하지 않는 분위기를 조성한 데 대해 우려를 표시하고 싶지만 이제 모든 것은 장군한테 달렸소. 나 또한 그런 분위기를 진정시키는데 힘닿는 데까지 장군을 도울 것이오. 장군뿐만 아니라 나폴레옹이 살아서 돌아온다 하더라도 군의 사기가 이런 상태에서는 좋은 결과를 거두진 못할 것이오.

장군, 지금부터 경솔한 언행을 지양하시오. 경거망동에 주의하고 넘치는 기백과 철통같은 경계태세를 유지하면서 전진하시오, 그리고 우리에게 승전보를 들려주시오.[11]

후커 장군이 죽을 때까지 간직하고 있었다는 이 편지는 링컨이 어떤 인물인지를 가장 잘 보여준다. 편지에서 링컨은 결함이 있고 고집스럽지만 기백이 넘치고 장차 큰 도움이 될 수도 있는 부장을 어떻게 다루어야 하는지에 대한 방법을 제시한다. 링컨은 편지를 통해 자신이 후커를 꿰뚫어 보고 있고 그의 장점만큼이나 단점도 정확히 파악하고 있음을 보여주었다. 링컨은 또한 이 편지에서 아버지와 같은 다정한 모습으로 후커를 질타도 하고 그러면서도 격려도 잊지 않는 모습을 보임으로써 그로 인한 분노나 오해를 불러일으키지 않으려고 노력했다. 지도자로서 후커의 다른 결점이 무엇이었든 간에 그리고 다른 장군들과의 불화와 앙숙관계가 어떠했든 간에 그가 그 이후로 링컨의 명령에 두말 않고 복종한 것은 결코 우연의 일치가 아닐 것이다.

링컨은 남북전쟁에 참전한 야전 사령관들 중에서 가장 위대한 인물이었던 로버트 리 장군과 마찬가지로 능력은 있지만 결함이 있는 부관들을 다독거려 충분히 활용하는 방법을 알고 있었다. 리 장군은 다혈질인 스톤월 잭슨Stonewall Jackson, 우울증에 걸린 듯한 제임스 롱스트릿James Longstreet, 과장된 언행을 일삼는 스튜어트J. E. B. Stuart와 같은 인물들을 중심으로 아주 효율적인 군대를 양성했다. 나름대로의 독특한 개성을 가진 장군들을 하나로 묶을 수 있었던 원동력은 자신들의 사령관에 대한 충성과 더 큰 대의를 향한 이들의 신념 때문이었다.

링컨이 떠맡은 과제는 리 장군에 비해 훨씬 더 어려웠다. 그는 다양한 종류의 군 장교들을 융합해야 될 뿐만 아니라 교활하고 책략에 능한 국무장관 윌리엄 세워드William Seward와 말썽 많은 국방장관 에드윈 스탠턴Edwin Stanton 등의 내각 구성원들과 정적 그리고 그의 친구 및 경쟁자들 모두를 융화시켜야 했다. 세워드는 나름대로 강한 정치적 야심이 있는 인물이었지만 결국 링컨의 충복이 되었다. 스탠턴은 대통령으로서의 링컨을 비웃었고 법조계에서 같이 활동할 때에도 그를 무시했지만, 결국 국방장관이 되어 링컨에게 많은 도움을 주었다.

새먼 체이스Salmon P. Chase는 대권에 도전할 계획을 품고 있었던 야심찬 인물이었다. 그는 남북전쟁 당시 재정부문에서 능력을 인정받았고 내각과 대법원의 여러 직책을 거쳤다. 정치 지도자가 능력은 모자라지만 고분고분하고 자신에게 충성을 다하는 인물을 찾기란 어려운 일이 아니다. 하지만 까다롭고 야심차고 심지어는 불충스럽기까지 하지만 탁월한 능력을 가진 인물들을 휘하에 두는 일은 쉽지 않은 일이다.

링컨은 또한 실수를 한 인물을 해직시키는 데에도 데이비스에 비해 훨씬 더 단호한 모습을 보여주었다. 현 시대의 대통령들과 비교할 때, 링컨은 특히 실수를 인정치 않는 매정한 보스형 지도자였다. 그가 취임 후 처음으로 단행한 인사를 통해 포토맥 육군Army of Potomac의 사령관으로 임명된 어윈 맥도웰Irwin McDowell은 5개월도 견디지 못하고 해임되었다. 그 후에 임명된 조지 맥클레런George McClellen은 1년, 존 포프John Pope는 1개월 남짓, 앰브로스 번사이드Ambrose Burnside는 3개월 미만, 조셉 후커Joseph Hooker는 5개월, 조지 미드George Meade는 명목상 거의 2년을 채웠을 뿐이었다. 미드는 임명된 지 9개월 후에 그랜트에 의해 교체된 것이나 다름없었다.

링컨의 인간성이야 나무랄 데 없었지만, 그럼에도 불구하고 그는 전면전을 수행하는 데 필요한 장군들의 냉혹하고 무자비한 승부근성은 용인해 주었고 심지어는 부추기기까지 했다. 1864년 늦여름에 링컨은 완고한 성격의 소유자인 그랜트 장군에게 "불독같이 물고 늘어져서 이빨로 마구 뜯고 질식시키시오."라고 명령을 내렸다.[12] 이는 링컨의 강한 승부욕과 전승의지를 단적으로 보여준다 하겠다. 이는 또한 일반 명령General Orders 제252호를 통해 분명히 명시되었다. 제252호는 남부군이 처형한 미연방의 모든 군인(북부군)에 대한 보복을 위해 동수의 반란군(남부군) 포로 또한 북부군에 의해 처형될 것이고, 노예로 전락해버린 연방군 소속의 모든 흑인 장병에 대한 보복을 위해서 동수의 남부군 포로가 힘든 노역을 감당해야 할 것이라는 내용을 골자로 하고 있다.13

링컨은 철저한 규율과 충분한 교육을 받은 장군들을 전쟁 지도자로 임명했다. 링컨 자신 또한 공식적인 교육을 받지 못했지만 법전서와 셰익스피어에 통달했고 성서에도 조예가 깊었다. 한 순간만 깊게 생각해 보면 셰익스피어나 성서가 군사적 지식과도 상당한 관련이 있음을 확인할 수 있다. 즉 전쟁의 고통, 전사들의 다양한 개성, 그리고 전쟁의 지도자가 내려야 하는 결정들이 고스란히 녹아 있는 것이다.

링컨은 의회 도서관에서 여러 권의 책을 대출하여 전쟁에 대한 지식을 습득했다. 물론 얼마만큼의 독서량을 기록했는지에 대해서는 여전히 풀리지 않는 수수께끼로 남아있지만 말이다.14 여느 독학자들과는 다르게 링컨은 뛰어난 이해력뿐만 아니라 놀라울 정도로 체계화되고 조화된 사고력의 소유자였다. 더욱 중요한 점은 그러한 속성은 어려운 상황을 이끌어야 하는 인물에게서는 없어서는 안 될 귀중한 속성이라는 사실이다.

링컨의 핵심 참모 중의 한 사람이었던 찰스 데이나Charles Dana 국방차관은 링컨을 '환상을 꿈꾸지 않는 비범한 재능의 소유자'라고 묘사했다. 데이나는 "링컨은 실제 상황이 그렇지 않은 데도 상황이 그렇다든가 아니면 그럴지도 모른다든가 하는 허황된 환상을 품는 법이 없었다. 간단하게 말해서 그의 사고와 추론 그리고 두뇌는 실제 일어난 사실에 기초했으며, 그러한 사실의 저변에 깔린 본질을 꿰뚫어 보았다."라고 평가했다.15 링컨의 오랜 법조계 친구였던 윌리엄 헌던William Herndon은 전쟁 전 법률인으로서의 링컨은 빈틈없고 냉정한 지성을 갖춘 인물이었다고 평했다. 그는 "링컨을 어수룩한 인물이라고 생각한 사람은 누구나 얼마 안 가서 참패를 겪고 나서 제정신을 차렸다."라고 주장했다.16

링컨의 위대한 연설과 편지에서 묻어나오는 그 모든 애절함과 힘에도 불구하고, 그가 작성한 서류에는 인간 문제에 대해 감정이 완전히 배제된 이성적 사고만이 느껴진다. 예를 들어 징병에 대한 발표되지 않은 글에서, 남자들로 하여금 입대하도록 종용하는 이유에 대해 "여러 가지 입대 동기를 들자면 애국심, 정치적 편견, 야망, 개인적 용기, 모험심, 취직, 편의성, 아니면 앞서 말한 동기에 대한 정반대의 이유 등이 될 것입니다."라는 식으로 전혀 감정의 개입 없이 아주 차분하게 분석하고 있다.17 전시에도 이런 식으로 아무런 환상을 갖지 않을 수 있다는 점은 매우 귀중한 장점으로서 보통 사람에게서는 발견할 수 없는 속성이다.

클라우제비츠는 "전쟁은 어설픈 솜씨로 그린 무시무시한 유령 그림으로 무대를 장식한다."라고 말했다.18 이는 고위급 사령부의 장성들이나 야전에서 직접 전쟁을 수행하는 사병들에게도 적용될 수 있는 말이다. 전쟁의 역사가 밝혀주듯이 많은 지도자들이 전쟁이 벌어지기도 전에 대량 살육이나 승리의 비현실적 환상에 젖는 경우가 많다. 그와는 대조적으로 링컨은 군사적 작전의 결과에 대해 예단하지 않았고 어떠한 환상도 품지 않았다. 링컨의 비서들은 다음과 같은 글을 남겼다.

4년 동안의 지루한 전쟁 내내 그는 한번도 전세를 장담한 적이 없고 예언한 적도 없다. 신념이 없어 두려움에 떨고 있는 영혼들이 그에게 다가와 끈덕지게 질문을 던지면 그는 아마 자신이 실제로 했던 일들을 말할지는 모르지만 앞으로 무엇을 할 것인지에 대해서 말하는 법이 없었다. 그가 종종 되뇌었던 자신의 신조는 "무정책이 나의 정책이다."이었다. 많은 이들은 이에 대해 링컨에게는 계획이 없다느니 무대책으로 일관한다느니 하는 비논리적인 발언을 일삼는다.19

링컨 또한 나름대로의 희망과 욕망을 갖고 있었지만, 나폴레옹이 한때 기술했던 것처럼 현실보다는 자신이 원하는 세계의 '그림을 그리는' 전략적 원죄를 저지르진 않았다.

"그는 전신 사무소에서 거의 살다시피 했다"

사람을 관리하는 링컨의 뛰어난 수완과 자신의 역경을 파악하는 그의 지성의 힘이 특히나 중요했던 이유는 군사행동을 수반하는 대격변기 동안에 고위 명령권자의 위치에서 오는 특수성 때문이었다.

남북전쟁은 흔히 전쟁 역사에 있어서 한 획을 긋는 전쟁이라고 묘사된다. 강선식 소총, 철도, 전신이 전쟁의 수단으로 도입되어 기존 전쟁과는 완전히 다른 양상으로 끌고 갔기 때문이다.[20]

이러한 대변화는 전쟁에 참여한 고위급 지휘관들에게도 많은 영향을 미쳤다. 이들은 이제 자신들에게 익숙하지 않은 무기와 장비를 이용해서 전쟁을 수행해야 했기 때문이었다. 특히 통신과 병참 혁명에서 오는 충격은 군의 고위 지도자들에게 엄청난 결과를 가져왔다. 이는 링컨이 군 지도자를 임명하는 데 있어서나 전장에서 장군들이 전쟁을 수행하는 방식에서 큰 변화를 가져왔다. 다른 말로 표현하면 장군들과 아직 검증받지 못한 대통령 모두 자신들이 이해하지 못하는 군 장비를 가지고 자신들이 예측하지 못하는 방향으로 전쟁을 이끌면서 작전을 수행해야 함을 의미했다. 이러한 변화가 의미했던 바는 미연방이 전쟁에 이기기 위해서는 링컨의 지휘술이 절실히 필요했다는 사실이다.

19세기 중반부와 후반부에 걸쳐서 일어난 그와 같은 변화는 현대식 고위 명령 계통의 실현을 가능하게 만들었다. 정치 지도자들은 전신 등의 통신기술을 이용하여 실시간으로 군사적 행동을 감시하고 지휘할 수 있게 되었다. 이는 오늘날에 이르러 전화, 이메일, 화상회의 등의 통신장비 개발로 더욱 강화되었다. 그에 상응하여 무기와 병참부문의 비약적인 발전이 이뤄짐에 따라 모든 전쟁은 정치인과 장군들에게 새로운 차원의 문제점을 안겨주었다. 평화시에 어떤 식의 훈련을 했는지에 상관없이, 모든 형태의 전쟁이 새로운 방식과 새로운 전쟁수단을 통해 매우 낯선 전장에서 벌어지게 된 것이다.

남북전쟁 동안 발생한 무기류의 비약적 발전은 비단 소총에 국한된 것이 아니라 지뢰, 원시 잠수정, 기관총, 소이탄, 개량된 포탄 뇌관 등 다양한 무기류가 포함되었다. 남북전쟁이 발발할 당시에 전세계 군에서는 17세기 말 이후로 보급된 무강선식 머스캣 화기에서 좀더 성능이 개선된 무기류로 세대교체가 이루어지던 상태였다. 즉 개인용 휴대화기인 소총의 총신에 새겨진 강선을 통해 탄환이 회전력을 얻을 수 있게 되고, 원뿔기둥 형태의 총알인 미니볼이 도입됨으로써 유효사거리가 수백 미터로 늘어났다. 과거의 머스캣 소총 사거리에 비해 획기적인 발전이었다.

소총이 유효사거리가 비약적으로 늘어남에 따라 요새를 방어하기도 그만큼 수월했다. 따라서 보병의 대량 공격을 통해 일거에 요새를 점령하려 했다간 대규모의 사상자가 속출하는 상황이 벌어질 수도 있었다. 특히 요새 외곽에 야전 참호가 방어막 구실을 하고 있을 경우에는 더욱 그러했다. 강선식 소총의 도입은 남북전쟁에 참전한 장군들이 승리를 거두는 데 있어서 하나의 변수로 작용했다. 당시의 훈련 교범은 아직도 나폴레옹 시대의 수준을 벗어나지 못했고 조밀하게 정렬된 공격대형이 유행했고 장애물과 철조망을 통해 참호를 보호하는 일의 중요성에 대해서는 인식하지 못하던 시기였다.

1864년 6월 3일 콜드 하버Cold Harbor에서는 약 7천 명에 달하는 연방정부의 병력이 남부군의 강선식 소총과 대포에 의해 불과 한 시간 만에 추풍낙엽처럼 쓰러져 버렸다. 1863년 11월 29일, 남부군 총사령관 제임스 롱스트릿 장군은 테네시의 샌더스 요새Fort Sanders에 주둔하고 있던 북부군 진영에 대해 공격을 감행했다. 롱스트릿은 방어에 있어서 강선식 소총이 얼마나 위력적인지를 충분히 알고 있는 장군이었지만 이에 개의치 않고 북부군의 작지만 장애물과 철조망으로 둘러싸인 진영을 대규모 병력으로 공격하여 일거에 허물어뜨리려고 시도했다.

불과 250명의 북부군 병력과 12문 정도의 대포가 7천 명에 달하는 남부군 병력을 상대하여 800명에 달하는 남부군 병력을 희생시키는 전과를 올렸다. 북부군 쪽의 희생자는 100명도 안 되었고, 이 중에서 13명을 제외한 나머지 병력은 요새 외곽의 지원 병력이었다. 이를 포함하여 다른 수많은 전투에서도 여지없이 드러났듯이 방어용 화기의 위력이 빛을 발함에 따라서 요새에 대한 공격은 거의 매번 실패로 돌아갔다.

더군다나 남북전쟁 동안 이보다 더 강력한 무기가 첫선을 보였다. 특히 개머리판이나 탄창을 통해 총알을 장전하는 카빈 carbine 소총이 보급되어 병사들은 과거에는 거의 상상도 할 수 없을 정도의 속도로 총알을 장전할 수 있었고 엎드린 상태에서도 사격과 재장전이 가능했다. 물론 이러한 신형 무기류가 전쟁의 판도에 결정적인 영향을 미칠 만큼 대량으로 보급되진 않았지만, 전쟁이 말기로 치달으면서부터는 더욱 강력한 위력을 발휘했다. 신형 무기로 무장한 소규모 북부군의 화력은 남부군을 겁에 질리게 만들었다.

전쟁이 끝나갈 무렵 북부군의 한 장교는 스펜서 연발식 카빈Spencer repeating carbine 소총으로 무장한 기갑부대의 돌격작전에 참여했다가 남부군 포로들이 "7연발 소총에 대항하려고 해봤자 헛수고였어. …"라고 얘기하는 것을 들었다고 한다. 남부군의 한 장교는 "병사들은 7연발 소총에 대해 두려워하고 있었다. 그들은 공포에 떨었고 북부군이 다가오는걸 보고는 마치 귀신에 홀린 듯 떨기 시작했다."라고 말하기도 했다.[21] 대부분의 경우, 기갑부대만이 카빈과 같은 신형 화기를 휴대했다. 카빈은 유효사거리나 정확도 면에서 기존의 무거운 소총보다 떨어졌지만, 단거리에서 카빈의 우수한 기계적 성능과 이를 통해 아군이 심리적으로 갖게 되는 자신감은 적에게 치명적인 피해를 입혔다.

링컨은 개인적으로 남북전쟁 당시 무기개발에 남다른 관심을 기울였다. 예를 들면 개발된 신형 무기를 시범 사격한다든가 개발을 담당하는 기술 장교와 친분을 맺고 심지어는 정부 산하 군수부Ordnance Department에 자신이 발명한 무기를 선보이러 오는 괴짜 발명가들을 직접 대면하기도 했다.[22] 특히 전쟁 초기에 링컨은 군수부의 수장이자 완고한 성격의 소유자인 제임스 리플리James W. Ripley 준장에게 여러 차례 압력을 넣어서 개머리판 총알 장전식 화기를 대량 생산하게끔 조치했다.

링컨은 또한 군사기술 부문에서 괄목할 만한 실적을 보인 미합중국 해군 소속의 1급 무기전문가인 존 달그렌John A. Darlgren에 대해서는 특진까지 시켜주었다. 북부군이 남부군에 비해 무기기술에 있어서 우위를 점하고 있었다고 해서 이것이 전쟁의 결과를 결정할 정도의 영향력을 미치지는 못했다. 하지만 이런 기술적 우위는 전쟁이 막바지에 이를 무렵에는 더욱 위력을 발휘했다. 만약 그런 무기기술의 우위가 없었다면 미합중국 해군은 남부 해안에 대한 봉쇄상태를 유지하지 못했을 것이고, 외국군대의 개입을 차단하는 데에도 실패했을 것이다. 더군다나 전쟁이 지속되었더라면 북부군의 강력한 신형무기로 인해 남아 있던 남부군 병력들은 거의 괴멸되었을 것이다. 특히 개머리판 장전식 소총의 위력은 가히 엄청난 수준이었다.

또 한 가지 간과해서는 안 될 점은 군 작전에서 철도의 적극적인 활용이었다. 1840년 미국의 철도는 4천 800 km 정도에 불과했지만, 1850년에는 1만 6천 km로 늘어났고 남북전쟁 초기에는 약 4만 8천 km에 이르렀다. 전쟁으로 인해 철도가 끊어지기도 했지만 전쟁이 끝나갈 무렵에는 추가적으로 8천 km의 철로가 증설되었다.23

　철도는 전쟁이 시작될 때부터 매우 중요한 수송수단으로 인식되었다. 스톤월 장군의 남부군 여단과 조셉 존스톤Joseph Johnston 장군의 병력은 철도를 통해 셰넌도어Shenandoah 계곡에서 워싱턴에서 약 56 km 떨어진 메나서스Manassas 환승역까지 이동했다. 남부군은 철도를 이용하여 1861년 7월 21일 퍼스트 불 런First Bull Run 전투에서 혼전을 거듭한 끝에 승리를 거두기도 했다. 양 진영 모두 철도를 교통수단으로 활용했지만, 특히 북부군은 철도를 이용해 대규모 병력을 항시 야전에 배치시켜 놓을 수 있었고, 대규모의 전투 후에는 비교적 신속하게 병력과 물자를 보급해줄 수 있었다. 1862년 앤티에텀Antietam 공세부터 시작해서 북부군의 병참부문의 우월성은 입증되기 시작했다. 이는 북부군이 철도를 효과적으로 이용한 데 힘입은 결과였다.24

　예를 들어 1863년의 게티스버그Gettysburg 전투 동안 북부군은 웨스턴 매릴랜드Western Maryland선을 통해 하루에 1천 500톤에 달하는 군수물자를 수송했다. 이는 제2차 세계대전 동안 교전중인 2개 사단 병력에 충분한 물자공급을 할만한 정도의 거대한 수송량이었다. 게티스버그 전투 이후로 북부군의 철도 기술자인 허먼 호프트Herman Haupt는 매일 같이 교전 지역으로 철로를 타설하는 열성을 보였다. 전쟁에서 철도의 역할에 대해 연구한 역사학자 터너Turner는 "리치몬드Richmond에서 프레데릭스버그Fredericksburg까지의 거리보다 볼티모어Baltimore에서 게티스버그까지의 거리가 더 길었지만, 치열한 전투가 계속되는 와중에서 호프트는 메드Meade 장군을 도와 단 나흘 만에 철도를 연결했다. 반면 리 장군의 남부군측에서는 교전중이 아닌데도 불구하고 리치몬드에서 프레데릭스버그까지 철도를 연결하는 데 4개월 이상이나 걸렸다."라고 한다.25 남북전쟁 내내 북부군은 군수물자의 심각한 부족현상을 겪은 적이 없는데 이는 적어도 부분적으로는 철도의 덕분이었다.26

퍼스트 불 런 전투에서처럼 철도를 이용해 군사작전을 수행하는 경우도 가끔 발생했다. 이에 대한 가장 좋은 예는 1863년 9월에 발생한 차타누가 전투였다. 차타누가 전투를 치르기 전 몇 주에 걸쳐서 남부군은 제임스 롱스트릿 장군 휘하의 2개 사단을 차타누가로 이동시키려고 시도했다. 이는 10개의 철로를 경유하면서 1만 6천 km에 달하는 대장정이었다. 하지만 전체 병력의 불과 절반만이 시간에 맞춰 작전 지역에 도착할 수 있었다. 1, 2주 후인 9월 23일 차타누가를 둘러싼 심상치 않은 분위기를 알아차린 스탠턴 국방장관은 포토맥 육군 3만 명을 차타누가에 파병할 계획을 세웠다.

스탠턴 장관은 자신의 수송 작전에 못미더워하는 장군들을 독려하여 동의를 얻었고 북부군 6군단과 7군단 병력은 곧 길을 떠났다. 스탠턴의 결정 이후 12일 만에 2만 5천 명의 병력과 보급품이 거의 1만 8천 km에 이르는 여정을 거쳐 서부에 도착했다.27 북부군은 수송을 위한 인프라 시설을 갖추고 있었다. 하지만 그보다 더 중요한 점은 북부군은 남부군이 소집할 수 있는 병력의 여러 배에 달하는 인원을 2배나 빠른 속도로 수송할 수 있게 해준 조직력을 갖추고 있었다는 사실이다.

철도가 군에 상당한 도움을 준 반면 동시에 군사 활동에 제한을 가져오기도 했다. 1864년 11월 한 달 동안 윌리엄 테컴세 셔먼 장군의 병력이 메이May에서 애틀랜타Atlanta까지 진격할 수 있었던 것도 루이스빌Louisville까지의 760 km에 달하는 철도 보급로를 건설한 덕분이었다. 이는 그야말로 역사에 남을 만한 대역사였다. 차타누가에서 애틀랜타까지 철도를 건설하는 데만 무려 11개의 교량이 필요했을 정도였다. 하지만 셔먼 장군 자신은 북쪽으로 향하는 철로를 남부군의 유격대원이나 기갑부대로부터 보호해야 할 필요성 때문에 군 작전상의 제약을 받아야 했다. 그런 까닭에 대부분의 장군들은 철도로 인해 새로운 차원의 보급망 문제를 떠안아야 했으며, 그 결과로 철로를 건설하고 유지하는 임무만을 전용으로 담당한 새로운 부대가 탄생하는 등 여러 부문에서 혁신적인 조치가 잇따랐다.

전쟁수행에 있어서 나타난 또 하나의 혁명적인 변화는 전보 또는 전신의 출현이었다. 전신은 야전명령을 전달하는 방식을 바꾸었을 뿐만 아니라 정치 지도자들과 야전 사령관들과의 관계마저 변화시켰다. 멕시코 전쟁Mexican War 동안 워싱턴과 윈필드 스콧 장군의 본부가 자리한 뉴욕을 연결하는 통신 수단이 있었던 것은 사실이지만, 그 당시에는 전신이 군사행동에 본격적으로 활용되지 않았다.[28] 1848년 1월에 이르러 3천200 km에 이르는 전신 전용선로가 가설되었다.[29] 그후로 선로는 계속 증설되었고 여기에는 또한 신속한 전쟁 소식에 굶주려 하던 신문사들의 요구에 부합하기 위한 측면도 있었다.

하지만 전신망의 기하급수적 증설은 멕시코 전쟁이 끝나고 나서야 비로소 본격적으로 이루어졌다. 1850년 무렵에 이르러 1만 9천 km에 이르는 전신망이 가동되었고, 남북전쟁이 발발할 무렵에는 여기서 다섯 배 정도의 증설이 이루어졌던 것으로 추정된다. 남북전쟁 동안 남부군은 전신망을 유지하는 데 어려움을 겪었다. 반면 북부군은 1862년 초에 이미 대륙 횡단 전신망을 구축한 것을 포함하여 민간 전용 전신망을 확장했고 별도로 군사전용 전신망도 완비해 놓았다. 전쟁이 끝나갈 무렵에 북부군의 군사 전용 전신망은 해저 케이블을 포함하여 수천 km에 달했다.[30]

1864년에 이르러 통신부대의 노력으로 북부군의 육군 사령부와 군단 본부간에는 지속적인 통신이 이루어졌고, 장군들 또한 소속 부대와 하루에도 수십 번의 전신을 교환했다.31 전쟁 동안 전신 통화량은 엄청난 수준에 이르게 되었다. 한 해 동안만 약 180만 번의 교신이 이뤄졌고 이는 당시의 전신 통화량에 비춰볼 때 경이적인 수준이었다. 1864년 한 해 동안에 1천 명의 병력이 8천 km에 이르는 군사 전용 전신시설을 건설·유지·작동하는 임무를 맡았다.32

하지만 전신망이 전쟁에 미친 가장 중요한 영향은 고위급 명령 계통에 있었다. 개전 초에 이미 전신망을 통해 정치 지도자들은 실제 전장에서 벌어지는 전투상황을 세세히 보고받고 있었다. 1861년 7월 21일 일요일, 링컨 대통령은 남북전쟁의 전투 중에서 첫 번째로 일어난 대규모 전투인 퍼스트 불 런 전투의 격전장으로부터 매 10~15분 간격으로 전신을 받았다.33 고위급 명령계통을 위한 군사전용 전신망은 에드윈 스탠턴 국방장관의 관할이었고, 그는 미육군통신대US Army Signal Corps가 군사전용 전신시설에 대한 통제권을 이양해달라는 요구를 묵살했다. 미국의 군사전용 전신에 대한 권한은 민간과 군에 공동으로 있었으며 이는 전쟁 초기의 혼란한 상황에 기인한 것이었다.

당시 미국전신회사American Telegraph Company는 정부에게 6개월 동안 전신망을 무료로 사용할 수 있는 권리를 주었다. 링컨 행정부의 첫 번째 국방장관인 사이먼 캐머론은 펜실베이니아 정치인 출신으로서 부정에다 무능하기까지 했다. 그는 전신 시스템의 최종 수신 기지를 조지 맥클레런George McClellan 소장의 본부로 설치하는 것을 허락했다. 캐머론의 후임인 에드윈 스탠턴은 혈기왕성하고 자신감에 가득 찬 인물로서 군사전용 전신망의 최종 기지를 맥클레런의 본부에서 제거하여 국방부 본부에 옮겨놓았고 맥클레런에게는 휘하의 병력과 통신할 수 있을 정도의 선로만을 남겨놓았다.34

스탠턴의 집무실 바로 옆에 전신 사무소가 있었고 링컨은 이곳을 거의 매일 들러서 전신 내용을 읽고 그에 대한 답신을 보냈다. 전신 사무소는 또한 첩보 센터로서의 기능도 담당했는데, 이는 전신 기사들이 암호해독 임무까지 맡았기 때문이었다. 암호해독 분야에서 북부군은 남부군보다 자신들이 더 뛰어나다고 믿었다. 실제로 1864년에 미군 통신대장이 국방장관에게 보낸 서신에는 다음과 같은 내용이 있었다. "적이 우리 군에 먼저 도입된 신호체계를 사용하고 있다는 사실은 이제 의심의 여지가 없습니다. 적의 전신 시스템은 아무런 변화가 없지만 우리의 시스템은 많은 발전을 이루었고 어떠한 이적행위에 대해서도 교신 내용을 안전하게 보호할 수 있습니다. 이를 통해 우리는 적의 신호를 읽을 수 있게 되고 우리의 신호는 결코 적이 해독하지 못할 것입니다."35

여러 가지 측면에서 볼 때, 당시 링컨의 전신 사무소는 지금으로 치면 비디오 스크린과 컴퓨터를 갖추고 전쟁 발발시 대통령의 명령 통제 센터가 설치되는 전쟁 상황실Situation Room의 전형이었다. 링컨은 어떤 날에는 십 수개에 이르는 전신을 야전 장군들에게 보냈고, 전투가 전개되면서 그는 그곳에서 전투상황을 보고하는 전신을 읽느라 밤을 지새우는 날도 종종 있었다. 전신 사무소에 근무했던 한 장교는 "링컨은 전투가 일어나면 전신 사무소에서 거의 살다시피 했다."라고 술회했다.36 물론 링컨의 직속 부관격이었던 스탠턴 장관과 핼렉Halleck 장군은 링컨보다 전신을 더욱 빈번히 사용하면서 야전사령관들에게 각자의 작전 구역과 관계된 최신 첩보를 전달해 주었다.37 이제 워싱턴에서 고위급 정치지도자들은 실제 전장에 나가 있는 야전사령관보다 전쟁의 전반적인 상황을 더 정확하게 파악할 수 있게 되었다. 이는 전시중 중앙정부와 각 전투현장간의 관계에 있어서 근본적인 변화를 의미했다.

강선식 소총, 철도, 전신이 결합하여 이루어낸 충격은 전쟁 수행방식 자체를 뒤바꿔 놓았다. 강선식 소총은 야전에서 어느 한 쪽의 일방적인 승리를 어렵게 만들었고 점차적으로 전투의 규모가 커지는 데 기여했다. 철도의 도입으로 대규모 병력이 비교적 빠른 속도로 이동할 수 있었고 그런 까닭에 전쟁터에서 병력이 더 오래 머무를 수 있었다. 또한 보급물자의 신속한 수송으로 해당 지역의 식량에 전적으로 의존할 필요가 없게 되었다. 전신 기술을 적극적으로 활용하여 군사작전을 효과적으로 조율할 수 있게 되었고, 신속한 뉴스 전달을 통해 개개의 전투나 교전 상황의 정치적 파급력을 집중 조명해볼 수 있는 기회를 마련했다.

사실 정보나 뉴스 전달의 수단으로서 전신이 없었다면 신문의 발전은 상상하기 어려운 일이었다. 전신이 도입되기 전까지는 전황과 이에 대한 정치적 반응간에 상당한 시간차가 있었지만, 전신을 통한 즉시적인 정보 전달을 통해 양자간에는 직접적이고 즉각적인 관계가 형성되었다.

전체적으로 보면 신기술의 도입으로 정치 지도자들의 고위 명령계통은 더욱 중요해졌다. 반면 일개 야전사령관으로서는 과거 나폴레옹이나 웰링턴Wellington 식의 독단적인 행동을 취할 수는 없게 되었다. 또한 예나Jena 전투나 아우스터리츠Austerlitz 전투에서와 같이 단 한 번의 전투에서의 승패 여부에 따라 전세가 완전히 바뀌거나 종전되는 일은 앞으로 기대하기 어렵게 되었다. 거기서 그치지 않고 일인이 야전에서 홀로 전체 작전을 통제하는 것 또한 이제 가능하지 않게 되었다. 현대전이 요구하는 병참부문에서의 요구사항, 즉 군수물자의 대량생산, 장비와 보급품에 대한 중앙집중식 일괄구매, 철도를 통해 대규모 병력 및 물자수송 등은 중앙 정부가 나서서 여러 가지 우선권을 조정하고 할당해야 할 필요성을 더욱 강화시켰다.[38]

일부 역사학자들이 주장하는 것처럼, 링컨이 현대식 명령체계에 대해 의식하지 못했을지도 모른다. 하지만 그는 중앙정부가 야전에서의 전쟁 수행에 대해 직접적인 명령을 내리고 영향력을 행사한 첫 번째 전쟁을 성공적으로 이끈 인물이었다. 또한 중요한 점은 링컨은 전쟁의 새로운 환경에 적응하는 군사조직을 창설했다. 하지만 그러한 조직은 북부군이 남북전쟁을 어떤 방식으로 수행해야 하는지에 대한 포괄적 전략이 없었다면 중요한 문제가 아니었을 것이다.

"이들 모두가 적이 된다면 우리의 임무는 감당하기 어려울 것이오"

군통수권자로서 링컨의 가장 큰 의무는 전쟁에 승리하기 위한 전략을 마련하는 일이었다. 이는 어느 정도까지는 민군 정상관계와도 부합하는 역할이었다. 링컨은 전쟁 초기부터 이에 매달렸지만 말을 남발하는 법이 없었으며, 그보다는 각종 통신문이나 서신의 형태로 아니면 핵심 자문관들과의 대화로 풀어나갔다. 그가 품고 있었던 전략의 본질은 간단했고, 다음의 다섯 가지 명제로 축약될 수 있다.

1. 전쟁의 궁극적인 목적은 미국 연방의 복원이지만, 오직 노예제도가 1860년 당시에 존재했던 주들을 넘어서 확대되지 않는다는 조건하에서이다. 평화를 확보하기 위해 헌법상의 원칙을 어기는 일은 없을 것이다. 링컨은 1860년 선거를 치른 후 자신의 동료에게 보낸 편지에서 노예제도의 확대와 관련하여 헌법을 개정하는 문제에 대해 논의하면서 "그런 일은 전혀 없다. 추호도 흔들리지 말라."라고 말했다. 링컨은 관대한 조건하에서 평화를 도모할 준비가 되어 있었지만 전쟁의 원인, 즉 노예제도를 합법화하는 주를 늘리겠다는 남부측의 주장에 대해서는 양보하지 않았다. 남부의 주들은 노예제도 폐지라는 자연스럽고 바람직한 대세를 거스르려고 했는데, 링컨의 입장에서 이는 전쟁의 빌미에 불과했다.

2. 이 문제에 대해 남부가 양보를 하지 않을 경우 전쟁이 불가피하다고 해도, 전쟁은 남부군의 선제공격이 없이 시작되어서는 안 된다. 이것이야말로 초기에 북부군의 허약한 연대를 유지하기 위한 유일한 방법이었다. 이런 이유로 도리어 남부군이 섬터 요새에 첫 포격을 가했던 것이다. 더군다나 미연방 정부는 친연방을 표방하지만 노예제도를 유지하고 있는 델라웨어, 매릴랜드, 켄터키 주정부의 반감을 살 만한 형편이 못 되었다. 링컨은 서부지역에서 존 프레몽John C. Fremont이 성급하게 노예를 해방시킨 데 대해 이를 번복할 필요가 있다고 오빌 브라우닝Orville Browning에게 설명하면서 다음과 같은 글을 남겼다. "켄터키를 잃는다는 것은 이 싸움에서 지는 것과 다름없소. 켄터키가 떨어져 나가면 다음에는 미주리, 그 다음에는 매릴랜드가 차례로 이탈할 것이오. 이들 모두가 우리의 적이 된다면 우리의 임무는 감당하기 어려울 것이오."39

3. 남부연합에 대한 외부 지원을 차단해야 하고, 포용이든 위협이든 무슨 방법을 쓰든지 간에 유럽 열강 특히 영국의 적극적인 전쟁 개입을 막아야 한다. 이 점에서 링컨은 윌리엄 세워드 국무장관의 견해와는 확연한 차이를 보였다. 세워드는 1860년에서 1861년 사이의 위기(1860년 북부 산업자본가의 지지를 받아 공화당의 링컨이 대통령에 당선되면서 미국 내 남부와 북부의 갈등이 시작되었고 1861년 민주당의 지지기반인 남부 여러 주가 미합중국으로부터 분리하여 독자적으로 남부연합을 형성함으로써 위기상황이 본격화되었다) 동안 외세에 의한 위기상황을 이용하여 분열된 국민들을 하나로 묶고 국가적인 통합을 이뤄나가자고 제안했다. 이것이 해상에서 미국의 전쟁권한에 대한 어느 정도의 침해를 의미했다면 링컨 또한 받아들였을 것이지만 현실은 그 이상이었다. 1861년 11월에서 12월에 소위 말하는 트렌트 사태Trent affair가 터졌다. 미합중국 해군의 한 장교가 영국 선

박으로부터 2명의 남부군측 지방행정관을 자신의 배에 태워 주었고, 미합중국 정부측은 이 장교의 행동을 용인하지 않았다. 트랜트 사태는 남북전쟁 동안 미국과 영국간의 관계에 있어서 가장 미묘한 순간이 아니었을까 한다.

4. 궁극적인 승리를 얻기 위해 연방군(북부군)은 남부 연합군을 괴멸시켜야 한다. 링컨은 "반란의 힘은 군, 즉 반란군에게서 나온다."라고 기록했다. 이 말이 암시하는 바는 반란의 궁극적인 힘은 그들의 수도나 영토 심지어 인구수와는 직접적인 관계가 없음을 말한다.40 링컨은 1861년 여름 메나서스 전투에서 남부군을 상대로 전쟁을 시작하면서부터 끝까지 자신의 견해를 일관되게 주장했다. 이는 "리치몬드가 아니라 리 장군의 군대가 우리의 진정한 목표라고 생각한다."라는 링컨의 말 속에서도 분명하게 드러난다.41 전쟁은 책략을 통해서가 아니라 힘든 전투를 통해 이기는 것이다. 즉 리치몬드가 함락되거나 다른 지역을 확보한다고 전쟁이 끝나는 것이 아니라 적의 부대가 무너질 때야말로 종전이 된다.

5. 남부군을 궤멸시키는 가장 효과적인 수단은 남부의 주변을 포위하고 합동공격을 실시하는 것이다. 이를 통해 북부군의 군수물자와 병력규모에 있어서의 우위를 백분활용하게 된다. 전쟁 초기 작성한 수많은 기록을 통해서 링컨은 이 점을 분명히 했다.42 동시 공격을 통한 봉쇄작전은 전쟁의 승리를 위한 핵심요소이다. 이는 또한 어느 특정 지역에 국한된 공격을 의미하는 것은 아니다.

이와 같이 북부군의 전략은 아주 명확해 보인다. 하지만 사실 다섯 가지 명제 중 네 가지는 전쟁이 길어지거나 난항을 겪을 경우 어느 정도의 변경이 필요할 것이다. 전쟁에서 종종 발생하는 것처럼, 전쟁의 목표는 원래의 그것에서 벗어나 적과의 싸움이 가져온 상호작용의 결과로 변질되기도 한다.

민군 정상관계 이론에 따르면, 정치인의 역할은 전쟁 목표를 수립하고 전쟁의 개요를 설정하는 일이라고 명시한다. 하지만 전쟁수행 과정 속에서 전쟁의 목표와 전략이 함께 변하는 과정에 대해서는 설명하지 못하고 있다. 링컨의 원래 전략이 아무리 합리적이었다고 해도 시간이 지나면서 변할 수밖에 없고 실제로도 상당 부분이 변했다. 링컨이 자신의 전략에 수정이 필요하다고 생각한 이유는 원래의 계획에 문제가 있었다고 생각한 것이 아니라 전쟁의 본질 자체가 전쟁의 목표와 군사적 행동을 변하게 만들기 때문이었다.

전시의 정치인이 통과해야 할 시험대는 원대한 전쟁계획을 세우는 자신의 능력이 아니라 상황에 맞게 적응할 줄 아는 능력인 것이다. "노예제도를 유지하면서 연방체제를 보호할 수만 있다면 그렇게 하겠다."라는 링컨의 말에서 알 수 있는 것처럼,43 남북전쟁은 원래 노예제도를 종식시키기 위한 성격의 전쟁은 아니었다. 하지만 시간이 지나면서 그렇게 변해버렸다. 따라서 남북전쟁은 링컨의 의지와는 다르게 혁명전이 되었다.

제임스 맥퍼슨James McPherson이 주장했듯이, "남북전쟁을 미국의 제2차 혁명으로 만든 근본적인 추진력은 링컨의 이념적 청사진이 아니라 전쟁 그 자체였다."44 학자들은 링컨이 이와 같은 전쟁의 성격 변화를 포용했는지 아니면 저항했는지에 대해 의견 일치를 보지 못하고 있다. 어떻든 분명한 점은 남북전쟁은 링컨 자신이 예견은 했지만 바라지는 않았던 성격을 내포하고 있다는 사실이다. 1862년 늦여름에 들어서 전쟁의 성격이 이런 식으로 바뀌게 되자 링컨은 원래 자신의 계획에 미련을 두지 않았다. 미합중국의 국가적 목표를 확대하면서 링컨은 자신이 설정했던 제한적인 목표를 과감히 떨쳐버렸다. 원래의 목표로는 국내의 지지를 얻고 외국의 개입을 차단하기에는 충분치 못했기 때문이었다.

국경 주변에 위치한 주들에 대한 북부군의 통제와 외부세력으로부터 남부군을 고립하는 것을 골자로 하는 링컨의 두 번째, 세 번째 전략을 시행하기에는 많은 어려움이 있었지만 결과적으로 성공을 거두었다. 무력사용의 절제와 현명한 무력사용을 통해 국경 주들을 연방에 묶어놓으려는 그의 희망은 남북전쟁이 끝나기 마지막 6개월 동안 진통을 겪었다. 특히 미주리에서는 급진적인 성향을 띠는 연방주의자들의 부주의한 행동으로 친남부 성향 주민들의 반감을 샀고 오랫동안 게릴라 활동이 뒤따랐다.

프랑스와 함께 영국이 전쟁에 개입하는 것을 막기 위해서는 영국 국민들의 반노예제도 정서를 이용할 필요가 있었고, 이는 궁극적으로 노예 해방으로 이어지도록 해야 했다. 링컨은 아마도 이와 같은 전쟁 시나리오를 설정했을 것이다. 하지만 이는 도리어 전쟁이 더욱 격화되는 양상을 띠는 데에 기여했을 뿐이었다.

링컨의 네 번째 전략은 남부군을 괴멸시키는 것으로서, 이는 예상했던 것보다 훨씬 더 어려웠다. 퍼스트 불 런 전투 후에, 분명하게 드러난 점은 반란군을 완전히 진압하기까지는 몇 년이 걸릴 것이라는 사실이었다. 더군다나 남부군을 괴멸시키기 위해서는 기습작전을 통해 남부 주민들의 사기를 꺾고 전의를 상실케 해야만 했다.[45] 링컨은 남부의 여러 지역에 연방정부의 군대가 출현함으로써 남부 주민들이 고무되어 자체적으로 동요를 일으켜서 반란군의 정부를 전복시키려는 생각을 품었던 것처럼 보인다. 하지만 자발적인 민중봉기는 일어나지 않았고, 남북전쟁은 1864년에서 1865년까지 힘들고 어려운 전쟁 국면으로 전개되었다.[46]

마지막으로 합동공격은 이론상으로는 매우 바람직한 공격형태이지만, 1864년까지 실행에 옮기기에는 불가능한 것으로 판명되었다. 1864년이 되어서도 5개 접전 지역 중 고작 2개 지역에서만 가능했다. 그랜트 장군이 리 장군을 추적하고, 셔먼 장군이 조지아를 접수하고 캘리포니아 남부까지 진출했다. 전쟁 초기에 서부에서 과감한 공세를 취한 것은 결국 실패로 끝났다. 테네시 서부의 친북부 성향의 주민들과 연대하려는 계획도 수포로 돌아갔다.

따라서 링컨의 전쟁 전략의 근간이 되고 있는 '승리 이론'은 훌륭한 이론이었지만 이를 위해서는 실제의 군사작전에 있어서 상당한 부분의 수정이 불가피했다. 제임스 맥퍼슨이 지적하듯이, 때로는 변화라는 것은 타이밍의 문제이다. 가장 좋은 예로는 노예해방 선언으로서, 이는 전쟁의 명분으로서 작용했고 국내와 국외에서 의도했던 효과를 얻기 위해 치밀하게 계획되었다.47

하지만 진정으로 중요한 핵심 사항은 아직 남아 있다. 즉 가장 건전한 전략개념이라 할지라도 치열한 전쟁을 거치면서 수정되게 마련이라는 점이다. 링컨과 같이 탁월한 정치적 예지를 보유한 인물이라 할지라도 큰 전쟁의 향후 추이를 예측할 수는 없었다. 링컨의 궁극적인 전쟁 목표가 변하지 않고 그대로 남아 있었다고 해도 전쟁 계획을 어느 정도는 조정하고 바꿔야 했을 것이다. 이를 위해 링컨은 단순히 괜찮은 군 지도자를 물색하는 것 이상의 노력을 들였어야 했을 것이다. 즉, 그가 꼭 필요로 했던 지도자를 찾아야만 했다.

"정부는 전문가의 능력을 제대로 활용할 줄 몰랐다."

물론 링컨의 임무가 단순히 장군들을 물색하는 일을 초월했지만, 그렇다고 해서 자신이 짜놓은 전쟁 전략과 계획을 충실히 따르면서 새로운 전쟁 수단에 적응할 수 있는 장군을 찾는 일이 중요하지 않았다는 의미는 아니다. 남북전쟁 당시, 팔십 고령의 윈필드 스콧 장군을 제외한다면 전시에 10만 아니 1만 명 이상의 거대 규모의 병력을 지휘한 경험이 있는 장군은 전무했다. 대부분의 전쟁에서처럼 장군들은 평화시에 자신들이 익히 알고 훈련했던 방법과는 매우 다른 방법으로 군 조직을 지휘하는 데 당혹해했다.

링컨에 대한 비판적인 시각을 갖고 있는 사람들은 링컨이 자신의 정략적 판단에 따라 소위 '정치 군인political generals'을 임명했고, 자신의 군사 자문관들을 적절하게 활용하지 못했다고 질책한다. 1880년에 에모리 업턴Emory Upton 소장이 "정부는 전문가의 능력을 제대로 활용할 줄을 몰랐다."라고 말한 것은 민간인 출신의 군 지도자들에 대한 웨스트포인트 출신 장교들의 반감을 반영한 것이었다. 적어도 부분적으로는 그랬다. 그리고 이러한 불만과 비판은 남북전쟁 내내 지속되었다.48

사실 남북전쟁 당시 직업 군인들의 자질에 대해서는 면밀히 검토해 볼 필요가 있다. 북부군 내부에서 일반 장교의 계급까지 오른 이들은 네 부류로 나누어볼 수 있다. 우선 오랫동안 복무한 직업군인들이 있고, 그 다음으로는 5년에서 10년 동안 군생활을 한 다음 제대했다가 복귀한 부류, 다음은 남북전쟁이 터짐에 따라 일반 사병에서 장교로 진급한 젊은 군인들, 마지막으로 군복무 경험이 전무한 민간인 군 지도자들이다. 입대 후 군에 계속해서 머물렀던 장성들 중에는 북부군의 중추적 역할을 하는 이들도 있었다.

예를 들어 윈필드 스콧 행콕(USMA(United States Military Academy at West Point : 미국 육군사관학교 또는 웨스트포인트) 40기]과 존 레이놀즈John Reynolds(USMA 41기)는 게티스버그 전투에서 혁혁한 공을 세웠다. 이들은 웨스트포인트 출신 장교들 중에서 최고였고 충직하고 빈틈없는 군인들로서 포토맥 육군에 소속되어 수많은 전쟁을 치른 백전노장들이었으며, 군이 어려움에 빠졌을 때에도 사기를 지탱해준 든든한 장군들이었다. 서부군에 소속된 조지 토머스George Thomas(USMA 40기) 장군 또한 그에 못지 않은 전과를 올렸다. 그는 1863년 9월 남부군이 치카모가Chickamauga 전투에서 윌리엄 로즈크레인William Rosecrane 장군이 이끈 큠버랜드 육군Army of Cumberland을 산산조각 내면서 파죽지세로 쳐들어왔을 때, 북부군의 철도 보급망을 끈덕지게 방어하는 데 성공함으로써 '치카모가의 바위the Rock of Chikamauga'라는 별명을 얻은 인물이다.

이들 외에 다른 베테랑 장군들도 남북전쟁 초기에는 정치권으로부터 많은 주목을 받았다. 사실 링컨은 전쟁 초기에는 이들 노장군들에게 북부군의 지휘를 맡겼다. 이들 대부분이 멕시코 전쟁에서 좋은 전과를 올렸지만, 어느 누구도 웨스트포인트에서 사관생도로서의 교육 외에 다른 군사교육은 받지 않았다.

사실 웨스트포인트에서는 공학에 주안점을 두는 수업이 대부분이었다(웨스트포인트는 원래 미국의 공병학교로 출발했다). 너군나나 이들 중에서 전시에 최고위 수준의 명령계통에서 복무한 경험을 가진 이는 거의 없었다. 전쟁 중에는 무능한 장군들에 대해서 놀라울 정도로 신속한 숙청 작업이 실시된다. 더군다나 남북전쟁 초에 높은 존경을 받았던 군인들을 포함하여 상당한 수의 군인들이 고위 명령계통에는 부적격자인 것으로 판명되었다.

예를 들어 사무엘 하인첼먼Samuel Heintzelman(USMA 26기)은 개인으로서는 용맹스런 인물이었지만, 1862년 버지니아 반도에 위치한 남부군의 위장 진영을 공격하는 계획에 대해서는 주저하는 모습을 보였다. 그는 1862년 8월 29일에서 30일 이틀 동안 벌어진 제2차 불 런 전투에서 형편없는 전과를 올렸기 때문에 그후 행정 사령관으로 전출당했다. 돈

카를로스 부엘Don Carlos Buell(USMA 41기)은 1862년 가을에 남부군의 켄터키 공세를 성공적으로 막아냈지만 패퇴한 적을 추격하는 데는 실패했다. 그는 이로 인해 그해 10월에 보직이 바뀌는 수모를 겪어야 했다. 올리버 오티스 하워드Oliver Otis Howard(USMA 54기)는 겉으로 보기에는 그럴 듯한 이력을 가진 지휘관으로 보였지만, 실상 부대 지휘관으로 재임하면서 챈셀로스빌Chancellorsville 전투에서는 대패했고 게티스버그 전투에서는 완전히 괴멸당했으며, 차타누가 전투에서도 이렇다 할 전과를 올리지 못했다.

당시에 미연방 군대에서 직업 군인으로 오래 재직했던 장성들의 이력에는 화려한 전적도 있었지만 또한 작전에 실패한 경우도 많았다. 전반적으로 평가할 때 이들이 연방 정부군에 기여한 공로는 고작해야 대의에 충실했고 군 조직 정비에 힘을 기울인 정도였다. 흥미로운 점은 군에 계속 머물렀던 능력 있는 장군들 중의 일부는 비교적 젊은 편이었고, 웨스트포인트에서 갓 졸업해 남북전쟁 초에 자신의 군 경력을 부관으로 시작했던 인물들이었다. 에모리 업턴(USMA 60기)은 남북전쟁이 종전되었을 때 계급이 소장에 불과했고 포토맥 육군에 소속된 군단장이었다. 제임스 윌슨James Wilson 또한 종전 당시 소장이었고 윌리엄 테컴세 셔먼 장군이 이끄는 기갑부대의 지휘관 역할을 했다. 이런 젊은 군인 집단은 노령의 장성들이 부족했던 군인으로서의 기백과 과감성을 제공했다.

이들보다 더욱 흥미로운 인물은 군에서 일정 시기 동안 복무한 후 제대했다가 다시 복귀한 경우이다. 그랜트(USMA 43기)는 1854년 전역했고 셔먼(USMA 40기)과 앰브로스는 1853년에 군복을 벗었다. 맥클레런(USMA 46기)은 1857년에, 로즈크레인(USMA 42기)은 1854년에, 후커(USMA 37기)는 1853년에 각각 제대했다. 바로 이들 중에서 북부군의 주요 장성들이 배출되었다. 물론 이들 중에는 훌륭한 장군도 있었지만 형편없는 장군도 있었고 아예 무관심한 장군도 있었다.

왜 이들이 북부군에 대거 기용되어 요직을 차지했는지에 대한 이유는 흥미롭다. 아마도 가장 야심차고 적극적인 인물들은 평화시에는 군을 떠났기 때문이 아닐까 한다. 아마 이들은 군대를 초월하여 세상물정에 밝았고, 따라서 급격한 변화를 보이던 군과 병참체계를 지휘하는 데 더 적합하지 않았을까 하는 추측을 해본다. 예를 들어 맥클레런은 군에서 전역한 이후 4년 동안 철도회사의 중역으로 성공가도를 달렸고, 다시 군에 복귀하여 이 부문에서 큰 공을 올린 점은 우연의 일치라고 보기 어렵다.

링컨은 정치인들을 일반 군인으로 임명하기도 했는데, 이는 전후에 업턴과 같은 이들을 분노케 했다. 하지만 이 부분은 다소 부풀려진 점이 없지 않다. 물론 링컨이 임명한 일부 정치인 출신 장성들 중에는 끔찍할 정도로 무능했던 이들도 있었다. 예컨대, 나다니엘 뱅스Nathaniel Banks는 전직 매사추세츠 하원의장과 주지사를 지냈다가 군 지휘관으로 임명된 인물로서, 1864년 남부군의 스톤월 잭슨 장군에게 두 번이나 패했고 그가 지휘한 레드 리버Red River 원정도 실패로 돌아갔다.

하지만 다른 민간인 출신 군 지휘관들은 상당히 훌륭한 전과를 올리기도 했다. 그 중 일부는 정치인 출신이 아니었다. 조슈아 로렌스 챔벌레인 Joshua Lawrence Chamberlain이 좋은 예라 할 수 있다. 챔벌레인의 명성은 게티스버그 전투를 다룬 마이클 샤애러Michael Shaara의 소설 『킬러 엔젤스Killer Angels』의 영향으로 실제보다 부풀려진 점이 없지 않다. 어쨌든, 그는 교수 출신이었으며 전쟁이 터진 후에는 소장으로서 군단장 자리를 맡았다. 챔벌레인은 애퍼매톡스Appomattox 전투에서 리 장군의 항복을 받아냈고, 이는 챔벌레인 개인으로 볼 때는 군인으로서의 큰 영예였다.

매사추세츠 시골 출신이었던 넬슨 마일스Nelson Miles는 일반 사병에서 출발했다가 남북전쟁이 터진 직후 군단장이 되었다. 마일스는 후에 미 육군 총사령관까지 올랐다. 일리노이 출신으로 노예제 확대를 반대하는 민주당원Free Soil Democrat이었던 존 로건John Logan은 서부지역에서 두드러진 활약상을 보였고 군단 사령관과 테네시 육군의 총사령관 대행을 맡기도 했다. 오하이오 출신의 정치인이었던 제이콥 콕스Jacob Cox는 포토맥 육군에 소속된 군단장으로서 두각을 나타냈고, 나중에는 프랭클린Franklin 전투와 네슈빌Nashville 전투에까지 참전했다.

악명 높은 정치인 출신 장군들 중의 일부도 알고 보면 나름대로의 사연이 있다. 예컨대, 뉴욕 출신의 대니얼 시클스Daniel Sickles는 1859년 백악관 앞에서 아내의 정부情夫를 총으로 쏴 죽였지만 법정에서 순간적으로 제정신이 아니었다고 탄원함으로써 자신을 성공적으로 변호했던 인물이었다. 그는 게티스버그 전투에서 상관의 명령을 거스른 채 북부군의 좌익 대형을 적에게 노출시켜 큰 피해를 입혔다고 역사에 기록된 군인이다. 그 전투에서 그는 다리 하나를 잃어야 했다. 사실을 말하자면 그가 지휘했던 3군단 휘하의 사병 및 참모들은 시클스를 좋아하고 존경했으며, 챈셀로스빌 전투에서는 근처 지형에 대한 정보를 충분히 꿰뚫고 있었고 전투 수행능력도 기복 없이 우수하다는 사실을 유감없이 보여주었다.

악명 높은 벤 버틀러Ben Butler 또한 민주당원으로서 매사추세츠의 주지사를 역임했고, 리치몬드가 포위되면서 돌이킬 수 없는 실수를 저지름으로서 무능한 군인이라는 평판을 들었으며, 남북전쟁 초기에는 부패사건과도 연루되어 있다는 의혹을 받았다. 하지만 그의 잘못이야 어떠했든지 간에, 1861년 매사추세츠에 있던 한 연대를 지휘하여 남부군의 공격으로부터 워싱턴을 구해낸 인물 또한 버틀러였다. 또한 수차례의 수륙양용 작전을 성공적으로 수행하고 뉴 올리안즈의 군사 책임자로서의 업무를 효과적으로 처리한 장본인도 바로 버틀러였다.

버틀러는 다른 어떤 장군보다도 더 적극적으로 개틀링Gatling 기관총, 연발식 강선 소총, 화염방사기, 철조망, 무장 기차 등 신무기를 도입하는 데 앞장을 섰다. 그는 1861년 여름, 풍선 기구를 이용하여 '항공 정찰을 시도한 첫 번째 미국 장군'이었다.49 버틀러가 리치몬드 외곽에서 남부군에게 포위당했고, 남부군의 리 장군과 뷰리가드Beauregard 장군의 손에 농락을 당했다고 하지만, 이런 꼴을 당한 북부군의 장군이 그 혼자일리는 없는 것이다.

민간인 출신 장성들에 대해 선입관을 갖고 있었다는 그랜트조차도 한때 법조인이었던 존 롤린스John Rawlins 밑에서 비서실장으로 일하기도 했다. 이와 유사한 경우로 대니얼 버터필드Daniel Butterfield를 들 수 있는데, 그는 제복에 다는 기장記章과 휘장 제도를 도입하여 북부군에 소속된 모든 군단이 고유의 기장 및 휘장을 가질 수 있도록 한 인물이다. 더군다나 전쟁 초기부터 북부군의 철도를 조직했던 허먼 호프트Herman Haupt 같은 이들은 북부군의 행정 제도를 처리하는데 중추적인 역할을 했다. 호프트는 1835년 웨스트포인트를 졸업한 지 3개월 만에 자신의 임관 보직에서 사임한 인물이다.

정치인 출신 장군들이 종종 링컨의 후원을 받은 것은 사실이지만, 그에는 충분한 이유가 있었다. 여러 가지 면에서 북부 연방(링컨이 대통령으로 있던 미연방은 the Union이지만, 여기서는 남부 연합the Confederate과 구별하기 위해 '북부'라는 단어를 덧붙였다)은 하나의 완벽한 국가라기보다는 좀더 느슨한 형태의 연대 형태와 유사했다. 그런 까닭에 대통령은 전쟁중에 소속 주의 주민들로부터 지원을 받기 위해 한 해당 선거구의 정치 지도자들에게 도움을 청하는 경우도 가끔씩 발생했다.

남북전쟁에 찬성하는 민주당원들과 독일로부터 이민온 미국인들이 특히 중요한 비중을 차지했으며 특별 대우를 받기도 했다. 더군다나 여러 명의 정치인들은 무능한 웨스트포인트 출신 장교들이 능력 있는 민간인 군인들에 비해 편애를 받고 있다고 여러 차례 불만을 터뜨렸다. 존 로건의 경우가 좋은 예라 할 수 있다. 그는 유능한 지휘관이었지만 자신보다 능력에서는 뒤떨어지는 웨스트포인트 출신인 올리버 하워드Oliver O. Howard에 밀려 테네시 육군의 사령관직에서 물러나야만 했다.

링컨의 휘하에는 믿고 작전을 맡길 만한 유능한 장군들이 많지 않았고, 또한 '유능하다'는 말 자체도 과거나 지금이나 매우 모호한 말이다. 남북전쟁이 터졌을 때 스콧 장군을 제외한다면 여러 전투에 참가해본 경험이 있는 장군은 한 명도 없었다. 맥클레런과 같은 장군은 탁월한 훈련 전문가였고 군을 조직하거나 군을 상대로 정신무장 교육을 하는 데 있어서 발군의 실력을 보였다. 다른 장군들도 뛰어난 성과를 올리긴 했지만 기갑공격이나 방어 작전과 같은 한정된 분야에 국한되었다.

하지만 일련의 시행착오를 거쳐서 이들은 자신의 숨겨진 재능을 보여줄 수 있었다. 이 경우에 가장 완벽하게 들어맞는 예가 바로 셔먼과 그랜트이다. 셔먼은 정신적으로 약간 불안정했고 그랜트는 술만 마시면 행패를 부리는 주벽이 있었는데, 이런 결함은 주변 인물들로 하여금 과연 이들이 군사 지휘관으로서의 자질이 있는가 하는 의혹을 불러일으켰다. 이런 의혹을 불식시키기에는 어느 정도의 시간이 필요했다.

링컨은 군사문제에서 자신의 판단력을 배양하여 개인적 특성이나 군사적 실수 중에서 눈감아줘야 할 부분과 그냥 넘어갈 수 없는 부분을 결정해야만 했다. 링컨 휘하의 군사 지휘관들 중 완벽한 이는 아무도 없었다. 모두가 전쟁 초기나 말기 할 것 없이 콜드 하버Cold Harbor에서 그랜트처럼 너무 성급하게 처리하려다 실수를 저지르기도 했고, 아니면 애틀랜타에서 셔먼처럼 너무 몸을 사리다가 일을 망치기도 했다.50

링컨에게는 장군을 발탁하는 일이 평화시에서처럼 몇 명 안 되는 후보

중에서 한 명을 선택하는 차원이 아니라, 여러 명의 유망한 재목들을 골라서 집중 육성하고 일부는 제거하는 과정이었다.

"매일 매시간을 조심하고 그 다음엔 밀어붙여라"

훌륭한 장군을 찾아내는 일은 전략적인 성공을 위한 선결조건 중의 하나에 불과하다. 이들을 잘 이끌어 전시의 정치 지도자들의 지시에 충실하게 따르도록 하는 일 또한 매우 중요한 문제였다. 링컨이 제시했던 전략적 원칙들은 실제 적용에 있어서 수정을 거쳐야만 했고, 이러한 원칙들이 제대로 잘 지켜지고 있는지 감시하고 그렇지 못할 경우 개입해야만 했다. 따라서 링컨은 이런 원칙들을 한두 번 말로만 알려주는 것에 그치는 것이 아니라 지휘관들의 뇌리에 깊이 새겨 넣어야만 했다. 군 지휘관들은 그와는 정반대로 사고하는 경우가 많았으며 이따금 자기 생각대로 독자적인 행동을 하는 경우도 있기 때문이다.

링컨의 이러한 사고 방식이 분명하게 나타난 사례는 남부에서 작전을 수행하던 북부군 장군들이 자의적으로 해방시킨 사건에서이다. 링컨이 이 사건을 어떻게 처리했는지 살펴보기로 하자. 남북전쟁 초기부터 북부군의 유격대 진지가 남부군 영토에 설치되면서 흑인 노예들이 북부군 진지로 도망쳐오기 시작했다. 의욕이 너무 넘쳐 있던 북부군 사령관들은 이들을 통해 노예 해방의 본보기로 삼으려 했다. 이런 일이 한두 번 이상으로 벌어짐에 따라 전쟁의 양상은 링컨이 미처 이에 대해 준비하기도 전에 매우 치열하게 변모해 갔다. 링컨은 이에 제동을 걸기 위해 여러 차례 시도했다. 예를 들어 1862년 링컨은 조지아, 플로리다, 사우스캐롤라이나에서 데이비드 헌터 소장이 실시했던 노예해방 조치에 대해 공식적으로

이를 번복하는 선언문을 공표했다. 당시 헌터 장군은 캐롤라이나 해안가에 위치한 부대를 지휘하고 있었다.51

당시 많은 북부군 사령관들은 야전에서 적을 격퇴시키는 것만으로는 남북전쟁을 이길 수 있다고 생각하지 않았다. 반면 링컨은 이런 식의 사고를 자신의 전략에 대한 위협으로 간주했다. 링컨은 포토맥 육군의 제3사령관이었던 조 후커Joe Hooker 장군에게 "장군의 진정한 목표는 리치몬드가 아니라 리 장군의 병력이오."라고 말했지만 후커 또한 다른 장군과 마찬가지로 링컨을 만족시키지 못했다.52 이런 맥락에서 링컨이 전쟁에 대한 자신의 근본적인 이해에 따라 행동했던 한 장군을 발견하자마자 즉시 그랜트 장군에게로 파견한 사실은 놀랄 만한 일이 아니다.

전쟁 초기에 북부군 장군들은 방어에만 급급한 경향이 있었다. 이는 자신들이 대치하고 있는 적들의 전투능력과 관계가 있었다. 하지만 링컨의 입장에서 이보다 더 불안했던 점은 많은 장교들, 특히 포토맥 육군에 소속된 장교들은 단순히 소심한 차원에 그치지 않고 실제로 링컨의 정책에 정면으로 반대한 점이다. 상당수의 장군들이 남부 연합군측과 협상을 통해 입장 차이를 절충한 다음 평화를 유지하기를 바랐다. 맥클레런의 견해도 이와 크게 차이가 나지 않았으며, 그보다 더 파격적이었다.

1862년 9월 26일 링컨은 헨리 핼렉 참모총장의 보좌관인 존 키John J. Key 소령과, 전직 상원의원이며 민주당의 지도자급 의원으로서 맥클레런을 보좌했던 토머스 키Thomas M. Key 대령에게 친서를 보냈다. 키 소령과 키 대령은 형제였다. 링컨은 편지에서 레비 터너Levi C. Turner 소령이 사석에서 키 소령에게 "샤프스버그Sharpsburg 전투 직후에 반란군들을 쓸어버리지 않은 이유가 무엇인가?"라고 물었더니 키 소령이 그에 다음과 같은 대답을 한 것을 알게 되었노라고 적었다.

이건 이기고 지는 게임이 아냐. 목표는 어느 한 쪽이 다른 쪽에 대해 우위를 차지하는 문제가 아니라는 말이지. 양쪽은 지쳐 쓰러질 때까지 전장에 남아 있게 될 것이고, 그때 가서 우리는 협상을 하게 되고 노예제도는 폐지되지 않을 거야.

이 서신을 수령한 지 24시간 안에 터너 소령 편에 귀관이 그런 대답을 한 적도 없으며 그런 뜻도 품지 않았다는 것을 증명해 주면 고맙겠소.[53]

키 소령은 그 다음날 직접 링컨에게 찾아왔다. 키 소령은 자기가 그런 말을 한 것을 부인할 수가 없었다. 링컨은 키 소령에게 편지를 건네주었는데, 거기에는 "미합중국의 군 장교로 임관된 자가 키 소령과 같은 그런 의견을 입밖에 꺼냈다는 것은 전적으로 용인할 수 없는 일이오."라고 적혀 있었다. 링컨은 즉시 키 소령을 직위 해제했고, "만약 북부군 병력 중에 우리가 적에 대해 확실한 우위를 점할 수 있는데도 하지 않을 것을 놓고 게임을 벌이는 자가 있다면, 그의 진정한 목표는 판을 깨자는 것이다."라고 말했다. 1862년 11월 24일 링컨은 헬렉 장군을 통해 수많은 복직 탄원서를 제출했던 키 소령에게 두 번째 편지를 보냈다.

누구라도 이제 링컨이 그 유명한 자비심을 베풀 때가 되지 않았나 하고 쉽게 상상이 갈 것이다. 맥클레런은 사령관에서 해직되었고 그 자리를 좀 더 고분고분한 앰브로스 번사이드가 차지했다. 키 소령이 자신의 잘못을 회개하고 있다는 것은 의심의 여지가 없었고, 게다가 그는 한 인간으로서 북부군의 대의를 위해 개인적으로 최대의 희생을 치러야 했다. 즉 그의 아들이 오하이오 의용군에서 대위로 복무했었는데 2주일 전에 전투에서 입은 상처로 목숨을 잃었던 것이다. 링컨 또한 이 사실을 알고 있었다. 링컨이 키 소령에게 보낸 편지의 첫 부분에는 직위 해제에다 아들까지 잃은 장교에 대한 링컨의 조의가 짙게 묻어나왔다. 하지만 또한 링컨은 그에 부가하여 다음과 같은 말도 잊지 않았다.

> 본인은 귀관이 나라에 불충하다는 이유로 죄를 물은 것은 아니며 또 그럴 의도도 없었소. 내가 우려했던 바는, 군 내부에 많지는 않지만 일련의 장교들이 미국 연방을 보존하는 방법과 관련하여 아주 해괴망측한 논리에 근거하여, 적을 쳐부술 수 있는데도 불구하고 그렇게 하지 않는 식의 게임을 벌이고 있다는 소식이었소. 그리고 귀관이 나와 직접 대면했을 때도 스스로 그 '게임'에 대해 찬성한다고 공언했음을 말해주는 증거가 있었고, 귀관은 이에 대해서는 반론을 제기하지 않았소. 이에 본인은 귀관을 본보기로 삼아 앞서 말한 일련의 장교들에 대해 경고를 했던 것이오.
> 나는 귀관에 대해 어떤 개인적인 감정도 없고 또한 개인적인 상처를 주지 않으면서 좋은 본보기를 삼지 못했던 나의 부족한 능력에 대해서도 심심한 유감을 표하는 바이오. 하지만 이제 공익의 관점에서 귀관을 다시 복직시킨다면 상황이 어떻게 변할 것 같소? 군에서는 나 자신이 그 게임에 대해 지지하고 승인하는 것으로 이해하지 않겠소? 귀관이 그렇게 확고하게 공언했는지에 대해 약간의 의문이라도 있다면 상황은 크게 달라졌을 수도 있었을 텐데 말이오.…
> 해직 건으로 해서 내가 귀관의 심려를 끼쳤다면 정말 유감이오, 하지만 나로서는 치우침이 없이 일관되게 일을 처리해 나가는 과정에서 어떻게 달리 방도가 없었소.[54]

사실 이런 내용의 편지를 조국을 위해 사랑하는 아들을 잃은 지 얼마 안 되는 아버지에게 보낸다는 것은 누구라도 선뜻 내키지 않았을 것이다. 하지만 링컨은 이에 대해 단호한 태도를 보였다. 링컨은 성탄절이 지난 이틀 후에 이 문제에 대해 최종 검토를 하고 "모든 면에 대해 심사숙고했지만, 이미 내려진 결정을 번복할 만한 충분한 근거를 발견하지 못했다."

라는 결론을 내렸다.55 이를 통해 링컨의 온정이나 인간적 연민의 이면에는 그와 같은 불굴의 의지도 있었다는 것을 알 수 있다.

하지만 연방의 대의와 관련된 문제와 관련해서 링컨은 매우 엄격한 판단기준을 보유하고 있었고, 이는 예상을 벗어나는 일이 없었다. 포토맥 육군 소속의 조지 메드 장군이 게티스버그 전투에서 남부군의 리 장군이 지휘한 북부 버지니아 육군Army of Northern Virginia을 격퇴했을 때, 메드는 "침략자들을 우리의 땅에서 몰아내는" 내용에 대해 언급했는데, 이 말이 링컨을 격노하게 만들었다.

이는 맥클레런에 대한 두려운 회상이다. 이와 똑같은 사고방식에서 그는 "펜실베이니아와 매릴랜드가 안전하다"는 이유만으로 큰 승리를 했다고 말하기도 했다. 과연 장군들은 이런 사고방식을 뇌리에서 지워낼 수 있을까? 전 국토가 우리 땅이다. … 우리의 군은 장군들의 손에 달려 있고 … 우리는 지금까지 힘든 노동을 통해 밭을 갈고 씨를 뿌려 거대한 양의 곡물을 키워냈다. 이제 곡식은 무르익었건만 아직 이를 수확하지 않았다.56

패퇴한 남부군이 물이 불어 넘치는 포토맥 강에 막혀 오도가도 못하는 처지가 되었지만, 이들을 완전히 괴멸시키지 않은 데 대해 링컨이 크게 실망했다는 소식을 들은 메드는 홧김에 사의를 표명했다. 이에 링컨은 다음과 같은 편지를 썼다.

… 친애하는 장군, 나는 장군이 적군의 철수와 관련하여 일어난 불미스런 사태의 중요성에 대해 충분히 인식하고 있다고 보지 않소. 장군은 쉽게 남부군의 리 장군을 잡을 수도 있었고 그랬다면 이를 계기로 우리 군이 더욱 힘차게 밀어붙여 전쟁을 끝낼 수도 있었을 것이오. 이제 전쟁은 기약 없이

지속될 것이고, 실제로도 그러고 있소. 지난 월요일 장군이 리 장군이 이끄는 적군을 공격하는데 너무 큰 위험이 따랐다면, 강의 남쪽 지역에서 아군 병력의 3분의 2를 거느리고 어떻게 전투를 할 수 있겠소? 그와 같은 일을 기대하기엔 너무 터무니없을 것이고, 나 또한 장군이 그런 전과를 올릴 수 있을 거라고 기대하지 않소. 장군의 황금 기회는 이제 물 건너갔고 나는 그 때문에 상상할 수 없을 정도로 괴로워하고 있소.57

링컨은 이 편지를 보내지는 않았다. 핼럭은 메드를 설득해서 사임 의사를 철회하도록 만들었고, 링컨은 그 문제에 대해 다시는 언급하지 않았다. 하지만 그해 9월, 메드가 리와 벌어진 접전에서 다시 한번 그를 잡지 못하게 되자 링컨은 포토맥 육군의 대규모 병력을 서부로 파견해 버렸다. 서부에서 이들은 차타누가 전투를 승리로 이끌면서 전성기를 구가했다.
한편 링컨은 1863년에서 1864년에 걸친 겨울 동안 그랜트를 동부 전선에 배치시켜 휘하 부대의 총사령관으로서의 임무뿐만 아니라 포토맥 육군의 사령관으로서의 역할도 수행하게 했다.58 메드는 충직하고 실력 있는 장군으로 인정을 받았을지는 모르겠지만, 뒤처리를 말끔히 하지 못했다. 링컨은 그런 그를 신뢰하지 않았고 전투의 마지막에는 그를 감시했으며, 그랜트 또한 그런 면에 있어서 메드를 신뢰하지 않았다.
처음부터 링컨은 장군들에게 일방적인 명령을 내리기보다는 의문을 표시하며 이들의 의표를 찔렀고 대안을 제시했다. 하지만 링컨은 그 전에 장군들에게 다양한 군사적 조언을 아끼지 않았다. 본장의 앞부분에서 섬터 요새를 구조하는 것과 관련하여 링컨이 부관들과 다양한 접촉을 시도했고 이것이 스콧 장군의 심기를 불편하게 한 것을 알아보았다. 그후 스콧 장군은 임기를 채운 후 야전 사령관에서 은퇴했고 맥클레런이 그의 뒤를 이었다. 링컨은 그 후에도 계속해서 스콧에게 군사적 조언을 구했고 반도 공격Peninsula Campaign(반도 공격은 1862년 3월부터 시작되었다. 맥클레런 장군이 이끄는 12만 명에 달하는 북부군 병력은 육로를 통해 적들이 운집해 있는 북부 버지니아로 바로 진격하지 않고 해상을 이용하여 요크 제임스 반도York-James Peninsula의 끝부분에 도착한 후, 서쪽으로 진격하면서 교전을 벌였고 마침내 리치몬드에 도달했다)이 한창이었던 1862년 6월 24일과 25일 양일에 걸쳐 그에게 조언을 구하기 위해 웨스트포인트를 직접 방문하기도 했다.

링컨에게 든든한 군사자문관이 되어준 이는 에선 앨런 히치콕Ethan Allan Hitchcock이었다. 독립전쟁의 영웅 에선 앨런 장군의 손자이며 야금술과 스베덴보리(스웨덴의 종교적 신비주의 철학자) 철학에 대한 여섯 권의 책을 펴낸 히치콕은 멕시코에 주둔한 스콧 장군 부대의 감찰관을 비롯해 군의 귀감이 되는 이력을 보유하고 있었다.

여러 가지 중요한 문제에 대해 링컨은 그의 조언을 청했다. 예를 들면, 링컨과 스탠턴 국방장관은 맥클레런 장군이 포토맥 육군을 지휘하면서 요크 제임스 반도York-James Peninsula로 진격하는 동안 워싱턴을 남부군의 공격에 노출시켰다고 생각했고 이에 대해 히치콕의 조언을 청했다. 히치콕과 그의 부관인 로렌조 토머스Lorenzo Thomas는 보고서 형식을 통해 맥클레런은 포토맥 육군이 반도에서 리치몬드를 점령하려고 시도하는 동안 워싱턴을 '완벽할 정도로 안전한' 상태로 유지해야 한다는 링컨의 요구조건을 충족시키지 못했다는 점을 인정했다.[59]

링컨은 또한 개인적 관찰이나 고위급 군 지도자들과의 면담을 통해 군사작전의 수행에 대한 정보를 직접 얻기도 했다. 예를 들어 1862년, 링컨은 요크 제임스 반도에 자리한 포토맥 육군을 방문하여 군의 보건상태, 사기, 작전 전망 등에 대해 비단 맥클레런 장군뿐만 아니라 그의 수석 보좌관들과도 만나 이야기를 나누었다.[60]

링컨은 이러 식으로 최전방 부대를 여러 차례 방문했다. 이 중에는 앤티에텀Antietam 전투 후인 1862년 10월 1일에서 5일까지, 그리고 후커 장군이 챈셀로스빌Chancellorsville 공격에 실패하기 전인 1863년 4월에, 그리고 작전이 끝난 후인 4월 4일에서 6일까지 해당 부대를 직접 방문했다. 그는 후커 장군의 부대에 대해서는 5월 7일 다시 한번 방문하기도 했다. 링컨은 남부군의 주벌 얼리Jubal Early 장군이 1864년 7월 11일 워싱턴으로 진격하면서 포화에 시달릴 동안에도 북부군의 전방 순시에 나섰다. 그다음 먼로 요새Fortess Monroe에 진을 치고 있던 그랜트 장군을 방문하여 잠시 협의를 했고, 그랜트가 먼로 요새에서 지휘계통을 확고히 수립한 후인 8월 첫 주에는 그를 워싱턴에 불러들였다.

링컨은 남북전쟁 내내 군사령관들과 지속적인 접촉을 가졌고, 이는 적어도 그랜트 장군이 미 육군 총사령관으로 임명될 때까지는 계속되었다. 물론 링컨은 자신에게 보고되는 모든 내용에 대해 흡족해 하지는 않았다. 일례로서 링컨은 포토맥 육군의 여러 사령관들 내부에서 비공식적인 파벌이 형성되고 있다는 소식을 듣고 이에 대해 후커 장군에게 경고를 보내기도 했다. 링컨은 시종일관 군의 동향이 어떤지에 대해 보고를 받았고 소상하게 파악하고 있었다.61 그리고 가끔씩 그는 휘하 장군들의 조언에 따르기도 했다. 조지 맥클레런 장군의 사양에도 불구하고 사단급 부대에 대한 지휘권을 맡긴 것도 부장들의 말을 듣고 나서였다.62

아마 링컨이 활용한 군통제 원리 중에서 흥미로운 점은, 스탠턴과 함께 국방차관이었던 찰스 데이나Charles Dana를 야전에 나가 있는 북부군의 동태를 파악하는 인물로 활용했다는 사실이다. 데이나는 당시 전쟁이 발발했을 무렵 44세였고 〈뉴욕 트리뷴New York Tribune〉의 부편집장이자 회사 지분의 20%를 소유한 대주주였다. 데이나는 자신의 정치적 이념 문제로 〈뉴욕 트리뷴〉의 설립자인 호레이스 그릴리Horace Greely에 의해 해고되었고, 그후 전쟁이 터지기 직전에 링컨과 스텐턴의 눈에 띄었다. 개전 초부터 데이나는 서부 지역으로 파견되어 일리노이의 카이로 Cairo에 있는 병기부 비리에 대한 감찰관으로 활동했다.63 하지만 그의 나중 행적을 보면 과연 비리 감찰업무가 그의 진정한 임무였는지를 의심케 하는 대목이 눈에 띈다.

데이나는 북부군과 남부군의 경계지역을 돌아다니며 목화 거래 사업을 준비하려고 하던 중이었는데, 1863년 3월 스텐턴이 데이나를 워싱턴으로 불러들였고 그에게 임무를 위임했다. 스텐턴은 그에게 자신과 대통령은 정보를 원한다고 말했다. 실제 말을 빌리자면 '링컨 대통령이 그랜트 장군과 당시에 의심이 가는 인물이나 여기저기서 불만을 사고 있는 인물들에 대해 정확한 결정을 내릴 수 있도록 해주는 정보'를 원했다.64 데이나의 명목상 보직은 국방부의 특수행정관으로서 서부 전선에 있는 군의 봉급제도를 조사하는 임무를 맡고 있다.

하지만 그의 진짜 임무는 매일 부대에서 보는 상황을 링컨과 자신에게 보고하는 일이라고 스텐턴은 말했다. 이를 위해 데이나는 스텐턴과의 교신에 사용하기 위한 전용 암호해독 체계를 휴대하기도 했다. 데이나는 서부로 향하여 그랜트 장군의 부대에 도착했다. 현명한 그랜트는 참모들의 만류에도 불구하고 데이나에게 숨김없이 모든 것을 공개했다. 얼마 지나지 않아 데이나는 그랜트에 대해 호감을 갖게 되었고, 워싱턴 정가에서 그랜트에 대한 가장 열렬한 후원자 노릇을 하게 되었다.

스텐턴은 데이나로 하여금 자신이 파견되는 부대의 사령관들에게 조언을 하는 일을 삼가도록 지시했다. 데이나는 이 지시가 매우 신중한 배려였음을 곧 깨달았다.65 빅스버그Vicksburg 전투에서 승리한 후 스텐턴 장관은 데이나를 윌리엄 로즈크레인 장군에게 파견하여 그와 컴버랜드 육군을 감시하라고 지시했다. 1863년 12월 데이나는 워싱턴에 복귀했고 곧 국방차관에 임명되었다. 이듬해 5월에 그랜트 장군은 대 전투를 시작했다. 윌더니스Wilderness(윌더니스는 버지니아의 래피던 강 유역에 위치한 미개척지로 울창한 숲으로 뒤덮여서 군사작전에 상당한 어려움을 겪었다고 한다)에서 출발하여 피터스버그Petersburg에서는 적에게 포위되기도 하는 등 악전고투 끝에 마침내 남부군을 괴멸시켰다.

링컨은 직접 데이나를 그랜트 장군의 병기부로 파견하여 그랜트의 행동에 대한 정보를 정기적으로 보고하도록 지시했다. 그는 그곳에서 여름을 보내고 워싱턴으로 복귀했고 주벌 얼리 장군이 워싱턴을 공격할 때 그랜트와 국방부를 연결하는 연락장교로도 활동했다. 그때부터 전쟁이 끝날 때까지 데이나는 워싱턴에 머물면서 남부군에 스파이를 파견하여 적의 동정을 살피게 하고 정부 조달업체, 정직하지 못한 정부요원들의 비리를 파헤치고, … 정부에 불충한 인사들에 대한 체포를 지시하는 일을 담당했다.66 링컨이 암살당한 후 이와 관련된 음모에 가담한 자들을 조사하는 데 도움을 얻기 위해 스탠턴이 맨처음 연락한 인물도 바로 데이나였다.

언론인으로서의 그의 경력은 링컨과 스탠턴이 염두에 두었던 임무에 데이나가 적격이라는 결론을 이끌어냈다. 성실하면서도 충직한 특파원으로서 데이나가 기록한 전쟁 상황은 정확하면서도 읽는 이를 몰입하게 하는 흡인력이 있었다. 하지만 더 중요했던 점은 인물을 평가할 줄 아는 그의 예리한 혜안이었다. 차타누가에 부대를 거느리고 있었던 로즈크레인 장군에 대한 그의 인물평은 다음과 같았다.

사교성 측면에서는 어느 누구보다도 뛰어나지만 공인으로서의 로즈크레인 장군은 행정력이 부족하고 어려움에 처했을 때 투명성이나 일관성이 없는 무능한 인물이라는 점을 분명히 밝히는 일이 저의 의무라고 봅니다. 그는 창의성도 있고 지식도 풍부하지만 의지력이나 집중력이 부족합니다. 그의 마음은 혼란스러워서 바쁠 때나 상황이 종료되지 않은 야간에 시간을 어떻게 보내야 하는지에 대한 아무런 체계가 없습니다. 자신의 휘하에 있는 부관의 의견에 대해서 반대할 만한 용기도 없고, 명령은 좋아하지만 나약한 사령관입니다. 양심적이고 정직하지만 오만하고 논쟁을 좋아하는 편입니다. 항상 변덕이 죽 끓듯 하며 밖에 나가서는 자신의 친구들에 대한 칭찬을 열광적으로 떠벌리기도 합니다.

제 생각으로는 현재 상황에서 부대를 그의 수중에 계속 맡겨두면 불안하다고 생각됩니다. 하지만 토머스 장군을 빼면 그의 자리를 대체할 만한 인물이 마땅치 않습니다. 날씨는 쾌청하지만 구름이 약간 끼어 있음.67

하지만 전반적으로 볼 때, 데이나의 역할은 스탠턴과 링컨에게 군사작전에 대한 믿을 만한 정보처를 제공하여 야전 사령관들에 대해 올바른 판단을 할 수 있도록 도와주었을 뿐이었다. 그랜트에 대한 그의 긍정적인 평가는 과거에 실로Shiloh 전투에서의 그랜트의 실수와 음주벽으로 생긴 그에 대한 불신을 불식시켜 주는 데 상당한 영향을 미쳤을 것이다.68 링컨은 믿을 수 있는 정보원을 파견하여 중요한 정보를 입수했다. 또한 이를 통해 야전의 장군들이 자신들의 전과나 공로에 대한 직접적인 보고서보다도 더 풍부하고 분명한 객관적인 정보처를 확보할 수 있었다.

그랜트가 링컨과 스탠턴의 신임을 얻은 후에도 링컨은 데이나를 그랜트의 본부에 파견했고 그에 대한 움직임을 보고하도록 지시했다. 이는 링컨이 전쟁의 전체적인 방향에 대해서는 그랜트의 뜻에 맡겨두지 않았다는 것을 보여주는 증거이다. 데이나는 그랜트의 든든한 후원자로 돌아섰지만 그렇다고 해서 그가 더 이상 유용하지 않다는 것을 의미하진 않았다. 그는 언론인 특유의 날카로운 필치로 군사작전에 대해 빠짐없이 기록했고 고위급 정부관리로 통하는 창구 역할도 했다. 그는 그랜트에 대한 동정적 입장에서의 관찰자로서, 그에게 자신이 처해 있는 정치적 환경이 어떠한 것인지에 대한 통찰력을 제공했다.

예를 들면, 1864년 여름 데이나는 그랜트 장군의 수석 참모인 롤링스 Rawlins 장군에게 당시의 정치적 현실에 대한 '내부적 진실the interior truth'에 대해 경고를 했다. 당시에는 7만 명의 사상자가 발생한 거대한 전투가 벌어진 직후였으며, 이로 인해 남부군의 습격으로부터 워싱턴을 방어할 병력이 거의 없을 시기였다. 물론 북부군이 당한 많은 재앙에 대한 직접적인 책임은 버틀러 장군과 메드 장군이 져야 했지만, 총사령관으로서 그랜트 장군 또한 자유로울 수 없는 실정이었다. 데이나는 이에 대해 "그것이 진실이며 이에 대한 정답은 없다."라고 기록했다.69

전쟁이 막바지에 이르면서, 링컨은 그랜트의 일거수일투족을 면밀히 감시했다. 1865년 3월 3일, 그는 스탠턴을 통해 그랜트에게 엄격한 지시를 했다. 그 내용은 "리 장군의 항복이나 아주 사소한 문제 또는 아주 순수하게 군사적인 문제를 제외한 일체의 사안에 대해 리 장군과 어떤 형태의 회의도 가져서도 아니 되며 … 장군은 정치적 문제에 대해 결정하거나 토의하거나 상의해서는 아니 될 것이오. 그러한 사안은 대통령이 결정해야 할 문제요. 그리고 어떠한 군사적 회의나 대화에서도 그러한 문제에 대해 논의하지 마시오. 한편으로 장군은 군사적으로 유리한 고지를 차지하기 위해 최선을 다하시오."였다.70

링컨의 관심사는 단순히 이론적인 차원과는 거리가 멀었다. 링컨이 1865년 4월 18일 사망한 지 며칠이 지나서, 셔먼 장군은 남부군의 주요 병력 중에서 최후까지 항전했던 조셉 존스턴Joseph Johnston 장군에게 터무니없을 정도로 관대한 항복조건에 동의했다. 그 중에는 남부의 주정부의 존재에 대해 미합중국 연방 정부가 공식적으로 인정해 준다는 조항과 아직까지 주정부의 권력구도에 대한 갈등이 끊이지 않는 주에 대해서는 이를 대법원에 넘긴다는 조항, 그리고 모든 남부 주민들에게 모든 정치적 권리와 사면권을 보장해 준다는 조항이 포함됐다. 이러한 조항들은 링컨 행정부 당시에는 모두 거부당한 사안들이었다.71 스탠턴의 명령으로 그랜트는 셔먼 장군에게 그러한 정전 협정을 철회할 것을 지시했다. 스탠턴은 이 합의를 인정하지 않는다는 뜻을 공개적으로 발표했고 이에 대해 셔먼은 격노했다. 그는 너무 화가 나서 한 달 후에 워싱턴에서 거행된 미 육군의 사열식 행사장에서 스탠턴과 악수하는 것도 거부했다.72

여기서 그랜트의 역할은 특기할 만한 것이 없다. 그는 단지 링컨의 권위를 충실하게 존중해 주었을 뿐, 링컨과 직접적인 연락을 한 적도 거의 없고 행동으로도 별다른 역할을 보여주지 못했다.73 1864년 7월 19일 그랜트가 링컨에게 보낸 서신에서 그랜트의 이런 면을 잘 보여주는 대목이 있다. 당시 그는 남북전쟁을 수행하기 위해 30만 명의 증원군을 요청했다.

다음은 그랜트가 보낸 편지의 시작 부분이다. "지금 말씀드리는 내용은 저의 개인적인 의견이며 지시의 의미는 전혀 포함되어 있지 않다는 점과, 항상 제게 주어진 병력과 물자만을 사용하여 최대한의 전과를 거두기 위한 만반의 준비가 되어 있다는 점을 먼저 밝혀두는 바입니다."74 링컨은 이에 대해 그랜트는 자신이 하루 전에 50만의 병력을 증원해야 한다고 말한 것을 듣지 못했나보다고 답했다고 한다. 정치문제에 대해서라면 그랜트는 링컨 휘하의 어느 장군보다도 고분고분했고, 대통령의 질문과 제안 및 견해에 대해 조바심을 내지도 않았다.

그랜트를 육군 총사령관에 임명했다고 해서 링컨의 군사작전 개입이 끝난 것은 아니었다. 1864년 7월에 주벌 얼리가 워싱턴을 침공할 동안, 링컨은 다시 한번 적극적으로 개입했다. 얼리의 최종 공략 목표에 대해 먼저 불안감을 느낀 쪽은 스탠턴과 링컨이었다. 그랜트 진영에서는 비교적 낙관적인 전망을 내놓으며 남부군이 워싱턴을 목표로 북부군 진영 깊숙이 진격하지는 못할 것이라고 결론을 내렸다.75 링컨은 그랜트가 워싱턴으로 복귀할 것을 제안했는데, 이는 워싱턴을 방어하기 위해서가 아니라 얼리 군대를 격퇴시키기 위해서였다. 그랜트는 군대를 급파했지만 자신은 피터스버그에 남아 있었고, 링컨은 여러 장군들과 긴밀한 접촉을 유지하면서 작전을 계속해서 지켜보았다.

북부군의 추격 작전은 명령 계통의 혼란과 참모총장이었던 핼렉 장군의 의지 부족과 무능으로 큰 혼선을 빚게 되었다. 핼렉은 워싱턴 지역에서 여러 병력을 규합하라는 링컨의 명령을 따르지 않았다.76 그후 링컨은 7월 31일 먼로 요새에서 있었던 회의에 그랜트를 소환했다. 하루 전에 북부군은 피츠버그에 있던 리 장군의 부대를 공격했지만 실패했다. 남부군은 셰넌도어 계곡의 거점에서 출발하여 펜실베이니아에 대한 기습공격을 감행할 동안 채임버스버그Chambersburg의 마을을 불태워 버렸지만, 이에 대해 북부군은 적당한 대응을 하지 못했다. 링컨은 이를 못마땅해 했고 그랜트에게 고압적인 어조의 서신을 보냈다.

장군이 병력을 파견하면서 "나는 야전에서 모든 병력에 대해 셰리던 Sheridan 장군이 명령권을 갖기를 원한다. 그에게 적의 근거지인 남부를 향해 목숨을 다해 적을 추격하라고 지시했다. 적이 어디로 가든지 우리의 병력도 뒤쫓을 것이다."라고 말한 것을 알고 있소. 우리의 병력이 어떻게 행동해야 하느냐에 대한 장군의 지론은 정확히 옳다고 생각하고 있소. 하지만 장군이 그 명령을 내린 이후로 여기로부터 받을 수도 있는 파견병력에 대해 생각해 보시오. 그리고 여기 있는 누구라도 '적의 근거지인 남부로 향해' 간다거나 아니면 '목숨을 다해' 셰리던을 따를지에 대해서 과연 생각이나 해본 적이 있는지 알아보시오. 장군에게 반복해서 말하지만, 장군이 직접 나서서

매일 매시간을 조심하고 그 다음엔 밀어붙이지 않으면 어떠한 시도도 완수할 수 없을 것이오.77

다음날 그랜트는 워싱턴에 도착했다. 그후 며칠 동안 그는 대서양 주변에 위치한 여러 주들의 군사조직을 재정비했고 셰넌도어 육군을 창설했으며, 지휘관으로 필립 셰리던Philip Sheridan 장군을 임명했다. 셰리던은 말 그대로 얼리를 추격하여 죽였다.

"전투와 정치력은 상호의존적이다"

링컨의 군사작전 감시는 죽기 전까지 계속되었다. 물론 이는 시간이 지남에 따라 변화의 과정을 겪었다. 그랜트 장군에 대한 그의 신임이 절대적인 수준은 아니었지만 매우 두터웠고 전임자들보다 그랜트에 대한 감시는 많이 완화되었다. 하지만 평화협상 문제와 작전상의 위기상황에서는 링컨은 주저없이 자신의 권한을 철저하게 행사했다. 전쟁이 시작되었을 때 그랬던 것처럼 링컨은 군사작전의 세부적인 사항에 대해서도 자세하게 알고 있었고, 군의 동태와 사령관들의 파견 등에 대해서도 놓치는 일이 없었다. 이런 면에서 군 작전에 대한 링컨의 상황 파악은 대부분의 장군들만큼 또는 그들보다 더 나은 수준을 유지했다.78

많은 정치 지도자들처럼 링컨 또한 종종 헨리 핼렉 장군이나 에드윈 스탠턴 장관을 중재인으로 내세워 일을 간접적으로 처리하길 좋아했다. 물론 그런 와중에서도 자신의 역할을 위장하는 일은 거의 없었다. 링컨은 핼렉과 스탠턴을 야전에 있는 사령관들에게 파견하여 자신의 지시를 전달하기도 했다. 이에 대해 스탠턴은 충실히 따른 반면 핼렉은 이를 기피하는 경우가 비일비재했지만, 두 사람은 누가 백악관의 주인인지에 대해서 잘 알고 있었다.

링컨은 두 사람에게 그러한 임무를 부여하는 과정을 통해 자신의 권위를 강화하면서도 그들이 갖고 있는 영향력을 이용하였다. 핼렉은 군 통수권자에 대한 일종의 군사문제 고문으로서 활동하며 자신의 지식과 경험을 알려주었다. 핼렉이 가끔 까다롭고 교활한 행정가로서 비쳐지고 어느 한 비평가가 말한 것처럼 '먹물만 든 깡통an emptiness surrounded by an education'으로 묘사되기도 했지만, 여러 가지 장점을 보유하고 있었다. 우선 그는 여러 명의 사령관들로부터 존경을 받고 있었다.

1863년 12월에 셔먼 장군이 자신의 동생인 존 셔먼John Sherman 상원의원에게 보낸 편지에는 다음과 같은 내용이 담겨 있다. "핼렉 장군은 군내에서 어느 누구보다도 능력이 뛰어난 인물이다. 그랜트에게서 핼렉이 갖고 있지 못한 자질을 발견할 수 있다지만, 이는 전군을 지휘할 정도의 자질이라고 보기는 어렵다. 전쟁이 총사령관이라는 직책에 걸맞는 자질을 개발해 주지는 못했다."[79]

핼렉은 '올드 브레인Old Brains'이라는 별명을 얻었고 이전 시대였다면 훌륭한 군인이 될 수 있었던 인물이지만, 당대에 발생했던 전쟁수단과 방법의 급격한 변화에는 제대로 적응하지 못했다.[80] 그는 군사문제와 국제법에 대한 책을 통해 호평을 받기도 했다. 링컨 행정부 시절 해군 장관을 역임한 기던 웰레스Gideon Welles의 비평에 따르면, 핼렉은 '다른 사람의 업적과 행동에 대해 괜찮은 비평가'였지만 '임전태세, 용기, 열정'이 부족하여 열의를 가지고 일을 처리할 역량은 못되었다고 한다.[81]

링컨은 1862년 12월 포토맥 육군이 내부적으로 자신감이 결여되고 사기가 떨어지는 위기를 겪을 동안 핼렉이 지휘관으로서 리더십을 발휘하지 못했고, 1864년 여름에 얼리가 워싱턴을 습격했을 때에도 군 지휘관으로서의 훌륭한 모습을 보여주지 못했다고 생각했다. 링컨에게 핼렉은 비상사태 시에도 믿고 맡길 수 있는 그런 존재는 되지 못했다.

하지만 핼렉은 전쟁중에 민간인 지도자와 군부간의 원활한 의사소통을 돕는 데 아주 유용한 역할을 했다.82 그랜트가 미군 총사령관으로 임명되었을 때도 핼렉이 재임하고 있었던 참모총장 자리를 차지하려는 마음은 전혀 없었다. 물론 핼렉이 전쟁 초기에 그랜트를 그리 잘 대해준 것은 아니다. 1862년 4월에 그랜트는 핼렉을 가리켜 "우리 시대에 가장 위대한 인물 중의 하나"라고 추켜세우기까지 했다. 물론 전쟁이 끝나갈 무렵에는 그랜트의 견해도 많이 바뀌었으리라 추측된다.83

핼렉은 링컨과 야전 사령관들을 연결하는 통신 창구로서, 군사문제 해설가로서, 그리고 행정 부문의 총감독으로서 일했고, 이는 이 책의 다른 장에서 다루겠지만 그리 특이한 역할은 아니었다. 반면 에드윈 스탠턴은 그와는 판이한 인물이었다. 그는 넘치는 활력과 야심 그리고 불같은 성질을 가진 인물이었다. 전쟁에 찬성한 민주당원으로서 1860년에서 1861년 겨울동안 일어난 위기상황에서도 미연방 정부를 보호하기 위해 최선을 다했다. 당시의 제임스 뷰캐넌James Buchanan 행정부는 각종 음모와 내부 알력으로 인해 와해되고 있는 상황이었고, 스탠턴은 이전에 링컨의 정적으로 주목을 받던 정치인이었다. 스탠턴이 국방장관으로 임명받는 날까지 그는 워싱턴 정가에서 링컨과 함께 많은 비난을 감내해야 했다.84 세워드 국무장관이 "대통령이 국방부를 지배했다."고 말했지만 링컨과 스탠턴의 관계는 비할 데 없을 정도로 각별했다.85

스탠턴은 대부분의 군 장성들이 연방을 다시 통합하는 데 필요한 열정이 부족하다고 믿었고 그들을 불신했다. 셔먼 장군이 남부군의 존스턴 Johnston 장군과 정전협정을 맺으면서 행정부의 지시를 어긴 데 대해 스탠턴의 분노가 폭발한 이유도 이런 맥락에서 이해해야 할 것이다.86 링컨과 스탠턴은 친밀한 관계를 유지했고, 링컨은 밤이나 낮이나 가리지 않고 스탠턴의 집무실로 찾아가서 전신 내용을 확인하고 군사작전에 대해 그와 상의했다. 스탠턴에게는 링컨 행정부와 군부의 장성들 가운데에 많은 정적이 있었지만, 대통령은 그에 대한 신임을 아끼지 않았고 또한 스탠턴의 넘치는 열정을 절실히 필요로 했다. 스탠턴은 국방장관으로 임명된 날부터 시작해서 남북전쟁이 끝날 때까지 놀라울 정도의 활력과 정열을 가지고 링컨을 보좌했다.

제1장에서 우리는 민간인 전쟁 지도자의 전통적인 역할에 대한 기존의 인식에 대해 알아보았다. 즉 정책에 대한 기본적이고 포괄적인 방향을 설정하고 군수물자를 동원하고 최고위 군사령관들을 임명하는 일 등이다. 링컨은 이러한 과제를 정면으로 감당해야 했고, 이는 복잡한 선택을 필요로 하는 매우 중대한 문제였다. 고위 군사령관이 대통령의 정책에 전적으로 찬동한다 하더라도 그에 걸맞는 군사적 능력과 자질을 가지고 있으리란 법은 없었으며 그 반대의 경우도 마찬가지였다. 부분적으로 그런 이유 때문에 링컨과 스탠턴은 정치인 출신 장군들에게 일정 수준의 특별대우를 했다. 이들은 직업군인은 아니었지만 반란군을 괴멸시키려는 열정과 의지를 갖고 있었다.

이런 열정과 의지는 당시 충분한 능력을 갖춘 직업 군인들에게서 찾아보기 힘든 실정이었다. 그와 동시에 링컨과 스탠턴은 북부의 병력과 군수물자를 동원하여 실제 전장에 투입해야 했다. 물론 이들의 방식이 항상 효율적인 군수물자 운용으로 이어지지는 못했다. 사실 북부군에서는 전투로 인해 병력손실이 생기면 이를 보충하는 과정에서 기존의 부대에 신병을 공급하는 방식이 아니라 새로운 부대를 창설하는 방식으로 병력을 확보했다. 이러한 관행의 결과로 과도한 수의 군부대가 정원에 모자라는 병력으로 어려움을 겪어야 했고, 신병들은 고참병들로부터 실전에서 필요한 여러 가지 지식과 경험을 습득하지 못하게 되었다. 하지만 그와 동시에 이러한 관행은 또한 북부 지역의 정치인들과 주요 주의 주지사들로 하여금 자신들의 영향력을 강화하고 새로운 부대를 창설하는 데 따른 정치적 충격을 자기들의 목적을 위해 이용케 했다.87

하지만 민간인 전쟁 지도자의 전통적인 임무가 아무리 어렵다 하더라도 이는 군통수권자로서 링컨이 떠안은 수많은 의무 중의 일부에 지나지 않았다. 실제로 링컨은 이외에도 다른 많은 일을 해야 했다. 링컨은 장군들을 임명하는 것뿐만 아니라 이들을 교육시키고 훈련시켜서 이끌었다. 이를 위해 링컨은 자신도 전쟁의 세부적인 사항, 즉 전쟁기술, 군 조직, 군의 이동 등에 대해 통달해야 한다고 믿었고 이를 위해 노력을 아끼지 않았다. 이러한 과정을 통해 링컨은 군 장교들에 대해서도 현명한 판단을 내릴 수 있게 되었다. 전쟁 기술이 급격한 변화를 이루고 있는 시기에 기존의 직업군인들이 새로운 차원의 임무에 대해 최적의 수단과 방법을 선택할 수 있다고 믿고 내맡길 수는 없는 노릇이었다.

어느 개인과 마찬가지로 그들 또한 가끔씩은 옛 친구나 동료를 편애하기 마련이다. 셔먼과 그랜트는 시민 의용군에 대해서는 부정적인 선입관을 가졌지만 정규군에 대해서는 우호적인 입장을 취했다. 그 결과로 군단급 사령관 자리도 충분히 수행할 능력이 있었던 존 로건 같은 능력 있는 인물이 인사에 있어서 불이익을 당해야 했고, 1864년 여름 주벌 얼리에게 대패를 당한 데이비드 헌터David Hunter와 같이 무능한 군인들이 혜택을 보는 경우도 있었다.88 그랜트나 리 같은 뛰어난 군 지도자들은 신무기 기술의 영향력에 대해 항상 완벽하게 인식하지 못했고, 핼렉과 같은 군 행정관들은 철도와 같은 민간 분야의 신기술에 대해 그 중요성을 충분히 깨닫지 못했다.

전쟁이 전반적으로 전술적이고 기술적인 양상으로 흘러간다 하더라도 군 장성들이 상황을 오판하는 경우도 간혹 발생했다. 그랜트는 얼리가 워싱턴 공격을 염두에 두었다는 사실을 초기에는 간과하지 못했고, 이로 인해 남부군 기습병력을 격파할 병력을 조직하는 문제에 대한 적절한 결정이 제때에 이뤄지지 못했다. 장군들은 실제 당면한 작전구역과 임무에 대해서만 집중력을 발휘할 뿐이었다.

예를 들어 셔먼 장군의 군대가 남부의 심장부를 공격할 동안 그랜트는 시너지 효과를 노려서 피터스버그를 포위했고 리가 이끄는 병력을 괴멸시키려고 노력했다. 하지만 그랜트는 한때나마 전쟁에 대한 큰 그림을 그리는 데에는 실패하기도 했다. 남북전쟁 당시 다른 어떤 장군보다 대륙적인 시각에서 전쟁을 바라보고 이에 대한 비전을 제시했고, 그에 따라 전쟁을 수행했던 그랜트가 그러했다면 그보다 능력이 모자라는 다른 장군들 또한 그와 같은 실수를 저지를 수 있는 것이다.

링컨은 남북전쟁의 의도에 대해 장군들을 교육시켜야 했고, 이들에게 전쟁이 본질적으로 갖게 되는 정치적 특성을 상기시켜 주어야 했다. 그는 단순히 전쟁에 대한 전략적 접근법을 개발한 것이 아니라, 장군들이 자신의 전략대로 따르도록 하기 위해 많은 노력을 했다. 그의 군 지휘관들이 항상 링컨과 의견이 일치한 것도 아니었고 장군들간에도 이견이 발생했지만, 링컨은 항상 중재자의 역할을 자처했고 비중 있는 사안이든 아니든 간에 성의껏 중재노력을 펼쳤다. 링컨은 한 목소리로 말하는 군사적 조언에 대해서는 받아들이는 법이 거의 없었고, 이로 인해 군사 자문관들이 그에게 일체의 조언을 제공하지 않으려고 한 적도 여러 번 있었다.

아마도 링컨에 대한 최고의 전기는 남북전쟁 동안 링컨을 가장 잘 알고 있었던 그의 비서 존 니콜라이John Nicolay와 존 헤이John Hay 두 사람이 쓴 작품일 것이다. 전쟁에 대해 그들이 묘사한 내용은 군 통수권자로서 링컨의 역할에 대해 "링컨은 장군을 임명할 뿐이다."라는 식의 해석과는 전혀 맞지 않는다. 그보다는 전쟁 수행에 있어서 자신이 통제권을 행사하려고 했던 링컨의 노력에 대한 묘사는 정치와 전쟁에 대해 칼 폰 클라우제비츠가 남긴 여러 금언과 일치한다. 링컨이 장군들의 의혹에 찬 눈초리에도 불구하고 1861년 7월 남부군에 대한 초기 공격이 필요하다고 생각한 이유를 설명하며 니콜라이와 헤이는 다음과 같이 기술했다.

전쟁에 대한 역사적 판단은 융통성이라곤 전혀 없는 법칙에 따르기 마련이다. 즉 아주 불완전하게 이해되거나 아니면 중요한 사실이 아예 무시되어 버린다. 군사부문의 전문서적을 집필하는 작가들은 역사적으로 중요한 전투에 대해 체스 두듯이 일정 법칙에 따라 사실을 짜맞추려 하면서 전쟁의 정치적 요소에 대해서는 완전히 무시하는 경우도 왕왕 발생한다. 이는 아주 근본적인 실수이다.

모든 전쟁은 정치적 고려에 의해 시작되고 지배되고 끝나게 된다. 국가가 없고 정부가 없고 돈이 없고 지원병을 공급하는 원천이 되는 대중의 열정이 없고 징집을 감내하는 대중적 지지가 없다면, 전쟁은 발생할 수가 없고 서로에 대한 조직적인 적의의 시작도 끝도 존재하지 않을 것이다. 전쟁과 정치, 전투와 정치력은 샴쌍둥이 같은 관계이다. 이들은 서로 갈라놓을 수 없고 상호 의존적이다. 행정부의 지시와 간섭에 대해 말하는 것 없이 군사작전을 논하는 것은 병력이나 봉급 또는 배급품 없이 전투를 계획하려는 것과 같은 터무니없는 일이다.[89]

미국의 전시 대통령 중에서 가장 위대한 인물로 링컨을 꼽는 것은 전쟁과 정치의 상호작용에 대한 링컨의 철학과 군사문제에 대한 그의 이해와 인간의 본성을 간파하는 능력 때문이다.

CHAPTER 3
클레망소의 방문

클레망소가 사망한 지 60~70년이 흐른 후에야 "현장 방문을 통한 경영management by walking around"이라는 신조어가 널리 사용되었지만, 그 개념은 이미 클레망소에 의해 구현된 것이었다. 클레망소는 단순히 보고서를 통해 얻는 피상적인 내용과는 구별되는 자세한 정보의 중요성을 잘 인식하고 있었다. 사람들의 눈을 통해 또는 그들이 자신들의 주장을 전개하는 방식을 통해 그리고 사소한 불만사항이나 삶을 직접 체험하는 것을 통해 정확하고 자세한 정보를 수집하려고 노력했다.

1918년 3월 30일 프랑스에 대한 독일군의 공세가 정점에 이르렀을 무렵, 영국의 신임 국방장관으로 임명된 윈스턴 처칠은 로이드 조지Lloyd George 영국 총리의 요청으로 프랑스를 방문했다. 당시 독일군의 공격으로 큰 피해를 입은 쪽은 영국군 제5군이었지만, 프랑스도 상당한 타격을 입었으며 독일군의 거센 공세와 고성능 무기에 무릎을 꿇어야 했다. 연합군은 무너지고 있었고 파리 외곽에서 독일군과의 대전투를 앞두고 있었다. 프랑스의 조르주 클레망소 총리를 대동한 정치인들이 영국군의 사령부를 방문했다. 당시 영국군은 프랑스의 병력 지원을 절박한 심정으로 요청하고 있는 중이었다. 다음은 처칠이 당시 상황을 기록한 글이다.

"아주 좋아요."라고 클레망소는 영어로 그들에게 말했다. "그럼 이제 괜찮은 거군요. 저는 지금까지 여러분들이 바라는 대로 해왔습니다. 과거 문제는 신경 쓰지 맙시다. 귀국의 병력이 지쳐 있고 우리가 현재 튼튼한 병력을 보유하고 있다면, 즉시 우리 병력을 파견해서 귀국을 돕도록 할 것이오. 그리고 지금 개인적인 부탁 한 가지 들어주시오."라고 클레망소가 말했다.

"뭡니까, 총리각하?" 그를 맞은 영국군 제4군 사령관인 헨리 롤린슨 Henry Rawlinson 장군이 물었다.

"강을 건너서 전투를 지켜보고 싶소."

롤린슨은 고개를 가로저으며 말했다.

"각하께서 몸소 강을 건너서는 안 됩니다."

"왜 안 된단 말이오?"

"예, 저희로선 강 건너편의 상황이 어떤지 전혀 모르고 있습니다. 상황은 아주 불확실합니다."

클레망소는 큰 목소리로 "좋소, 우리는 다시 힘을 얻게 될 것이오. 여기까지 와서 두 사단 병력을 파견해 놓고서도 그냥 간다는 건 있을 수 없는 일이오. 나는 강을 건너지 않고서는 돌아가지 않을 것이오. 윈스턴 처칠 장관, 나와 함께 갑시다. 루시에르Loucheur 장군도 갑시다. 포탄 몇 발이 장군에게 큰 힘이 될 수도 있지 않겠소."라고 말하면서 국방장관을 쳐다보았다.

불가항력을 느꼈던지 롤린슨 장군은 선선히 클레망소 일행을 호위하여 영국군을 볼 수 있을 정도의 근접한 지점까지 이들을 대동했다. 산등성이에서 불과 300 m 떨어진 지점이었다. 클레망소는 차에서 내렸고 나머지 일행도 그를 따랐다.

우리는 약 25분 동안 병사들과 이야기를 나누었고 지형을 살펴보았다. 근처에 포탄이 떨어지지는 않았으며 적어도 100 m 앞에서 떨어지는 듯 했다. 루시에르와 클레망소는 초등학생들처럼 한껏 들떠 있었고 조심하는 기색도 없었다. 반면 프랑스 측의 참모들은 총리의 안전에 신경 쓰는 모습이었다. 그들은 내가 총리를 설득하여 어서 이곳을 떠나도록 할 것을 요청했다. 더 이상 볼 것도 없고 군 전체를 둘러보기에는 너무 많은 시간이 소요된다는 주장이었다. '호랑이'라는 별명을 가진 이 노회한 총리는 자신을 알아보고 경례를 하는 지친 영국군 장교들과 악수를 나누고 있었다. 우리는 그들에게 가져온 시가담배를 내밀었다. 그 다음 나는 총리에게 이제 떠나야 한다고 말했다. 기분이 한껏 좋아진 총리는 내 말에 이의를 달지 않았다. 우리 일행이 도로에 이르렀을 즈음, 멀지 않은 곳에서 포탄이 떨어졌고 그 곳에 있던 예비용 군마들은 혼비백산하여 흩어졌다. 파편에 의해 상처를 입은 말 한 마리가 기수도 없이 절뚝거리며 도로 근처에 있던 우리를 향해 걸어왔다. 이 불쌍한 동물의 몸에는 유혈이 낭자했다. 호랑이 클레망소 총리는 74세의 고령에도 불구하고 앞으로 나서서 빠른 속도로 말의 갈기를 낚아채어 말의 걸음을 멈추게 했다. 피는 계속 흘러내렸고 도로 위는 온통 피로 흥건했다. 루시에르 장군이 총리께 다가가 간곡한 어조로 차에 탈것을 권유하자 그는 마지못해 차 쪽으로 걸음을 옮겼다. 그 사이 클레망소는 옆으로 나를 흘긋 보면서 낮은 어조로 말했다. "이 얼마나 짜릿한 순간인가 Quel moment delicieux!"[1]

총알이 날아다니는 전장을 이미 경험했던 처칠에게도 기억에 남는 순간이었다. 사실 처칠은 "허무하게 총알에 맞을 수 있는 경험을 하는 것보다 더 짜릿한 것은 없다."고 말했을 만큼 그러한 상황에 익숙했다. 하지만 클레망소에게는 그 순간이 특별하게 놀랄 만한 수준은 아니었다. 전쟁이 시작되고 자신이 최고 지휘권을 갖게 되면서 클레망소는 일주일에 한 번 정도로 전방을 방문했다. 그가 그토록 빈번하게 전장을 직접 방문했던 이유는 전쟁의 아우성 소리와 극적인 상황전개 속에서 값싼 담력을 자랑한다거나 무책임한 희열을 맛보려는 의도는 아니었다. 물론 클레망소 또한 다른 정치인들처럼 그러한 유혹도 한 번쯤은 느꼈으리라.

클레망소의 방문은 링컨이 남북전쟁 당시 장군들에게 자주 편지를 보냈던 것처럼 전시중 민간인 지도자의 통치 형태를 단적으로 보여준 것으로서 공식적인 연설이나 기사투고를 할 때처럼 아주 치밀한 계획을 통해 이루어졌다. 그 효과 또한 매우 컸다. 과연 무엇 때문에 이 고령의 총리가 일주일의 하루를 포탄을 누비면서 참호 속에서 장병들과 대화를 나누며 시간을 보냈던 것일까? 그리고 이를 통해 그는 무엇을 얻었던 것일까?

호랑이 클레망소

"전쟁은 너무 중요해서 장군들에게만 맡겨놓을 수는 없다."라는 말은 클레망소가 군사문제에 대해 연구하는 영어권 학자들을 위해 남겨둔 주요 유산이다. 하지만 그들 중에서 클레망소가 어떤 과정을 거쳐서 그런 결론에 도달했고 어떻게 행동에 옮겼는지에 대해서 알고 있는 사람은 드물다. 클레망소가 1918년 지친 프랑스에 레지스탕스 정신을 불어넣었고, 1919년 전의를 상실한 조국을 위해 독일과 어떻게든 평화 협정을 맺으려 했다는 사실은 알려져 있는 내용이다. 이외에 사실은 거의 알려져 있지 않다. 하지만 프랑스에서는 클레망소에 대해서 많은 연구결과가 발표되었다. 물론 1919년 이후 프랑스 국민들이 겪은 시련과 승리에 비해 상대적으로 클레망소의 업적은 크게 부각되지 않는 경향이 있지만 말이다.

'호랑이'라는 별명을 갖고 있던 클레망소는 1903년 무렵부터 정치인으로서 명성을 쌓기 시작했고 인생의 황혼기 무렵에 가서야 실권을 잡게 되었다. 그는 3년 반 동안 프랑스의 내무부 장관으로서 비교적 불만스런 임기를 보냈고 그 다음에는 1906년에서 1909년까지 총리로 재직했다. 그 후 제1차 세계대전이 끝나기 1년도 채 안 되는 1917년 11월 17일에 다시 입각해서 1920년까지 총리를 역임했다. 원래 클레망소는 힘없는 서민 계층을 돕기 위해 출마했고 총리보다 더 높은 직위인 대통령에 도전했지만 선거에서 패배를 맛봐야 했다.

1917년 프랑스는 위기상황에 빠졌고 그가 총리로 취임했을 때 나이는 이미 76세였다. 클레망소 또한 수많은 정적이 있었지만 이들을 의식하여 행동의 제약을 받는 일은 없었다. 그는 영국군 연락장교였던 에드윈 스피어스Edwin Spears에게 "아내가 있었지만 나를 저버렸소. 자식들도 있었지만 내게 등을 돌렸소. 친구들이 있었지만 나를 배신했소. 이제 내게 남은 건 내 발톱뿐이고 유용하게 잘 쓰고 있소."라고 말했다고 한다.[2]

링컨이나 처칠 또는 벤구리온과 달리 클레망소는 전시뿐만 아니라 언제 깨질지 몰라 불안했던 평화 시기에도 국가를 이끈 경험이 있었다. 그는 놀라울 정도로 강한 의지와 강경한 견해를 보였던 인물들과 투쟁해야만 했다. 그들 중에는 필리프 페탱Philippe Pétain 장군과 페르디낭 포슈 Ferdinand Foch 장군, 명석했지만 클레망소에 비협조적이었던 레몽 푸 앵카레Raymond Poincaré 대통령을 비롯하여, 데이비드 로이드 조지 영 국 총리, 더글라스 헤이그Douglas Haig 영국 야전 총사령관, 존 퍼싱 John J. Pershing 미국 원정대 사령관 등 결코 얕잡아 볼 수 없는 외국 인 지도자들도 포함되어 있었다.

클레망소가 총리로서 나라를 이끌 당시, 프랑스는 민주주의 국가 중에 서 유례를 찾아보기 힘들 정도로 심각한 전쟁의 참화를 겪었다. 제1차 세 계대전에 참전한 프랑스는 138만 5천 명의 사망자와 304만 4천 명의 부 상자 수를 기록했는데, 이는 당시 4천만에도 못 미치던 인구수를 감안할 때 전체 인구의 무려 10분의 1 이상이 전쟁으로 인한 신체적 피해를 입은 셈이었다.[3] 군사적인 측면에서 볼 때도 프랑스가 입은 피해는 믿기지 않 을 정도로 처참했다. 1914년 프랑스는 기존의 82만 3천 명의 병력에 추 가하여 총 378만 1천 명을 동원했다.

따라서 제1차 세계대전 동안 프랑스는 원래 병력의 거의 전부가 사망 하는 끔찍한 시련을 겪었다고 말할 수 있다. 독일군은 프랑스 국토의 약 10%를 점령했고 그 중에는 프랑스에서 가장 중요했던 석탄 및 철광석 광산도 포함되었다. 당시 독일군은 프랑스의 정치적·사회적·경제적 중 심이라 할 수 있는 파리 주변까지 두 번이나 습격해 왔고 그럴 때마다 수 많은 폭격과 포탄 세례를 퍼부었다. 물론 이는 제2차 세계대전 당시의 기 준으로는 비교가 안 되겠지만 제1차 세계대전을 기준으로 볼 때는 경악 을 금치 못할 수준이었다.

총리로 재임한 3년 동안 클레망소는 군의 항전 의지를 고양시키기 위 해 최선을 다했다. 1916년 2월에서 12월 사이에 벌어진 베르뎅Verdun 전투에서만 해도 프랑스는 사망자와 작전 중 실종자 수가 16만 2천 명에 달했고 적어도 20만 명이 부상을 입었다. 기 페드롱시니Guy Pedroncini가 말한 것처럼, 사망한 프랑스 군인 한 명당 1분 간격으로 종을 친다면 쉬지 않고 4개월 동안 계속 종을 두들겨야 할 정도이다.4 좀더 다른 시각에서 보자면, 약 1년 동안 지속된 베르됭 전투에서 프랑스는 베트남 전에서 미군 전사자 총수의 3배에 달하는 병력을 잃었다. 더군다나 당시 프랑스는 1960년 베트남 전 당시 미국 인구의 6분의 1에 불과했다. 이를 연평균 사상자 수로 환산해서 생각해 보면 열여덟 번의 베트남 전을 치른 것과 다름없는 셈이었다.

클레망소가 프랑스의 총리로 취임할 당시, 러시아는 전쟁에서 발을 빼고 있었고, 이로 인해 독일은 서부 전선에서 비틀거리고 있는 연합군을 상대로 총력을 집중할 수 있었다. 미국은 아직까지 제대로 힘을 쓰지 못하고 있었고 영국은 파스샹달Passchendaele 전투에서 엄청난 희생을 치러야 했다. 1917년 11월 내내 끌었던 이 전투에서 헤이그 야전 사령관이 지휘했던 영국군 7만 명이 목숨을 잃었고 17만 명이 부상을 당했다.5 클레망소는 독일군이 1918년 봄과 이른 여름에 걸쳐서 프랑스를 공격하는 것을 지켜보았다. 당시 독일군은 서부전선에서 연합군의 공세를 막아내는 오랜 과정에서 신무기 기술을 개발하기 시작했고, 여기서 완성된 기술을 바탕으로 공격해왔기 때문에 프랑스에 막대한 피해를 입혔다. 이 전투는 그후 20년 후에 유럽에서 다시 터질 전쟁이 어떠한 양상으로 전개될 것인지를 짐작케 해주는 전투이기도 했다.

클레망소는 영국과 미국과의 연합군 체제를 유지하기 위해 많은 노력을 기울였고 결국에 가서는 승리를 거두었다. 당시 미국은 '협력국associated power'의 지위로 참전했기 때문에 엄밀하게 따지면 연합국(제1차 세계대전은 '사라예보 사건'이 불씨가 되어 발발했는데 참전국들은 오스트리아, 독일 등을 중심으로 하는 동맹국과 프랑스, 영국 등을 중심으로 하는 연합국으로 나누어진다)의 일원은 아니었다. 우여곡절을 겪은 끝에 클레망소는 다소 미흡하지만 평화를 위한 협상을 주재했고, 전쟁중 빼앗겼던 알자스Alsace와 로렌Lorraine 지방을 되찾았다. 또한 평화협정으로 독일은 완전히 주권을 상실한 것은 아니지만 상당 부분의 권리를 박탈당했고, 프랑스는 라인강 주변의 여러 전략적 요충지에 대한 통제권을 얻게 되었다. 이를 통해 앞으로 독일이 패권을 얻기 위해 공격을 재개할 경우에 이를 효과적으로 저지할 수 있게 되었다. 물론 이는 프랑스가 이 지역들을 계속해서 점령하고 유지할 의지가 있는 경우에 한해서였지만 말이다.

클레망소의 이러한 업적에는 세 가지 측면이 있다. 앞으로 이 세 가지 측면에 대해 알아볼 것이다. 우선 클레망소 식의 지휘방법으로서 여기에는 직접 전장에 나가서 자신의 눈으로 상황을 파악하는 부분이 많은 비중을 차지하고 있다. 두 번째로는 클레망소 자신과 연합군의 총사령관이 되는 포슈 장군과 서부전선에서 프랑스 군 총사령관 자리에 있었던 페텡 장군과의 삼각관계를 그가 어떻게 이끌었는지에 대한 내용이다. 여기에는 미군의 협력 문제를 놓고 클레망소와 포슈와의 불화도 포함된다. 세 번째로는 평화를 가져오는 과정에서 민간과 군부와의 관계를 클레망소가 어떻게 다루었는지에 대한 내용이며, 특히 최종 평화협정의 조건을 놓고 포슈 장군과 충돌을 일으킨 점에 대해서 자세히 알아볼 것이다. 이러한 과업을 원만히 처리하기 위해서 클레망소는 어떤 특정 나라도 지배적인 역할을 하지 않았던 연합군 체제를 관리하는 데 많은 노력을 기울여야 했다. 여기에는 또한 군 장성들에 대한 적절한 통제도 필요했다.

클레망소는 1841년 브르타뉴Brittany 지방에서 태어났으며, 부친은 나폴레옹 보나파르트Napoleon Bonaparte의 조카인 나폴레옹 3세의 통치에 대해 거세게 반대한 인물이었다. 1865년 의과대학에서 학위를 딴 뒤에 클레망소는 바로 그해에 미국으로 여행을 떠났고 4년 동안 머물렀으며, 당시 암살당한 링컨 대통령을 매우 존경했다고 한다. 그는 미국인 여성을 아내로 맞이하여 슬하에 3명의 자녀를 두었고 문인으로서의 활동을 시작했다. 아내와는 1892년 이혼했다. 프랑스에 돌아온 그는 1871년 프랑스 국회의원에 당선되었고, 코뮌Commune으로 알려진 민중봉기가 발생했을 때에는 20구역arrondissements으로 구성된 파리의 한 구역에서 시장으로 재직했다. 그때 이후로 그는 의사, 정치인, 언론인의 역할을 번갈아가며 수행했고, 1876년에서 1893년까지 하원의원으로 활동하다가 나중에 상원의원으로 의정활동을 했다.

클레망소는 급진적인 사회주의자였다. 하지만 이는 오늘날 영어권에서 그 말이 내포하는 의미와는 상당히 달랐다. 그는 언론과 결사의 자유에 대한 확고한 신념이 있었고 사형제도에 반대했으며 프랑스의 식민주의 정책을 조롱했다. 유태인 출신의 드레퓌스Dreyfus 육군 대위가 스파이 혐의로 모함을 받았던 드레퓌스 사건 때에도 클레망소는 드레퓌스의 편에 서서 그를 지켜주었다. 예를 들면 그는 자신이 운영하던 신문인 1898년 1월 13일자 〈여명 로로르L'Aurore〉에 반 드레퓌스 세력들을 비판하는 에밀 졸라Émile Zola의 글 '나는 고발한다J'accuse'를 게재하기도 했다. 드레퓌스 사건의 열쇠는 군 참모부에서 드레퓌스를 모함하여 진실이 밝혀지지 않도록 했던 과정을 밝혀내는 일에 달려 있었다.

그리고 군에서 숨기고자 했던 진실이란 귀족 출신으로서 군내에 탄탄한 인맥을 유지하고 있던 페르디낭 에스테르하지Ferdinand Esterhazy가 반역 행위를 저지르자 이를 은폐하기 위해 드레퓌스를 희생양으로 지목했던 것을 말한다. 클레망소는 교권敎權 개입에 대해서도 거부 반응을 보였고, 여성들이 교회의 영향력에 무기력하게 무너지면서 자신의 권리도 행사하지 못하는 것을 보고 여성의 참정권 확대에 반대할 정도였다.

정치인으로서 클레망소는 프랑스군에 대해 이중적인 감정을 가지고 있었다. 그는 1871년 30살의 나이로 파리 몽마르트Montmartre 구역의 시장직을 수행했다. 그 전해에 프랑스가 프로이센(독일 지역을 통일한 프로이센 제국은 1918년까지 유지되다가 제1차 세계대전 패배로 무너지고 후에 독일에서는 바이마르공화국이 탄생하였다) 동맹군에 의해 패배를 당했고, 이후로 파리에서는 코뮌 민중봉기가 일어나 군과 시민간에 유혈 충돌이 발생했다. 이 과정에서 파리의 폭도들은 2명의 군 장군을 납치했지만 클레망소는 이들을 구해내지 못했다. 이로 인한 오명은 평생 동안 클레망소를 따라다녔으며 폭도들과 유혈사태에 대한 그의 혐오 또한 여기서 시작되었다. 이는 또한 그의 삶 내내 홀로 지내려는 성향에도 영향을 미쳤다. 당시 클레망소가 천신만고 끝에 구조해 냈던 장교들 중의 한 명은 베르사이유궁의 의회에 출두하여 "만약 의원들께서 클레망소가 살인자들에게 욕을 퍼붓는 모습을 보셨다면, 그 상황에서 어떻게 총에 맞지 않고 살아 나올 수 있었는지 의아해 했을 것입니다."라고 증언했다.6

클레망소는 제1차 세계대전 동안 미군들을 상대로 자신은 율리시스 그랜트 장군이 리치먼드에 당도하기 바로 전에 그곳에 도착했었다는 얘기를 하길 좋아했다. 그래서 그는 그랜트와 얘기를 나눌 수 있었고 그가 민간인 지도자들에게 복종한 데 대해 큰 감명을 받았다고 한다.7 자코뱅 당원이었던 클레망소는 군은 민간인 지도자의 통제에 절대적으로 복종해야 하고 정치적으로는 중립을 지켜야 한다고 믿었다. 이런 맥락에서 장 밥티스트 뒤로젤Jean-Baptiste Duroselle은 드레퓌스 사건이 일어난 당시 클레망소의 입장을 다음과 같이 요약했다. "군이여 영원하라! 하지만 민간 권력에 복종하라. 애국적이고 공화적인 군이 되어라. 국가통제주의를 거부하고 과두 정치적 권력을 거부하라. 특히 그 권력이 군부에서 나오는 권력이 되어서는 안 된다."8

클레망소는 정치적 파벌이나 편 가르기 관행에 강한 반감을 가지고 있었다. 그는 우파만큼이나 좌파 또한 거부했고, 소위 말하는 신상 기록부 사건 '아페르 데 피슈affaire des fiches'에 대해서도 혐오감을 느꼈다고 한다. 이는 프랑스의 공화주의자들이 프리메이슨Freemason 조직을 통해 군 장교들의 교우 관계, 특히 종교적 신앙을 기초로 하여 형성된 인맥 등을 상세히 기록한 사실이 알려져 사회적으로 물의를 일으킨 사건이다. 수천 건의 자료가 반종교적이고 반군주적 성향을 지닌 국방장관에게 보고되었고 장관은 1904년 사임했다. 군과 종교와 관련된 이런 사회적 스캔들이 터진 지 얼마 되지 않은 시점에서, 클레망소는 총리로서 첫 번째 임기 동안에 페르디낭 포슈 장군을 프랑스 군사학교인 에콜 쉬페리웨르 드 게르École Superiéure de la Guerre의 총장으로 임명했다. 일부 주장에 따르면 양자간의 대화는 다음과 같았다고 한다.9

"장군에게 군사학교를 맡기겠소."
"총리 각하, 감사합니다만, 제 형제 중의 한 명이 예수회 신도라는 걸 각하께서도 아실 텐데요."
"그에 대해서는 관심 없소. 장군은 우리에게 훌륭한 장교가 될 것이고 다른 것은 중요치 않소."

그 자신 전문 직업인이기도 했던 클레망소는 다른 사람들의 전문적 능력을 높이 평가했지만 직위나 계급 자체 때문에 판단력이 흐려지는 일이 없었다. 이는 "어리석은 자가 황금 챙을 단 모자만 쓴다고 지식인이 되는 것은 아니다."라고 클레망소가 한 말에서도 잘 드러난다.10 벤구리온과 같이 그는 "모든 과학은 건전한 상식의 법칙을 따른다."고 믿었고 그에 따라 행동했다.11 1894년 드레퓌스 사건이 터진 즈음에 클레망소는 프랑스군에 대해 다음과 같이 기록했다.

우리가 군대, 사법부, 의회에 대해서 아무런 경외심을 갖지 않는 것은 농부나 담배 상인에 대해서 별다른 경외심이 없는 것과 같은 이치이다. 인간은 실수를 저지르게 마련이지만 그 결과로 인한 처벌은 오직 죄가 있는 자에게만 부과되어야 한다. … 군대는 제복을 입고 특정 목적으로 조직된 부대의 명령 체계에 순응하는 민간인들로 구성되어 있을 뿐이다. 만약 그들이 일률적으로 붉은 바지나 회색 바지를 입고 케피kepi 모자(위가 평평한 프랑스 군대의 모자)나 중절모를 쓰면 그들간에 우열은 사라질 것이다.12

클레망소는 말만 앞세우는 평화주의자는 아니었다. 그는 검술이나 사격술에 특별한 재능이 있었고 수십 명에 이르는 정적 및 연적들과 결투를 벌이기도 한 인물이지만 군사적 모험주의를 혐오했다. 프랑스의 식민지 팽창에 대해 일관된 반대론자였던 그는 인도차이나 반도에서 프랑스 제국 건설을 시작했던 행정부가 몰락하는 데 일조했고, 중국에서 의화단義和團 사건이 터졌을 때에도 프랑스 원정대 파견 결정을 매섭게 비판했다. 클레망소는 프랑스가 일시적으로 소유권을 잃어버렸던 알자스와 로렌 지방에 대한 강한 애정을 갖고 있었지만 영토확장주의자는 아니었다. 물론 일단 전쟁이 터지자 두 지방에 대한 영토회복이 그의 주요 목표 가운데 하나로 자리잡은 건 사실이다.

클레망소는 프랑스 군대에 대해 소상하게 알고 있었다. 1917년까지 전쟁이 계속되는 동안 그는 군의 동정 파악을 일상적인 업무로 여겼다. 그가 경영했던 신문인 〈자유인L'Homme libre〉은 프랑스군이 부상병들을 다루는 방식에 대해 통렬한 비판을 가했고 그런 이유로 얼마 안 있어 프랑스군 검열관의 가혹한 조사를 받아야만 했다. 이 사건으로 클레망소는 신문의 이름을 〈사슬에 묶인 인간L'Homme Enchâiné〉으로 개칭했다. 1914년 12월 그는 의회 상원 군사상임위원회의 부위원장이 되었고 3

개월 후에 상원 외교상임위원회의 부위원장이 되었다. 1915년 11월에는 양 위원회의 위원장 자리를 차지했다. 클레망소는 전시에 행정부나 군의 전쟁수행 상황에 대해 의회가 감시를 해야 한다고 믿었고, 특히 군수물자의 조달이나 군의 사기와 같은 문제에 초점을 맞추었다. 예를 들면, 그는 프랑스군이 화학무기 도입에 대해 적절한 반응을 하지 않았던 점과 정부가 정부 전복을 도모하는 자들을 체포할 적극적인 의지를 드러내지 않은 점에 대해 개탄했다.

1917년 11월 폴 팽르베Paul Painlevé 정부가 무너진 후에 클레망소가 총리로 취임하여 실권을 잡았다. 팽르베는 재능 있는 수학자 출신 정치인으로서 1917년 이후로 세 번의 총리와 국방장관을 역임한 인물이었다. 그는 프랑스 군대가 니벨르Nivelle 공격에서 크게 패배하고 군 내부에서 반란 사태가 일어난 그해 9월에 총리직을 맡았다. 팽르베은 클레망소에 비해 미래에 대한 확신이 부족한 편이었다. 프랑스 공화국 탄생이 이루어지던 시점에 그는 수많은 추문에 휩싸였다. 그 중에는 볼로 파샤 Bolo Pasha 사건도 포함되어 있다. 즉 한 인사가 독일계 자금을 프랑스 의회의 군사위원회 소속의 한 상원의원이 소유한 신문사에 전달했고 내막이 공개되면서 자금 공급책은 처형되기까지 했다. 그 이전의 정부, 즉 렌느 비비아니René Viviani, 아리스티드 브리앙Aristide Briand, 알렉상드르 리보Alexandre Ribot 행정부는 군부를 통제하지 못했고 국민의 신임을 얻지 못했다. 또한 그들은 전쟁이 주는 막중한 업무와 정신적 압박을 견뎌내지 못했다.

사실 전쟁은 전시 프랑스의 민군관계를 연구했던 학자 제르 클레망스 킹Jere Clemens King이 명명한 '군사적 독재military dictatorship'와 함께 시작했다.[13] 알렉상드르 미예랑Alexandre Millerand 국방장관은 의원들이 전쟁이 벌어지는 최전방을 방문하지 못하도록 방해공작을 펼쳤고, 대통령이 장관의 승인 없이 군 장교들을 상대로 연설을 한 데 대해 대통령마저 나무라기도 했다. 1916년 중반이 되어서야 의회는 프랑스군에 대한 감시활동과 문책권을 행사할 수 있게 되었지만, 그때조차도 그런 과정에서 군의 지속적인 방해 움직임을 겪어야 했다.14

스피어스 장군은 정치인들에 대해 잘 알고 있었고, 이들에 대해 아주 정확하게 약간은 적대적인 시각으로 다음과 같이 기술했다.

국민들을 인도해야 할 지도층 인사들은 자신들과 다른 사람들간에 별반 차이가 없다는 사실을 깨달았다. 그들 또한 자신들이 이해할 수 없는 사회적 대격변에 직면해서는 왜소해지고 당황하게 된다. 내각구성원들은 자신들에게 친숙한 국민들의 각광과 당파가 없다면 꼭두각시 인형과 다름없는 존재였다. 그들을 움직이는 잘 훈련된 공무원들은 경험도 없고 훈련도 안 된 정치인들의 인형극 무대에서 그들을 제대로 도와주지 못했고, 자신들의 인형에 매달린 줄들은 서로 뒤엉켜 풀 수 없을 정도가 되어 버렸다. … 정치인들은 전쟁문제를 다루는 데 있어서도 일상생활에서 전혀 예기치 못했던 힘들고 긴박한 문제들을 다루는 것처럼 매우 비논리적이고 말만 그럴 듯하게 지껄이는 것처럼 보인다. …15

수많은 정적이 없었더라면 클레망소는 일찍 권력을 잡았을지도 모른다. 하지만 위기 상황에서 높은 지성의 소유자이지만 개인적으로 클레망소에 적대적이었던 레몽 푸엥카레 대통령은 클레망소를 총리로 기용하는 것 외에는 다른 방도가 없었다. 두 사람은 대선에서 대결을 벌이기도 했다.

푸엥카레 대통령이 그런 결단을 내린 직접적인 이유는 전황이 매우 불리하게 돌아갔기 때문이었다. 프랑스군은 비틀거리기 시작했다. 1914년 독일군과의 최초의 국경 분쟁에서 프랑스군은 약 25만 명에 가까운 병력

을 잃었다. 하지만 이는 앞으로 프랑스군이 입을 손실에 비하면 시작에
불과했다. 1916년 9월에서 10월 사이에 벌어진 샴페인Champagne 전
투에서 프랑스군의 인적 손실은 14만 4천 명이었고 1916년 7월에서 11
월 사이에 치러진 솜므Somme 강 전투에서도 19만 5천 명의 전사자를
냈으며, 그후에 발생한 베르뎅 전투에서도 큰 피해를 입었다. 1917년 4
월에서 5월 사이에 벌어진 니벨르 전투에서는 18만 7천 명의 프랑스 병
력이 전사했거나 부상 또는 실종했다.

프랑스 군 내부에서는 각종 반란이 일어나기 시작했으며 그 규모가 알
려진 것처럼 크지는 않았지만 군이나 정계에 큰 위협이 되었다. 군 내부
에서는 이를 두고 단순히 '파업'이라고 말하기도 했다. 약 3만 5천명이 군
내부의 반란에 연루되었을 것으로 추정되며 500명 이상이 사형 선고를
받았고 5년 이상의 실형을 선고받은 사람만도 1천 300명이 넘었다.16 연
합군의 다르다넬스Dardanelles 원정 또한 실패로 돌아갔다.

그 후 발칸반도에서 연합군은 공격을 계속하여 살로니카Salonika에
교두보를 마련할 수 있었다. 아이러니한 점은 독일군이 이를 가리켜 제1
차 세계대전 최대의 수용소라고 이름 붙였다는 사실이다. 이라크에서 영
국군의 공격은 고전을 면치 못했고 영국군 사령관은 콜레라에 걸려 목숨
을 잃었다. 영국군은 팔레스타인 지방까지 진격해서 결국 바그다드를 점
령했지만, 오스만 투르크 제국이 몰락하기까지는 한참이나 걸렸다. 이탈
리아 전선은 연합군 측에 큰 재앙을 안겨줄 소지가 있었다. 10월 24일부
터 11월 9일까지 계속된 카포레토Caporetto 전투에서 오스트리아 군과
독일군은 이탈리아 군을 박살냈고 6만 명의 전사자가 발생했으며 25만
명의 포로와 3천 문 이상의 포를 전리품으로 획득했다.

설상가상으로 러시아의 붕괴가 잇따랐다. 이는 독일군이 얼마 안 있어
50만에 가까운 42개 사단 병력을 서부전선으로 이동시킬지도 모른다는

것을 의미했다.17 단 하나 희소식이 있었다면 이는 미국의 참전이었다. 하지만 미국이 1917년 4월에 참전할 당시 동맹국의 지위가 아니라 일개 협력국에 불과했고, 미국의 군사적 비중은 아직 체감되지 않을 정도로 미약했다. 1918년 4월에 이르러 미군 병력은 벨기에군보다도 더 넓은 작전지역을 차지하게 되었다. 최종적으로 전쟁에 참전한 미군 병력은 거의 200만에 달했지만 1917년 6월에서 11월까지 프랑스에 투입된 미군 병력은 매달 2만 5천에서 5만에 불과했다.

클레망소는 이러한 불리한 상황에서 지도자의 위치에 오르게 되었다. 1917년 11월 19일 그는 의회 연설에서 "프랑스를 위해 모두가 피를 흘리며 영광스럽게 죽음을 맞이하고 있습니다. … 이제 프랑스 국민으로서 자긍심을 느끼며 그것만으로 충분하다고 말할 때가 왔습니다."라고 말했다.18 하지만 과연 그게 가능할 것인가? 말년에 가서 클레망소는 단순히 포효하는 반항의 정신으로 여겨졌다. 이는 여러 면에서 처칠의 모습과도 유사한 것이었다. 클레망소가 확고한 항전 의지를 프랑스 국민과 군에 불어넣은 것만은 사실이었다. 1918년 3월 8일 그는 "저는 전쟁을 택하겠습니다 je fais la guerre"라는 어구가 반복적으로 나오는 연설을 프랑스 전역의 국민들을 상대로 하였다. 그 내용의 일부는 다음과 같다. 19

평화를 원하십니까? 저도 마찬가지입니다. 그 외에 다른 생각을 품는다면 그것이야말로 죄악일 것입니다. 하지만 평화에 대한 우리의 염원이 프로이센의 군국주의를 잠재울 순 없습니다. 저의 처방은 어디서나 동일합니다. 민주주의 정치라구요? 저는 전쟁을 택하겠습니다. 외교정책은 어떻냐구요? 저는 전쟁을 택하겠습니다. 언제나, 저는 전쟁을 택하겠습니다.

저는 우리 동맹국과의 신뢰관계를 유지하고자 합니다. 러시아가 우리를 배반한다구요? 저는 계속해서 전쟁을 택하겠습니다. 불행한 루마니아가 무력에 의해 항복을 했다구요? 저는 계속해서 전쟁을 택하겠습니다. 그리고 마지막 15분까지 계속 가겠습니다. 마지막 15분은 우리의 몫이 될 것이기 때문입니다.

이러한 정신에서 그는 1918년 5월 파리가 위험에 처해 있을 때 군 참모총장에게 "예, 독일인들은 파리를 점령할 수도 있지만 계속해서 전쟁을 수행할 것입니다. 우리는 독일군과 르와르Loire에서 그 다음에는 가론느Garonne에서 맞설 것이고 피레니즈Pyrénées까지 밀려도 굴복을 하는 일은 없을 것입니다. 피레니즈 전투에서도 패하게 된다면 해외에서 전쟁을 계속할 것입니다. 결코 이들에게 항복하지는 않을 것입니다. 독일군들은 결코 내게서 그런 의지를 빼앗아가지는 못할 것입니다."라고 말했다.20 그로부터 몇 주 후에 그는 의회연설에서도 유사한 내용을 말했다. "저는 파리 앞에서 파리 안에서 파리 뒤에서도 끝까지 싸울 것입니다."21 클레망소는 사석에서 그의 부관에게 "우리는 제일 늦게 비행기로 탈출을 해서 다시 군에 합류하게 될 거요."라고 말했다고 한다.22

74세의 고령의 정치인이 보여준 이러한 지칠 줄 모르는 의지는 장엄한 것이었고 절실하게 필요한 것이기도 했다. 3년 이상의 피비린내 나는 전쟁을 통해서 프랑스는 엄청난 수의 인적 손실을 입었다. 프랑스는 개전 초부터 주요 동맹국인 영국에 비해 병력 동원에 있어서 많은 노력을 기울였다. 예를 들면, 전쟁 시작 후 약 9개월이 지난 1915년 봄에 이르러 프랑스군의 병력 수는 영국군의 5배에 달했다.23 영국과는 달리 프랑스군은 바다에서 승리를 얻지도 못했고 외국에서의 승전보라는 낭만적인 분위기도 내지 못했다. 또한 영국군과 달리 시간이 지나면서 프랑스군의 세력은 약해져 갔다. 대영제국이 군을 동원하여 전선을 넓히는 동안에 프랑스는 전쟁에 필요한 인력과 물자가 거의 바닥나고 있었다.

1917년 12월에 이르러 프랑스 최고사령부는 22개 사단을 해체해야 할지도 모른다는 결론을 내렸다.24 프랑스는 전의 또한 상실하고 있었다. 정치권에서는 강력한 리더십을 보여주지 못한 채 여러 가지 추문만 불거져 나왔고 한 때 프랑스 정가의 상징이었던 넘치는 활력은 이제 사라져 버렸다. 이런 마당에 정치 지도자로 부상한 클레망소가 해야 할 일은 분명 지친 국민들에게 용기를 북돋우어 주는 일이었다. 하지만 앞으로 알아 보겠지만 클레망소는 단순히 전쟁에 지친 국가와 풀이 죽은 지도자들에게 희망을 불어넣는 것보다 훨씬 더 많은 일을 해야 했다.

목격자의 일지

클레망소는 질서가 몸에 밴 사람이었다.25 그는 평생 동안 매우 엄격하게 짜여진 생활을 유지해 나갔고 몇 차례 질병을 앓았지만 전반적으로 볼 때 매우 건강하고 활기찬 삶을 영위했다. 그는 매일 새벽 4시에 일어나서 체조를 했고 담당 물리치료사로부터 마사지를 받았다. 그는 끊임없이 편지를 썼으며 이런 습관은 평생 동안 지속되었다. 그는 집에서 저녁을 먹었으며 밤 9시쯤에 잠자리에 들었다. 클레망소는 자신의 성격이 급하고 화를 잘 내는 경향이 있다는 것을 정확하게 알고 있었기 때문에 인사 문제를 결정할 때면 24시간 동안의 유예 기간을 두어 순간적이고 감정적인 결정이 아니라 건전한 판단에 의해 결정하려고 노력했다.

총리와 국방장관이라는 막중한 임무에 충실하기 위해 클레망소는 두 명의 인물에게 많은 부분을 의존했다. 장 주르 앙리 모닥Jean-Jules-Henri Mordacq과 조르주 만델Georges Mandel이 그들이었다. 모닥은 전쟁이 일어나기 전에 클레망소의 눈에 띈 인물로서, 민주주의 정치 체제에서 정치와 전략에 대한 여러 권의 책을 집필한 경력을 갖춘 군인이었다. 총리로 취임한 직후에 클레망소는 전방에서 제24사단을 지휘하고 있던 모닥을 직접 방문하기도 했다. 그는 모닥에게 참모총장직을 맡아줄 것을 요청했다. 참모총장직은 몇 개 군단이 아니라 전군을 지휘하는 막중한 직책이었고 모닥이 열망해왔던 직위였다.

모닥은 전략적인 사고 능력을 충분히 갖춘 인물이었지만 총리의 말에 충실히 따랐다. 그는 글에서 "우리에게는 정치와 군사적 전략에서 가장 가까운 동맹이 필요했다."라고 적어놓았다. 당시의 많은 군 장교들과는 달리 그는 이 두 가지가 다르다고 생각하지 않았다.26 그가 클레망소를 보좌한 방식은 핼렉이 링컨을 보좌한 방식과 유사했지만, 모닥은 더욱 강력한 카리스마와 외교적 수완이 있었고, 군사적 문제에 대해 총리에게 자문을 했으며 군 장성들과 총리를 연결하는 가교 역할을 했다. 인물과 역사에 대한 날카로운 관조자이기도 했던 그는 아주 자세한 일지를 기록했다. 클레망소는 죽기 전 자신이 기록했던 여러 기록을 파기시켜 버렸다. 그래서 클레망소에 대한 여러 가지 지식을 얻는 데 모닥이 남긴 〈목격자의 일지Journal of a Witness〉가 많은 도움이 되고 있다.

클레망소는 국내문제에 대한 비서실장으로 조르주 만델을 임명했다. 루이 로칠드Louis Rothschild 지방에서 태어난 만델은 냉정하고 사리분별력이 있었으며 효율적으로 일을 처리하는 체계적인 사고의 소유자였다. 한 영국인에 따르면, 그의 사고는 매우 체계적이고 조직적이어서 좀처럼 흔들리는 법이 없으며, 감정과 이성은 외부의 상황이 아무리 예기치 못하고 갑작스럽고 복잡하더라도 전혀 영향을 받지 않았다고 한다. 또한 그는 '파충류적인reptilian' 용기로 꽉찬 인물로서 매력적이지는 않았지만 정말 부러움을 살 만한 인물이었다고 한다.27 만델은 직위에서는 모닥과 동등했지만 클레망소가 집권하면서부터는 본격화된 패배주의를 타파

하는 데 있어서 클레망소의 분신 역할을 했다.

그는 당시 프랑스에서 가장 저명한 정치인 중의 한 사람이었던 조제프 카요Joseph Caillaux를 체포했다. 카요는 전쟁중에 평화협상을 도모했다가 국가반역죄로 투옥되어 재판을 받았다. 만델 자신의 최후도 비극적이었다. 그의 정보수집 능력과 개인적 역량은 권력의 최고위 직위에도 손색이 없었고 실제로 1930년대에는 장관직을 수행하기도 했지만 자신의 개인적 두려움과 반유대주의가 한데 결합하여 그의 정치적 야망을 가로막았다. 히틀러에 대해 강력하게 반대했던 그는 1940년 5월과 6월에 터진 위기상황에서 전쟁을 수행하기를 원했지만 그의 노력은 수포로 돌아갔다. 북아프리카로 도피생활을 했다가 다시 프랑스로 귀국한 그는 친나치 비시 정권Vichy regime 하에서 체포되어 투옥되었다. 1944년 처형될 당시 그는 "죽는 것은 아무 것도 아니다. 슬픈 것은 공화국의 해방과 복권을 보지 못한 채 눈을 감는 것이다."라는 말을 남겼다.[28]

클레망소의 개인적인 자기절제와 조직력은 비범한 데가 있었지만 그에게서만 나타난 현상은 아니었다. 그를 대부분의 다른 전쟁 지도자들로부터 두드러지게 만든 것은 최전방을 수시로 방문하는 습관이었다. 전쟁 초기에 상원의원으로 활동할 때부터 이러한 습관은 시작되었다. 물론 파리에서 전방까지 거리가 얼마 되지 않았기 때문에 이런 식의 전방 시찰이 가능했겠지만, 프랑스의 우수한 철도 시설에 힘입은 바도 컸다. 하지만 이러한 점을 감안하더라도 클레망소는 다른 지도자들에 비해 전방에서 훨씬 더 많은 시간을 보냈으며, 어떤 경우에는 기관총의 유효사거리 안에까지 근접하는 사례도 있었다. 1918년 1월부터 시작해서 클레망소는 일주일에 평균 하루를 전방에서 보냈고 때로는 이를 초과하기도 했다.

그렇다면 그는 무엇 때문에 이런 일을 한 것일까? 이에 대한 부분적인 이유로는 야전 본부에 나가 있는 장군들과 접촉을 하기 위해서였다. 또한 이는 장군들을 파리에 소환하여 불편을 끼치는 것을 꺼려해서 나온 행동이라기보다는 실제 현장에서 장군들의 전쟁수행 현황을 파악하고자 함이었다. 모닥은 자신이 기록한 일지에서, 군장성들은 전쟁이 주는 육체적·정신적 압력과 더불어 동료들간에 맺어진 동지애로 서로 얽히고 설켜 있기 때문에 정기적으로 보직을 변경시켜야 한다고 주장했다.29

클레망소는 군 최고사령부의 장성들을 숙청하는 데 무자비한 모습을 보였다. "무능하고 지치고 또는 단지 운 나쁜 장군이라도 해직시키는 일이 필요했다."라고 모닥은 기록했다.30 그는 사단급 사령관 수준까지 모든 장군들의 인사 문제에 관여했고, 사단급 인사는 명령체계의 핵심이며 대부분의 사령관들이 너무 나이가 많고 지쳐 있어서 군을 제대로 지휘할 수 없다고 믿었다.31

어느 정도까지 클레망소의 전방부대 방문은 장군들이 하달 받은 명령은 제대로 이행하고 있는지를 확인하고자 하는 의도였다. 특히 봄과 여름철에 예상되는 독일군의 침공에 대비하여 군에서 철저한 방어망을 짜고 있는지를 눈으로 직접 확인해 보고자 했다.32 사실 클레망소는 장군들을 못미더워했고 이러한 이유로 그는 사령관들에게 매 2주마다 새로운 방어거점을 설명하는 상세 지도를 작성하라고 명령하기도 했다.33 그의 방문에는 또한 정치적 목적도 포함되어 있었다. 클레망소는 전방 부대를 시찰할 때 거의 항상 상·하원의 지도자급 의원들을 대동했다. 이를 통해 클레망소는 프랑스의 초대 참모총장이었던 조프르Joffre 이후 프랑스군의 전쟁 방향을 결정했던 의회의 간섭을 사전에 차단하고자 했다. 전쟁이 발발한 이후 프랑스의 군부는 행정부의 지시에 저항했고 이 과정에서 의회 또한 영향력을 행사하려 했던 것이다.

군부대 방문을 통해서 클레망소는 프랑스의 군 행정체계에서 겉보기에는 사소하지만 군의 사기에는 지대한 영향을 미치는 여러 가지 문제점들도 확인할 수 있었다. 담배와 같은 복지후생 물자의 부족 등이었다.34 그의 방문은 군의 사기를 끌어올리는 데 큰 몫을 했고 클레망소 자신의 전의도 더불어 타올랐다. 백발이 성성한 군통수권자가 손에는 지팡이를 짚고 콧수염을 휘날리며 참호 속으로 걸어오는 모습은 군 장병들에게 큰 위안이 되었다. 몇 년 후에 클레망소가 죽은 뒤 그의 시신에는 단 하나의 기념품이 함께 매장되었는데, 이는 바로 클레망소가 전방부대를 시찰하면서 군인들로부터 받은 꽃다발이었다. 그는 그 꽃다발을 평생 동안 서랍 속에 소중히 간직했다고 한다.35

프랑스 장병들은 자신들에게도 믿을 만한 확고한 전쟁 지도자가 있다는 것을 확인하고 싶었고, 클레망소는 그런 모습을 장병들의 뇌리 속에 깊이 각인시켜 놓았다. 이는 두 가지 효과가 있었다. 그는 장병들뿐만 아니라 클레망소 자신의 사기도 전방 방문을 통해 한껏 고양되었노라고 말하곤 했다.

클레망소가 사망한 지 60~70년이 흐른 후에야 "현장방문을 통한 경영 management by walking around"이라는 신조어가 널리 사용되었지만, 그 개념은 이미 클레망소에 의해 구현된 것이었다. 언론인으로서 그리고 의사로서의 이력 때문이었는지는 모르지만, 클레망소는 단순히 보고서를 통해 얻는 피상적인 내용과는 구별되는 자세한 정보의 중요성을 잘 인식하고 있었다. 즉 사람들의 눈을 통해 또는 그들이 자신들의 주장을 전개하는 방식을 통해 그리고 사소한 불만사항이나 그들의 삶을 직접 체험하는 것을 통해 정확하고 자세한 정보를 수집하려고 노력했다. 이 책에서 소개된 다른 전쟁 지도자들처럼 그는 전방에서 장병들과 함께 섞여야 한다는 강한 충동을 느꼈다. 그 이유는 분명하다. 지도자들이 어느 정도까지 위험을 함께 할 경우 그들의 권위는 더욱 빛을 발하게 된다.

하지만 대부분의 경우 정치인들은 군인들이 겪는 어려움의 극히 일부만을 경험할 수 있을 뿐이다. 어쨌든 클레망소는 자신의 방문이 단순히 의무감에서 비롯된 형식적인 행동이 아니라 전쟁 지도자로서 자신의 인격을 결정짓는 행동이라는 것을 알리려고 했다. 이런 면에서 그의 전방 방문은 시간을 매우 효과적으로 사용한 경우에 해당되며, 이를 통해 정보를 수집하고 군에 자신의 건재함을 알리는 가장 강력한 기술이었다.

"뭐라도 얻기 위해서는 오직 한 가지 싸우는 길 밖에 없소"

클레망소는 프랑스 경제를 전시체제로 전환하고 고위 군사령관들을 임명하고 국내의 반전 세력들을 통제하는 등 프랑스가 전쟁 준비를 하는 데 중요한 역할을 했다. 흥미로운 점은 그는 일련의 전쟁 목표를 수립하는 일을 크게 중요시하지 않았다는 사실이다. 사실 전쟁 목표를 설정하는 일은 소위 말하는 민군 '정상'관계 이론에서는 정치 지도자의 핵심 과제이다. 하지만 여기에는 나름대로의 허점이 존재한다. 전쟁의 목표는 전황에 따라 변하기 마련이었다.

1917년에서 1918년에 걸친 겨울철에 프랑스와 연합군의 사정은 별로 달라진 게 없었지만 독일군은 항복 직전의 상황이었다. 아무도 이런 상황을 예측하지 못했다. 클레망소가 설정한 최소한의 목표는 분명했다. 프랑스 영토에서 독일군을 몰아내고 알자스와 로렌 지방의 영토를 회복하고 독일로부터 전쟁 보상비를 얻어내는 일이었다. 하지만 프랑스의 미래 안보를 위해 어떤 조치를 취할지 등에 대해서는 전쟁이 끝날 때까지 제대로 구체화되지 않았다. 하지만 사실 그러한 문제는 전쟁이 끝난 후에도 충분히 생각할 수 있는 것이고, 1918년 상반기에 독일군의 공세를 성공적으로 막아내고 그들의 기선을 제압하기 위해 해야 할 일이 산더미같이 산적해 있었다. 1918년 중반까지 프랑스는 전쟁에서 패배할 수도 있었고 그와 함께 국가적 존립 문제가 걸려 있었기 때문에 전쟁의 정치적 목표를 조율하는 따위는 큰 의미가 없었다.

당대 프랑스 군부에서 최고의 위치에 올라 있던 포슈와 페텡 두 장군을 다룬 클레망소의 용인술은 전쟁 지도자로서 그의 역량을 가장 분명하게 보여주었다. 두 사람 모두 프랑스의 군 최고사령관이 되었고 휘하 장교 및 사병들의 존경을 한몸에 받았던 인물이었다. 또한 철저한 훈련과정을 통해 고위 장성의 위치에 오른 인물이었다. 한 작가가 말했듯이, 불행하게도 그들은 프랑스인이고 군인이라는 사실을 빼면 공통점이 하나도 없었다.36 또한 이들은 근본적인 문제에 대해 의견이 첨예하게 달랐다.

페르디낭 포슈는 1851년에 태어났으며 프랑스와 프로이센 간의 전쟁이 막 끝나가려는 무렵에 제복을 입었다. 그는 메츠Metz에 주둔했던 독일군들의 모습을 생생히 기억했고, 당시 프랑스의 최고사령부가 신병들을 소홀히 다루었다는 사실도 잊지 않고 있었다. 포슈는 북아프리카에서 프랑스가 식민지 제국을 건설할 수 있었던 원동력이 프랑스 군대의 강인함과 소규모 부대의 전술적 능력이라고 믿었던, 거칠고 교육수준이 낮았던 장군들과 정반대의 길을 갔다. 그들은 그런 방법이 체계적인 군사교육을 받고 잘 훈련된 보병들에게도 통하리라고 생각했다.

포슈는 에콜 폴리테크닉Ecole Polytechnique 출신으로 학급에서 4위로 졸업했다. 독일어와 이탈리아어에 능통했던 그는 프랑스 육군에서 치열한 진급 과정을 거쳐 1908년 56세의 나이로 프랑스 군사학교의 사령관이 되었다. 그곳에서 특히 공격을 위한 치밀한 계획의 중요성에 대해 강조했다고 한다. 제1차 세계대전 이전의 프랑스의 군사 교리는 가끔씩 잘못 이해되는 경향이 있었다. 포슈는 프랑스식의 열정과 총검만으로 전쟁에서 승리할 수 있다고 보지 않았다. 전쟁의 원칙에 대한 그의 강의와

1903년에 처음 발간되어 그후로 계속해서 재판된 그의 책을 참고하면, 포슈는 복잡한 전쟁 이론을 가지고 있었다.[37]

당시 대부분의 군인들이 그러했던 것처럼, 포슈 또한 공격의 중요성에 대해서는 강한 신념을 가지고 있었다. 결국 전쟁의 마지막 승패를 결정짓는 것은 공격이다. 포슈는 전투에 있어서 심리를 강조했고 현재 전쟁에 대한 사회과학의 중심 요소가 되고 있는 사회심리학적 글쓰기에 대한 기초 작업을 마련했다. 그가 초점을 맞춘 전쟁 이론은 프랑스 철학에 토대를 두었다기보다는 몰트케Moltke나 골츠Goltz와 같은 독일의 군사부문 권위자의 철학에 바탕을 둔 것이었다.

만약 그의 이론에 오류가 있다면 나폴레옹 보나파르트의 업적에 대해 지나칠 정도의 집착에 기인한 탓이다. 이는 나폴레옹의 혁혁한 전과를 단순히 모방하려는 시도에서가 아니라 그 속에서 일관적으로 나타나는 원리를 찾아내려는 시도에 해당한다. 이런 시도는 비단 당시에만 나타난 현상도 아니요, 프랑스에서만 나타나는 현상도 아니었다. 하지만 포슈는 제1차 세계대전의 개전 때부터 분명하게 드러난 신무기 기술의 중요성에 대해서는 정확히 인식하고 있었다.

전쟁의 양상은 배치된 상태에 있는 힘들이 항상 작용하는 그런 것이다. 인간이 아무리 용맹하다 하더라도 이를 변화시키지는 못한다. 기계가 없다면 인간은 무기력해진다. 기계가 전쟁에 사용된 이후로 지속적인 변화를 겪었고 더 많은 기계류가 사용되고 있다. 이제 이런 기계류를 전장에 적용하여 적극적으로 활용하는 일이야말로 군인의 가장 중요한 의무이다. 이 진리야말로 1914년이 끝나기 전에 우리가 배웠던 교훈이다.[38]

포슈는 공격이 작전 수행에 있어서 궁극적인 수단이라고 믿었고 이것이야말로 독일군을 프랑스 땅에서 내쫓는 유일한 수단이라고 생각했다. 하지만 그는 기술의 문제에 대해서는 일반인들이 생각하는 것보다 훨씬 더 신중한 모습을 보였다.39

포슈의 첫 번째 영예는 1914년 9월에 찾아왔다. 당시 그는 프랑스 제9군단의 사령관으로 재직하면서 '마른느 강의 기적miracle of the Marne'을 일궈냄으로써 독일군의 전의를 상실케 했다. 여기서의 빛나는 전공으로 포슈는 1914년 9월 18일 레지옹 드네르Légion d'honneur 훈장을 받았다.40 그는 북부군 총사령관이 되었지만 건강문제와 교통사고 그리고 1916년 여름에 치러진 솜므 전투에서의 패배 등의 복합적 요인으로 인해 그해 12월 사령관 직위에서 물러나야 했다. 포슈에 대해 잘 알고 있었고 존경하는 마음까지 품었던 클레망소는 글을 통해 그를 위로했다. "친애하는 친구여, 누구나 한 번쯤은 인생에서 시련을 맞고 어려움을 겪게 마련이오. 나 또한 많은 충격을 받았다오. 장군의 영원한 친구로부터 ⋯ "41

포슈는 자기절제력이 강하고 겉보기에는 매우 침착한 성격의 소유자였다. 그는 1914년 8월 단 며칠 간격으로 외아들과 사위를 모두 잃었지만, 회고록에서 이에 대해 단 한 줄밖에 적지 않을 정도였다. 군 지휘관으로서 포슈는 언제나 자신에 넘치는 기상을 보여주었다. 그에 대한 경외의 표시로 가끔씩 사용되는 "오른팔은 총에 맞았지만 왼팔은 걱정할 것 없다. 고로 나는 공격한다."라는 구절은 다소 출처가 의심스럽기는 하지만 포슈의 투지를 잘 보여주는 말이라 하겠다.42 1918년 3월 26일에 거행된 듀엥Doullens 회의에서 그는 연합군 최고사령관으로 임명됐고 자신의 전쟁 계획에 대한 질문을 받았다.

아, 저의 계획은 단순합니다. 저는 싸우고 싶습니다. 저는 북부 전선에서 전쟁을 시작할 것이고, 솜므 강에서도 적과 싸울 것이고 엔Aisne 강에서도 로렌 지방에서도 알자스 지방에서도 싸울 것입니다. 끝까지 어디서나 싸움을 늦추지 않을 것입니다. 지금 이 시간부터 저는 무력으로 독일놈들을 무찌르고 전쟁을 끝내겠습니다.[43]

이는 "뭐라도 얻기 위해서는 한 가지 방법밖에 없소, 싸우는 길 밖에 없소."라고 말한 클레망소의 투지와도 부합되는 기상이었다.[44]

군인으로서의 전문적 능력과 지칠 줄 모르는 자신감, 그리고 강력한 카리스마에 덧붙여 포슈는 다른 두 가지 특성이 있었다. 동료 장성들과의 친분과 민간 정치인들에 대한 변치 않는 불신이었다. 처칠은 한때 동맹관계를 통한 전쟁은 "모든 동맹국들의 나름대로의 불만으로 점철된 이야기"라고 말했다. 제1차 세계대전 또한 예외일 수 없었다. 프랑스군과 영국군은 적인 독일군에 대해서 경의를 표시하는 일은 가끔 있었지만 각자에 대해서는 무시하기 일쑤였다. 양군은 서로에 대해 군사작전을 효과적으로 수행하기는커녕 참호 하나 제대로 파지 못한다고 간주했다.

알베르 사렐Albert Sarrail이라는 프랑스의 한 장군은 연합군에서 작전을 수행한 후에 아주 통명스런 어조로 "나폴레옹에 대한 나의 존경심에 약간은 금이 간 것 같다."라고까지 말했다고 한다. 물론 나폴레옹은 연합군을 상대로 전쟁을 수행한 인물이다(이 표현은 연합군 체제가 얼마나 와해되기 쉽고 비효율적으로 운영되는가를 간접적으로 비꼰 말이다. 즉 나폴레옹은 아무리 강한 적이라도 쳐부수었다고 생각했기 때문에 평소에 절대적인 존경심을 품고 있었는데, 연합군 체제가 실질적으로는 약한 군대가 될 수 있고, 따라서 나폴레옹에 갖고 있던 존경심도 다소 낮아졌다는 의미이다).

제1차 세계대전에서 연합군과 함께 전쟁을 수행해 나가는 일은 특히 프랑스에게 많은 부담을 가져왔다. 프랑스는 서부전선에서 다른 나라에 비해 더 많은 임무를 맡아야 했다. 벨기에군은 소규모인데다 겁에 질려 거의 무너지기 일보 직전이었다. 평상시의 거대한 정규군 규모를 감안할 때 영국군은 다소 뒤늦게 동원됐고, 작전 수행에 있어서도 끔찍할 정도로 비효율적인 모습을 보였다. 미국군은 더 늦게 모습을 드러냈고 참전해준 데 대한 대가를 바라는 듯 거만한 태도로 일관했다. "미군에게 뭔가 가르쳐 주려고 노력하느니 차라리 독일군을 가르치겠다."라고 클레망소가 말할 정도였다.45

타고난 사교성 덕분인지 아니면 후천적 노력을 통해 습득했는지 알 길은 없지만 포슈는 연합군의 군인들에게 세심한 배려를 했다. "각 군에게는 저마다 나름대로의 기상과 전통이 있다. 각 군은 소속된 각국 정부의 요구조건을 만족시켜야 하고, 각국 정부는 나름대로의 세부적 필요와 감안해야 할 이해관계가 있는 것이다."46 하지만 포슈의 이러한 배려와 관용은 군인들에게만 국한된 것일 뿐 민간 지도자들에게는 적용되지 않았다.

존 퍼싱John J. Pershing 장군의 연락장교로서 포슈와 접촉했던 벤틀리 모트T. Bentley Mott 소령은 전쟁이 끝난 후 "포슈는 본능적으로 세 가지 범주의 인간들에 대해 불신감을 가지고 있었다. 바로 웅변가, 정치인, 언론인이었다. 그는 이들이 세계에 득보다 더 많은 해악을 끼친다고 보았다."라고 술회했다.47 포슈에게 잘못이 있었다면 그것은 바로 근거 없는 오만함이었을 것이다. 그는 모트 장군이 프랑스 군사학교의 많은 교수들이 전쟁 동안 유명세를 탄 이유를 묻자, 다음과 같이 대답했다고 한다.

"전쟁 이론을 성공적으로 가르치기 위해서는 자신이 가르치고 있는 내용에 대해 확신이 서야 하네. 이는 자신의 이론과 어긋나는 여러 가지 다른 이론들에 대해서 심오한 연구와 장기간의 명상을 의미하네. 일단 확신이 서면 자신감 있게 나아가서 학생들에게 자신의 이론을 전수해 주는 거지. 군사학교의 교수들은 이런 과정을 철저하게 거쳤다네. 전쟁이 터져서 초기에 많은 재앙을 불러왔지만 우리가 배운 전쟁이론에 대한 신념을 잃지 않았지. 그런 이론들은 계속해서 적용되어 왔고 우리는 마침내 전쟁에서 이겼다네."[48]

사실 포슈가 언급했던 재앙들이야말로 바로 프랑스 군사학교에서 가르쳤던 여러 가지 전쟁 이론과 관련이 있었지만 그는 이를 인정하지 않았다. 하지만 1917년 5월 포슈는 프랑스 참모총장으로 복직했고 프랑스 정부에 대한 군사 자문관으로서 막강한 권력을 누렸다.

필리프 페탱은 일반인들의 기억 속엔 허약하고 늙은 군인의 모습으로 남아 있고, 1940년에는 히틀러가 이끄는 독일에 부역하여 친나치 성격의 비시 정권을 세운 인물의 모습으로 다가온다. 이로 인해 프랑스의 포근한 온천 도시인 비시Vichy는 영원한 오명을 뒤집어쓰게 되었다. 1856년에 태어나 80대 중반의 노인이 자신의 찬란한 군 경력을 왜 그런 식으로 더럽혔는지는 지금까지도 궁금한 일이다. 페탱은 1914년까지만 해도 남부럽지 않을 정도의 경력을 자랑했지만 큰 명성을 얻지는 못했다. 북부 지방의 소작농 집안 출신이었던 페탱은 집안이 보잘 것 없었고 이로 인해 군에서의 출세도 어려웠다. 그는 프랑스의 웨스트포인트라 할 만한 생 시르Saint-Cyr 사관학교 출신이었다. 페탱은 누구의 도움도 받지 않고 혼자만의 힘으로 1914년에 대령의 위치에 올랐다가 한창 일할 나이인 58세의 나이에 이미 은퇴에 대해 심각하게 고려하기도 했다.

군사학교인 에콜 드 게르École de Guerre의 교관으로 재직할 당시에도 페탱은 포슈와 같이 공격작전을 선호하고 나폴레옹과 몰트케의 전쟁이론에 심취해 있던 이들과는 달랐다. 페탱은 보어Boer 전쟁이나 러일전쟁과 그와 관련한 전쟁의 음울한 측면에 관심이 있었다. 이는 페탱이 공격작전에 반대를 했다는 의미가 아니라 불타는 전의나 절묘한 작전과 더불어 전쟁에서 기계의 힘을 적절히 이용할 필요성에 공감했다는 것을

의미한다.49

비록 그가 특별나게 따뜻한 인간미를 보여주진 않았지만 프랑스 장병들을 아끼고 존중해 주었으며, 이들 또한 그에게 각별한 충성심을 보였다. 페텡은 병원을 방문하여 부상자들을 위로했고 끊임없이 자신을 독려하여 부하들이 제대로 무장하고 휴식을 취하고 영양을 취한 다음 전장에 나갈 수 있도록 만전을 기했다. 이런 까닭에 장병들이 그를 그렇게나 존경한 것도 놀랄 만한 일이 아니다. 유머감각이 부족하고 내성적인 성격의 소유자였던 그는 남들 앞에 나서기를 싫어했으며 정치인들을 경멸했다. 레몽 푸엥카레 대통령에게 직접 찾아가 "프랑스에는 지도자도 없고 통치자도 없다는 사실을 가장 잘 알 수 있는 위치에 있는 사람은 대통령입니다."라고 말할 만큼 정치인에 대한 그의 경멸감은 극단적이었다.50

나이 59세에 이르러 페텡의 출세가도에 속도가 붙기 시작했다. 1914년 나이 많은 일개 대령에 불과했던 그가 3개월 만에 사단을 지휘하는 사령관이 되었고 그 다음에는 군단을, 그리고 군을 지휘하는 위치에 오르고 전쟁이 시작된 지 3년 만에 프랑스의 군사령관이 되었다. 1916년 2월 말에 그는 베르됭 전투에서 고전을 면치 못하고 있던 프랑스군을 구하기 위해 급파되었는데, 이때 처음으로 페텡은 전국적인 명성을 날리게 되었다. 군을 조직하는 데 치밀한 면모를 보였던 그는 자신이 직접 나서서 포병대를 지휘했다. 무엇보다도 중요한 점은 보급망을 새로 구축하여 50만에 달하는 전 병력에게 충분한 식량과 장비를 제공했다는 점이었다.

그후 그는 참모총장으로 임명되었고 1917년 포슈가 임명되기 전까지 자리를 유지했다. 그해 페텡은 프랑스군 내부에서 일어나기 시작했던 반란 사건을 진압했다. 반란군을 진압하면서 페텡은 신중하면서도 단호하게 그리고 포용력을 가지고 임했다. 그 과정에서 50명이 처형당했고 약 1천 400명이 5년 이상의 징역형에 처해졌다. 이런 조치에 힘입어 반란

사태는 오래 가지 못했고 그 규모 또한 지엽적인 차원에 그쳤다.51

1918년에 발생했던 반란 사태에 대해서는 페텡과 포슈간에 의견 충돌이 있었다. 두 사람의 성격은 정반대에 가까웠고, 그 당시의 상황으로는 군의 최고위 사령관이자 정부 수석 군사자문관이었던 참모총장이 적군과 대치한 상황에 있는 아군에서 가장 강력한 힘을 자랑하는 군사령관과 갈등을 일으켰고, 이는 일반적으로 발생하는 일로 치부되었다. 1918년의 상황처럼 참모총장이 군의 여러 문제에 대해 직접적인 영향력을 행사할 때 이러한 상황은 더욱 빈번하게 발생하게 마련이었다.52

제1차 세계대전은 이전의 다른 전쟁에 비해 훨씬 더 큰 규모로 연합군을 통한 전쟁의 문제점을 부각시켰다. 다른 나라의 병력과 함께 군사작전을 수행하는 일은 항상 어려운 문제를 발생시키지만, 1914년과 1918년 사이에 벌어졌던 제1차 세계대전의 전술적 조건들로 인해 기존에는 볼 수 없었던 새롭고도 더 당혹스런 난제가 불거져 나오게 되었다.

19세기 후반과 20세기의 처음 5년간에 걸쳐 진행된 군 병력의 확대와 무력증강에 힘입어 제1차 세계대전에서는 전선이 확대되어 그 범위가 스위스 국경에서 영국 해협까지 뻗치게 되었다. 당시 연합군은 벨기에, 프랑스, 영국, 미국 이렇게 4개국의 병력으로 구성되었고, 그외에 포르투갈군과 같은 소규모의 외국 군대도 포함되었다. 연합군 내부에서 터져 나온 갈등이 커지면서 전체 군에 심각한 피해를 입혔고, 어떠한 대가를 치르더라도 이를 막아야 했다. 군부대의 병참부문 비중이 커지면서 각 군은 후방 부대가 자신들을 확실하게 지원할 것을 요구했고, 전투중에 쉽게 뒤로 철수하는 경우도 심심치 않게 발생했으며, 가능하면 후방과의 거리를 최소한으로 하여 작전을 수행하고자 했다.

이러한 어려움에 덧붙여 서로 다른 기준에 따라 훈련을 받은 군대를 일사분란하게 지휘해야 하는 문제와 자존심과 불신으로 가득찬 군지휘관들이 틈만 나면 독자적인 행동을 하는 것도 해결해야만 하는 문제였다. 또한 미세한 입장 차이를 보이는 각국 정부에 의해 파견 군대가 지휘되고 있는 점도 문제점 중의 하나였다.

전쟁시에 연합군을 다루는 일은 최고사령부의 여러 과제 중 가장 어려운 일이다. 어떠한 형태의 연합군에서든 권력 구도는 시간이 지남에 따라 변하게 마련인데, 세 가지 요인에 따라 변화하는 양상을 보였다. 혹자는 최대의 병력과 군수물자를 제공한 나라가 전체 판도를 좌우한다고 생각할 수도 있겠지만 항상 그렇지만은 않다. 물론 병력이나 군수물자 측면에서 가장 많은 부분을 감당했던 나라가 다른 나라에 비해 유리한 위치에 있는 것은 사실이지만, 또한 간과해서는 안 될 부분이 각국이 처한 위기 상황의 정도이다. 적의 공격으로부터 가장 위험한 상황에 처한 나라는 선택권이 거의 없고, 그에 비례하여 발언권도 약화되게 마련이다.

앞서 언급한 세 가지 기준에 비춰볼 때 프랑스는 1914년에서 1918년에 창설된 연합군에 대해서는 전쟁이 일어난 후 첫 3년 동안은 지배적인 위치를 차지했다. 하지만 영국군과 미군의 전쟁 기여도가 커짐에 따라 프랑스의 영향력은 약화되었다. 이런 이유로 클레망소와 군의 장성들이 연합군 내부에서 주도권 다툼을 벌였던 것이다.

정치지도자들과 군의 일부 지도자들이 연합군 내부에서 단일 명령계통에 대한 요구를 하기 시작하면서, 이에 가장 회의적인 시각을 드러낸 쪽은 영국군 총사령관인 더글라스 헤이그와 참모총장인 윌리엄 로버트슨 William Robertson이었다.

매우 특별한 경우를 제외하고는 전 군을 외국 장군의 통제하에 기약도 없이 두면서 소속 국가의 의회에 대해 아무런 보고 의무도 갖지 않게 만드는 일은 어떤 군인이라도 권장하지 않을 것이며, 어떤 정부라도 주저하지 않고 선선히 승인하지 않을 것이라는 점을 말씀드리고자 합니다. 외람된 말씀이지만, 군은 외국인 지휘관보다는 자국의 군사령관에 의해 지휘될 때 더 잘 싸울 수 있을 뿐만 아니라 사상자 수를 줄이고 군의 기강을 확립하고 군 내부 인사에 있어서도 더 좋은 효과를 거둘 수 있습니다. 또한 연합군의 단일 명령계통을 확립하기 전에 무엇보다 필수적인 일은 어떠한 정책을 취하여 추진해 나가고 구체적인 목표는 어떠한지에 대해 각국 정부의 합의가 먼저 선행되어야 합니다. 왜냐하면 군의 명령계통에서 일관된 정책의 통일성이 확립되지 않을 때 이는 한 부대의 군사작전이 해당 부대만의 이익과 목표만을 우선시하는 방향으로 흘러갈 수 있기 때문입니다. 협상의 당사자가 되는 정부간의 정책 통일이 명확하지 못하고 불안정하게 되는 일도 빈번하게 발생합니다.[53]

1918년 2월 하순에 로버트슨의 사임으로 단일 명령계통의 큰 걸림돌 하나가 제거되었다.[54] 마지막 남은 장애요인들을 제거하는 데 결정적인 역할을 한 사건은 1918년 3월 독일의 공격으로 초래된 위기상황이었다. 이러한 위기상황에서 영국군과 미군의 장군들도 어쩔 수 없이 연합군의 전반적인 작전을 조율하고 병력을 충원할 수 있는 총사령관의 역할에 대한 중요성을 인식하게 되었다.

인간성 좋고 눈치 빠른 포슈가 연합군 총사령관의 역할에 제격이었다. 그는 신속하게 헤이그와 퍼싱으로부터 합의를 이끌어냈다. 사실 미군 파견대는 전투경험도 미비하고 조직도 제대로 정비되지 않았지만, 독일과의 전쟁에 있어서 결정적인 역할을 할 수 있는 잠재력을 갖추고 있었다. 포슈는 미군의 문제점을 잘 파악하고 있었고 인력을 관리하는 데에도 일가견이 있었다. 포슈의 다른 장점을 들자면 승리에 대한 그의 비전이었다. 포슈는 독일군의 공세가 일단 한풀 꺾이고 연합군측에서 상당한 규모의 예비 병력을 양성할 수 있다면, 연합군이 결국에 가서는 북부에 형성되어 있는 독일군 진영을 격파할 수 있다고 믿었다.

페탱의 의견은 이와 차이를 보였다. 그는 "탱크와 미군이 도착하기를 기다리자."라고 말한 것에서 알 수 있는 것처럼 상당히 조심스럽고 보수적인 시각을 견지하고 있었다. 페탱은 전선의 확대로 부담을 느끼고 있는 독일군들을 상대로 여러 번에 걸쳐 짧고 제한적인 규모의 공세를 펼치면 독일군은 자연적으로 약화될 것이라고 보았다. 페탱은 아직 군의 모습도 제대로 정형화되어 있지 않고 앞뒤 가리지 않는 무모함만을 보이던 미군 부대에 대해 고개를 절레절레 흔들었고, 그들이 전방부대에 배치되어 있는 프랑스 사단에 파견되어 실전 경험을 쌓을 필요성이 있다고 믿었다.

사실 그는 앵글로색슨 계열의 인종에 대해 다소 부정적인 시각을 가진 듯 보인다. 페탱은 전황이 호전되자 독일군이 아직 강한 진영을 갖추고 있고 무차별 폭격으로 진흙과 여러 가지 부패물들이 뒹굴었던 플랑드르 Flanders보다는 로렌을 공략할 것을 선호했다. 특히 페탱은 1917년에서 1918년 겨울에 걸쳐 독일군이 프랑스 진영에 대해 압박 공세를 취할 수도 있다고 생각했다. 이에 대해 그의 해법은 이론상으로는 매우 단순했지만 실제로는 많은 의미를 내포한 방법이었다. 이는 바로 방어를 더욱 철저히 하는 것이었다.

제1차 세계대전 초기에 독일군과 연합군은 한 치도 밀리지 않기 위해 치열한 접전을 벌였다. 병사들은 폭격과 직접적인 돌격작전으로 인해 참호에만 머물러 있을 처지가 못 되었을 뿐더러 전방을 사수하기 위하여 엄청난 희생을 치러야 할 때도 한두 번이 아니었다. 이러한 융통성 없는 전술로 인해 양측에서는 사상자가 속출했다. 거대한 규모의 폭격 및 포격으로 수비 대형을 갖춘 진지에서는 수많은 병력들이 목숨을 잃거나 부상을 당하였다. 개활지에서는 적의 화력에 대해 맞대응하는 방법 외에는 다른 전술이 없었고, 상대적으로 고지에 위치한 적에게 아군의 상황이 노출되는 것을 피하기 위해 지형상의 고려도 필요로 했다.

돌이켜 보면, 독일군이 방어 전술의 중요성에 대해 더욱 빨리 인식한 듯 보인다.55 독일군은 수많은 병사들로 채워진 참호 대형을 갖추기보다는 듬성듬성 배열된 제1선의 참호 대형을 갖추고 그 뒤를 본격적인 격전장으로 삼았다. 그 뒤 4~5 km 후방에 제2선의 참호 대형과 초소가 갖추어져 있고, 이러한 시설들은 지형상의 이점을 활용해 적진에서는 보이지 않는 경우가 많았다. 방어선에 있는 병사들은 벙커나 포탄이 떨어진 구멍으로 산개해 있으면서 적의 무차별적인 포격이 지나가기를 기다렸다. 그다음 적군이 전진해 올 때 소규모 분대 단위로 맞대응을 시작했고 양 측면과 후방에서 기습작전을 펼쳤다. 더군다나 독일군 측에서는 상대적으로 전투에서 밀리는 상황도 용인해 주었다.

1917년 3월 독일군은 연합군의 공세에 밀려 힌덴부르크Hindenburg Line 지지선까지 밀렸지만, 독일군은 짧고 방어가 용이한 전선을 구축할 수 있게 되었고 이로 인해 혜택을 보았다. 그후 한 달도 채 안된 1917년 4월 프랑스군은 니벨르에서 공격을 시도했고, 여기서 대패하여 13만 명의 사상자를 발생시켰다. 페텡은 베르됭 전투에서처럼 심층적인 방어전략defense in depth을 선호했고 1917년 12월 22일에는 지령 제4호 Directive Number 4를 발령하여 새로운 방어 계획을 수립했다. 지령 제4호는 1918년 1월 24일 발령된 후속 명령을 통해 보완되었다.

언뜻 보기에 그러한 결정은 순수하게 전술적인 차원의 선택이었고 정치적 상황과는 아무 관계가 없는 것처럼 보인다. 하지만 사실은 그와는 정반대이다. 클레망소는 페텡이 취한 조치와 그로 인한 결과에 대해 매우 깊숙이 관여했고, 특히 세 가지 점에서 주목할 만하다.

우선 심층 방어전략은 독일이나 독일군 측보다는 프랑스 병력과 프랑스 정부에 의미하는 바가 더 컸다. 당시 프랑스 영토 중에서 가장 중요한 요충지의 10%가 적에 의해 점령당한 상태였고 파리 또한 전방에서 불과 이틀 정도의 거리에 위치해 있었다. 프랑스 측으로서는 더 이상 양보하다 가는 심리적으로 매우 불안한 상황이 초래될 수 있었다. 16만 2천명의 병력을 잃어버린 베르됭 전투 후에 프랑스로서는 상황이 더욱 시급해졌고 더 이상 물러날 데가 없이만 느껴졌다.

두 번째로는 예비 병력을 운용하는 데 있어서 심층적 방어전략은 단일 명령계통하의 병력운용과 상당한 차이를 보였다. 심층적 방어전략에서 적의 공격이 시작되면 프랑스군은 해당 지역이나 부대별로 맞대응을 위한 준비를 하게 되지만 단일 명령계통하에서는 좀더 일반적인 목표를 향해 대규모 병력을 동원해야 하기 때문이다. 1918년 1월에 실시된 동맹국 간 회의에서 포슈와 페텡은 연합군의 예비병력 창설과 관련하여 몇 차례 의견 충돌을 빚었다. 포슈가 이를 찬성한 반면 페텡은 반대했다.56 결국에 가서 심층 방어전략은 단순히 참호 속에 병사들을 배치하는 것보다는 좀더 병력 집중적인 양상을 띠게 되었다.

하지만 이는 또한 영국군에서 주장하는 대로 프랑스가 궁극적으로 무엇을 방어하려는 건지에 대한 의문을 제기하게 되었다. 제1차 세계대전이 시작된 지 4년 후인 1918년 1월 프랑스는 전체 754 km에 달하는 전선 중에서 69%에 해당하는 520 km를 작전구역으로 담당하고 있었다. 만약 심층 방어작전이 영국군과 프랑스군 양자에 의해 채택되었다면 전선을 줄이게 되고, 나머지 전선은 자신들의 동맹국이 떠맡아야 했을 것이다. 1918년 여름에 이르러 프랑스의 전선이 73%로 늘어남에 따라 프랑스의 불만은 더욱 커져 갔다.

페텡이 종종 완전히 방어 지향적인 장군으로 묘사되고 있지만 꼭 그렇지만은 않았다. 그는 궁극적으로 공격을 재개해야 한다고 믿고 있었고,

자신의 방어전략에 대한 밑그림을 이미 마련해 놓고 있었다. 서부전선을 연구한 역사학자들은 '돌파전술breaking through'과 '침투전술breaking in'의 차이점에 대해 언급하곤 한다. 전자는 나폴레옹식의 전쟁 개념과 일치하는 것으로 보병을 앞세워 집중적으로 포격을 한 후 진격을 하여 적진을 뚫는다. 그후 기병부대가 적진에서 생긴 공백으로 밀려들어 집중적인 공격을 하고 적을 완전히 섬멸시키는 전술이다. 물론 이런 식의 이상적인 형태의 전투는 개전 초부터 몇 년 동안의 작전에서 나타났고 최후의 일격을 위해서는 기병부대를 유지해야 하는 부담이 있다.57

전쟁이 끝날 무렵에 두 가지의 다른 방법이 나타나게 되었다. 우선 독일군이 취한 전술은 먼저 적군의 세력이 강한 지점은 우회하면서 될 수 있는 한 적진 깊숙이 침투했다가 화학무기를 포함해서 짧지만 집중적인 포격을 적진에 퍼붓는 형태였다. 이 전술은 최정예 '폭풍의 군대storm troops'의 탄생을 낳았고 여러 가지 측면에서 20년 후 독일군이 폴란드와 프랑스 병력을 전멸시키는 독일식 공격의 원형으로 자리잡게 되었다.

연합군이 선호했던 전술은 제한된 목표하에서 치밀하게 짜여진 순서대로 공격을 수행하는 형태였으며, 탱크와 폭격기 등의 첨단 무기들을 사용했다. 이는 단순한 '침투전술'의 접근법으로서 페텡이 선호했던 전술이었다. 이를 통해 페텡은 독일군에 타격을 주어 산개시키려 했고, 단번에 결정적인 승리라는 기적을 바라기보다는 단계별 공격과 참호를 파괴하는 방법을 사용했다.58

하지만 여기서도 큰 문제가 있었다. 페텡은 여기서 단순한 진리, 즉 '살인적인 화력fire kills'의 위력을 깨닫게 된다. 병사들의 사기와 전투능력 또는 용기만으로 철조망이나 중화기 그리고 속사포 등을 당해낼 수는 없는 것이다. 훈련과 적당한 무기 및 그 사용법의 숙지 그리고 능력 있는 참모들의 작전이 전쟁에서 이기는 지름길이었다. 특히 미군은 프랑스 군대의 도움을 받아 제대로 훈련을 받기 전까지 제구실을 못했다.

미군은 1918년에 일어났던 여러 전투에 참전했지만 유용한 역할을 해내지 못했다. 미군 참모들의 무능함은 미군의 진영 후방에서 연출된 무질서한 통행상황에서 여지없이 드러났으며, 미국의 원정부대가 과연 단일군대로서 제기능을 발휘할 수 있을지에 대한 의문마저 불러일으켰다. 미군측이 클레망소가 원했던 미군 병력의 분산과 연합군에 귀속되는 방안을 반대하고 존 퍼싱 장군의 지휘하에 있어야 한다고 고집한 데 대해 클레망소는 전쟁이 끝난 후 다음과 같이 기술했다.

> 미군 측의 고위 장성들은 모두 공개적으로 퍼싱 장군의 견해에 동조하는 뜻을 표시했다. 블리스Bliss 장군만이 예외였을 뿐이다. 이들은 미국 군대로 남아 있기를 원했다. 누구라도 티오쿠르Thiaucourt 전투에서 미군이 보여준 절망적일 정도의 혼란상황을 지켜보았다면, 미군의 단일 부대체제가 그나마 더 빨리 이뤄지지 않은 데 대해 축하를 했을 것이다.59

페텡은 미군의 사단 병력을 더 큰 규모의 프랑스 부대에 예속시키는 방안을 주장했다. 이는 미군이 단일 부대체제 운용을 통해서 자신들의 주가를 올리고 외교적 비중을 늘리려는 바람과는 정면으로 대치되었다. 클레망소와 그의 군사문제 자문이었던 모닥은 이에 대해 공감하는 입장을 보였다. 특히 모닥은 프랑스군에 통합되기를 거부했던 미군 측의 고집으로 1918년 9월 아르곤Argonne 전투에서 2만 5천명 이상의 병력을 잃었다고 주장했다.60

전쟁에서 이따금씩 발생하는 것처럼, 겉보기에는 지극히 전술적이고 심지어는 기술적인 문제가 프랑스의 국민적 사기와 병력동원 정책, 전략, 동맹관계 등에 중대한 영향을 미치게 되었던 것이다. 페텡의 전략적 원칙은 일련의 광범위한 가정에 기초를 둔 것이었지만 그럼에도 불구하고 큰 가능성을 지니고 있었다. 이러한 원칙들을 현실화시키기 위해서는 정치적 개입이 필요했다는 사실은 그리 놀랄 만한 일도 아니다.

클레망소는 처음에는 페탱의 전략적 원칙들에 대해 의구심을 가졌다. 그의 우울한 성격과 프랑스의 영토를 적에게 내주는 것도 마다않는 식의 전술은 강건한 기상을 지녔던 클레망소와는 조화가 되지 않았다. 클레망소는 한때 레몽 푸엥카레 대통령에게 페탱은 군의 최고위직보다는 참모직 정도가 어울린다고 말한 적도 있다고 한다.61 하지만 클레망소는 페탱의 견해에 동조해 온 모닥의 조언을 받아들여 페탱의 전략을 지지했다.62

클레망소가 최전방 부대를 자주 시찰한 것도 페탱의 지령이 제대로 이행되고 있는가를 감시하는 목적도 겸한 것이었다. 페탱이 내린 지령은 프랑스의 군사령관들로부터 공감을 얻지 못했다. 그의 전략을 이행하기 위해서는 전투로 지친 사병들을 독려하여 곡괭이와 삽으로 새로운 형태의 방어 진지를 구축해야 했고, 이는 상당한 노동량을 필요로 했다. 클레망소는 건설중인 새로운 방어망의 진척에 대해 고위 사령관들이 매 2주마다 자신에게 보고하도록 했다.63

처음부터 포슈는 독일군의 공세를 막기 위해 아군 측에서 즉각적인 맞대응을 펼치고 그 다음 연합군이 전면적인 공격을 퍼부어 '결정적인 결과'를 내자고 주장했다.64 페탱의 새로운 지령에 대해 포슈가 완강하게 반대한 주요한 이유에는 프랑스군에 대한 통제력을 확보하여 자신이 주장했던 대규모 공격을 위한 기초 작업을 하려는 의미도 있었다. 새로 탄생한 연합군 최고위 전쟁위원회에서 페탱과 헤이그는 공격을 강화하고 하나의 거대한 연합군 부대를 창설하자는 의견에 완강하게 반대했다.65

페탱은 영국군과 미군의 전투 능력을 믿지 않았지만, 궁극적으로는 적에 대한 맞대응 공격을 하자는 의견이었다. 다만 그 공격 지점이 영국군과 프랑스군이 연대하여 진영을 갖춘 플랑드르가 아니라 그 곳에서 멀리 떨어진 로렌 지방이었다. 로렌 지방에 대한 공격은 프랑스인들의 시각에서 볼 때 1870년에 자신들이 잃어버렸던 두 개 지방 중 하나를 수복할 수도 있다는 이점이 있었다.

포슈는 연합군 측의 우려와 요구사항 등에 대해 페텡보다 훨씬 더 조심스러운 반응을 보일 때가 많았다. 그는 미군에 압력을 가하여 독자적 작전권을 포기하고 프랑스의 전술에 따르도록 하는 것이 가능하다고 생각하지 않았다. 그는 또한 1918년 봄 독일의 초기 공격의 예봉을 막아내야 했던 영국군의 고충에 대해서도 동조하는 모습을 보였다. 더군다나 1918년 가을에 독일군의 사기와 결집력이 떨어진 것을 알아차린 포슈는 침투전술보다는 돌파전술에 가까운 공격을 취할 것을 주장했다.66

클레망소의 개인적인 개입으로 페텡이 주장한 전술적 원칙들이 빛을 발하게 되었다.67 그와 동시에 클레망소는 더 큰 규모의 공세를 취하기 위한 목적으로 프랑스 병력을 이용하려 했던 포슈의 주장에도 공감을 표시했다. 또한 페텡이 원래 원했던 로렌 지방이 아니라 플랑드르 지방에 대한 공격 작전에 대해서도 동의했다. 미군과 관련해서도 그는 개인적으로는 페텡의 견해에 찬성했지만 포슈의 주장에 무게를 실어주었다.

서로 상충된 군사적 견해와 철학을 조율하기 위해서 클레망소에게 수많은 의사결정이 요구되었지만 어느 한 쪽으로 치우침이 없어야 했다. 그는 포슈와 페텡 두 장군의 주장이 궁극적으로는 양립할 수 없는 성격이지만 나름대로 일리가 있다는 것을 잘 알고 있었다. 전쟁이 끝날 때까지 클레망소는 한 쪽에 치우치지 않고 여러 문제에 대해 두 장군의 입장에 번갈아 가며 지지의사를 밝혔다. 포슈는 활기차고 낙관적이며 저돌적이었고 페텡은 어둡지만 유능했다. 클레망소는 이 두 상반된 성격의 장군들을 적절하게 다루어서 전쟁을 승리로 이끌어야 했다.

1918년 3월에 듀엥에서 거행된 연합군 최고위 전쟁위원회에서 모닥은 애처로운 어조로 "양심적이고 충성스러운 페텡 장군은 나쁜 상황을 개선시키기 위해서 할 수 있는 최선의 노력을 아끼지 않으면서도 이를 보고하는 것이 자신의 의무라고 생각했습니다."라고 말한 바 있다.68 이런 맥락에서 보면 자신이 약속했던 것보다도 더 많은 것을 이룩했던 페텡이 왜 패배주의자라는 오명을 얻게 되었는지도 이해할 만하다.

클레망소가 자신의 확고한 전쟁 의지와 연합군이 결국 전쟁을 이길 거라는 확신에 힘입어 포슈를 더욱 신임한 것은 사실이다. 그는 연합군 세력들을 적절하게 다루는 포슈의 수완을 정확히 파악하고 있었다. 프랑스의 군통수권자인 클레망소 자신은 연합군에게 성가신 존재로 비쳐지기도 했었지만, 포슈의 중재로 영국군과 미군이 프랑스군과의 공동작전 필요성에 대해서는 충분히 인지하고 있을 거라고 이해했기 때문이었다. 반면 페텡은 전술과 기술면에서 누구보다도 통달해 있었고, 클레망소는 그가 제시한 새로운 방어 전술의 당위성에 대해서도 동의했다. 그러한 방어전술은 1918년부터 시작된 독일군의 제1차 공격에서 크게 공헌했다.

1918년 5월 27일 월요일 독일군의 제2차 공격이 시작되었다. 일주일 동안에 걸쳐 시작된 공격에서 독일군은 엔 강을 통과하여 파리 방면의 쉐민 데 담프Chemin des Dames까지 진격했다. 4천 회에 이르는 포격이 2시간 30분 동안 쏟아진 후에 독일의 24개 사단이 8개 사단에 불과한 허약한 프랑스군과 영국군을 공격하여 파죽지세로 연합군의 전선을 뚫고 19km나 전진하는 놀라운 기세를 보였다. 미군 역시 이 전투에 참전했고 마른느 강에서 벌어진 2차 전투에도 참가해서 독일군의 공격을 막는 데 일조했지만 상황은 연합군 측에 매우 불리하게 돌아갔다. 독일군이 파리에 입성할 날도 멀지 않은 듯했다.

클레망소는 프랑스 육군의 사령관인 뒤셴느Duchêne 장군이 페텡이 지시한 심층 방어전략을 이행하지 않은 데 대해 격노했다. 그는 즉시 뒤셴느와 6군의 고위 장성들도 해임시켜 버렸다.69 연합군의 패배에 대한 문책 중 일부는 페텡의 지시에 저항했던 고위급 장성들에게 돌아갔다. 그중에는 아군 측의 공격에 대한 주장을 굽히지 않았던 포슈도 포함되었다. 당시 그는 영국군을 지원하기 위해 북부전선으로 병력을 이동시킨 후였고, 거기서 독일군의 다음 공격을 대비하고 있었다. 전쟁이 끝난 후 클레망소는 당시의 심정을 다음과 같이 기록했다.

나의 첫 번째 질의에 대한 답을 받았다. 그러한 일들은 전쟁에서 불가피하고 누구든지, 군인이든지 민간인이든지 똑같이 실수를 저지르게 마련이고, 그래서 사실에 집착하여 잘잘못을 따지는 것은 이롭지 못하다는 내용이 짧게 언급되어 있었다. … 70 비록 의회에서는 군 수뇌부의 방패막이가 되어 주었지만, 전방을 방문하면서 내 눈으로 직접 확인한 바에 따르면 요직에 있는 군 지도자들이 나이가 너무 들어 교체해야 한다는 것을 잘 알 수 있었다. 확실히 포슈 장군은 나만큼 아니 나보다 더 많이 알고 있을지도 모르겠다. 하지만 많은 고위 장군들처럼 그 또한 '오랜 동지'라는 말에 상당히 집착하고 있었다. … 총사령관 포슈는 내게 한두 번 도전한 것이 아니다. 그 또한 각 장군의 결함을 너무나 잘 알고 있었다. 내가 특정 장군의 이름을 호명할 때면, 그는 어깨를 으쓱하면서 "나의 오랜 친구죠."라고 중얼거리곤 하는 것을 본 적이 있었다. 엄청난 희생을 치렀지만 예외는 거의 없었다.71

클레망소는 묵묵히 일하는 페텡을 듬직하게 여겼다. 페텡은 자신의 잘못이 아닌 일에도 도의적 책임을 지고 사의를 표명했지만 클레망소는 이를 반려했다. 먹구름이 포슈의 앞날에 드리워지는가 했지만 위기는 곧 지나가 버렸다.

"나는 총리의 부하가 아니란 걸 모르시오?"

하지만 연합군이 독일군에 대한 반격을 시작하는 시점에서 클레망소와 연합군 최고사령부와의 갈등은 더욱 깊어졌다. 갈등의 주요 원인은 다가오는 전투에서 방대한 규모의 미군이 참가할 것인지 여부에 대한 문제였다. 이 문제에 대한 클레망소의 주장은 단호했다.

문제는 아주 단순한 사실에 있다. 즉 전투 경험이라곤 전혀 없는 미군의 선발대가 도착하기 오래전부터 우리는 교전중이었다는 사실이다. 미군의 가장 중요한 임무는 우리를 도와 전장에 도착하는 즉시 전투에 임함으로써 그 동안의 공백을 메우는 것이다. 반면 이 위대한 민주주의 국가 미국은 타고난 허영심에 젖어 마지막 전투에서 최후의 승리를 장식함으로써 제몫을 챙기려고 하는 속셈을 보이고 있다. …

단지 오점 하나가 있을 뿐이다. 바로 미군 파견대의 사령관들이 전장에 자국의 빛나는 성조기를 꽂는 일을 되도록 늦추려 하기 위해 혈안이 되어 있다는 점이다. 위대한 미군의 엉성한 조직은 우리에게 손실을 입히고 있고 그로 인한 우리 연합군 병력의 피는 바다를 이룬다. 하지만 이들은 모든 군사적 문제를 한번에 풀 수 있는 것처럼 우리에게 줄곧 이야기했다. 이런 까닭에 이번 전쟁의 중요한 대목은, 아르곤 숲에서의 전투가 저들 잘생기고 용감한 미군 용사들에게 죽음도 두려워하지 않는 용기만으로는 전략적인 성공을 거두지 못한다는 사실을 깨닫게 해주었을 때이다.72

여러 가지 문제가 복합적으로 나타났다. 우선 과연 미군이 1918년 봄과 여름에 걸쳐 벌어지게 될 비상상황에서 만신창이가 된 프랑스와 영국군을 적극적으로 도와줄 것인지 그리고 그후에 연합군에 귀속된 사단으로서가 아니라 하나의 독립된 군대로서 반半 독립적인 공세를 취할 것인지 여부였다. 이 외에도 클레망소는 퍼싱이 연합군의 총사령관인 포슈의 명령에 복종해야 한다고 생각했다.

전형적인 연합군의 사령관으로도 불릴 만한 포슈는 상황을 다른 시각에서 파악했다.73 포슈는 클레망소보다는 다소 현실적인 접근법을 추구하는 듯했다. 그는 자신의 권한은 연합군 소속의 고위 장성들에게 명령하는 것이 아니라 설득하고 대안을 제시하는 것이라고 주장했다. 1918년 가을 발생한 독일의 갑작스런 붕괴는 악화일로에 있던 포슈와 클레망소의 첨예한 의견충돌을 막아주는 데 큰 역할을 했다. 클레망소는 포슈가 미국의 윌슨Wilson 대통령께 건의해서, 퍼싱 장군이 프랑스군과 협력하여 군사행동을 하지 않은 데 대한 책임을 물어 해임토록 할 것을 주장했다. 10월 21일 그는 포슈에게 서신을 보냈다.

… 퍼싱의 완강한 아집 덕택에, 장군의 직속 부관들뿐만 아니라 장군을 상대로도 자신의 의지를 관철시켰소. … 헌법에 의거하여 나는 프랑스군의 원수요. 프랑스군의 이익이 장군의 지휘하에 있는 모든 군대에 대한 수평적 조직화에 있다는 사실은 너무나 자명한 일이오.

만약 내가 직권으로 프랑스군을 지원하기 위해 황급히 달려온 연합군이 원래의 취지대로 각자의 군사적 역할을 담당할 수 있도록 최선을 다하지 않고서 프랑스군만 무한정 전투에 임하게 하여 지치게 만든다면, 이는 죄악이 될 것이오.74

이 편지를 통해서, 프랑스군이 지루한 전쟁으로 인해 지칠 대로 지쳐 있다는 사실을 알 수 있다. '호랑이' 클레망소의 거센 반발 뒤에는 프랑스군의 사기와 의지가 허약하고 와해되기 쉽다는 취지가 강하게 내포되어 있는 것이다. 퍼싱에 대한 포슈의 동류의식과 정치인들에 대한 그의 회의적인 시각은 포슈로 하여금 자신의 상관인 프랑스 총리보다는 미군 장관 쪽으로 더 기울게끔 만들었다. 그는 자신의 새로운 동료가 된 미군들에 대해 흡족해했고, 전쟁이 끝난 후 흥에 겨워 "미군 장군들, 특히 퍼싱 장군을 개인적인 친구로 두게 되어 그저 기쁠 따름입니다."라고 떠들어댔다.75 또한 그는 "미군이 당면했던 그 모든 난관들에 대해 제가 좀더 많이 알았더라면, 클레망소 총리가 내렸던 그러한 과격한 해법을 좌시할 수만은 없었을 것입니다."라고도 말했다.76

이 부분에서도 클레망소는 분통을 터뜨렸다. 군사작전에서 미군이 그렇게나 꾸물거리고 불만족스러운 행태를 보이게 된 배경에는 퍼싱 장군의 지시가 있었기 때문이었다. 퍼싱은 거대하고 통제가 안 되고 효율과는 거리가 먼 미군을 야전에서 보호하기 위해 끔찍하면서도 불필요한 위험을 감수했다. 그는 각 군의 독자적인 지원사격과 야전술을 고집했고 참호를 통한 방어전략에 대해서는 경멸감을 표시하기까지 했다. 그의 이런 태도는 프랑스군이 힘든 실선 선투 경험을 통해 배웠던 합동 군사작전의 중요성을 완전히 무시하는 것이었다.

퍼싱의 전기를 집필한 작가가 말했듯이 "전쟁이 11일 후가 아니라 바로 10월 31일에만 끝났어도 이 미군 장군의 전후 명성은 완전히 추락했을 것이다." 전쟁이 끝나기 마지막 10일 동안 연합군이 이룬 쾌거는 야전에서 연합군의 우월한 전투능력을 보여주었다기보나는 '석군의 와해'를 반영하는 것이었다. 오히려 연합군의 제1사단은 전쟁 막바지에 이르러 1870년에 프랑스가 독일군과의 전투를 통해 잃어버렸던 세당Sedan을 수복할 목적으로 프랑스 국민군National Guard의 진영을 넘나드는 웃지 못할 광대짓을 벌이기도 했다.77

미군 문제를 놓고 포슈와 클레망소간에 드러난 불화는 전시에 연합군을 형성하면서 민간 및 군부간의 관계에서 생기는 일반적인 갈등을 넘어서는 수준이었다.

하루는 총사령관이 내게 "나는 총리의 부하가 아니라는 사실을 아시오?"라고 말하는 것이었다.
나는 웃으면서 "아니, 모르겠소. 또한 누가 그런 개념을 장군의 머리에 주입시켰는지에 대해서도 알고 싶지 않소. 장군은 나의 친구요. 장군이 그런 식의 사고를 바탕으로 행동하지 말길 강력하게 조언하는 바이오. 그런 식의 사고는 결코 통하지 않을 것이기 때문이오."라고 대꾸해 주었다.
포슈는 이에 대해 아무런 반응이 없었다.[78]

물론 포슈는 그 자리에서는 아무런 대꾸를 하지 않았을지도 모르지만 이 문제는 거기서 끝나지 않았다. 전쟁이 막바지로 접어들 때까지 포슈는 모닥에게 클레망소가 독일과 오스트리아를 주축으로 하는 동맹국들(제1차 세계대전 독일을 중심으로 동맹관계를 형성한 국가들로는 오스트리아, 헝가리, 터키, 불가리아 등이었다. 이들을 Central Powers라고 불렀다)과의 협상 내용에 대해 일일이 자신에게 알려주지 않는 데 대해 비난을 퍼부었다.[79] 하지만 이후에 양자간의 더 큰 불화를 초래하는 사건이 발생했다.

"위대한 대통령께서는 10개 조항으로도 대충 때울 수 있으련만"

1918년 9월에서 11월 사이에 이루어진 연합군의 대공세로 독일군의 저항은 눈에 띄게 줄어들었다. 독일군과 동맹군은 하나씩 무너지기 시작했다. 10월 26일 터키는 연합군과 정전협상을 시작했고 그로부터 4일 후에 협상을 매듭지었다. 오스트리아와 헝가리 동맹군은 그보다 한 달 전인 9월 중순에 협상안을 제시했고, 미처 전쟁이 끝나기도 전에 동맹관계는 실질적으로 와해되었다. 10월 3일 독일 군부는 정부에 연합군과의 즉각적인 정전협상이 필요하다고 건의했다. 종전 직전, 특히 마지막 몇 주 동안의 불안한 상황 속에서 탈영병이 속출하기 시작하여 거의 100만 명에 이르게 되었고 군 참모부는 완전히 전의를 상실했다.80

평화를 조성하는 과정에서 클레망소는 군부를 통제하는 데 있어서 심각한 도전을 겪어야 했다. 민간인 지도층과 군부와의 사이에 맨 처음 드러난 불화는 정전협상의 조건에서 시작되었다. 장기간의 지속적인 평화정착을 위해서 국제적 회의가 필요한 것은 자명한 사실이었지만, 그것만큼 중요한 일은 정전을 위해 필요한 여러 가지 구체적 조건들이었다. 이 문제를 둘러싸고 두 가지의 대안이 떠올랐다.

하나는 퍼싱 장군과 페텡 장군 그리고 레몽 푸엥카레 대통령이 지지한 안으로서, 연합군이 베를린 시가지까지 진군하여 독일을 점령함으로써 독일군을 완전히 굴복시킨다는 내용이었다. 다른 하나는 포슈 장군과 헤이그 장군이 지지한 안으로서, 독일군에 대해서는 처벌을 하지 않고 대부분의 독일 영토에 대해서도 독일정부가 계속해서 통치한다는 내용을 골자로 했다.

둘 중의 하나를 선택하는 과정에서 드러난 문제점은 독일정부가 정전협상의 상대로 미군을 선택했다는 사실이었다. 독일정부는 협상 과정에서 유럽국의 정부보다는 미군으로부터 더 많은 실리를 취할 수 있다고 생각했던 것이다. 미국은 사실 동맹국의 지위가 아니라 협력국의 지위로 참전했고 윌슨 대통령이 제안한 '14개 조항Fourteen Points'은 독일에게 더 많은 관용을 끌어낼 수 있다는 희망을 품게 만들었다. 그 결과로 협상은 지루하게 이어졌고 그 과정은 험난했다.

이러한 상황은 야전에서 승리가 임박한 대부분의 전쟁 상황에서 발생하는 문제들이었다. 즉 적군을 약화시키지만 처벌하지는 않는 휴전협정을 받아들일 것인지 아니면 만신창이가 된 적군을 완전히 굴복시킬 것인지의 선택이었다. 결과론적 입장에서 보면 후자를 선호하는 주장이 우세하지만, 그 당시의 상황에서 보면 그런 주장이 받아들여지는 경우는 거의 드물다. 독일군이 전쟁에서 패배했다는 점은 이제 명백해졌다. 하지만 연합군이 베를린으로 입성하려고 할 경우 이 과정에서 수십만에 달하는 병력이 추가적으로 목숨을 잃을 수도 있는 상황이었고 이런 상황은 또한 충분히 피할 수도 있는 일이었다.

그뿐만 아니라, 정치적인 고려에서도 전쟁을 조기에 종결시키는 데 상당한 이해관계가 걸려 있었다. 1918년 1월 8일 의회 연설에서 윌슨 대통령은 14개 조항을 발표했는데 이는 독일에 대해 상당히 후한 항복조건으로 평가되었다. 이에 대해 클레망소는 "위대한 대통령께서는 10개 조항으로도 대충 때울 수 있으련만"이라고 투덜거렸다고 한다. 독일 정부는 이런 원칙을 발표한 윌슨 행정부에게 먼저 접근했다. 윌슨은 연설에서 독일은 프랑스, 벨기에, 루마니아, 세르비아, 몬테니그로 등의 국가에게는 독일이 오래전에 강탈했던 영토를 돌려주고 오스트리아와 헝가리 그리고 폴란드 국민들에게도 자치와 독립을 보장해야 한다고 주장했다. 하지만 독일에 대한 가혹한 처리를 암시하는 내용은 전혀 없었다. 다음은 그 내용 중의 일부이다.

우리는 독일의 위대성에 대해 아무런 시기심도 가지고 있지 않고, 우리가 내놓은 정전협상 방안에도 이를 위해하는 조항은 포함되어 있지 않다. 우리는 독일의 역사를 빛내고 세계인의 부러움을 한몸에 받게 한 계기가 되었던 독일의 여러 가지 성과나 탁월한 학습력 또는 독일의 민간 기업에 대해서 시기하지 않는다. 우리는 어떤 식으로든 독일에 해를 끼치거나 독일의 합법적인 영향력이나 권력에 방해가 되는 일을 원치 않는다. 우리는 만약 독일이 정의와 법과 공정한 거래를 준수할 것을 맹세하면서 우리나 평화를 사랑하는 전 세계의 국가들과 관계를 맺으려 할 경우 독일에 대해 무력으로 또는 적대적인 무역 조치를 통해 해를 끼치기를 원치 않는다. 우리는 독일이 지배야욕에 불타는 나라가 아니라 현재 우리가 살고 있는 세계 속에서 평등한 나라가 되기를 원한다.81

일단 프로이센 제국이 붕괴하자 윌슨은 자신이 꿈꾸었던 국제정치에서의 신질서를 도모하기보다는 단순히 승전국들의 권리만을 비준하는 평화협상에 대해 강한 거부반응을 보였다. 그리고 정전협정을 구성하는 조건들에 대한 토의에서 승전국 내부에서도 이미 팽팽한 갈등 국면이 전개되었다. 정전협정 조건의 일부로서 독일이 알자스와 로렌 지방에서 철수해야 하는 데에는 모든 당사국들이 동의를 했지만, 프랑스는 1814년 자국이 짧게나마 차지했던 더 넓은 범위의 알자스와 로렌 땅을 원했다. 하지만 연합국들은 1815년을 기준으로 한 알자스와 로렌 지방의 경계에 대해서만 동의를 했을 뿐이었다.82

포슈와 클레망소는 독일이 전쟁을 재개하려는 움직임을 차단하는 것과 관련된 조항이 포함된 정전협정을 선호했다. 특히 클레망소는 독일군의 해산을 원했다. 포슈는 이미 클레망소에게 편지를 통해 알자스와 로렌 지방에 거주했던 독일계 주민들의 본국송환과 라인 강을 프랑스와 독일의 국경으로 한다는 내용을 골자로 하는 평화조건을 주장한 바 있었다. "만약 라인 강을 확고하게 점유한다면 프랑스는 독일계 주민들의 본국 송환과 프랑스 주민의 안전을 보장할 수 있기 때문에 지속적인 평화를 얻을 수 있을 것입니다. 하지만 라인 강을 점유하지 못한다면 그 어느 것도 성취할 수 없습니다."83

클레망소는 라인 강을 확보해야 한다는 포슈의 주장에 공감했고, 라인 강의 오른쪽 제방이나 건너편 독일 쪽의 제방에 교두보를 마련하여 일시적으로나마 독일을 무장해제하려고 도모했다. 그는 또한 독일이 점령하고 있던 벨기에, 프랑스, 알자스, 로렌 등의 모든 지역에서 독일군의 철수와, 프랑스와 벨기에의 철도 시설 복구에 대한 조건이 평화안에 포함되어야 한다고 주장했다.84 더 중요한 점은 클레망소가 적당한 정전협정 조건이 프랑스에서 회의를 통해 이루어질 수 있다면, 굳이 독일의 베를린까지 진군하는 것은 의미가 없다는 데 포슈와 의견을 같이 했다는 사실이다.

물론 이에 대해 페텡과 미군은 반대 의사를 보였다. 하지만 클레망소는 포슈가 10월 19일 보낸 편지에서 종전문제를 놓고 벌인 정치인들간의 협상에 대해 자신에게 통보하지 않은 것을 불만스러워 한 데 대해서는 발끈했다.85 이는 앞으로 양자간의 불화가 더욱 악화될 것임을 단적으로 보여주는 전주곡과도 같았다.

클레망소와 포슈와의 관계는 한동안 더욱 악화되었다. 특히 윌슨에게 퍼싱을 해임시키라고 건의한 클레망소의 지시에 대해 포슈가 주저하는 태도를 보였던 것이 화근으로 작용했다.86 더군다나 포슈는 정전협상에서 정치인들이 연합군의 군사 대표로 구성된 최고 전쟁위원회Supreme War Council를 무시하고 자신과 야전 사령관들의 주장에 따라야 한다고 제안했기 때문에 더욱 그러했다. 10월 16일 그는 클레망소에게 편지로 "정전 조건들을 다룰 자격을 갖춘 군사 전문가들은 오직 최고사령관들입니다. 이들만이 군대의 안전과 불미스런 사태가 발생하여 적대적인 관계가 재개될 경우에도 이에 대한 책임을 지고 있습니다. 오직 이들만이 휘하의 군 병력에 대한 상태와 대치하고 있는 적의 상태에 대해 철저히 파악하고 있습니다."87 클레망소는 민간인 지도자는 자신이 원하는 방식대로 군사적 조언을 요청할 수 있다고 믿었기 때문에, 자신들과의 상의를 요구하는 군인들에 대해서 달갑지 않게 생각했다.

이를 초월하여, 모닥은 이 상황을 가리켜 "정치와 군사적 전략에 관한 풀리지 않는 문제"라고 묘사했는데 이는 정확히 지적한 것이었다.88 정치는 모든 전쟁에 있어서 결정적 요소로 작용한다. 전시에 정치인들이 군의 전략에 개입하지 말아야 한다는 개념은 옳지 않고 그런 까닭에 바람직하지도 않다. 정전협상은 민간과 군의 상호 관계에 있어서 가장 민감한 순간이 된다. 1918년 11월 정전협상이 본격적으로 진행되면서 군사작전상의 문제와 정치적 문제 사이의 구분은 매우 모호해졌다.

여기서 군사작전상의 문제라 함은 독일군이 다시 도발을 하지 못하도록 어떠한 조치를 취할 것인지에 관련되었다. 정치적 문제란 평화협정의 결과를 결정할 수도 있는 군사적 행동에 의해서 정치 지도자들이 어느 정도까지 용인해줄 것인지에 관한 것이었다. 연합군의 최고사령관인 포슈는 전문가적인 조언을 해주는 역할과 결국은 정치적 문제로 귀결될 사안들에 대해 과도한 통제력을 행사하는 것 사이에 분명한 차이를 둘 용의가 없는 듯이 행동했던 것이다.

포슈와 클레망소의 관계가 악화된 것은 민간 및 군부와의 관계에서 일반적으로 나타나는 몇 가지 현상들을 반영했다. 이미 언급한 것처럼, 포슈는 정치인을 경멸했다. 그는 군사령관들, 특히 자신을 정책을 집행하는 이가 아니라 정책을 수립하는 데 정치 지도자들과 동등한 자격으로 참가할 수 있다고 보았다. 그는 전쟁과 전쟁의 여파에 대해서 평소 알고 있던 한 언론인에게 편지를 보냈는데 그 내용은 충격적이다.

전쟁의 목적이 이중적인 성격을 띠는 것은 아니다. 하나일 뿐이다. 그리고 그 목적이란 바로 평화이다. 전쟁과 평화에 군의 몫이 따로 있고 민간의 몫이 따로 있는 것이 아니다. 두 가지는 서로 밀접하고 연결되어 분리될 수 없다. 연합군은 이를 인식하지 못했기 때문에 몇 년 동안 여러 가지 실수를 했고 그로 인해 승리의 시기가 상당히 늦춰졌다. 정치인과 군인이 각자의 견해에 따라 따로따로 행동했고 서로의 노력을 조율하려고 시도하지 않았다. 그래서 이들은 해만 끼치는 가장 확실한 방법을 택하게 된 것이다.[89]

여기서 군의 장군들이 정치인에 복종해야 한다는 말은 일언반구도 없다는 사실을 주목해 보라. 포슈가 주장한 말은 '조율'이지 '복종'은커녕 '조언'도 아니었다. 그는 "어떤 경우에는 정치와 외교가 군사부문과 분리될 수 없다. 그래서 이러한 부분에 대한 나의 개입은 충분한 정통성을 갖추고 있다."라고 말했는데 여기에서도 그의 입장은 분명하게 드러난다.[90]

포슈가 연합군 총사령관으로서 동료 사령관들을 설득하는 데는 능력을 발휘했을지 모르지만 지휘하는 데 있어서는 누구보다도 자신의 한계를 분명히 깨닫고 있었다. 그는 연합군 총사령관으로서 지위보다는 전쟁 영웅으로서 지위에 대해 더욱 잘 알고 있었다. 1918년 8월 5일 포슈는 프랑스군의 최고사령관으로 임명되었다. 이는 포슈만큼이나 전쟁의 승리에 기여했던 페텡보다 더 앞선 것이며 11월 19일에는 훈장을 수상하기도 했다. 그는 또한 11월 11일에는 프랑스 의회에서 작위를 받았다. 그 내용을 살펴보면 "군과 정부 그리고 시민 조르주 클레망소와 포슈 대장군에 대한 신성하고 영속적인 경의를 표한다."라고 적혀 있었다.[91]

종전 무렵에 종종 발생하는 것처럼, 이름 높은 군인은 자신의 상관인 정치 지도자보다 훨씬 더 많은 인기를 누리게 되며 포슈는 이 사실을 잘 알고 있었다. 더군다나 연합군 총사령관이라는 직책의 후광을 입은 그는 자신은 정치권의 지시를 받지 않는 독자적인 행동을 할 수 있다고 믿었다. 그의 이런 성향이 가장 분명하게 나타난 대목은 포슈가 연합국 정부를 상대로 프랑스의 안전을 도모할 수 있는 단 하나의 대안만을 제출했다는 점이다. 즉 라인 강 서쪽 프랑스 편의 지역을 군사 점령하고 그와 동시에 그곳에 반독일·친프랑스 성향의 정부를 설치한다는 대안만으로 연합국 정부에게 승인할 것을 강요했다는 사실이다.

"총사령관께서는 정책과 전략을 혼동하는데, 이 점이 염려스럽소"

결국 포슈의 견해는 독일에 대해서 아무런 보장이나 무장해제 조치도 부과되어서는 안 되고, 프랑스군은 독일의 인력과 산업시설에 대해 어떠한 경계나 감시도 할 수 없다는 주장이었다. 하지만 그는 프랑스와 독일과의 국경지대에 대해서는 라인 강의 왼쪽 제방 지역에 대해 프랑스 군대의 점령이나 프랑스 영토로의 편입 또는 자체 정부를 수립하여 프랑스가 섭정을 하는 방식을 따라야 한다고 주장했다.

이러한 견해는 충분히 이해할 만한 요구였지만 정치적 현실을 무시한 다소 근시안적인 해법이었다. 14개 조항(윌슨이 발표한 14개 조항에는 민족자결의 원칙도 포함되어 있다)을 통해 세워진 전쟁의 목표에 의거할 때 독일어를 말하는 많은 수의 사람들을 영속적으로 프랑스의 통치령에 둔다는 것은 받아들일 수 없는 일이었다. 포슈는 심지어 몇 년이 지난 후에도 자신이 말한 라인 강 국경은 실현 가능한 목표이며 이 방안이 실현되지 않은 이유로 클레망소의 완강한 고집을 꼽았다.

클레망소 총리가 나를 처음부터 윌슨 대통령과 로이드 조지 총리의 저항을 극복하는 데 적당한 인물이라고 여기지 않았다는 점은 정말 이상한 일이다. 그에게는 연합군을 승리로 이끈 총사령관이 프랑스인이었다는 사실이

행운이었다. 로이드 조지 총리나 윌슨 대통령은 군사문제에 대해 총사령관이 입장을 표명해야 한다는 데 대해서 이견이 있을 리가 없다. 또한 전쟁의 패전국인 독일의 추가공세를 배제하고 미래에 프랑스와 연합국의 안전을 도모하는 문제는 본질적으로 군사적 성격을 띠는 것이다. 자신의 의견을 표명하는 것은 사령관의 권리이자 의무이다.

평화 회의에서 프랑스를 대표하는 이들은 총사령관의 지위를 이용하여 그의 지론을 밝히고 저항을 극복할 수도 있는 것이다. 예를 들어 이런 식으로 말할 수도 있다. "저는 안보와 관련된 모든 문제에 대해서는 포슈 장군의 뜻에 따르겠습니다. 포슈 장군은 국경문제에 대해서는 라인 강 해법 외에 다른 것은 듣지 않을 것입니다. 이에 대한 협상 조건으로 여러분들은 독일의 무장해제, 평화협정, 일시적 점령 등을 내걸 수도 있을 것입니다. 물론 포슈 장군은 이에 대해서도 완전히 부적당하다고 생각합니다. 저로선 장군의 반대를 무시할 수도 없고 그의 의지를 꺾을 방법이 없습니다. 이 시점에서 그는 나라 전체를 자기편으로 만들고 있기 때문입니다."92

여기서 포슈의 어떤 점이 더 주목할 만한지 가려내기란 어려운 일이다. 평화회담에 대한 포슈의 단순한 사고나 아니면 정치인이 자신의 군사 자문가의 의견에 의문을 제기할 수 없다고 선언해야 한다는 포슈의 터무니없이 단순한 발상 등에 대해서 말이다.

물론 클레망소는 포슈의 이런 주장에 동의하지 않았다. 클레망소는 베르사이유에서 1919년 1월에서 6월까지 계속된 평화협상에서 포슈를 참석시키지 않았다. 이에 대해 포슈는 격분했다. 자신의 자존심이 손상된 것은 별도로 하더라도 포슈는 정치인들이 주도하는 평화협정이 전쟁 후 프랑스의 진정한 안보에 대해서 부정적인 영향을 미칠 것이라고 믿었다. 클레망소는 라인 강 국경이 프랑스로서는 바람직한 대안이라고 생각했지만, 현실적인 측면에서 영국과 미국이 반대하는 상황에서 이 조건을 관철시킬 수는 없다고 보았다. 프랑스가 일방적으로 국경을 결정할 경우 영국과 미국과의 관계에 불화가 발생할 것이라고 보았고, 당시의 여건을 감안할 때 프랑스가 실질적으로 이를 얻어낼 능력도 없었다.

하지만 포슈는 클레망소에 반대하여 단순히 항의하는 차원에서만 그치지는 않았다. 포슈는 다른 프랑스 정치인들에게 호소하고 라인 강 유역에서 프랑스군의 은밀한 군사행동을 주도하는가 하면 현 프랑스 정부에 반대하는 언론 공작을 펼치는 등, 여러 가지 책략을 동원해서 자신의 의견을 관철시키려 시도했다.93 그는 클레망소를 무시하고 자신의 의견에 동조하는 입장을 갖고 있던 레몽 푸엥카레 대통령과 손을 잡았다. 푸엥카레는 포슈의 강경한 입장에 대해서 공감을 표시했을 뿐만 아니라 공동의 적이 되어버린 클레망소에 대해 강한 거부감을 느끼고 있었다.94

장군, 특히 전쟁에서 승리한 장군이 자신의 목적을 달성하기 위해 어떤 정치인과 손을 잡을 것인지를 설명하는 데 있어서 포슈와 푸엥카레의 경우는 더 없이 좋은 예가 된다. 포슈는 명석하지만 효과적으로 일을 처리하지 못했던 대통령과 정국을 완전히 장악한 총리간에 존재하는 불편한 관계를 이용할 수 있는 능력을 갖추고 있었고 실제로 행동에 옮기기도 했다. 푸엥카레 또한 클레망소에 반대하여 포슈와 힘을 합칠 준비가 되어 있었다.

비비브룩Beaverbrook 경으로 통하는 윌리엄 맥스웰 에이켄William Maxwell Aitken은 1917년 영국의 무역이 아사 직전에 있는 지경이었는데도 해군 호송선의 도입에 반대하여 영국 해군본부의 편에 섰던 고집 센 북아일랜드 출신의 에드워드 카슨Edward Carson을 비꼰 일이 있다. 카슨은 "내가 해군본부에 있는 한 해군이 활동에 제약을 받는 일은 없을 것이다. 나로 인해 그들이 간섭받는 일도 없을 것이고, 나 또한 그들의 일에 참견하지 않을 것이다."라고 말했다. 이에 대해 비버브룩은 다음과 같이 말했다.

이를 통해 카슨은 해군 장성들에 대한 정치인들의 압력에 대해 강한 거부감과 적대감을 드러내었다. 하지만 이를 찬찬히 분석해 보면 그의 태도는 이상하고 심지어는 자기모순적이다. 그는 해군 장성들이 독자적으로 행동하고 독자적인 전략을 추구하기를 바랄 것이다. 그렇다면 그들의 결정이 틀렸을 경우 누가 비판을 받아야 한단 말인가? 해군 장성들은 아닐 것 같다. 그에 대한 비판은 바로 정치인들에게 돌아간다.[95]

영국과 프랑스가 제1차 세계대전을 통해 얻은 중요한 교훈 중의 하나는 민간과 군부간의 갈등으로 인해 오직 민간과 군부간의 분열을 초래하는 일은 거의 없다는 사실이다. 그보다는 일부 정치 세력들은 다른 정치 세력에게 반대하여 군부 쪽으로 기울게 된다. 영국이 경험한 것처럼 서로 간의 이해관계가 맞아떨어지면서 연대하거나 아니면 여러 사안에 대해 진정한 의견일치를 볼 수도 있다. 하지만 기본적으로 볼 때 이 문제는 여전히 민간과 군의 갈등의 차원이다.

1919년 2월 10일, 포슈는 영국의 〈더 데일리 메일*The Daily Mail*〉이라는 영국 신문과 인터뷰를 가졌다. 프랑스 신문과는 달리 영국 신문은 프랑스 당국의 검열을 받을 필요가 없다. 여기서 포슈는 독일이 3개월 안에 300만에 이르는 병력을 양성할 것이지만, 연합군은 그 반도 확보하지 못할 것이라고 단언했다. 이는 연합군에 압력을 가해서 프랑스의 국경을 자신이 주장했던 바대로 할 것을 종용하려는 포슈의 의도였다.[96]

4월 17일 포슈는 독일 대표단이 베르사이유에 참석하여 연합군 4개국이 합의한 조건을 받아들이는 일 따위는 없을 것이라고 선언함으로써 거의 노골적인 항명의 순간까지 가기도 했다. 이후에 윌슨 대통령은 포슈를 지적하며 소속 정부에 복종하지도 않는 장군에게 미군을 위임할 수는 없다고 발언했다.97 그후 포슈는 한발짝 물러섰지만 그의 돌출 행동으로 인한 피해는 아물지 않았다.

실제로 클레망소는 모닥에게 포슈를 해임시키고 페텡을 임명할 것을 준비하라고 지시했다. 몇 주 후에 위기상황이 본격적으로 전개되었다. 1919년 4월에 이르러 4자 위원회 Council of Four는 독일에서 라인 강 지역을 분리시키는 안에 대해 불가 결정을 내렸다. 이후에 포슈의 참모들은 〈르 마탱 Le Matin〉지에 기사를 통해 프랑스의 군 참모들이 라인 강 유역에 군사 경계선을 설치할 필요가 있다고 주장했다. 포슈 자신도 프랑스 언론 부문 검열당국의 눈을 피해 영국의 〈더 데일리 메일〉과 1919년 4월 19일 인터뷰를 통해 자신의 입장을 밝혔다. 다음은 그 인터뷰 내용 중의 일부이다.

총사령관은 "이제 라인 지방에 도착한 이상 거기서 반드시 머물러야 합니다."라고 단호하게 말했다. 그는 또한 "이에 대해 귀국의 국민들에게도 주지시켜 주었으면 좋겠소. 이 방법만이 우리의 안보와 그들의 안보를 확보하는 유일한 길입니다. 그곳에 반드시 장벽을 설치해야 합니다. 이중 방책을 설치해야만 합니다. 우리와 같은 민주주의 국가는 결코 도발을 하는 일이 없기에 자연지형물을 이용한 강력한 경계를 가져야만 합니다. 7천만에 이르는 독일인들은 항상 우리에게 위협이 된다는 사실을 명심하기 바랍니다. 순간적으로 나타나는 현상에 현혹되지 마십시오. 그들은 시기심 많고 호전적인 민족입니다. 그들의 본성은 4년이 지나도 변치 않았습니다. 그래서 50년이 지나도 그들은 오늘의 모습 그대로일 것입니다."98

클레망소 총리는 포슈에게 자신의 입장을 표명할 기회를 두 번 주었다. 한 번은 3월 31일 소위 빅 포Big Four로 알려진 미국, 영국, 프랑스, 이탈리아의 정치 지도자들 앞에서, 다른 한 번은 4월 25일 프랑스 장관회의에서였다. 하지만 클레망소는 포슈가 프랑스 정부나 연합국이 회의를 통해 심의하는 과정에 참석하는 것은 허락하지 않았다. 포슈는 이에 반발하여 4개국에게 영향을 줄 수 있는 다른 수단을 동원했다. 5월 2일 포슈는 푸엥카레에게 자신은 평화협정을 '굴복' 심지어는 '반역'으로 생각한다고 말했다. 5월 6일 그는 연합군의 사령관들을 상대로 평화협정을 비판하고 협정의 조항들은 적당한 군사 전문가들에 의해 검토를 받아야 한다고 주장했고, 그의 주장이 관철되지 않을 경우 사임하겠다고 밝혔다.99

영국이 이에 강력하게 반발했다. 당시 영국 보수당의 보나 로우Bonar Law 의원은 만약 영국의 군인이 "그와 같은 태도를 취했다면 그는 단 5분도 그 자리에서 서 있지 못했을 것이다."라고 감정 섞인 발언을 했다.100 클레망소는 페텡을 소환하여 포슈를 대체할 결심을 굳혔고, 모닥에게는 다음과 같이 말했다.

지난 몇 주 동안 국익을 위해 그렇게나 많은 노력을 했지만, 이를 이해하려는 성의도 없는 자로부터 이런 종류의 편지를 받은 것은 감당하기 어려운 일이오. 독일과의 평화를 위해서 우리는 과거 독일과의 전쟁시보다 더 독자적으로 행동할 형편이 못되오. 그리고 사정이 그렇다 하더라도 그는 전쟁이 끝날 무렵에는 총사령관이었고 명령을 내릴 수 있는 모든 권리를 보유하고 있었지만 미군에게 자신의 명령을 내리지 않았소. 나는 명령을 내리지 않는 자와 평화협정을 논해야만 했소. 그리고 나는 할 수 있는 모든 것을 해왔소. 더 이상 그가 무엇을 원한단 말이오?101

클레망소는 자신과 푸엥카레 대통령과의 불편한 관계로 인해 포슈에게 이러한 불미스런 일을 초래하고 영국 및 프랑스 언론에 기사를 실어 자신의 주장을 펼 수 있는 빌미를 제공한 데 대해 후회했다. 클레망소는 나폴레옹 이후 가장 유명했던 프랑스 장군인 포슈의 퇴임이 가져올지도 모르는 정치적 후폭풍을 원치 않았지만 이에 대해 받아들일 준비는 되어 있었다. 그는 "상황은 포슈에게 더 불리할 거야."라고 말했다. 하지만 포슈는 사임하겠다던 약속을 실행에 옮기지는 않았다.

그러나 포슈는 연합군의 정책을 뒤흔들 또 다른 시도를 했다. 1919년 6월 16일 미국, 프랑스, 영국, 이탈리아의 지도자들이 모인 4자 회의에 소환된 포슈는 독일이 협정을 받아들이지 않을 경우 자신의 계획이 무엇인지에 대한 질문을 받았다. 포슈는 독일이 비록 무장해제 당했지만 독일을 점령하는 임무는 거대 규모의 병력이 필요하기 때문에, 자신의 군대가 베를린에 도착할 즈음에는 '결정타를 날리지 못할 만큼 빈혈 지경에 이를 것'이라고 말했다.

파멸을 불러오는 이러한 점령을 피하기 위해서 … 유일한 방법은 독일 남부지방을 무력화시키는 것입니다. 즉 분리 전략을 취하는 것이지요. 하지만 분리 전략이 결실을 맺기 위해서는 분리 정책을 통해 보완되어야 하고, 이를 통해 평화와 남부지방에 대한 무장해제를 이룰 수 있게 됩니다.[102]

로이드 조지는 성난 어조로 "총사령관께서는 정책과 전략을 혼동하고 있고, 정치적 문제에 대한 자신의 판단으로 인해 군사적 문제에 대해서도 확신을 갖지 못하고 있으니, 나는 이 점이 염려스럽소."라고 반박했다.[103] 그날 로이드 조지와 클레망소 그리고 윌슨 세 사람은 다시 회동을 가졌고 서로의 사정에 대해 공감했다. 윌슨은 "포슈는 자신의 계획이 무너지고 있다고 보기 때문에 우리의 계획을 집행하는 데 있어서 도움을 주기를 원치 않소."라고 말했다. 하지만 클레망소는 이보다 한술 더 떠서 당시의 상황을 다음과 같이 회고했다.

만약 그가 머릿속에서 베를린에 가지 않겠다고 결정을 내렸다면 그는 가지 않을 것입니다. 나의 마음에 걸리는 부분은 포슈 장군과의 최근 만남에서 그가 자신의 입장에 대해 있는 그대로만 말을 하지 않았다는 점입니다. 최근에 그에게 배후에 있다고 믿는 신문 기사에 대해 물어보았지만 그는 이를 부인했습니다. 그후에 그에게 "장군은 내가 그런 기사에 대해 교정을 봐준 장군 휘하의 참모들의 이름을 낱낱이 대기를 원하는 것이오?"라고 물었습니다. 그는 아무 말도 못하더군요.104

클레망소는 단호한 태도로 24시간 안에 문제를 정리할 것을 요구했고, 자신은 페텡과 이야기를 나눌 것이라고만 말했다. 당시만 해도 페텡이 포슈의 직위를 이어받을 것이 분명해 보였다. 하지만 긴장된 대치국면으로 일주일이 지난 후에 독일은 평화협정을 수락했고, 포슈는 그 이후로 정책에 대한 군의 복종문제를 정면으로 제기하는 일은 벌이지 않았다. 사실 포슈는 클레망소와 전면적인 의견대립에서는 보통 뒷걸음질을 치곤했다.

"당신은 내게 도전을 하고 있소. 나는 여기 있소"105

전쟁이 완전히 끝난 후에도 포슈는 고독한 전쟁을 멈추지 않았다. 친분이 있는 언론인과의 인터뷰를 통해 클레망소를 군에 대해 병적인 불신을 갖고 있는 '거만한 자코뱅주의자'라고 몰아붙였다. 포슈의 최후의 일격은 사후에 출판된 회고록이었다. 작가 레몽 르쿨리Raymond Recouly가 받아쓴 이 회고록이 출판되자, 클레망소는 자신의 회고록인『승리의 장엄함과 비참함Grandeur and Misery of Victory』에서 포슈를 강한 어조로 비판했다. "전속력으로 꽁무니를 빼면서도 이 파르티아Parthian인은 또 하나의 독설로 장식한 화살을 날렸다. 한밤의 무덤 속에서 시신이 부풀어 오르는 그 순간에도 포슈 장군은 표적도 없는 무수한 화살들을 요행수나 바라는 이름 없는 궁수의 불안한 활에 내맡긴 듯 보인다."106

클레망소는 평화를 정착시키는 데 민간과 군부와의 관계는 전시에 민간과 군부와의 관계만큼이나 어렵다는 사실을 깨달았다. 전쟁에 승리한 장군들은 영웅으로 추앙받는다. 특히 연합군을 이루어 전쟁을 벌인 경우 고위급 군인들은 정치 지도자들과 긴밀한 접촉을 갖게 된다. 따라서 이들은 정치에 대한 나름대로의 개념을 개발하게 되고, 평화시보다 전시에 정치에 더 익숙하게 느끼게 된다.

전쟁에서 승리하기 위해 치러진 희생을 지켜보며 군인들은 가치가 없거나 너무나 작은 선생 통기도 보이는 대의를 위해 농묘나 무하늘이 희생되었고, 이에 대해 정치인들이 너무나 가볍게 치부해 버리는 행태를 보고 경악하고 혐오감마저 갖게 된다. 강력한 카리스마나 리더십이 없다면 전쟁에서 승리하는 것이 어려운 것은 사실이지만, 대부분의 경우 그들은 거만하고 고압적인 태도를 가지게 된다. 하지만 그들은 조국에 평화를 안겨주기 위해서 그러한 행동은 어쩔 수 없는 일이고 그것이 자신의 권리이자 의무라고 믿게 된다.

포슈의 수석참모였던 막심 베강Maxime Weygand 장군은 포슈가 클레망소에게 반대한 일에 대해서는 아무런 잘못이 없다고 발언함으로써, 클레망소가 포슈에 대해 분통을 터뜨린 데 대해서 무시하는 태도를 보였다. 그는 "군인 정신이 굴종을 의미하진 않는다. 이야말로 진정한 남자의 길이다."라고 말했다.107 하지만 베강의 이러한 모호한 발언들과 그의 이력이 부합하지는 않는 것 같다. 그는 프랑스군의 총사령관으로서 4년 동안 재직했지만 내전기간 동안 정치에 깊숙이 참여했고, 1940년 프랑스가 나치 독일에 항복하고 동조하던 시기에도 나치에 부역했다.

클레망소는 민간인 지도자의 권력이 최우선시되어야 하고 군부는 정치적 중립을 지켜야 한다는 확고한 신념을 갖고 있었기 때문에, 이에 반하는 주장들을 받아들이지 않았다. 그는 평화협상 과정에서 총리의 역할에 대해 포슈가 제시한 주장에 대해서도 양보를 하지 않았다. 또한 그는 장군들이 자신의 존재를 부각시킨다거나 종전의 해법에 대한 자신들의 견해를 주장하는 데 대해서도 양보하는 법이 없었다. 프랑스에서는 개인의 이기적인 행동에 대한 관용이나 운신의 폭이 좁았고 클레망소는 이에 대해 잘 알고 있었다.

독일에 대한 영국의 불안감은 독일 공군 편대가 파괴되고 해군 함대가 무장해제됨에 따라 빠른 속도로 수그러들었다. 공군이나 해군은 육군 병력에 비해 훨씬 신속하게 기동할 수 있기 때문에 영국에서는 우려했던 것이다. 클레망소는 영국과 함께 러시아뿐만 아니라 독일에서도 공산주의 혁명이 일어날 가능성에 대해 우려했다. 또한 방대한 부를 보유하고 있으면서도 전쟁으로 인한 피해는 거의 입지 않은 미국도 견제해야 했다. 반면 전쟁을 통해 만신창이가 되어버린 프랑스는 다시 전쟁에 임할 능력도 없고 배짱도 없다는 사실도 잘 알고 있었다.

클레망소는 프랑스를 위한 투쟁에 있어서 지칠 줄 모르는 헌신과 불굴의 의지를 갖고 있었지만, 지나친 욕심을 부리지 않고 자신을 적정 선에서 통제하는 방법에 대해서도 잘 알고 있었다. 우드로 윌슨 대통령의 전기를 집필한 아서 링크Arther Link의 말을 빌리자면, 클레망소는 "4개국의 지도자들 중에서 가장 현명하고 가장 멀리 볼 줄 아는 혜안"의 소유자였다.108 전반적으로 볼 때 협상에서 클레망소가 이끌어낸 조건들은 프랑스에 유리하게 작용했다.

독일은 무장해제되었고 독일군은 약 10만에 이르는 장기 복무 지원병들로 구성되었으며, 현대전에 필요한 선진기술의 도입이 전면 금지되었다. 라인 강의 오른쪽 제방처럼 왼쪽 제방도 무장해제되었고 재무장은 자국방위의 경우에 한해서만 허용한다는 조건이었다. 또한 독일은 엄청난 액수의 전쟁 보상비를 물어야 했고, 독일 동부지방의 여러 주들은 독일 중앙정부에 적대적인 성향을 띠게 되었다. 영국과 미국은 독일이 프랑스를 다시 공격할 경우 프랑스를 돕겠다는 약속을 했다. 클레망소는 다음과 같은 글을 남겼는데, 상황을 정확하게 파악하고 있다.

> 조국의 이익에 부합되는 전략적으로 중요한 국경을 얻어내지 못한 데 대해서 심하게 비판을 받았다. 그들은 독일인의 기본적 권리에 관련된 문제는 차치하더라도 내가 동맹관계를 와해시키지 않고서 라인 지역을 프랑스 영토에 복속시킬 수는 없다는 사실을 잘 알고 있다. 그러면서도 나를 비난하는 자들을 어떻게 내가 성의를 가지고 진지하게 받아들일 수 있겠는가? 정작 동맹관계의 와해에 대해서는 한마디의 말도 하지 않으면서 말이다.109

포슈는 이 문제에 대해서 정면으로 문제를 제기하지 않고 그저 일축했을 뿐이었다. 하지만 포슈의 비현실적인 주장은 예외로 두고서라도, 돌이켜볼 때 그의 전략적 판단은 개탄할 만한 수준이었다.

클레망소가 파악한 것처럼, 프랑스는 라인 지방을 확보한다고 해서 국가안보를 달성할 수는 없는 나라이다. 민족자결의 원칙에 기초하여 마련된 평화 상황에서 라인 지방에 거주하는 수백만 독일인들의 권리를 무시할 수는 없는 노릇이기 때문이다. 비록 이 지역에서 소수의 주민들이 독일에서 분리하여 공화국을 구성하는 문제를 놓고 선동을 벌이기도 했지만, 주민의 다수는 독일에 대한 애착을 버리지 못하고 있었다.

프랑스의 안보는 두 가지의 중요한 요소에 달려 있었다. 첫 번째로는 병력수 면에서 프랑스의 취약성을 보완할 수 있는 프랑스군을 창설하여 무장해제로 인해 독일이 정체기를 맞고 있을 동안 군사적 우위를 달성하는 것이다. 두 번째는 동맹국들과의 긴밀한 협조체제이다. 이를 위해서는 독일에게 평화를 보장하는 대가로 가혹한 처벌을 가하는 것은 바람직하지 않을 것이다. 하지만 1930년대에 프랑스가 이 지역에서 결정적인 역할을 담당하려는 정치적 의지가 있었더라면, 영국이 내부 혼란에도 불구하고 주변국의 사정에 좀더 신경을 썼더라면, 미국이 전 세계의 문제에 대해 좀더 책임을 느끼고 개방적인 태도를 취했더라면, 무엇보다도 독일이 나치즘의 확산을 견제했더라면 히틀러의 부상으로 인한 대재앙은 면할 수 있었을 것이다.

그러나 1930년대에는 조국을 전쟁의 참화에서 구해낸 이 용맹스런 거장은 세상을 떠나고 없었다. 평화협상 당시에 발생한 암살미수 사태에서 부상을 당하고 오랫동안의 정적과 반대세력으로부터의 견제에 시달려온 클레망소는 1920년 1월 대통령 선거에서 패배했다. 이후 그는 정계에서 은퇴했지만 국가에 대한 마지막 헌신은 잊지 않았다. 클레망소는 1922년 자신이 경탄해 마지않았고 또한 너무나 잘 알고 있었던 미국을 방문하여 프랑스를 버리지 말 것을 당부했다. 그는 1929년 사망했고 프랑스 국민들에게 경각심을 일깨우는 말을 남겼다.

이제 막 성장하는 국가들이 있다. 또한 이제 파국으로 치닫는 국가들도 있다. 우리 자신의 행동에 대한 자각은 그 행동에 대한 책임을 깨닫게 만든다. 프랑스의 앞날은 국민들의 노력에 따라 결정될 것이다. … 공포에 떨게 될 날이 있을 것이고 그리고 불운에 대한 원망도 있을 것이다. 하지만 프랑스 국민들은 찢겨진 팔다리에서 또 다른 장밋빛 미래의 후원자를 재창조 해낼 것이다.110

클레망소의 예언은 너무나 정확했다.

클레망소는 프랑스의 암울한 미래를 내다보며 우울한 기분으로 세상을 떠났다. 동맹국들의 배반과 적국들의 적대감 그리고 프랑스 국민의 나약한 기상 등은 그에게 암울한 미래에 대한 단서를 제공했다. 하지만 그는 또한 조국에 긍정적인 유산을 남기고 떠나갔다. 이는 아무리 어려운 상황에서도 용기를 잃지 말라는 교훈이었다. 25년 후에 프랑스군은 전쟁에서 패배한 적도 있었지만 다시 살아났고, 마침내 승리를 거두어 개선문Arc de Triomphe을 다시 한번 당당하게 통과했다.

당시의 프랑스 지도자였던 찰스 드골Charles de Gaulle이 아마도 클레망소가 예언했던 '장밋빛 미래의 후원자'일지도 모르겠다. 그 역시 프랑스를 사랑했지만 프랑스 국민들에 대해서는 깊은 불신을 가지고 있었다. 불과 4년 전만 해도 놀란 눈으로 바라보던 파리 시민들을 뒤로 한 채 독일군이 시가행진을 벌였던 개선문 거리를 이제 드골이 백전노장 장병들의 선두에서 걷고 있었다. 그는 위를 쳐다보면서 클레망소의 동상을 향해 미소를 지어 보였고 한동안 생각에 잠겼다. 드골은 "이 늙은 거장이 동상에서 깨어 나와 우리와 함께 행진을 할 것처럼 보였다."라고 술회했다.111 어떤 면에서 '호랑이' 클레망소는 그렇게 했다고 볼 수도 있을 것이다.

CHAPTER 4

처칠의 질문

처칠은 재능 있는 아마추어 화가였고 전쟁을 생각하는 데 있어서 화가의 시각을 적용시켰다. 폭넓은 주제를 선택하고 이를 뒷받침해 주는 세부적인 요소들을 치밀하게 배열시키는 일은 처칠의 그림 그리기에서뿐만 아니라 전시의 지도자로서의 수완을 보여준 것이기도 했다. 그림을 그리는 일은 한꺼번에 집중적으로 그리고 빠르게 해치울 수 없다. 우선 일을 착수하기 전에 배경에 충분히 적응해야 한다.

"그 무엇보다도 짜릿한 경험"

1940년 6월 21일, 첩보 분야에 일한 지 일 년도 안된 28세의 젊은 과학자 존스R. V. Jones는 출근 후 사무실에서 친구에게서 온 편지 한 통을 발견했다. 오전 10시까지 다우닝 가Downing Street에 있는 내각 회의실Cabinet Room에 출석할 것을 통보하는 내용이었다. 평소 짓궂은 장난을 좋아하고 그럴 듯한 변명이나 늘어놓던 존스였지만, 얼마 안 가서 이번에 받은 소환장은 장난이 아니라는 사실을 깨달았다. 그는 황급히 다우닝 가로 달려갔고 마침내 내각 회의실에 안내되었다.

회의실에는 영국의 총리이자 군수 장관이었던 윈스턴 처칠, 총리의 과학기술 담당자문관, 항공기 생산장관, 항공장관, 공군 참모총장, 전투기 사령부의 총사령관, 전폭기 사령부의 총사령관 등이 배석해 있었다. 이번 회의는 독일군이 과연 전천후 정밀 항법장치를 개발했는지 그리고 이를 이용하여 구름 상층부에서 폭탄을 투하할 수 있는 기술을 보유했는지 여부를 토의하기 위한 자리였다. 만약 독일군이 실제로 그러한 최신 기술을 보유하고 있다면 당시 영국 영공에서 진행되고 있던 독일의 공습작전에 결정적인 영향을 미칠 수도 있었다.

그에 대한 증거는 단편적인 수준에 불과했다. 독일군의 무선 교신 내용 중 "클레베스 크니케바인Cleves Knickebein은 북쪽 53도 24분, 서쪽 1도에 정치되었다."라는 대목이 아군에 의해 입수되었다. 이는 며칠 전에 독일의 전폭기 한 대가 격추되었을 때 기체의 잔해더미 속에서 나온 무선 수신기를 검사하던 중 발견된 것이었다. 독일군 전쟁 포로에 따르면 독일군은 새로운 항법 장치를 이미 개발했고, 독일 북부의 실트Sylt 섬에서 기묘한 탑 모양의 조형물들이 아군의 정찰 사진에 포착되었다. 처칠은 존스에게 이 모든 것들이 과연 무엇을 의미하는지를 물었다.

"20분 정도 그는 조용한 어조로 자신이 알고 있는 정황 증거를 열거했다. 그의 이야기는 셜록 홈즈Sherlock Homes나 르콕 탐정Monsieur Lecoq(프랑스의 추리소설 작가인 에밀 가보리오Emile Gaboriau의 1868년 작품)의 추리 소설만큼이나 듣는 이의 흥미를 자아냈다."[1] 한 순간 처칠의 머릿속에는 『잉골스비 전설Ingoldsby Legends』(리처드 해리스 버햄 Richard Harris Barham의 1905년 작품)에 나오는 한 대목이 떠올랐다.

하지만 지금 존스 씨가
앞으로 나와 증언하네
그후로 그는 15년 동안 신음소리를 들었다 하네
스톤 헨지Stone Henge로 가는 길에
(존 소안 경Sir John Soane의 작품 속에
묘사된 거석들을 둘러보기 위해)
그는 신음소리를 따라갔다 하네
그리고, 그 소리의 음주에 인도되어,
북치는 소년의 뼈를 쪼고 있는 까마귀를 발견했다고 하네!

존스는 독일군이 무선전파를 이용하여 목표지점을 찾는 방법을 채택하고 있다고 주장했고, 처칠은 그에 대해 여러 가지 질문을 던졌다. 그 자리에 배석한 다른 저명한 과학자와 영국 공군의 장성들은 존스의 주장을 믿을 수 없다는 표정이었다. 그가 제시한 물리학 이론은 사실 이해하기에 너무 어려웠다. 또한 당시 영국의 조종사들은 별의 위치를 기준으로 조종하는 구식 항법을 사용하고 있었고, 이를 통한 목표물 포착방법에 상당한 신뢰를 가지고 있던 터였다. 따라서 새 이론에 대한 구체적 증거를 제시할 때까지는 믿으려 하지 않았다.[2] 존스는 자신의 주장을 굽히지 않았고 무선전파에 대해 설득력 있는 주장을 펼쳤다. 처칠은 이에 대해 자세히 캐물었다. 과연 이를 통해 무엇이 가능한가? 무선전파의 존재를 증명할 수는 있는가? 무선전파의 궤적을 따라 투하 기뢰를 설치할 수는 있는가? 무선전파를 이용하여 독일군을 속이거나 전파를 교란시킬 수는 없는가? 존스는 이에 대해 대답했고, 나중에 당시의 상황을 글로 남겼다.

젊은 사람이 총리에게 주목을 받게 된다면 누구라도 의기양양해 할 것이다. 하지만 그때의 경험은 그 이상이었다. 전쟁 당시 총리와 만날 때마다 나는 살아 숨쉬는 활력의 원천과 같은 그와의 접촉을 통해 재충전되는 느낌을 받았다. 총리는 힘과 의지와 유머가 있었고 나의 말을 경청했으며 신중한 질문을 던졌다. 그는 일단 확신이 들면 항상 바로 행동에 옮길 준비가 되어 있는 사람이었다. 총리는 당시에는 칭찬을 하는 법이 거의 없었지만 나중에 만날 기회가 있었다면 많은 칭찬을 받았을지도 모르겠다. 그가 우리 세대보다는 좀더 엄격한 시절에 자랐기 때문이리라. 1940년의 국가적 위기 상황에서 총리에게 소환된다는 일 자체가 개인적으로 큰 영예였다. 하지만 그의 질문공세에 주눅 들지 않고 자세히 들었다가 대답을 통해 그를 설득하는 일은 그 무엇보다도 짜릿한 경험이었다.[3]

처칠은 "전문가로서 다른 사람들과 지나친 논쟁을 피하고, 일단 내가 이 의심스럽고 따분한 게임 원칙들이 옳다고 생각한 이상, 6월의 바로 그 날 무선전파의 존재가 사실로 받아들여지도록 하기 위해 그리고 절대적 우위를 차지하기 위해 맞대응 전략을 강구하기 위해 필요한 모든 명령을 내렸다. 이 정책을 수행하는 데 약간의 주저함이나 혼선이 발생하면 내게 보고하도록 하라."라고 했다.[4] 처칠의 명령대로 영국군은 신속하게 대응했고, 전파 기만 및 교란을 통해 크니케바인을 거의 무력화시켰다.

"그는 골칫덩어리 정치인이야"

정치인들의 업적에 대한 역사적 평가는 수정을 겪게 마련이다. 특히 전시 지도자의 경우가 그러하며, 그 중에서도 특히 윈스턴 처칠의 경우는 더욱 심했다. 해리 트루먼Harry Truman 같은 대통령이나 다른 지도자들의 경우와 같이 시간이 지남에 따라 그들에 대한 평가도 호전되는 경우가 있는가 하면, 링컨과 같이 거의 변하지 않는 경우도 있다. 하지만 일반적으로 볼 때, 정치인들에 대한 역사적 재평가 과정을 통해 이들의 명성이 높아지는 경우는 드물며, 오히려 기존의 명성에 먹칠을 당하는 경우가 많다.

처칠에 대한 역사적 비판의 경우는 매우 흥미로운데, 이는 처칠의 인품과 성격에 대한 비판에만 국한되지 않고 그의 활동, 즉 전략 수립활동의 본질에 대한 비판을 포함하고 있기 때문이다. 전시 지도자로서 처칠에 대한 하향 평가가 입증하는 바는, 처칠이라는 인물 자체에 대한 평가뿐만 아니라 전시의 선택과 그 전략의 수립과정이 어떠해야 하는지에 대한 견해가 변했음을 보여준다. 왜냐하면 처칠은 20세기의 가장 탁월한 전시 지도자 중의 한 사람이기 때문이다.

엘턴G. R. Elton은 "가끔씩은 모든 역사학자들을 평가함에 있어서, 처칠에 대한 그들의 시각을 기준으로 삼고 싶은 때가 있다. 즉 처칠과 그의 업적에 대한 세부적인 사항들, 간혹 부정적인 사실들이 밝혀진다 해도 그에 상관없이 처칠은 여전히 위대한 인물이라고 생각하는지 여부가 그 기준이 된다."라고 말한 바 있다.[5] 그의 기준에서 본다면, 많은 역사학자들이 형편없는 점수를 받게 될 것이다. 지난 수십 년 동안 처칠의 전시 리더십은 가혹한 비판을 받아왔고, 존 참리John Charmley가 발표한 처칠 평전은 그 결정판이라 할 수 있다.[6]

사실 처칠에 대한 비판의 주류를 이루고 있는 주장은 제2차 세계대전 후에 처칠에게 쏟아진 무수한 인신공격성 발언들을 최근에 재탕한 것에 불과하다. 처칠에 대한 비판이 맨 처음 봇물 터지듯 쏟아진 곳은 군부였다. 특히 처칠과 함께 전쟁을 수행했던 영국의 합참의장이자 총사령관이었던 앨런 브룩Alan Brooke은 책을 통해 처칠을 매섭게 비판했다. 1950년대 후반에 그는 자신의 일기를 책으로 발표했으며, 수많은 독자들을 충격의 도가니로 몰아넣었다.

이 책의 도입부에는 처칠과 군 장성들 사이에는 많은 갈등이 있었다고 나와 있는데, 나중에 브룩 자신도 이 부분은 다소 '심술궂은 데가 있다.'고 고백했을 정도다. 브룩은 책에서 처칠에 대한 극단적인 비판은 애써 자제했다. 그는 당시 처칠과 한밤중까지 심한 언쟁을 벌였으며, 이에 대한 불쾌한 심정을 일기에 적었다고 한다. 처칠에 대한 불편한 감정은 전쟁이 계속됨에 따라 더욱 악화되었다. 1944년 9월 10일자 브룩의 일기는 다음과 같다. 이 부분은 브룩이 발표한 책의 초판에는 수록되지 않았다.

처칠은 반쪽 밖에 볼 줄 모르며 엉뚱한 이야기만 내뱉는다. 그래서 그의 이야기는 듣는 이의 피를 끓어오르게 만든다. 나는 예의를 지키려고 하지만 쉽지 않은 일이다. 불가사의한 일은 세계 인구의 4분의 3과 영국 왕실 사람 중 절반이 처칠을 역사상 가장 위대한 전략가 중의 한 사람이라고 생각하고 있다는 것이다. 또한 나머지 4분의 1은 그가 얼마나 골칫덩어리 정치인이고 전쟁 내내 얼마나 골칫덩어리로 행세했는지에 대해 전혀 모르고 있다는 사실이다. 차라리 세상 사람들이 초인적인 존재라고 생각하는 이 인물에 대해 전혀 모르거나 그의 인격상 결함에 대해 전혀 의심을 품지 않는 것이 잘된 일인지도 모르겠다. 그가 없었다면 우리가 영국을 잃어버렸을 것은 뻔한 사실이지만, 그가 있음으로 해서 영국은 반복적으로 대재앙의 수렁 속으로 굴

러떨어지기 직전의 상황에서 몸서리를 쳐야 했다. … 한 인간을 이 정도까지 경탄하면서도 경멸했던 적은 단 한 번도 없었다.7

비단 브룩만이 아니었다. 다른 이들도 절제된 목소리지만 내용 면에서는 그에 뒤지지 않는 가혹한 비판을 했다. 편협한 시각을 가진 처칠의 군사 자문관 중의 한 사람은 제2차 세계대전 당시 호주의 총리가 했던 말을 아주 흡족한 듯이 그대로 인용했다. "오직 처칠의 장엄하고 용기 있는 리더십만이 개탄을 금치 못할 그의 전략적 감각을 벌충했을 뿐이다."8 전쟁이 계속되면서 처칠에 대한 군부의 불만은 더욱 커져갔다.

해스팅스 이스메이Hastings Ismay 장군의 회고에 따르면, 유럽에서 제2차 세계대전이 거의 끝나갈 무렵, 처칠은 다우닝 가 10번지(영국 총리 관저의 주소이다)에서 군 사령관들을 모아놓고 전승 축하연을 열었다고 한다. "처칠은 전쟁에서 승리한 공로에 대해 3명의 사령관들에게 이례적인 찬사를 퍼부었다. 하지만 그들 중의 아무도 윈스턴이 약간이라도 전승에 기여했다는 말을 하지 않았다."9

제2차 세계대전에 참전했던 육군 사령관들과 해군 제독들 중에서 많은 이들이 처칠을 상대하면서 많은 충돌을 빚었고 그 과정에서 개인적인 상처를 입었다. 처칠은 군사적으로 아주 세세한 부분에 대해서까지 지칠 줄 모르는 관심을 보였고 군 장성들은 이를 성토했다. 그들은 처칠의 풍부한 상상력과 새로운 전쟁수행 방식에 내한 끊임없는 열의를 부담스러워했다. 장군들과 그들의 견해에 동조하는 역사학자들에게 처칠의 가장 큰 결함은, 처칠이 군사 전문가의 고유한 전문적 영역에 대해 구제불능일 정도로 그리고 무자비할 정도로 과도하게 간섭했다는 점이었다. "총리는 군사 작전상의 세부 사항이나 병참 부문의 제약 조건 등에 대해 무지했다. 하지만 그는 이에 대한 넘치는 열정을 갖고 있었다. 그는 야전에 나가 있는 사령관들을 들볶아서 정보를 얻어냈고 이들에게 수많은 훈계를 했는데, 이는 지나친 월권행위였다."10

처칠에 대한 비판은 비단 그와 함께 일했던 군 장성들뿐만 아니라 이와 관련된 여러 가지 자료를 분석한 역사학자들로부터도 나왔다. 데이비드 레이놀즈David Reynolds는 1940년 영국의 참전 결정을 '옳은 정책이었지만 잘못된 이유'에서 나온 결정이었다고 평가했다. 레이놀즈는 처칠을 '낭만적인 군국주의자'로 정의하는가 하면, 비꼬는 듯한 어조로 그를 가리켜 '이론에 근거하여 엉뚱한 질문이나 던지는 만용을 부린 애송이'로 폄하하기도 했다.11 다른 역사학자들은 레이놀즈보다 더 딱딱하고 직접적인 어조로 처칠을 비판했다. "처칠은 일관성이 없었고 쉽게 흥분했다."12 이런 맥락에서 "단 하나의 '원대한 계획'이나 전략도 없이 그저 일련의 모순되고 가변적인 견해와 오해 그리고 개인적 관심과 혼란 속에서 전쟁이 수행되었다."라는 혹평이 나온 것도 이해할 만하다.13

결국, 이러한 견해에서 보자면 "처칠도 모든 인간과 마찬가지로, 아무리 위대하다 하더라도 역사의 준엄한 비판을 돌이키기에는 역부족이었다."14 이런 까닭에 처칠을 새롭게 재조명한 역사학자들은, 처칠의 원죄는 장군들을 몰아세우고 군사문제에 개입한 데 있는 것이 아니라, 선견지명이 부족했고 계획을 실행에 옮길 만한 능력이 부족한 데 있었다고 주장한다. 이들의 주장을 정리해 보면, 처칠의 결정이 옳았을 때에는 그 결정에 대한 근거가 잘못되었고, 처칠이 자신의 마음을 바꾸면 이는 병적인 불안정의 징후라는 식이었다. 그가 아주 설득력 있는 글로 연합국 지도자들에게 전략적 입장을 설명하면 이는 극도의 혼란을 겪고 있는 연합군의 상황을 위장하려는 술수였다고 비판했다. 그들은 처칠에게는 그런 혼란스런 병력을 통제할 예지도 없고 확고한 목적의식도 없다고 믿었다.

이런 까닭에 처칠에게는 또 다른 부류의 비판세력이 존재하게 된 것이다. 이들 또한 군 장성들 못지않은 통렬한 비판을 했다. 그들의 주장이란, 처칠은 전쟁을 위한 일관된 전략을 수립해 내지 못했기 때문에 실패한 전략가라는 것이다. 양식 있는 역사학자라면 그런 일관된 전략은 누구도 수립할 수 없는 것이라고 주장할 것이다. 당대의 역사학자들은 처칠이 다른 정치인들에 비해 뛰어난 점이 없다고 공공연히 주장했다.

예를 들어 처칠은 프랭클린 루스벨트Franklin D. Roosevelt 대통령을 영국과 미국과의 관계와 제2차 세계대전을 승리로 이끄는 데에 중요한 인물로 생각했다. 그래서 그와의 개인적 관계를 돈독히 하는 데 많은 공을 들였다. 하지만 역사학자 워렌 킴볼Warren Kimball은 처칠과 루스벨트 관계를 대수롭지 않게 여겼다. "네빌 챔벌레인Neville Chamberlain과 웬델 윌키Wendell Willkie라 해도(네빌 챔벌레인은 영국의 총리를 지냈으며 처칠의 전임자였고, 웬델 윌키는 1940년 미국 공화당의 대선 후보로서 민주당의 루스벨트와의 대결에서 낙선했다) 전시에 양국간의 관계에 있어서 근본적인 변화는 없었을 것이다."15

혹자는 양 비판 세력의 의견에 수긍할지도 모른다. 사실 장군들은 매일 밤늦게까지 붙잡아 놓고 사소한 군사문제에 대해 꼬치꼬치 캐물었던 정치 지도자에 대해서 자신들이 모욕적인 대우를 받았다고 생각했을 것이다. 또한 처칠이 총사령관의 이름으로 언쟁중 내뱉었던 가시 돋친 독설과 회의중에 군 지휘관들의 신상 기록을 펼쳐보는 등의 무례한 행동 또한 용서할 수 없었을 것이다. 그는 신상 기록을 보면서 "구식 무기로 현대전을 이끌어야만 하겠군."이라고 말했다고 한다.16 해군본부에 새로이 설치된 대피소를 지나치며 처칠은 "그 곳에 엄청난 양의 콘크리트와 철근을 들여서 아주 튼튼한 장소를 만들어 놨군. 그들(군 장성들)의 머리도 누구 못지않게 단단한 것을 감안한다면, 그 안에 있으면 전혀 다칠 일이 없겠어."라고 군 지휘관들을 비꼬는 듯한 말도 했다.17

막중한 책임을 양 어깨에 짊어지고 불리한 상황에서 전투를 벌여야 하는 데서 오는 중압감을 누구보다도 잘 알고 있었던 군 지휘관들이 이런 무례한 처칠에 대해 불만이 커져갔다는 사실은 놀랄 만한 일도 아닌 것이다. 처칠의 집무 습관 또한 그들을 성가시게 했다. 군의 일과를 따라가기 위해 매일 아침 일찍 출근해야 했던 장군들은 밤늦게 저녁을 먹고 본격적으로 일을 하는 처칠 때문에 상당한 애를 먹었다. 이런 까닭에 군 지휘관들은 한밤중까지 처칠을 상대하다가 잠도 제대로 자지 못했다.

까다롭고 공격적인 처칠을 보좌하는 주변 인물들 또한 괴팍한 성격의 소유자들이었다. 프레데릭 린드만Frederick Lindermann 같은 깐깐한 교수들, 맥스 비버브룩Max Beaverbrook과 브랜던 브래켄Brendan Bracken 같은 교활한 정치인들, 그리고 오드 윈게이트Orde Wingate와 퍼시 호버트Percy Horbart 같은 독불장군식 군인들이 처칠의 주위에 포진해 있었다. 호버트는 탱크 부대의 장군이었지만 전역 후에 전쟁이 터지면서 처칠이 다시 현역으로 복직시킨 인물이다. 당시 야전 총사령관이었던 딜Dill 장군은 이에 대한 반대의사를 표명했지만 처칠은 받아들이지 않았다. 그는 "전쟁을 승리로 이끄는 데 도움을 주는 이는 젊고 늠름한 군인들만이 아니라 고자질쟁이도 필요하고 냄새나는 영감도 필요한 법이오."18라고 말했다. 이에 대해 딜 장군의 명성을 살리고자 마음먹은 영국의 한 장교는 글을 통해 거의 50년이 지난 후에 점잖은 인격의 소유자였지만 다소 무능력했던 그의 상처받은 감정을 위로하고자 했다.

처칠은 모든 종류의 고자질쟁이와 냄새나는 영감들에 대해 취약했다. … 아마도 처칠의 전기 작가가 될 수 있는 자는 오직 냄새나는 사이비 작가밖에 없을 것이다. 그런 작가에겐 자신의 글에 대한 결정권이 없을 것이다.19

역사학자들 또한 할 말은 있을 것이다. 사실 제2차 세계대전 후 수십 년 동안 위대한 전시 지도자로서의 처칠에 대한 평가가 주류 의견으로 역사학계와 여론을 지배했다. 정치 지도자들에 대한 강한 불신을 품었던 학계는 이에 반발하는 흐름을 보였던 것이다. 전쟁 직후에 처칠의 회고록이 발표되었고 방대한 분량의 전쟁 관련 공식문서들이 일반 대중에게 공개되었다. 이러한 자료들은 일반인들뿐만 아니라 학자들 사이에서도 제2차 세계대전을 이해하는 기본적인 자료로서의 구실을 하게 되었다.

이에 대해 역사학자들의 불만이 터져 나왔다. 이들은 천성적으로 그리고 후천적 노력을 통해서 정치인들의 자화자찬식 자서전에 깊은 의구심을 가지고 있었고, 역사적인 사건에 대한 기존의 사회적 통념이나 주류 해석에 대해서 거의 반사적인 거부반응을 보였다. 더군다나 이들 중 일부는 처칠과 가장 가깝게 일했고, 그에 대해 이루 말할 수 없을 정도의 존경을 표시했던 정치인들과 군인들 그리고 공무원들의 주장에 대해 깊은 불신을 가지고 있었다. 알렉스 댄체브Alex Danchev는 이들을 가리켜 '배타적이고 유착되고 구태의연한 집단'이라고 불렀다.20

많은 역사학자들에게 더욱 거슬렸던 점은 당대의 많은 정치 지도자들이 처칠에 대해 존경심을 표출했다는 점이었다. 덴 퀘일Dan Quayle, 캐스퍼 와인버거Caspar Weinberger, 마거렛 대처Margaret Thatcher와 같은 보수 정치인들에게 처칠은 인기 높은 정치 선배로 자리매김했다. 하지만 바로 이런 섬 때문에 대서양 건너 미국의 역사학자들 사이에서 처칠의 위상은 전혀 향상되지 못했다. 역사적으로 중요한 인물일 뿐만 아니라 인기 있는 정치인이었던 처칠은 지금도 특정집단 속에서는 일부 인기 운동선수나 누릴 듯한 그런 폭발적인 인기를 누리고 있다. 국제처칠학회 International Churchill Society와 같은 단체가 생겨나서 연례회의를 하고, 겉만 번지르한 학회지를 발간하고, 기념품 가게에는 '오늘 행동하라Action This Day'라는 말이 적힌 스티커를 판매하고 있다.

이러한 사실이 역사학자들에게는 거의 영웅 숭배와 다름이 없는 일로 인식되는 것이다. 대부분의 역사학자들은 이런 식의 영웅숭배를 거의 본능적으로 거부하고, 특히 처칠과 같이 의심할 바 없을 정도로 논란이 많았던 이력의 소유자에게 수많은 찬사가 쏟아진 데 대해서 더욱 분노하게 된다. 심지어 마이클 하워드Michael Howard와 같이 처칠을 긍정적으로 평가하는 역사학자들조차 "역사학자들의 문제는 장래성도 전혀 없어 보였고 이력 또한 형편없어 보였던 한 인간이 1940년에 이르러 어떻게 조국을 구하게 된 영웅으로 떠올랐는지에 관한 것이다."라고 말했다.21

장군들로서는 자신들에게서 과도한 양의 정열과 시간과 인내를 요구했던 한 인간과 너무 가까이 지냈던 탓에, 그로 인한 많은 고통을 겪었을 것이다. 역사학자들 또한 그에 대해 엄격한 잣대를 적용하려는 본능적 유혹을 뿌리치지 못했을 것이다. 어차피 이들은 역사적 정설에 신랄한 비평을 가하고 위인 이론Great Man theory을 애써 폄하함으로써 보람을 느끼는 사람들이다. 양 부류는 처칠의 진영 내부에서 나오는 낮은 불만의 목소리에 속으로 '옳다구나' 하고 쾌재를 불렀을 것이다.

이러한 내부적 불만의 목소리 중에서 가장 주목을 받은 인물은 처칠의 주치의였던 모런Lord Moran이었다. 그는 일기 형식의 회고록을 통해 제2차 세계대전 동안 처칠을 괴롭히기 시작했던 질병에 대해 기술했다.22 처칠의 측근들 중의 한 인사는 모런에 대해 "당연히 그는 정치적으로나 군사적으로 중요한 회의가 열릴 때 그 자리에 배석하지 못했다. 하지만 그후에 치러진 만찬장에 초대받는 일은 가끔 있었다."라고 잘라 말했다.23 처칠이 심장병과 만성피로로 고생했고 과음으로 정신이 혼미할 때도 있었고 치매 초기 증세까지 보였다는 주장이 퍼지면서 그에 대한 찬란한 신화에 금이 가는 듯했다. 하지만 사실을 말하자면 처칠은 신체적으로

나 정신적으로 그보다는 훨씬 더 건강한 모습으로 전쟁을 수행했다. 또한 그는 전시 지도자로서의 막중한 중압감을 이겨냈고, 젊은 정치 지도자들과 장군들보다도 더 예리하고 강한 정신력을 소유했었다.

당대 및 그후의 비판자들은 자신들의 주장에서 하나의 공통된 오류를 갖고 있었다. 이는 바로 정치인으로서의 처칠이 매우 불안정한 기질을 갖고 있었다는 주장이다. 비판자들은 처칠이 사물에 쉽게 몰입하는 능력을 지닌 천재임에는 틀림이 없지만 변덕이 심하고 엉뚱한 상상을 즐기는 몽상가였다고 주장했다. 처칠은 1915년 실시된 다르다넬스Dardanelles 원정에 대해 과도한 열정을 가지고 추진했고, 에드워드 8세Edward Ⅷ에 대해서는 돈키호테식으로 막무가내로 두둔했다. 또한 그는 제국주의적 발상에 기초하여 인도 독립에 반대했으며, 제2차 세계대전 동안에도 여러 차례의 전략적인 실수를 저질렀다. 즉 전쟁 초기의 노르웨이 침공과 전쟁이 끝나갈 무렵에 비엔나를 습격하여 류블리야나Ljubljana까지 진군한 일 등은 정치적으로나 군사적으로 국가의 정상에게서 요구되는 절제력이 결여되어 있음을 보여주는 것이었다.

처칠의 유별난 집무 시간대와 활력이 넘치는 생활방식도 비판의 대상이 될 수도 있다. 그는 아침마다 샤블리 백포도주Chablis를 마셨고, 집무 시간 동안에는 위스키를 즐겨 마셨다고 한다. 제복을 좋아하고 자신의 소관을 뛰어넘어 전술적이고 기술적인 세부사항에 대한 질문으로 장군들을 괴롭힌 일 등 또한 밉세난 보일 수 있다. 이런 모든 점들을 감안하면, 처칠은 뛰어난 연설가인 것처럼 보이지만 한편으로 반골 성향의 견해와 지나친 상상력의 소유자였다. 그는 군사문제에 끊임없이 개입했을 정도의 비이성적인 열정을 갖고 있었고, 이로 인해 영국의 구세주로 인식되는 만큼이나 영국의 골칫덩어리가 되었다. 이러한 견해가 현재 처칠에 대한 역사학자들의 견해를 단적으로 표현했다고 볼 수 있다.24

"인간의 뇌가 두 부분으로 나뉘어졌기 때문에 생겨난 실수"

사실, 앞서 언급했던 내용은 처칠에 관한 일반적인 인상이나 인식이지만, 실제 모습과는 거리가 멀다. 처칠은 매우 체계적인 사람이었다. 다만 그 체계가 관행을 벗어나고 열의가 넘치는 경향이 있었다 해도 체계적임에는 틀림없다. 통찰력 있는 영국 해군 대위로서 해상 전투에 참전하기도 했던 퍼시 스콧Percy Scott은 1899년 25세의 윈스턴 처칠을 만난 후 당시 상황을 글로 남겼다. "귀관을 만나 매우 자랑스럽소. … 언젠가는 귀관이 영국의 총리가 되어 다시 악수를 하게 될 날이 돌아오리라 확신하오. 귀관은 두 가지 필수적인 자질을 갖추고 있소. 천재성과 성실성이오."[25] 천재성도 중요하지만 성실성 또한 그에 못지않게 중요하다.

처칠은 귀족 출신으로 거드름만 피우는 인물상과는 거리가 멀었고 일에 거의 미쳐 있었다. 제2차 세계대전 동안 비서진들을 다루는 데 있어서 그의 좌우명은 '집적거리기KBO, Keep Buggering On'이었다.[26] 절제된 업무 습관이 없었다면 처칠은 대중 정치인도 될 수 없었을 것이고, 수많은 언론발표용 자료를 작성할 시간도 갖지 못했을 것이다.

또한 그는 총리로 재직하면서 역사와 개인 회고록 등 적어도 5편 이상의 시리즈 물과 여러 권의 단행본 서적을 집필했다. 그에게는 적어도 한 명 이상의 개인 사생활을 돌봐주는 비서와 그가 발표한 수많은 서신, 기사, 책을 정리해 주는 비서진이 3명 이상 있었다. 그의 집무 시간에 맞춰 보좌진들이 일하기에 애를 먹었던 것은 틀림없는 사실이었다. 하지만 여기서도 처칠은 무질서하게 방종에 가까운 생활을 했던 것이 아니라 엄청난 양의 업무부담을 감당해내고 있었다. 아침 8시에 기상하여 그는 침대에서 몇 시간 동안 신문, 첩보 보고서를 읽고 전신을 훑어보았다. 점심식사 전까지 비서진들과 여러 차례 만나 일정을 논의하고 자료를 정리한 후에는 식사 후 한 시간 정도의 낮잠을 취함으로써 새벽까지 일할 수 있었다. "이런 수단을 통해 하루하고도 절반에 가까운 업무량을 하루에 처리할 수 있었다."라고 그는 나중에 술회했다.27

그는 이런 식의 일과를 전쟁이 끝날 때까지 계속 이어나갔다. 그가 느긋하게 점심식사와 저녁식사를 즐겼다는 점은 사실이다. 하지만 이런 행위는 전쟁의 엄청난 중압감으로부터 야기되는 사회적 환경 속에서 휴식의 필요성을 충족시킬 현명한 수단으로 이해해야 할 것이다. 처칠은 비상사태가 발생한 경우를 제외하고는 취침시간에 자신을 깨우지 말 것을 지시했는데 이는 현명한 시간관리라고 볼 수 있다. 1944년 당시에 70세의 고령이었던 처칠이 과중한 업무와 장거리 해외여행을 충실히 수행하기 위해서는 일정 시간 동안의 휴식은 필수적이었다. 그렇지 않았다면 훨씬 더 젊은 사람이었다 하더라도 과중한 업무를 감당하지 못했을 것이다.

처칠은 정보를 매우 중시했고 보좌진들에게 정보를 가공하여 유용한 형태로 정리해서 자신에게 보고하도록 지시했다. 옥스포드 대학의 프레네틱 린더만 교수는 현대전과 관련된 중요한 전문적인 내용을 짧고 명료하게 처칠에게 보고하는 역할을 맡았다. 이는 처칠같이 기술에 많은 관심을 갖고 있었지만, 과학부문에 별다른 기초지식이 없었던 지도자에게 절실히 필요했던 일이었다.

린더만 교수는 소규모의 통계 사무실을 운영하면서 총리의 이해를 돕기 위한 정확하고 포괄적인 도표를 작성하여 설명함으로써 처칠이 제2차 세계대전의 전반적인 상황에 대한 큰 그림을 그릴 수 있도록 도와주었다. 그는 지엽적 전투 상황에 대한 설명은 지양하면서 전쟁의 전반적인 흐름에 대해 집중적으로 설명했다. 린더만 교수의 간결한 브리핑은 정부의 여러 부서에서 제출한 다소 편향적인 보고서보다 처칠에게 더 많은 도움이 되었다. 즉 그의 보고서는 하나의 독립적이고 객관적인 군사 분석

자료의 원천으로서의 구실을 했다. 예를 들면 1941년 영국 폭격기 사령부가 자신들의 주장보다는 훨씬 더 낮은 작전 성공률을 보인다고 보고한 인물 또한 린더만 교수였다. 처칠은 이에 대해 일련의 연구 및 개혁 조치를 단행했고 그 결과가 1944년 영국 공군의 창설로 이어지게 되었다.

처칠 행정부의 정부기구는 총리 개인의 변덕에 의해 운영된 것이 아니라 정형화된 체계에 의해 움직였다. 전쟁이 끝날 때까지 처칠의 직속 참모로 일했던 이들은 대부분 처칠의 전임자인 니벨 챔벌레인 총리 밑에서 일했고 그를 존경했던 관료들이었다. 처칠은 총리령을 내려 구두가 아닌 문서의 형태로 일을 처리할 것을 지시했다. 그는 "나로부터의 모든 지시는 문서 형태로 하달되게 하거나, 구두로 하달한 경우 그 즉시 문서 형태를 통해 확인하도록 하고, 국가안보 문제와 관련하여 내가 결정을 내린 내용이 문서로 기록되지 않았다면, 나는 이에 대해 책임을 지지 않을 것임을 분명히 주지하도록 하시오."라고 말했다.

처칠의 이러한 업무처리 방식은 애매모호하거나 오해의 소지가 있음에도 불구하고 주로 구두에 의해서 지시를 내렸던 루스벨트, 히틀러, 스탈린 등의 방식과는 매우 대조적이었다.28 처칠의 명령에 의해 인원수는 얼마 안 되지만 성실했던 참모진들은 그의 사무실에서 나오는 수많은 지시사항이 제대로 이행되는지, 질문사항에 대해 응답이 이루어지는지, 그리고 여러 자료가 통합되고 있는지를 일일이 검토해야 했다.

하지만 실제로 순수하게 군사적인 문제에 대해서 처칠이 내린 명령은 얼마 되지 않았다. 더군다나 전쟁 기간 내내 처칠은 참모에게 지시하여 전쟁의 방향과 관련하여 지시를 내릴 때에는 강압적이 아닌 부드러운 어조로 하달되도록 했다. 당시 참모총장의 비서였던 해스팅스 이스메이 장군은 성질 급한 총리와 자신의 상관을 연결하는 가교 역할을 했다. 나중에 그는 자신의 역할에 대해 "나의 임무는 총리가 참모총장에게, 그리고

참모총장이 총리에게 한 말을 해석하고 또 해석하는 일이라고 느꼈다."라고 회고했다.29

이스메이는 자신의 임무를 충실히 수행해냈다. 만약 그가 없었다면 처칠과 참모총장 및 군사령관들간의 불화는 돌이킬 수 없을 정도로 악화되었을 수도 있었다. 1964년에 이스메이는 캐나다의 퀘벡에서 제2차 정상회의가 열리기 전에 군사령관들이 집단으로 사임을 하려고 했던 상황에 대해 이야기한 적이 있다. 그는 '이 불미스런 상황에 개입했고' 타개책의 하나로 자신도 공식적인 사의 표명을 했다. 그의 사표는 반려되었고 정치인과 군부와의 관계는 일시적으로 진정되었다.30

처칠의 집무 습관에는 일반적으로 생각하는 것보다 훨씬 더 많은 수준의 질서와 규율이 자리잡혀 있었다. 정책수립 과정에서도 마찬가지 사실이 적용된다. 처칠은 그의 역사 저서에서 자신의 선조인 말버러 장군first duke of Marlborough과 동시대 사람인 핼리팩스 경Lord Halifax에 대해 "겸손하고 실용적인 그는 미온적이라기보다는 대담한 것처럼 보였다. 그는 전쟁에서 승리한 대부분의 시도사들처럼, 질충과 양보도 마다하지 않았다."라고 기록했다.31 처칠의 이러한 기술이 18세기 정치인이었던 핼리팩스를 정확하게 묘사한 것인지는 알 수 없지만, 20세기 그의 후배 정치인인 처칠에게는 확실히 들어맞는 대목이다.

나는 아일랜드를 정복한 다음 그들이 본토의 규정을 따르도록 조치해야 한다고 생각했다. 독일의 보급로를 차단하여 식량공급을 중단한 다음, 우리가 독일 국민들에게 식량을 공급해 주는 것이 당연한 일이다. 또한 총파업 투쟁을 무력으로 분쇄한 다음에는 광부들의 불만사항을 충족시켜 주었어야 마땅했다. 내가 항상 어려움을 겪는 이유는 이런 생각을 갖고 있는 사람이 거의 없기 때문이다. … 이는 인간의 뇌가 두 부분으로 나누어졌기 때문이다. 그 중의 한 쪽으로만 생각을 하기 때문에 우리는 오른손잡이 아니면 왼손잡이가 되는 것이다. 반면 우리의 뇌를 적당하게 이용한다면 환경에 따라 우리의 오른손과 왼손은 똑같은 힘을 발휘할 수가 있고 똑같은 능력을 가질 수 있게 된다. 마찬가지로 전쟁에서 승리할 수 있는 사람 중에서 평화를 정착시킬 능력을 갖춘 사람은 드물고, 평화를 정착시킬 수 있는 사람들은 결코 전쟁에서 이길 수 없게 되는 것이다.32

다음은 처칠이 여러 차례에 걸쳐 많은 관심을 기울여 기록해 놓은 내용이다.33

역사를 이해하기 위해서 독자는 항상 사소한 요인들이 어떤 식으로 실제로 일어난 사건을 구성하게 되었는지 그리고 무엇보다도 시간적 요소가 어떻게 압축되었는지를 반드시 기억해야만 한다. 여러 해가 바뀌면서 역사의 여러 장이 지나갈 수도 있고 어떤 때는 단지 몇 페이지만이 지나갈 수도 있다. 그리고 상황은 갑자기 반전되어 앞서 언급한 관계는 변화를 겪게 되고 상이한 분위기에서 전개된다. 그런 이유로 과거의 인물들은 그들의 실제 모습보다 더 변덕스럽고 다채로우며 부자연스럽게 묘사된다.34

제2차 세계대전 당시 처칠은 군사문제의 여러 방면에 걸쳐서 정통해 있었다. 여러 정치 지도자들 중에서도 그는 일생 동안 여러 차례의 전쟁을 경험했고, 실제 군인의 신분으로 직접 참전했으며, 나중에는 개인적 연구 활동을 통해 전쟁의 구조와 의미에 대해 깊이 생각할 수 있는 기회를 가졌다. 처칠은 젊은 시절에 하급 장교로서 그리고 종군 기자로서 참전하여 인도, 쿠바, 수단, 남아프리카 공화국 등지에서 발생했던 전쟁을 실제 눈으로 생생히 지켜볼 수 있었다. 일부 역사학자들은 처칠의 이러한 식민지 전쟁 경험 때문에 그가 전쟁에 대해 낭만적인 사고방식을 갖게 되었다고 주장하기도 했다. 만약 그가 식민지 전쟁에 참전하지 않았다면, 그래서 전쟁에 대한 그의 재미있고 열정적인 글을 쓰지 않았더라면, 1898년에 옴더만Omdurman에서 발생한 최후의 기병대 공격 작전에 대한 그의 자세한 기록이 가능했을까? 또한 그가 전쟁터를 누비고 다녔던 과거를 회상하며 "허무하게 총알에 맞을 수 있는 경험을 하는 것보다 더 짜릿한 것은 없다."라는 멋진 말도 남기지 못했을 것이 아닌가?

사실을 말하자면, 당시의 상황에 대해 처칠이 남긴 저서와 개인적 서신을 면밀히 살펴보면 처칠이 전쟁에 대해 아주 냉정하고 철저하게 연구한 인물이었음을 짐작케 해준다. 예를 들어 단행본으로 나온 그의 저서 『강의 전쟁The River War』에서 영국과 이집트군과의 통신 및 의사소통이 얼마나 중요한지에 대해 아주 설득력 있는 주장을 하고 있다. 또한 키치너Kitchener 장군이 이끈 나일강 전투에서 승리의 결정적 요인으로 작용한 수송과 보급 작전의 성공에 대해서도 자세하게 기술하고 있다.

승리는 아름답고 찬란한 빛깔의 꽃이다. 수송은 그 꽃의 가지에 해당하며 이것이 없이는 꽃은 개화할 수 없다. 하지만 실제 전쟁에서 변수로 작용하는 모든 요소들에 대해 연구하는, 열정을 갖춘 군사 전문가들도 가끔씩 보급과 관련된 훨씬 복잡한 과정에 대해서는 간과하는 경향이 있다.[35]

이러한 주장을 증명하기 위해 처칠은 한 장 전체를 할애하여 키치너의 작전에서 복잡한 병참술에 대해 아주 철저하고 생생하게 설명했다.

물론 식민지 전쟁이 전개되는 당시에 처칠은 일개 하급 장교의 신분이었고 글 또한 그 이상의 대접을 받지는 못했다. 하지만 처칠은 그 이후로 제1차 세계대전까지의 기간 동안 출세가도를 달렸는데, 1911년에서

1915년까지 해군본부의 해군장관(제1 해군위원은 해군본부를 대표하여 의회와 국왕에 대해 해군의 행동에 대해 책임을 지는 직책으로 후일 해군장관에 상응하는 위치였다)으로 재임했고 이후에는 군수장관과 국방장관을 지냈다. 그가 발표한 4권으로 된 저서인 『세계의 위기The World Crisis』에 대해 조지 버나드 쇼George Bernard Shaw는 '우주의 역사를 가장한 회고록'이라고 비꼬기도 했다. 하지만 이 책 속에는 전쟁의 모든 특징들, 즉 혁신적인 무기기술과 전술의 발전과정에서부터 동맹 형태를 통한 전쟁 등 광범위한 범위에 걸쳐 중요한 지식들이 담겨져 있다.

예를 들어 '로맨스의 구상The Design of Romance'이라는 장에서 처칠은 전함에 장착되는 함포와 전함설계시 속도, 장갑, 화력 그리고 전함의 추진력과 같은 중요한 요소들의 상관관계에 대해서 상세하게 기술했다. 이에 힘입어 영국해군은 함선의 주요 연료를 석탄에서 중유로 대체하는 조치를 취하게 되었다. 사실 이 조치는 겉보기에는 순수하게 기술적인 문제인 것같이 보이지만 정치적 파장도 만만치 않은 결정이었다.36

앞서 언급한 전쟁에서 처칠은 군인으로서 종군기자로서 활동을 했지만, 또한 빼놓을 수 없는 점은 그가 역사학자로서도 활동을 했다는 사실이다.37 대표적인 경우는 그의 선조인 말버러 장군이 수행한 스페인 전쟁과 미국의 남북전쟁에 대한 그의 연구였다. 사실 처칠이 쓴 말버러 장군의 일대기는 처칠의 위대한 조상 정도로 치부되어 쉽게 무시되는 경향이 있지만, 역사적 측면에서나 정치적 측면에서 진지한 연구의 가치가 있다.38 이는 특히 동맹 형태의 전쟁에서 나타나는 문제점에 대한 연구 소재가 될 수 있다. 처칠은 '모든 동맹 형태의 역사'는 동맹국들간의 상호 불평의 이야기라고 단정했다.39

미국의 남북전쟁은 처칠의 주요 작품 중의 하나인 『영어권 민족의 역사History of the English-speaking Peoples』의 중심 소재가 되었다.

이 책의 상당 부분은 제2차 세계대전이 시작되기 전에 이미 완성되었다고 한다.40 상대적으로 다른 작품에 비해 투입한 에너지와 시간량은 적지만, 이 책 또한 처칠의 전쟁 지식을 유감없이 보여준 책이었다. 예를 들어 미군의 군사적 잠재력에 대한 회의론을 다루면서, 처칠은 미군의 군사적 잠재력에 대한 강한 신념을 갖고 있으며 그에 대한 근거는 남북전쟁에서 찾아볼 수 있다고 주장했다.41

여러 차례에 걸쳐 그는 제2차 세계대전을 미국의 남북전쟁에 빗대어 이야기한 바 있으며, 특히 미국인들을 상대로 연설을 할 때는 단골 메뉴였다. 그는 1943년 5월 미국 의회 연설에서 "게티스버그 전투 이후 전쟁에서 아군과 적의 세력이 균형을 이루게 될 경우, 전쟁이 어떤 양상으로 전개될지에 대해서 누구도 의심치 않았습니다. 하지만 게티스버그 전투에서 북부군이 승리를 한 이후 지금까지 벌어진 전쟁에서 그전보다도 훨씬 더 많은 사상자가 발생했습니다."라고 말했다. 여기서 그는 이 전쟁의 분수령이라 할 만한 그해에 연합군의 환경에서 그와 유사한 점을 발견했던 것이었다.42

"주어진 기간 동안의 모든 무력과 압력의 총합"

그렇다면 처칠은 자신의 풍부한 전쟁 경험과 연구에서 무엇을 얻었던 것일까? 기이한 것은 그에 대한 열쇠가 하나의 소책자에 있다는 사실이다. 처칠은 취미로 그림을 그렸는데 이에 관한 작은 책자를 발표했고 여기서 그는 그림 그리기와 전쟁술을 비교했다. "양자 모두 오랫동안 지속되었고 서로 맞물려 있는 문제이다. 양자 모두 하나의 명제로서 구성 요소가 많든적든 상관없이 하나의 통일된 개념에 의해 지배된다."43

처칠은 재능 있는 아마추어 화가였고 전쟁을 생각하는 데 있어서 화가의 시각을 적용시켰다. 폭넓은 주제를 선택하고 이를 뒷받침해 주는 세부적인 요소들을 치밀하게 배열시키는 일은 처칠의 그림 그리기에서뿐만 아니라 전시의 지도자로서의 수완을 보여준 것이기도 했다. 그림을 그리는 일은 한꺼번에 집중적으로 그리고 빠르게 해치울 수 없다. 우선 일을 착수하기 전에 배경에 충분히 적응해야 한다. 작업실은 화가의 창작성을 고무시키고 다채로운 조명을 제공하며 화가 자신의 통찰력을 살려줄 수 있는 공간이 되어야 한다.

이러한 예술적 원칙들은 처칠의 그림만큼이나 처칠의 전쟁 리더십에 적용되었다. 처칠이 '비례proportion'라는 말을 자주 사용했다는 사실은 많은 뜻을 함축하고 있다. 제2차 세계대전 동안 처칠은 그의 동료들에게 특정 작전을 수행하는 데 있어서도 전쟁의 좀더 큰 목적에 부합되도록 해야 한다고 여러 차례 강조했다. 사실 그의 천재성의 많은 부분은 전쟁의 큰 요소와 세부적 요소들간의 관계를 정확히 파악하고 큰 요소들이 우선시되도록 조율하는 능력이었다. 그는 일본이 진주만Pearl Harbor을 공격한 후에 배편을 이용하여 미국으로의 항해를 원했다. 그 이유에 대해 처칠은 "가끔씩은 캔버스에서 멀찍이 물러 나와 전체 그림을 한번 훑어보는 것도 필요하거든."이라고 말했다고 한다.44

처칠의 입장에서 볼 때 전시 지도자의 수완이나 능력이란, 정부의 최고 지도자가 하부의 군 지휘관들이나 다른 인사들이 완전히 이해하지 못하는 문제나 상황에 대해 정확한 판정을 내릴 수 있는 자질을 의미했다. 그는 『세계의 위기』에서 "전쟁에서는 동맹국간에, 그리고 지상전이든 해상전이든 공중전이든 간에, 승리를 얻는 것과 동맹세력을 얻는 것간에, 병참담당 병력과 전투 병력간에, 선전propaganda 작전과 중화기 작전간에, 엄격한 구분은 존재하지 않는다. 사실, 전쟁은 주어진 기간 동안의 이 모든 무력과 압력의 총합일 뿐이다. …"라고 기술했다. 처칠은 전쟁에 내재한 불확실성을 너무나도 잘 알고 있었다. 이런 이유로 처칠은 누구라도 1943년 전에 승리에 대한 장밋빛 청사진을 꿈꾸는 사람들을 전쟁 자체에 무지한 사람들로 간주했다.

전쟁은 끊임없는 투쟁이고 매일매일 수행하지 않으면 안 된다. 장래를 위해 대비를 할 수는 있지만 이에는 많은 어려움이 따르고 한계에 부닥치게 된다. 경험상으로 볼 때, 미래에 대한 예측은 보통 빗나가는 경우가 많고 장래를 위한 준비는 제대로 진행되는 법이 없다. 그렇지만 일정 기간 동안 수행되는 전쟁을 승리로 이끌기 위해서는 전쟁에 대한 계획과 대의가 반드시 있어야 한다. 특히 정교한 기술적 장비 없이는 대규모 공격작전을 감행할 수 없는 현대전에서 더욱 그러하다.45

여기에는 경험과 연구 활동을 통해 처칠이 오랫동안 품어왔던 견해가 담겨 있다. "모든 종류의 필요한 가정들은 미래의 어두운 장막 앞에서 다양한 밀도를 갖는 베일을 걷어내는 역할을 한다."46 처칠은 정치에 내재한 아이러니와 인간 예측의 한계를 충분히 인식하고 있었고, 이는 공인으로서 오랜 삶을 통해 자연적으로 체득한 부분도 있겠지만 또한 역사에 대한 그의 면밀한 연구에 힘입은 탓도 크다. 처칠은 말버러 장군에 대한 전기의 끝 부분에서 수세기 동안에 걸쳐서 변화해온 영국과 프랑스와의 관계에 대해 언급했다. 이 대목에서 그는 아주 침착한 어조로 "가장 통찰력 있는 현자라도 양국간의 관계가 당시에는 아무리 타당해 보인다 하더라도 시간이 지남에 따라서 여지없이 소멸되고 만다는 결론에 도달할 뿐이다."라고 말했다.47

그래서 처칠은 전략의 효용성을 거부하는 이들과 이를 단지 승리의 청사진으로만 간주하는 이들간의 중간적 입장에 서 있었다. 미국의 군 지휘관들은 후자에 해당했다. 이들은 1943년 유럽 북서부 지방 침공을 강력히 주장했고 이를 위한 기본 전략에 위배되는 시도에는 완강히 저항했다. 하지만 처칠은 이에 대해 반대했다. 그는 루스벨트 대통령을 설득하여 1942년에 북아프리카를 먼저 공격하자는 제안에 대해 동의를 얻어냈고, 그 다음 1943년에는 시칠리아와 이탈리아에 대한 후속 공격에도 찬성하도록 했다.

처칠은 자신이 예측한 내용까지 포함하여 모든 예측을 불신했다. 그런 까닭에 그는 전시에 전략을 수립하는 일은 전쟁수행 방식에 대한 포괄적인 입장을 정리하는 작업과 함께 일련의 세부적 행동계획을 짜는 일도 포함한다고 믿었다. 그리고 이러한 세부적인 행동 계획이 하나의 중추적 개념에 의해 통합되고 통제될 때, 전쟁의 전체적인 그림을 그릴 수 있다고 보았다.48 처칠이 이토록 세부적인 사항에 대해 관심을 기울인 까닭은, 그가 군의 능력에 대해 전적으로 신뢰하지 않았다는 점을 반증하는 것이기도 했다. 처칠은 군에 대한 이러한 불신을 애써 감추려 하지 않았고 이에 대해 장군들은 분개했다. 그들은 처칠이 장군들 개개인의 자질과 용기 그리고 리더십 등에 대해서는 인정할지 모르지만, 군인으로서의 직업에 대한 전문성에 대해서는 전혀 인정하지 않았다고 여겼다.

이에 대한 부분적인 이유로, 처칠은 그들의 관료주의적인 일 처리에 대해 강한 의구심을 품고 있었다. "가장 씩씩한 해군과 가장 대담한 공군과 가장 용감한 육군을 보유하고 있다고 하자. 이들을 한데 모아놓고 회의를 벌이면 무엇을 기대할 수 있을 것 같은가? 두려움만 한 데 뭉쳐질 뿐이야!"49 군 참모진들에 대한 그의 비꼬는 듯한 말투도 장군들을 분개하게 만들었다. 그 한 예로 처칠은 "최선의 방법은 약 1천 명 단위의 장교들로 이루어진 신성 군단Sacred Legion을 조직하여 특히 필사적인 공격을 하

는 병력들을 본보기로 삼아야 해."라고 말했다고 한다.50

오늘날까지도 충분히 인식되지 않고 있는 사실 중의 하나는, 제2차 세계대전 당시에 모든 고위급 전투 지휘관들은 제1차 세계대전에서 참전한 경험을 바탕으로 전쟁에 임했다는 사실이다. 적어도 전쟁의 초기 단계에서는 그러했다. 제2차 세계대전 당시의 공식 자료나 회의록을 보면 제1차 세계대전 당시의 경험에 비춰 상황을 해석한 사례가 충격적일 정도로 많이 나오는 것을 발견할 수 있다. 처칠의 경우, 다르다넬스Dardanelles를 경유하여 터키를 공격하는 전략을 강공으로 밀어붙이려 한 시도가 그의 뇌리를 떠나지 않는 기억으로 남았다. 이 작전은 실패로 끝났는데, 처칠이 밝힌 원인에 따르면, 작전에 대한 군부의 열의가 부족했기 때문이라고 한다.

분명한 사실은 제1차 세계대전에서의 경험이(제3장에서 소개한 것처럼 제1차 세계대전에서 프랑스와 영국군의 사상자는 끔찍할 정도로 많았다) 영국인들의 사고방식을 지배했다는 점이었다. 특히 유럽 대륙에서 벌어지는 주요 군사작전에서 용인 가능한 사상자 수에 대해서 영국인들의 태도는 매우 보수적이었고, 전사자 수를 줄이는 일은 무엇보다 중요했다.

1942년 미국의 참모총장이었던 조지 마샬George C. Marshall 장군이 유럽 대륙 상륙작전을 조기에 실시하려고 한 데 대해, 린더만은 "소용없는 짓이오, 솜므강 전투에서 발생했던 수많은 사상자를 생각해 보시오."라고 말하며 일축해 버렸다.51 하지만 처칠의 견해에서 보자면, 제1차 세계대전에서 가장 중요했던 점은 군의 고위급 지도자들이 보여준 한계와 무능력이었다.

1950년대에 처칠 총리의 내각에서 내각 장관을 역임했던 노먼 브룩Norman Brook은 전직 참모총장 비서를 역임했던 해스팅스 이스메이에게 서신을 통해 처칠에 대한 폭로성 발언을 했다. "처칠 총리가 사적인 대화를 나누는 중에 … 제1차 세계대전에서 군 장성들은 신임을 받지 못했고, 제2차 세계대전에서도 후배 군 장성들이 군 작전에서 완전무결함을 보여주지 못했다고 내게 말하는 게 아니겠소."52 사실 처칠은 제1차 세계대전 후에 널리 퍼진 속설, 즉 최고위 군 장성들은 단순히 무능했고, 인간의 고통에 대해 배려하지 못하는 멍청이들이었다는 주장을 믿지 않았다. 오히려 이런 속설은 기존의 전쟁 이론에서 줄기차게 주장되었다.

그는 "영국과 프랑스의 장군들은 전쟁이 지속되는 동안 줄곧 자신들의 전문적 이론에 충실했고 개전 후 제5차 공세가 전개되면서 상황이 자신들이 주장한 이론과 맞아 떨어져 그에 상응하는 효과를 거두었다."라고 말했다.53 처칠이 장군들에 대해 다소 신랄한 비판을 했을지 모르지만, 70년 후의 역사적 사건에 대해 집필 활동을 벌이는 역사학자들은 "장군들은 활용할 수 있는 시간이나 정보의 측면에서 상대적으로 훨씬 더 유리한 위치에 있었다."54라고 객관적 결론을 내려주길 원했다.

처칠은 글에서 사령관들은 황제와 같으며, 받아들이기 힘든 사실들을 제시하기보다는 '밝고 존경하는 듯한 표정'을 지으면서 '일을 어떻게든 부드럽게 처리하려는' 참모들에 의해 둘러싸여 있다고 밝혔다. 처칠의 이런 지론은 "군 참모들의 사고방식은 기본적으로 자신의 의견을 낮추는 것이다."라는 말에서도 확연히 드러난다.55

처칠의 입장에서 제1차 세계대전 동안의 전쟁 지휘에 실패한 사례를 하나만 꼽으라면, 정치 지도자들이 키치너 장군을 다루는 데 있어 미숙한 모습을 보인 점을 들 수 있다. 키치너 장군은 당시 국방장관이었지만 전쟁 첫해에 실질적인 총사령관의 역할을 했던 인물이었다. 처칠은 "그와 부딪쳐 씨름하고 그의 문제가 무엇인지를 이해하기 위해 노력하는 대신에 전쟁 위원회War Council는 아무 말도 행동도 하지 않은 채 그의 의중이 어떠한지만을 잠자코 기다렸다."라고 비판했다.56 그는 또한 정치인들은 군 장군들이 가혹한 중압감에 시달리게 한 데 대해 사과를 해서는 안 된다고 생각했다. 왜냐하면 "전쟁 자체가 끔찍할 정도의 중압감을 주는 일이기 때문이다."[57]

처칠이 이에 대한 자신의 견해를 가장 직접적으로 표명한 계기는, 1943년 미국이 유럽의 북서부 지역에서 전쟁을 수행하기 위해 단일 명령계통의 총사령관을 임명하자고 제안했을 때였다. 그는 이에 대해 반론을 제기하면서 다음과 같은 말을 했다.

이번 제안은 멀리서 지켜보면 매우 단순하고 미국식 논리로 보면 아무 하자가 없는 듯 보인다. 하지만 실질적으로 특정 정부가 특정 장군에게 적을 쳐부수고 무엇이 일어날 것인지 기다리라는 지시를 내리는 것만으로는 충분치 않다. 이 문제는 훨씬 더 복잡하다. 장군들은 자신의 임무를 완수할 만한 자질을 갖추지 못하고 있을 수도 있으며 사실 이런 경우는 종종 발생한다.[58]

분명한 점은, 처칠이 군의 여러 지휘관들을 존경했고 이 중에는 그와 의견이 첨예하게 달랐던 이들도 포함되었다는 사실이다. 하지만 그는 군 지휘관들의 판단을 전적으로 신뢰하는 경우는 거의 없었고, 특히 전략 부문의 문제뿐만 아니라 기술적인 문제까지도 예외가 없었다. 사실 이는 군 통수권자로서의 당연한 권리였다. 오늘날에 이르러 작전 및 전략문제에 대한 판단에 있어서 처칠이 저지른 실수에 많은 초점이 모아지고 있지만, 이러한 결정은 그의 독단적 결정이 아니라 그의 군사 자문관들과 함께 내린 결정이었다.

예를 살펴보면 1941년 봄 그리스 전투에서는 처칠이 결과를 너무 장담했고, 그해 후반기에는 일본군과 일본의 해군력에 대해 너무 얕잡아보았다거나, 1944년에 지중해 동부와 이탈리아 전투에서도 작전 성공 가능성에 대해 지나친 확신을 품었다는 사실 등이다. 이런 식의 단편적인 역사적 사실만을 다룬 해석은 처칠의 군사 자문관들의 실수가 그의 실수만큼이나 중대했다는 점을 간과하는 것이다. 또한 그들의 실수가 비일비재했는데도 불구하고 제대로 규명되지 않고 묻혀버리게 된다.

처칠의 군 고위 지휘관들과 자문관들은 영국이 위험할 수도 있다는 이유를 내세워 1941년 지중해 전투에 참가하지 않으려 했고, 러시아가 독일처럼 1944년에 붕괴하리라는 오판을 했다. 또한 그들은 1942년에는 미국의 군사적 잠재력을 과소평가했으며 노르망디 작전에 대해서도 주저하는 기색이 역력했다. 1944년 6월 5일 브룩은 "노르망디 작전은 아마도 제2차 세계대전을 통틀어 가장 끔찍한 재앙을 초래할 것이다."라고 기록에 남기기도 했다.59

또한 도시 외의 지역에 대해서 적군의 전략적 폭격의 가능성에 대해 인정하지 않았고, 1944년 말까지도 전함이 전쟁에서 중요한 역할을 하는 시대는 이제 지나갔다는 기정사실을 인정하지 않았다. 만약 처칠에 대한 가혹한 검증 과정만큼이나 그들의 주장에 대해서도 검증을 하는 절차가 있었다면, 전후에 그들이 누리게 된 명성은 찾아보기 힘들었을 것이다. 예를 들어 처칠에 대해 서릿발 같은 검증의 잣대를 들이대는 역사학자들이 영국군 참모총장의 수석 참모들이 내린 결론, 즉 "러시아의 참전은 아군의 주요 전략에 근본적인 변화를 끼치지는 않았다."라는 주장에 대해서는 어떠한 평가를 내리게 될까?60

처칠에 대한 비판 중에서 핵심적인 문제점은, 그러한 비판 하나하나의 개별적 진위 여부에 있지 않다. 사실 역사학자들의 비판 중 대부분이 틀린 말은 아니다. 그보다 더 근본적인 문제는, 이들의 비판에서는 중요한 점이 간과되고 있다는 점이다. 즉 이들의 비판 속에는 정치인의 능력과

처칠의 질문 189

수완, 그리고 전시의 정치 지도자의 능력을 평가하는 데 필요한 적당한 기준이 부족하다는 점이다.

대부분의 인간들이 미래를 예측하는 데 있어서 많은 실수를 저지르는데 이 사실을 완전히 망각한 채, 너무나 많은 역사학자들이 이를 기준으로 정치인들의 등급을 매기고 있는 것이다. 특히 이런 기준은 처칠에게 가혹하리만치 심하게 적용되었다. 이러한 평가방법은 마치 교수들이 성적이 시원찮은 대학생의 기말 시험 답안지를 채점하는 것같이 연상될 뿐이다. 아마도 더 현명한 평가방법은 전시 지도자들의 판단이 어떻게 해서 오판으로 판명되었는지, 정치인이나 군인들이 실수한 경우보다는 그들이 올바른 판단을 내리고 행동한 사례는 얼마나 되는지, 그리고 각 사안에 대한 중요성은 어느 정도인지를 평가하는 일이 될 것이다.

더 나아가서 전시 상황에서는 한 정치인이 이룬 모든 업적이 특정 사안에 대한 판단보다 더 중요한 경우가 많다. 예를 들면 1940년 처칠이 주도한 대對 잠수함 전술은 실패작이었지만, 그렇다고 해서 그가 영국의 대對 유보트U-boat 작전의 성공에 기여한 공로를 등한시해서는 안 된다. 처칠은 이를 위해 대서양전투위원회Battle of the Atlantic Committee에서 주도적인 역할을 했고, 1943년 북대서양에서 전쟁이 끝날 때까지의 힘든 기간 동안 부단한 노력을 아끼지 않았다. 더욱이 처칠이 휘하의 군 장성들이나 관료들을 가혹하게 대우했다지만, 이는 루스벨트 대통령에게도 마찬가지로 적용될 수 있다.

처칠과 같은 전시 지도자들은 역사학자나 회고록 작가가 편안히 자리에 앉아서 상상하기에는 어려운 정신적 스트레스를 받기 때문에, 이에 대해 정상 참작을 해줄 필요가 있다. 평화시의 중요한 의사결정과 전시의 그것과는 근본적인 차이가 있으며, 전시 지도자들은 그로 인한 가혹한 시련을 겪게 된다. 전시의 지도자들은 이중 삼중의 책임을 짊어져야 하며,

이전에는 한번도 경험해 보지 못한 가혹한 중압감을 느낀다. 역사학자들이 전시 지도자들의 입장에서 역사적 사건을 해석하는 데 한계를 느끼는 것도 바로 이런 이유이며, 바로 이 점이 전시의 정치 지도자들에 대한 평가에 있어서 가장 큰 장애물로 작용하고 있다. 사실 직속 부관이라 하더라도 자신이 모시는 총리나 대통령이 느끼는 가중한 정신적 압박감과 군통수권자로서의 입장을 이해하는 경우는 매우 드물다.

좀더 폭넓고 현실적인 기준에서 검토할 때 처칠의 업적은 놀라울 정도로 훌륭하다. 처칠이 내렸던 결정 중에 정치적으로 가장 중요하고 가장 전략적인 성격의 사안에 대해 생각해 보자. 1938년 그는 히틀러를 조기에 저지해야 한다는 결정을 내렸고, 이는 현명한 결정이었다. 그의 결정은 당시 영국 정계의 분위기와는 사뭇 다른 차원의 판단이었다. 그 과정에서 처칠이 독일군의 공군력을 과장했고 영국의 재정부문 부담에 대해서는 과소평가했다는 주장이 나왔지만, 사실 이는 논점을 벗어난 것이다. 당시 무엇보다 중요했던 점은, 히틀러가 재무장을 완료하고 군수물자 확보를 위해 동유럽으로 눈을 돌리기 전에 뭔가 조치를 취해야만 한다는 사실이었다.

또한 처칠이 미국과의 관계에 큰 비중을 두었던 점과 루스벨트 대통령과의 개인적 관계를 통해 미국과 역사상 가장 가까운 동맹관계를 맺은 일도 옳은 결정이었다. 또 한 가지 빼놓을 수 없는 사실은, 처칠은 비록 소련 연방의 남하 움직임을 차단하기 위해 실질적으로 취한 조치는 미미했지만, 최소한 소련의 진의를 정확히 파악하고 있었고 이에 대해서는 역사학자들도 인정을 해야 한다.

군사작전에서 처칠은 성공을 거두기도 했지만 잘못된 판단을 내린 적도 있었다. 그가 1940년과 1944년에 독일 공군의 유인 및 무인 공격에 대비하여 정교한 영공 방어 체제를 갖출 것을 주장한 것은 옳은 결정이었다. 또한 1944년 그가 계획한 안지오Angio 상륙작전 또한 실행상의 문제점을 겪었지만, 잠재적으로 이탈리아 전투에서 중요한 역할을 한 데 대해서 공로를 인정받을 만하다. 하지만 처칠은 중대한 오판으로 판명될 수도 있었던 결정을 여러 번 내린 일이 있다. 그 중에는 1940년 프랑스 전투에 가뜩이나 수적 열세에 있었던 영국 공군을 투입하려 한 점과 노르웨이 북부에 대한 수륙양용 작전인 주피터JUPITER 작전을 지지한 점은 옳은 결정과는 거리가 먼 것이었다. 또한 처칠은 1944년 또는 1945년에 영국군의 네덜란드 상륙작전 계획을 과도하게 밀어붙이기도 했다.

하지만 처칠이 이러한 문제에 대해 자신의 주장만을 고집하지 않았다는 사실은, 비록 그가 최고의 권력을 휘둘렀지만 다른 이들의 의견도 수용할 줄 알았다는 것을 말해준다. 군사작전에 있어서 처칠의 탁월한 판단력이 발휘된 경우는 수없이 많다. 처칠은 영국해협 침공 작전을 위해 기술적으로 매우 복잡한 해법을 찾는 과정을 주도했고, 미국 공군의 초정밀 폭격 능력에 대해서도 강한 신뢰를 갖고 있었다. 또한 그는 1944년 이탈리아에 대한 조기 수륙양용 작전 계획을 지지하기도 했다. 더군다나 처칠은 전시중에 특수한 임무를 띠는 정부 기구의 설립도 추진했다. 그 중에는 암호해독 분석요원 부대인 블래츨리 파크Bletchley Park, 코만도스Commandos, 친디츠Chindits 등의 특수부대를 창설하고, 소규모 기술 연구소들을 설립하여 피아트PIAT 광 대전차 지뢰 투척기와 대전함 부착식 기뢰를 발명하도록 했다.61

이보다 더 중요한 점을 꼽자면, 처칠은 휘하의 장군들에게 날카로운 질문을 퍼붓고 끊임없이 독려하여 전쟁 수행에 차질이 없도록 했다는 사실이다. 처칠의 전시 리더십은 한편으로는 큰 그림을 볼 줄 아는 그의 전략적 비전에 달려 있었다. 하지만 다른 한편으로는 그의 송곳 같은 질문과 부단한 노력을 통해 전쟁에 필요한 부분 요소들이 유기적으로 작동하여 원하는 결과를 낼 수 있도록 했다는 데 있었다.

처칠은 지루하고 어정쩡한 대치 국면이 계속되는 상황도 전투의 연장선에 있다고 생각했다. '영국 본토 항공전Battle of Britain'(1940년 7월부터 도버 해협과 영국 본토 영공에서 영국과 독일 전투기간에 벌어진 공중전을 말함. 처칠이 영국 국민들을 상대로 항전 의지를 고양시키면서 'Battle of Britain'이라는 말을 처음 사용했다고 한다)과 '대서양 전투Battle of the Atlantic' 라는 용어를 처음 사용한 인물도 처칠이었다. 이후 반세기가 지난 오늘날에도 역사학자들은 여전히 이 용어를 사용하고 있다. 이러한 용어들은 단순히 말장난이 아니라 상호 연관성은 있지만 특정 사령관의 지휘권역 안에 있거나 특정 임무의 작전권역에 있지 않는 다양한 군사 활동을 묶어서 지칭하는 말이다.

각각의 경우 처칠은 자신이 주재하는 특별위원회를 소집한 다음, 진행 중인 임무에 책임이 있는 정부부처 요인들과 회의를 하여 각 사안에 대한 우선권과 중요 과제를 선정했고 중요한 문제점들을 정의했다. 디데이 D-Day를 다루기 위해 결성된 특별 위원회는 유럽 본토 공략에 필요한 이동 항만시설과 수륙양용 탱크 등과 같은 특수 장비의 개발과 생산에 박차를 가했다. 크로스바우 위원회Crossbow Committee는 독일의 보복 공격무기인 V-1 폭탄과 V-2 미사일의 개발을 감시했고 독일 공군의 보복을 차단하기 위해 영공방어, 적의 미사일 발사대 폭격, 기만전술 등의 다양한 맞대응 작전을 주도했다. 아마도 이러한 특별위원회 중에서 가장 성공적인 임무를 달성했던 쪽은 대서양 전투위원회Battle of the Atlantic Committee일 것이다. 이 위원회는 대서양의 해상 항로를 확보하기 위한 영국의 공군 및 해군 작전의 성공에 절대적인 역할을 담당했다.

제2차 세계대전중 처칠의 위대한 업적 중의 하나이며 개인적인 이력과도 맞아떨어졌던 임무는 히틀러에 반대하는 연합국 체제를 유지하는 일이었다. 이질적이고 상반된 목적을 가진 국가들로 구성된 '대동맹Grand Alliance' 체제(1941년 말 형성된 Grand Alliance의 구성 국가는 영국, 미국, 소련연방이었다. 제2차 세계대전에서 이 세 나라가 주축이 되어 독일, 이탈리아, 일본으로 이루어진 '3국 동맹'과 전쟁을 벌였다)는 여러 가지 측면에서 와해될 소지가 충분했다. 당시 처칠은 삼중고를 겪어야 했다. 첫째로는 미국, 소련과의 협조체제를 유지하는 일이었다. 1940년 이후로 영국에게 잠재적으로 가장 중요한 외교적 동반자 관계의 대상국으로 대두된 나라는 소련과 미국이었다. 1942년 2월 싱가포르가 적의 수중에 들어간 후, 처칠은 영국 의회에서 "이들 두 강대국의 참전은 결국에는 세계 정세를 지배하게 되고, 이전에는 결코 가능하지 않은 형태의 승리를 가능케 해주는 두 가지의 중대한 사실이다."라고 선언했다.62

처칠은 공산주의에는 오랜 세월에 걸쳐서 반대했지만, 전쟁의 승리를 위해 소련연방과도 협력할 준비가 되어 있었고, 미국과의 동맹관계를 맺기 위해서도 집요하게 노력했다. 이러한 일관된 노력이 궁극적으로 제2차 세계대전 승리를 가능케 해준 원동력으로 작용했다. 양국과의 관계에서, 특히 미국과의 관계에서 처칠에게는 외교적 운신의 폭이 매우 좁았다고 할 수 있다. 1940년과 1941년에 영국은 거의 국가 부도 사태에까지 이르렀고, 영국군은 잇따른 작전 실패로 인해 유럽대륙에 있던 거점마저 빼앗겨 버렸다. 프랑스, 그리스, 북아프리카에서 영국군의 패배로 인해 미국은 영국군의 군사적 역량에 대해 강한 의혹의 눈길을 보였고, 대통령을 포함한 많은 미국인들이 영국의 제국주의 정책에 대해 회의와 혐오와 의혹의 눈길을 보냈다. 그런 까닭에, 1944년 6월까지 처칠과 그의 보좌관들이 미국을 상대로 거의 모든 주요한 전략적 결정에서 자신들의 주장을 관철시켰다는 사실은 경이적인 외교적 성과라고 할 만하다.

1944년 6월 말에 이르면서 미국은 노르망디 공격 작전과 프랑스 남부를 침공하는 드라군DRAGOON 작전을 감행할 것을 집요하게 주장했고, 이에 처칠은 양보를 해야만 했다. 1942년 북아프리카 침공 작전과 1943년 이탈리아 공격 작전, 그리고 1944년까지 감행된 후속 공격 작전은 처칠식의 전략적 구상이 빛을 발하는 순간이었다. 이는 1942년 거행된 제1차 워싱턴 회의에서 그가 발표했던 내용과 크게 다를 바가 없는 계획이었다. 1944년 후반기에도 처칠은 여전히 중요한 전략적 문제에 있어서 결정권을 유지했으며, 그리스의 내전에 개입하는 정책에 대해 탐탁해 하지 않던 미국을 구슬려서 약간의 지원을 받아내기도 했다.

처칠은 개인적인 친분관계를 통해 미국과의 관계를 공고히 했다. 그 중에는 루스벨트 대통령의 최측근 보좌관인 해리 홉킨스Harry Hopkins와의 우정도 포함된다. 처칠과 홉킨스는 전쟁 내내 수많은 서신 교환을 한 것으로 알려져 있다. 소련과의 관계에서 그러한 식의 외교적 접근법은 가능하지 않았다. 그렇지만 처칠은 제2차 세계대전 동안 소련과의 협력 체제를 포기하지 않은 반면, 영국의 내각 구성원들 중 일부가 주장한 것처럼 소련을 돕기 위해 '제2전선Second Front'(제2전선은 1914년 스탈린이 제안한 것으로 소련 남부 지역에 대 독일 전선을 구축하자는 주장이었는데, 영국과 미국의 반대에 부딪쳐 이뤄지지 못했다)의 조기 형성에 대해서는 양보하지 않았다.

그는 또한 러시아의 국가 존립 자체에 대해 못미더워하던 일부 군사 전문가들의 비관론에 대해서도 중립적인 입장을 고수했다. 동맹국들과의 관계는 항상 그의 주요 관심사였다. 1943년 4월 미국의 아이젠하워 Eisenhower 장군이 시칠리아 침공을 골자로 하는 허스키Husky 작전을 취소하려고 시도했다. 공격작전 권역 내에 독일군 2개 사단 병력이 있다는 첩보를 접했기 때문이었다. 이에 대해 처칠은 격노했고 당시의 심정을 다음과 같이 적고 있다.

만약 독일군 2개 사단의 존재가 북아프리카에 있는 아군 100만여 명에 이르는 병력의 공격 작전이나 수륙양용 작전을 포기해야 할 정도로 결정적인 문제라면, 과연 앞으로 전쟁을 어떻게 치러야 할지 매우 어려운 상황이 될 것이다. 몇 달 동안의 준비와 가용한 해군력과 공군력이 충분한 마당에 단지 독일군 2개 사단 병력이 이러한 모든 노력을 일시에 허물어버릴 정도라니 … 나는 군의 사령관들이 이런 나약하고 패배주의적인 원칙을 받아들이지 않을 것이라고 믿는다. 우리는 러시아군에게 허스키 작전 때문에 북부 지역의 호송선으로부터 보급물자를 받지 못할 것이라고 통보해 주었는데, 화력도 분명치 않은 독일군 2개 사단 병력이 근처에 있을지도 모르기 때문에 허스키 작전을 취소하려고 하는 것이다. 185개 사단에 이르는 독일군 병력과 대치하고 있는 스탈린이 이 소식을 들으면 뭐라고 말할까. 나로선 도저히 상상이 가지 않는다.63

이와 동시에 처칠은 소련 정부가 요구하는 터무니없는 주장에 대해서도 거부 입장을 분명히 했고, 연합국의 어떤 다른 지도자들보다 먼저 공산주의 러시아가 동유럽 국가들에 미치는 위협을 인식했다. 당시 동유럽 국가들은 소련의 붉은 군대Red Army가 조성하는 군사적 위협에 떨고 있는 형편이었다.

처칠의 시간과 주의를 필요로 했던 두 번째 문제는 대영 제국과 영연방 자치령하에 있던 국가들이었다. 이 또한 빈틈없는 일 처리를 필요로 했다. 당시 영국의 식민지였던 인도와 자치 정부 형태를 유지하던 캐나다, 호주, 뉴질랜드, 남아프리카 공화국은 군수물자와 병력을 공급했고 연합군의 전선 형성과 관련하여 전략적으로도 많은 도움이 되었다. 이들 국가에서 파견된 병력은 영국 지상군의 최전방에 배치되기도 했다. 대영 제국 또한 적절한 관리가 필요했다. 인도에서는 영국 통치에 반대하여 내부 소요 사태가 발생했다. 남아프리카 공화국 또한 내부적으로 거대한 규모의 분리주의 세력이 생겨났으며, 1939년이 되어서야 제2차 세계대전에 참전했다. 캐나다 정부는 자국의 프랑스어 사용 국민들에 대해 징집영장을 발부할 수 없었고, 그런 까닭에 영어 사용 국민들을 대상으로 한 병력동원에 있어서도 한계를 느낄 수밖에 없었다. 호주와 뉴질랜드는 자국의 군대를 여러 전선에 분산 배치시키는 형태가 아니라 단일부대 형태를 유지하기를 원했다. 또한 이들은 일본이 전쟁에 본격적으로 참여하자 자국 병력을 태평양 전선으로 이동시키기를 원했다.

이러한 복잡한 관계를 효과적으로 관리하기 위해 처칠은 중동지역의 군사령관들과 각국의 정치 지도자들을 상대로 힘겨운 투쟁을 벌여야 했다. 군사령관들은 호주에서 파견된 병력을 한 명의 지휘관이 이끄는 단일부대 체제로 편성하는 방안에 반대했고, 영연방 국가의 총리들이 영국내각에서 공식적인 의사결정 권한은 없지만, 자국의 문제에 대해서는 막강한 권한을 행사하고 있기 때문이었다.

처칠이 당면했던 세 번째 난제는 참전 의지가 부족한 동맹국들과 중립국들과의 관계를 유지하는 일이었다. 이들 국가들 중에서 중요하면서도 가장 다루기 어려웠던 국가는 찰스 드골Charles de Gaulle이 이끄는 프랑스였다. 드골을 혐오했던 루스벨트와는 달리, 처칠은 성마르고 자존심 강하고 고집센 드골 장군이 프랑스의 다른 전시 지도자들과는 달리 프랑스 국민들로부터 많은 지지를 받고 있다는 사실을 이해하고 있었다. 이와 유사한 경우로, 처칠은 그리스와 폴란드에서 축출당한 망명정부에 대해서도 지원을 잊지 않았다. 당시 이들 나라에 들어선 공산주의 정권은 나치 통치에서 해방된 이후 벌어진 권력투쟁에서 주도권을 잡기 위해 혈안이 되어 있었고, 이런 이유로 망명정부에 은신처를 제공한 영국 정부에 과도한 압력을 행사했다.

중립국에 대해서 처칠은 비교적 단호한 모습을 보였다. 1939년 히틀러와의 전선을 더욱 확대하고자 나선 처칠은 영국과 노르웨이와의 공해에 기뢰를 설치함으로써 노르웨이가 견지하고 있었던 중립국의 위치를 포기하도록 종용했다. 그는 "작은 나라들은, 우리가 자신들의 권리와 자유를 위해 싸우고 있을 때 우리의 손을 묶어서는 안 된다."라고 주장했다.64 아마도 그가 내린 결정 중에서 가장 무자비했던 것은 1940년 프랑스가 독일에 항복한 지 단지 몇 주도 지나지 않아서 알제리의 오란Oran에 있는 프랑스 함대를 공격할 것을 지시한 조치였다.

전시에 처칠이 보여준 외교술은 기존의 외교기법과 색다른 접근법을 교묘히 조화시킨 형태였다. 예를 들어 제1차 세계대전의 연합국들이 서로 엇갈리는 목적을 가지고 연대를 한 데 비해, 제2차 세계대전 당시의 연합국들이 보여준 응집력은 괄목할 정도로 높은 수준이었다. 폭넓은 교류와 빈번한 정상회동, 개인적 만남, 그리고 전쟁 전략에 대한 대규모 회의 주최 등을 통해 처칠은 연합국 체제를 계속 유지해 나갈 수 있었고, 이는 제2차 세계대전 승리의 주요한 밑거름이 되었다.

처칠의 질문술

물론 처칠은 전시 지도자로서 전쟁과 관련된 가장 중요한 의사결정에 직접 관여했다. 예를 들어 프랑스 침공 작전을 시작할 때 독일군을 격퇴시키기 위한 수단으로서 전략적인 폭격에 얼마만큼의 비중을 둘 것인지와 소련에 대해 얼마만큼의 원조를 해줄 것인지에 대한 결정은 모두 처칠의 몫이었다. 하지만 역사학자들이 전통적으로 많은 관심을 보여 왔던 이런 고위급 전략적 결정의 밑바탕에는 가시적으로 드러나지는 않지만 그만큼 중요한 활동이 뒤따라야만 했다. 이러한 활동에는 세부적인 문제에 대한 중요한 의사결정 과정이 포함된다.

그 중에서도 가장 중요한 항목은 군부의 판단에 대한 지속적인 감시 활동이었다. 참모총장 비서이자 당시 전시에서 중요한 역할을 했던 이스메이는 회고록에서 "전쟁 동안 처칠은 순수하게 군사적 문제에 대해서는 단 한 번도 군사 자문관들의 의견을 거스르지 않았다."라고 적었다.65 하지만 그보다는 처칠은 참모들과의 끊임없는 질의 및 응답을 통해서 여러 가지 사안에 대해 자신의 의중을 전하려고 했다는 편이 더 정확한 표현일 것이다. 군의 장성들이 가끔 불만을 토로한 것처럼, 처칠은 군사상의 많은 세부적 문제에 대해서 예의 주시하고 있었고, 비단 군사행동뿐만 아니라 그로 인한 정치적 파장 등에 대해서도 질문을 던졌다.

이에 관한 좋은 예를 빅터VICTOR 훈련에 대한 처칠의 감시에서 찾아볼 수 있다. 이 훈련은 1941년 1월 22일에서 25일까지 국내 방위군 사령관이었던 앨런 브룩의 비호하에서 실시되었다. 3월 30일 처칠은 빅터 훈련과 관련하여 이스메이에게 편지를 보냈다. 이 훈련은 독일군이 영국 해협을 횡단하여 침공할 경우에 대비하고 그와 관련한 문제점을 알아보기 위해 계획된 훈련이었다. 1940년 가을에 독일군과의 공중전에서 영국은 승리를 거두었지만, 해협을 통한 독일군의 침공 가능성에 대한 불안감은 가시지 않고 있었다. 편지에서 처칠의 질문 내용은 다음과 같았다.

1. 빅터 훈련에서 적군의 2개 기갑 사단, 1개 자동화 사단, 2개 보병 사단 병력이 격렬한 아군의 반격 속에서 노폭Norfolk 해안에 상륙하기로 되어 있소. 적군은 아군의 거센 저항을 뚫고 상륙작전에 성공하는 것으로 상황은 짜여졌고 모든 작전은 48시간 내에 완료되게 되어 있소.

2. 나는 이러한 놀랄 만한 군사훈련의 세부사항들은 관련 참모들이 계획

한 것이라고 생각하오. 세부적인 사항들에 대해 한번 검토해 봅시다. 우선 5개 사단 병력을 수송하기 위해 몇 척의 전함이 동원되었소? 얼마나 많은 수의 기갑 차량이 동원되었소? 얼마나 많은 수의 수송 차량과 탄약, 병력, 군수물자가 동원되었소? 48시간 내에 얼마만큼 전진했으며 처음 12시간 만에 얼마나 많은 수의 인력과 차량이 상륙하게 되어 있소? 적의 병력 손실은 어느 정도로 설정되었소? 첫 번째 48시간 동안의 전투가 계속되는 동안 수송 및 군수물자 보급선의 상황은 어떠했소? 수송선들은 화물을 모두 하역한 것인지 아니면 근해 해안에 정박하면서 그대로 적하 상태에 있었소? 이들을 호위하는 해군 함대는 있었소? 당시의 상륙 작전은 주간의 강력한 적 전투기 대형에 의해 보호받게 되어 있소? 만약 그렇다면 얼마나 많은 수의 적기들이 상륙작전에 동원되었소?

처칠이 시도한 질문의 의도는 세 번째 단락에서 분명해졌다.

3. 이 모든 자료들은 앞으로 아군의 공격 작전에 가장 중요한 참고자료가 될 것이오. 훈련을 계획한 동일한 참모들이 아군이 유사한 규모의 병력으로 프랑스 해안에 상륙작전을 감행할 때, 동일한 아군 전투기의 호위를 받고 독일군은 영국해협(영국해협은 영국과 프랑스 사이에 위치한 해협이고 연합군이 공격하려는 목표는 프랑스 쪽의 영국해협 지역이다)에서 우위를 보이는 해군력을 보유하고 있다고 가정하여 작전 계획을 수립한다면 나로서는 매우 흡족할 것이오. … 66

처칠이 두려워했던 점은 그러한 훈련을 위한 여러 가정들을 위해서는 적의 전투력에 대한 지나친 평가를 수반하게 될 수도 있다는 사실이었다. 그 과정에서 영국군의 고위급 지휘자들이 불필요하게 위축될 수가 있고, 이는 군사작전에 있어서 적극적인 공세를 취할 의지를 꺾을 수 있는 것이다. 브룩은 4월 7일 처칠의 질의에 대한 답장을 보냈다. 이 중에는 적의 피해율을 아군이 해협을 횡단할 때 10%, 상륙작전을 시도할 때 5~10%로 추정했고, 이에 덧붙여 독일군은 영국에서 수탈한 석유와 식량을 사용할 것이라고 가정했다.

몇 주 후에 처칠은 답장을 통해 이 작전이 그리스에 대한 영국군의 상륙작전보다는 얼마나 더 어려운지에 대해 묻는 등 질문공세를 늦추지 않았다.67 영국군이 그리스에 점진적인 상륙작전을 감행한 때는 1941년 3월이었다. 당시 그리스는 독일과 아직 평화적인 관계를 유지하고 있었기 때문에 영국군의 자세한 동태가 독일군에게 모두 보고되었음이 틀림없었다. 꼬박 한 달이 걸려서 경무장한 영국군 3만 1천 명을 모두 수송했는데, 이는 빅터 훈련에서 동원되었던 독일군 병력의 절반에도 못미치는 수준이었다. 당시 영국군은 아무런 저항 없이 그리스 해안가에 상륙했지만 외국에 군사기지를 건설하는 것만으로도 많은 어려움을 겪어야 했다. 이러한 사실들을 낱낱이 알고 있던 처칠은 영국군보다 훨씬 더 대규모의 독일군 병력이 이틀 만에 그것도 아군의 격렬한 저항 속에서 상륙할 수 있다고 가정하는 것은 의문의 소지가 있다고 믿었다.

예를 들어, 처칠은 훈련 이튿날 영국군은 432회의 전투기 출격 횟수를 기록했지만 독일군은 그 3배인 1천 500회나 기록했다는 점을 지적했다. 물론 루프트바페Luftwaffe(Luftwaffe는 독일 공군을, RAF(Royal Air Force)는 영국 공군을 가리킨다)의 전투기들은 영국 공군보다 더 멀리 비행해야 했지만 말이다. 그는 이번 침공에 대해 경고 횟수는 얼마나 되고 독일군이 영국에서 그토록 많은 양의 석유를 징발했다고 보는 이유는 무엇인지에 대해서도 질문했다. 양자간의 질의와 응답은 일종의 게임과 같은 방식으로 5월 중순까지 계속되었고 브룩은 계속해서 답장을 보냈다. 이러한 일화가 의미하는 바는 무엇일까? 바로 이를 통해 처칠이 그의 군 장성들을 다루는 방법에 관한 노하우를 알 수 있는 것이다. 처칠은 군사작전에서 군 작전참모들이 기본적으로 가정했던 사항들과 이를 뒷받침하는 구체적 근거들에 대해서 한 번으로 그치는 것이 아니라 반복해서 토의하는 방식으로 전개했고, 이를 위한 수단으로 날카로운 질문공세를 펼쳤던 것이다. 그 작전의 총책임자였던 브룩은 처칠의 질문공세에 정면으로 맞서서 응답을 했고 이로 인해 불이익을 겪었던 것이 아니라, 오히려 결국에 가서는 영국 군 참모총장과 합참의장으로 승진되기까지 했다. 따라서 분명한 점은 처칠은 자신과 의견을 달리하는 자에 대해서 그들이 바보이거나 무턱대고 침묵을 지키는 자가 아닌 이상, 충분히 이해할 수 있는 아량을 베풀었다고 볼 수 있다.

처칠의 질문은 사소한 기술적 문제에 대해서도 그들이 궁극적으로 초래하는 결과 등에 대해 충분히 인식하고 나온 것이었다. 사실 전쟁과 관련하여 그가 보여준 천재성의 많은 부분은, 보기에는 평범하거나 일상적이었던 문제를 좀더 넓은 정책 및 전략과 연관시킬 수 있는 능력에 있었다. 빅터 훈련의 경우에도 마찬가지였다. 저질은 이에 대해 "불톤 이러한 가정들이 군사훈련의 기본상황으로 설정된 일은 충분한 설득력이 있소. 하지만 이런 가정들이 군사적 사고의 토대로 작동한다면 상황은 암울하게만 보일 것이오."라고 말했다.

이와 동시에 군사령관들은 기갑부대를 중동지역에 파견하는 문제에 대해 열띤 토론을 벌였다. 처칠은 여러 명의 군사 자문관들의 의견에 반대하여, 타이거TIGER 호송선을 이용한 수송 작전은 시도해 볼 만하다고 주장했다. 결국 수송 작전은 성공적으로 실시되었고 호송선 중 한 척만이 적의 기뢰에 의해 파손되었다. 이를 통해 약 250대의 탱크를 중동지역에서 어려움을 겪고 있던 영국군에게 무사히 파견할 수 있었다.

물론 처칠이 항상 옳은 결정만을 한 것은 아니었다. 예를 들면 전쟁 초기에 그는 영국군의 사기를 높이기 위하여 영국 해군이 독일의 잠수함인 유보트를 상대로 효과적인 공격을 취하고 있다고 주장했는데, 이는 사실과는 거리가 멀었다. 처칠은 독일의 유보트 잠수함이 목표물을 향해 공격할 때 호송선을 이용하여 이를 차단하는 안전한 전술보다는 유보트에 대한 적극적인 공격을 취하는 무리함을 보이기도 했다.

또한 터키를 제2차 세계대전에 참전시키려는 그의 집요한 시도는 무위로 돌아갔다. 이 과정에서 영국의 외교적 노력과 터키에 제공했던 현금과 군수물자는 물거품이 되었다. 그가 구상했던 수많은 계획 중, 특히 노르웨이 북부에 대한 공격 계획은 군사적 실현가능성이 거의 없었다. 처칠은 자신의 계획들을 너무 과도하게 밀어붙이는 경향을 보였고, 이로 인해 그러한 계획들의 불합리성이 확연히 드러나게 되기도 했다.

하지만 그만큼이나 중요한 사실은, 처칠은 군 참모들이 잘못된 주장을 했을 때 예리하게 지적하는 경우도 많았다. 더들리 파운드 경Sir Dudley Pound에 이어 해군장관의 직책을 이어받은 앨런 커닝햄 경Sir Alan Cunningham은 실제로는 처칠에 대한 비판자이면서도 처칠로 인해 피해를 입었다는 동정을 사기도 했다.68 영국 해군을 연구하는 역사학자인 로스킬S. W. Roskill은 처칠에 대한 커닝햄의 평가, 즉 "처칠은 형편없는 전략가였지만 자신은 그 사실을 알지 못했다. 그리고 아무도 그에게 맞설 용기가 없었다."라는 대목을 흡족한 듯이 인용하기도 했다.69

이 인용문의 두 번째 문장은 분명히 잘못된 것이다. 브룩이나 포털 그리고 커닝햄 자신도 다양한 문제에 대해 처칠에 맞설 수 있는 배짱을 갖추고 있었고 실제로 행동으로 보이기도 했다. 커닝햄이 개탄해 마지않았던 처칠의 전략적 판단에 대해서도 의혹이 들기는 마찬가지다. 처칠이 해군에서 복무할 당시의 기록을 참고하면 그의 판단이 당시의 정치 지휘자들보다 더 정확했음을 확인할 수 있다.70

예를 들어 1944년 5월 1일자 해군장관의 기록에 따르면, 1944년 봄에 처칠은 '제국의 전후 해군함대The Empire's Post-War Fleet'라고 명명된 영국 해군 계획을 백지화했다. 이 계획이 기본적으로 가정하고 있는 내용은 현실과는 너무나 거리가 멀다는 느낌을 지울 수가 없다. 그 내용을 살펴보면, "해군 함대의 기본적인 힘은 전함에서 나온다. … 이번 전쟁은 전함의 필요성을 증명했으며, 현재의 과학기술의 발전에 비춰볼 때 앞으로 전함이 불필요하게 될 가능성도 전혀 보이지 않는다. … 적을 능가하는 전함의 화력은 해군 작전에서 아직까지 매우 강력한 무기체계이다."라고 나와 있다.71

사실 처칠은 해상 항해술의 발전을 주도한 이력이 있고, 태평양 전쟁에서는 극적인 공중전과 해상전을 면밀히 지켜보면서 현대전이 앞으로 어떻게 전개되리라는 것을 정확히 꿰뚫어보고 있었다. 그는 수년 동안 앞서 언급되었던 해군 계획과 같은 주장의 진위성 여부에 대해 강한 의구심을 가져왔기 때문에, 그에 대해 난색을 표명할 수밖에 없었던 것이다. 오랫동안의 해전에서 나온 구체적인 사실에 부가하여, 처칠은 전함의 존립 가능성에 대해 부정적인 시각을 가졌던 린더만 교수가 제출한 보고서도 참조했다. 해군의 반발에도 불구하고 처칠은 "자연법칙에 따라 전함은 항공기에 비해 불리한 점을 가지고 있고, 나는 앞으로 무기발달이 계속될 경우 전함이 생존하지 못할 수도 있다는 사실에 대해 유감스럽게 생각한다."라는 판단을 내렸다.72

제2차 세계대전 개전 초부터 처칠은 영국 해군이 전함 함대에 집착하는 행태를 개탄해왔다. 하지만 이런 집착은 미군의 참전이 시작되고 독일 해군이 보유한 대부분의 전함이 파괴된 후에도 사라지지 않았다. 처칠에 따르면, 이러한 집착은 유틀란트Jutland 해전(유틀란트 해전은 제1차 세계대전 동안 영국과 독일의 주력 해군 함대가 교전했던 전투이다. 영국군은 독일군에 비해 우세한 규모의 전함 함대를 거느리고 있었고, 이에 힘입어 상대적으로 우위를 차지할 수 있었다)을 너무 의식한 결과였다. 그리고 그는 그와 같은 식의 전투는 '결코 다시는 일어나지 않을 것'이라고 단언했다.

처칠의 군사문제에 관한 질의가 계속되는 동안, 그와 군부간에 가장 불편했던 국면이 지속되었던 순간은 군수물자에 대한 조사를 시작했을 때였다. 1944년 영국 해군은 필요한 인력 수급 상황을 정부에 보고했는데, 이에 대해 그가 보인 반응은 다음과 같다.

현재 해군 본부는 1944년 28만 8천 명의 함대 배치 병력과 7만 1천 명의 조선소 인력을 추가로 요구하고 있고 이를 합하면 전체 36만 명에 달한다. 현재는 인력 부족으로 모든 형태의 전시 군사 활동에서 과감한 삭감이 불가피한 실정이다. 여기서 대두되는 의문은 해군본부가 1943년에 비해 1944년에 더 많은 병력 증원을 요구했는가이다. 다음과 같은 새로운 사실들을 잘 알고 있으면서도 말이다.
 (a) 독일군 유보트 잠수함의 결정적인 패배, 주로 공군의 지원 덕택임.
 (b) 이탈리아 함대의 항복
 (c) 현역 프랑스 병력의 감소
 (d) 태평양에서 미군이 일본의 전력에 비해 2:1의 우위를 굳힘
 (e) 서방세계에 커다란 위협이 되었던 티르피츠Tirpitz 전함이 향후 수개월 이상은 임무수행 불가(새로운 독일 전함이 건조되지 않는 한) 적의 세력이 이전에 비해 훨씬 약화되었고 동맹군의 세력이 훨씬 강해졌는데 과거보다 더 많은 병력을 요구하는 이유는 무엇인가?[73]

물론 처칠의 질문 공세로 해군의 의지가 완전히 상쇄된 것은 아니었다. 영국 해군은 우여곡절 끝에 요구했던 병력보다 절반에도 못미치는 병력을 확보했다.[74]

유사한 맥락에서 처칠은 영국의 우수한 첩보기관들이 제공하는 정보를 일반 정치 지도자들에게서는 찾아볼 수 없는, 높은 개인적 관심과 비판적인 시각으로 바라보았다. 1944년 9월 합동첩보위원회Joint Intelligence Committee가 독일은 12월쯤 붕괴할 것이라는 의견을 내놓았을 때, 처칠은 확신에 찬 어조로 반론을 제기했고 그의 주장은 사실로 드러났다.75 합동첩보위원회의 전문가들은 당시 수많은 정보를 확보하고 있었고, 5년 동안의 전쟁 경험을 통해서 판단력을 키워나갔다. 이들은 1944년 상반기에만 약 100만 명의 독일군 전사자가 발생했으며, 중부 유럽에서 독일의 전선은 위축되고 있다고 주장했다. 따라서 독일은 그해 말까지 전쟁을 계속 수행해 나갈 만한 여력이 없다는 식의 논리였다.

하지만 이 또한 사실이 아님이 판명되었다. 9월 8일 처칠은 합동첩보위원회에 신랄한 내용의 답장을 보냈는데, 이는 정책결정자가 첩보보고서를 분석한 사례 중에서도 백미라 할 수 있다. 그 답장의 첫 부분은 다음과 같이 시작된다. "그 보고서를 방금 읽었지만 새로운 사실이라곤 아무것도 발견하지 못했소." 처칠은 연합군의 보급망은 약화되고, 독일 본토에서 독일인의 전의는 고무될 것이며, 기상 악화로 상황은 아군에게 불리하게 돌아갈 것이라고 예측했다. 그의 결론은 "히틀러가 내년 1월 1일 이전에 무너질 가능성만큼이나 적어도 그때까지 버틸 가능성도 있다."였다.

물론 이는 처칠의 군사적 판단력이 군사 전문가들이나 첩보 전문가들의 능력보다 항상 뛰어났다는 말을 의미하는 건 아니다. 중요한 사실은, 처칠은 전시 지도자로서 방대한 양의 자료를 검토하고 실제의 경험을 바탕으로 전문가들의 계산과 주장을 높은 차원의 상식적 기준에 의해 판단했다는 점이었다. 합동첩보위원회로부터 받은 응답은 그가 수긍할 수 없는 경우가 많았고, 이에 대해 그는 다시 상세하게 조사했다. 예를 들어 유럽 본토에 대한 침공 작전을 실시하기 전에, 처칠은 아군의 상륙작전

지원수단으로 화학무기를 사용할 경우 군 작전상 미치는 결과에 대해 평가할 것을 지시하기도 했다. 그는 "나는 찬송가 따위나 부르면서 승리를 기원하는 패배주의 군인이 아니라 이성적 능력을 갖춘 사람들이 이 문제를 차분하게 연구할 것을 원한다."라고 말했을 정도였다.76

처칠은 자신의 업무지시 중의 거의 모든 내용을 비서진이 받아 적도록 했다. 이런 맥락에서 그의 입은 전쟁이 진행되는 내내 정부의 다양한 부문에 대해 쉴새없이 수많은 의견과 질문을 쏟아냈고 이를 통해 철저한 조사 작업이 수반되었다. 1941년에서 1962년까지 영국 내각의 서기관을 역임했고 1947년에서 1962년까지 내각 장관이었던 노먼 브룩Norman Brook은 처칠이 질의를 통해 거둔 효과를 다음과 같이 회상했다.

이러한 메시지들은 때로는 고압적인 어조였지만 내용 면에서 항상 타당하고 시의 적절했다. 그리고 그에 대한 내용은 화이트홀Whitehall(총리 관저를 비롯해 정부 중앙부처는 런던 시내 국회의사당 인근의 백색 건물군인 화이트홀에 밀집해 있기 때문에, 보통 영국 중앙정부를 지칭할 때 '화이트홀'이라고 부른다)에서 근무하는 행정 군인들에게 빠른 속도로 퍼졌다. 이런 식의 질의는 그들에게 정부의 중심부에서 강력한 통제력을 발휘하는 인물이 누구임을 확인시켜 주었다. 광범위한 범위에 걸친 이러한 끊임없는 질의는 쉴새 없이 마구잡이로 이리저리 비추고 행정부의 구석구석까지 관통하는 서치라이트searchlight 불빛과도 같았다.

그래서 아무리 직위가 낮다거나 역할이 미미하더라도 행정부 내의 모든 직원이 언젠가는 그 불빛이 자신에게 비춰 자신이 하고 있는 업무를 낱낱이 비추게 될 것이라고 예감했다. 이런 식으로 해서 화이트홀에서는 총리의 메시지가 갖는 영향력은 즉각적이고 극적으로 나타나게 되었다. … 강력한 의지가 밑바탕이 되어 단호한 조치가 취해지고 있다는 자각이 일어남에 따라 새로운 차원의 목적의식과 긴박한 분위기가 이 곳을 지배했다.77

처칠의 질문과 조사는 비단 군사작전이나 무기 기술에만 국한된 것이 아니라 겉보기에는 일상적인 행정업무에 대해서도 해당되었다. 사실 처칠은 이런 평범한 행정부분이 더 중요하다고 보았다. 이에 대한 좋은 예는 연대 견장과 관련한 사건에서 찾아볼 수 있다. 제53사단을 방문한 지 얼마 안 되어 처칠은 1942년 11월 21일 국방장관에게 서신을 보내 육군위원회Army Council가 각 연대별 견장 부착을 금지시킨다는 명령을 내린 사실을 알고 충격을 받았다고 말했다.

사단 사령관과 국내 방위군 총사령관 모두 내게 자신들도 놀랍고 유감스럽다는 뜻을 전달했소. 의심할 바 없이 이번 조치는 사병들에게 전혀 호응을 받지 못한 조치였고, 모든 육군 병력이 부대의 고유 이름을 중심으로 형성되는 연대 단위의 '단결정신esprit de corps'을 해치게 될 것이오. 내가 듣기로, 육군위원회의 지시는 일종의 통보 형태로 하달되었으며 이에 대한 논의는 허락되지 않았다고 알고 있소. 도대체 누가 이번 결정에 책임이 있소? 내 짐작으로는 군무국장Adjutant general의 소행이 아닐까 하오. 만약 그렇다면, 이번 조치로 인해 육군에 대한 그의 견해가 내가 익히 듣던 바를 그대로 확인하는 일이 될 것이오.

나는 이로 인해 더 큰 피해를 입기 전에 장관이 직접 나서서 이번 지시를 취소시키기를 바라오.[78]

10일이 지나도록 답장을 받지 못하자, 처칠의 참모는 국방장관에게 처칠의 편지에 대한 답장을 쓸 필요가 있음을 상기시켜 주었다. 바로 그 다음날 그리그P. J. Grigg 장관은 총리에게 근위대Guards와 근위 기병대Household Cavalry를 제외한 모든 군부대에 견장 부착을 금지한다는 명령이 일년 전에 하달되었지만 제대로 시행되지 않았다고 통보했다. 또한 그리그는 통상부에서 "(견장을 공급하기 위해서는) 이미 취약해진 의복 재단 설비를 민간 부문에 더욱 의존해야 하는 심각한 결과를 초래할 것이다"라고 발표했다고 전했다.

처칠은 그후 통상장관에게 군부대에 견장을 공급하는 데 필요한 '의복 재단과 관련한 실수요 현황'을 보고할 것을 지시했다. 통상부 장관은 답장을 통해, 처칠의 원래 질의가 있은 지 9일 후인 11월 30일 육군 참모진이 연대 견장을 제조하고 의복에 부착하는 일이 시간낭비인지에 대해 물었고, 보좌진 중의 한 명이 '일반적인 차원'에서는 그러하다고 답했다는 내용을 전했다. 하지만 그 보좌관은 통상부는 견장 생산에 필요한 재료의 손실에 대해서는 통상부 내에서도 아무런 확정된 견해가 없다고 보고했다. 즉 국가적으로 일주일에 800만 야드 이상의 천을 소비하는 판국에 견장 생산에 필요한 약 8만 5천 야드의 천 정도라면 문제될 것이 없다는 주장이었다. 요약하자면 처칠은 육군위원회가 옷감 부족 문제를 감추면서 총리와 국방장관은 물론이고 육군 내부에서 호응도 얻지 못했던 결정을 무작정 추진하려 했다는 사실을 발견했던 것이다.

국방장관은 이미 군 내부에서 내려진 명령에 대해 총리가 나서서 번복하게끔 하는 일은 군 기강에 역작용을 미칠 것이라는 논리를 폈다. 하지만 처칠은 이에 개의치 않았다. 그는 견장 금지 명령이 일년 전에 하달되었지만 불과 최근 몇 달 만에야 시행되었음을 알아냈다. 처칠의 '오늘 행동하라Action this day'식 반응은 날카로운 질문과 함께 이 문제를 집요하게 파고들었다. 1942년 패짓Paget 장군이 명령을 내릴 때까지 이 지시는 시행되지 않았다는데, 이에 대해서는 어떻게 설명할 것인가? 일부 부대는 견장을 부착하기를 원하고 다른 부대는 그렇지 않은 이유는 무엇인가? 처칠의 결론은 "문제는 이 잘못된 원칙을 권위의 문제로 만들어버림으로써 당신의 위신을 세우려 한 데 있다고 믿소."였다. 그는 또한 견장을 다시 착용하기 전에 일정 시간 동안의 유예 기간을 줄 용의가 있다고 밝히기도 했다.

그리그 국방장관은 견장 부착을 통해 군의 사기를 증진시키려는 처칠의 생각을 바꾸기 위해 마지막까지 노력을 아끼지 않았다. 하지만 그로부터 5일 후에 총리로부터 냉담한 반응만을 들었을 뿐이었다. 처칠은 부대원들이 견장을 달도록 허락하는 행위는 결코 군의 기강을 훼손시키는 행위가 아니라고 밝혔다. 또한 "(그러한 견장을 금지하는 규정은) 육군 위원회만의 소관만이 되어서는 안 된다. 이번 결정은 군의 사기 및 애국심에 영향을 주는 요인들 중의 하나이기 때문에 의회 및 장관들과 사전에 충분한 상의를 거쳐야 한다."라고 말했다.

더군다나 새 규정에 따르면 근위대와 근위 기병대 같은 일부 부대에만 예외를 인정해 주면 군의 전반적인 사기가 떨어질 것이라고 결론을 내렸다. 처칠은 이 모든 문제를 전시 내각에 상정한 후에 "하지만 저는 지금과 같이 바쁜 시기에 이런 문제가 우리를 성가시게 해서는 안 된다고 여러분들도 생각하시리라 믿습니다."라고 말했다. 이듬해 초에 국방장관은 부대의 견장을 다시 허가하는 내용을 골자로 하는 안을 정부에 제출했다.

견장 사건은 시사하는 점이 많다. 언뜻 보기에 이 문제는 한 낭만주의자가 군 문제에 개입하여 군의 명령 체계를 어지럽히고 군인들이 결정할 문제에 간섭한 경우로 보일 수도 있다. 하지만 군수장관과 총리의 신분으로 처칠이 개입한 것은 전시 리더십의 측면에서 훨씬 더 깊은 예지를 보여주고 있다. 우선 이런 식의 개입을 통해, 처칠은 군 내부의 전의를 고양시키기 위해 총리 또한 관심을 갖고 있다는 점을 표출했다. 당시까지 군 내부에서는 패배주의 근성에 젖어 있었고, 영국 의회 또한 예외가 아니었다. 실추된 군의 사기를 올리는 데 있어서 부대마다 구별되는 견장이나 기장과 같은 것들은 결코 사소한 차원의 문제가 아니다. 사실 영국군은 유럽의 다른 군보다 더 강력한, 부대 나름대로의 전통과 정체성을 자랑스러워하고 있었다.

두 번째로 처칠은 대규모의 인력이 군집해 있는 군 내부에서 일부 부대에게만 특혜를 주는 행위는 군의 전체 사기에 부정적 효과를 끼칠 것이라는 사실을 잘 알고 있었다. 비록 처칠은 귀족 출신이었지만 전쟁이 끝나고 난 후에는 이전보다 영국이 더 균등한 사회가 될 것이라는 것을 분명히 인식하고 있었다. 또한 그는 이러한 전망에 대해 전혀 불편해 하지 않았다. 1941년 처칠은 그의 개인 비서관에게 공립학교 졸업생들에 대한 이야기를 하면서 "그들은 이 나라를 구해냈다네. 그러므로 그들은 이 나라를 통치할 권리가 있는 걸세."라고 말했다고 한다.[79] 심지어 아주 사소한 특권이나 모순이 존재하더라도 이는 전쟁으로 인해 급격히 변화한 사회에서 큰 사회적 불만을 일으킬 소지가 있다는 점을 그는 충분히 인식하고 있었던 것이다.

세 번째로 처칠은 이 일로 인해 적어도 하나 이상의 관료주의식 변명을 찾아냈고, 이를 정확하게 규명하는 과정 속에서 군 관계자들에게 불편하지만 귀중한 교훈을 가르쳐 주었다. 즉 육군위원회에서는 자신들이 내린 잘못된 결정에 대한 책임을 통상부에 전가하려고 시도했던 것이다.

마지막으로 주목할 만한 점은 처칠은 단순히 앞서 언급한 견장의 원상복구를 명령한 것이 아니라 처음부터 끝까지 그 과정을 아주 철저하게 감독했다는 것이다. 처칠과 관련 단체들과의 질의와 응답을 통해 이런 과정이 이루어졌다. 그리그는 상부의 권위와 명령에 복종한 것이 아니라 처칠의 날카로운 질문에 무릎을 꿇어야 했고, 국방부의 참모진들 또한 제대로 대답하지 못했다.

처칠의 질문이 단순히 몰아붙이기식 취조라고 생각해선 곤란하다. 처칠은 자신이 직접 보고 시험하고 조사하기를 원했고 이로 인해 엉뚱한 오해를 불러일으키기도 했지만, 궁극적으로 보다 더 중요한 결정을 내리는 데 도움을 얻고자 하는 취지였다. 예를 들면 영국의 암호 해독 기관인 블래츨리 파크를 방문하여 암호 해독가들을 만나본 후, 처칠은 그 곳에서 일하는 수많은 지도층 인물로부터 직접적인 탄원서를 받았다. 그 중에는 저명한 수학자인 앨런 터닝Alan Turning도 끼어 있었다. 탄원서를 통해 그들은 처칠에게 전문 인력과 기본적인 보급물자가 끔찍할 정도로 부족하다고 밝혔다. 다음날인 1941년 10월 22일 처칠은 이스메이에게 또 하나의 '오늘 행동하라Action This Day'식 메모를 작성하도록 했다. 그 내용은 "최대한 신속하게 그들이 원하는 것을 얻도록 조치하고 그 결과를 내게 보고하시오."였다. 몇 주도 안 되어 처칠이 지시한 내용은 모두 시행되었고, 그 과정에서 난공불락으로 보였던 관료주의식 업무처리 관행도 모두 사라져 버렸다.80

사실 처칠과 군 장군들간에 불편한 관계가 형성된 이유는, 애초에 그가 자신의 의견에 반대하는 사령관들을 임명했기 때문이었다. 여러 사령관들 중에서 가장 자기주장이 강했던 두 사람, 즉 브룩 장군과 커닝햄 장군이 좋은 예이다. 만약 처칠이 이들 대신 딜Dill 장군을 임명했다면, 적어도 중요한 문제를 결정하는 데 별다른 반대에 부딪치지는 않았을 것이다. 딜과 일부 관료들은 야전 총사령관인 앨런 브룩이 전쟁을 승리로 이끌 만큼 충분한 전의를 갖고 있지 않다는 처칠의 판단에도 암묵적 동의를 했기 때문이다.81

하지만 이스메이와 다른 이들이 개인적으로 인정한 바와 같이, 1941년 무렵에 딜은 이미 한물간 군인이었으며 처칠을 보좌할 만한 인물은 되지 못했다. "윈스턴에게 필요했고, 그리고 그가 정말 선호했던 인물은 그에게 당당하게 맞설 수 있는 인물이었다. 잭 딜Jack Dill은 많은 상처를 입은 듯 보였고 실제로도 그러했다." 이스메이가 회고한 바에 따르면, 만약 처칠이 영국군이 용기가 없다는 식의 무례한 발언을 하면 그냥 웃어넘기거나 아니면 처칠 자신의 글에서 그와 반대되는 내용을 직접 들이대는 것이 현명한 대처였다고 한다. "반면에 딜 장군은 황급히 누구라도 그가 사랑해 마지않는 군대를 모욕하면 그와 다시는 함께 일하지 않을 것이라고 공언했다. 물론 이는 어리석은 행위였다."라고 이스메이는 적고 있다.82 딜과는 대조적으로 당시 영국 공군 총사령관이었던 찰스 포털Sir Charles Portal은 다음과 같이 회고했다.

나는 그가 제안한 것 중 일부에 대해서는 강력하게 반대했고 그 과정에 다소 과격한 말이 섞여 나오기도 했다. 좀더 차분하게 이야기를 했더라면 예의를 갖춰 말을 할 수도 있었을 텐데. 나의 격렬한 주장이 전개되는 동안 그는 내 얼굴을 잔잔히 쳐다보았고 말미에 가서 내가 예의에 어긋났다면 미안하다고 말을 하며 계면쩍어할 때면 그는 온화한 얼굴을 한 채 내게 말하곤 했다. "장군, 전시에는 예의를 차릴 필요가 없소. 단지 옳은 말만 하면 될 뿐이오."83

브룩과 처칠의 관계는 다른 장군들과의 관계보다 훨씬 더 격렬했지만, 1942년 병약한 더들리 파운드를 이어 해군장관에 오른 커닝햄과의 관계 또한 그만큼 긴장감이 흘렀다. 처칠의 야전 사령관들 중의 일부는 특히 처칠의 급한 성질 때문에 많은 어려움을 겪었는데 그 중에서도 1939년에서 41년 그리고 1941년에서 42년 사이에 각각 중동지역 사령관을 지낸 아치볼드 워벨Archibald Wavell과 클라우드 오친렉Claude Auchinleck이 곤욕을 치러야 했다. 워벨은 1941년 이탈리아 공세를 성공적으로 수행한 장군이었지만, 처칠이 수차례의 메모를 통해 군사행동을 지시했으나 이에 반대하여 아무런 행동을 취하지 않았고 그리스와 리비아에서 발생한 전투에서는 대패함으로써 해임되었다. 선임자와 마찬가지로 오친렉 또한 같은 이유로 처칠과 사이가 좋지 못했다. 즉 적과의 교전을 꺼렸던 것이다.

처칠과 그의 중동 지역 사령관들과의 긴장은 상황을 바라보는 시각차 때문에 발생했다. 처칠의 주된 관심은 중동 지역에 병력을 유지하는 데 소요되는 아군의 인적·물적 희생이었다. 예를 들어 중동에 파견되어 있는 아군 병력에 호송선을 이용하여 기갑 부대를 증원하려는 계획에서도 처칠은 수송 과정상에 발생할지도 모르는 위험 상황에 대해 많은 주의를 기울였다. 반면에 지역 사령관들은 당장 작전을 수행해야 하는 상황이기 때문에 호송선을 통해 들여온 새로운 장비와 인력을 해당 군부대에 적응시키는 일이 주된 관심사였고 이 과정에서 많은 어려움을 느꼈다.

처칠은 연합군 형태의 전쟁이 꼭 필요한 것임을 인식하고 있었고, 그리하여 러시아와 미국 모두가 영국이 악의 축the Axis과의 전쟁에서 제몫을 충분히 해내리라고 확신시키는 일이 중요하다고 보았다. 이에 대한 반증으로 사막에서의 승리가 필요했던 것이나. 시역의 사령관들은 본격적인 군사작전을 코앞에 두고 있었고 그 전에 좀더 많은 준비기간이 필요했던 것이다.

처칠은 군사 첩보에 정통해 있었고 특히 롬멜Rommel 장군의 통화 내용을 첩보 보고를 통해 모두 파악하고 있었기 때문에 독일의 아프리카군 Afrika Korps의 전투 능력이 형편없는 상태임을 간파했다. 이런 까닭에 아군 군사령관들이 독일군을 더욱 치열하게 밀어붙이지 않은 데 대해 분개했다. 돌이켜볼 때 처칠의 이런 점도 이해할 만한 것이었다.84 하지만 사령관들 또한 연승을 거두고 있는 적에 대해 두려움을 갖고 있었기 때문에 섣불리 상대하려고 하지 않았다.

훌륭한 군 지도자들을 발탁하는 것만으로는 충분치 않다. 민간인 지도자로서 처칠은 그들을 계속 자극하고 고무시켜야 한다고 생각했다. 반면에 군 장군들은 이에 대해 단순히 분개해 하는 이상의 강한 반감을 지니게 되었다. 1941년 6월 오친렉이 중동지역 사령관으로 임명되기 얼마 전에 딜로부터 편지를 받았다. 딜은 편지에서 "사령관은 항상 정부로부터 크고 때로는 부당한 압력을 받게 마련이오."라고 경고해 주었다.[85] 처칠이 군 지휘관들에 압력을 가해 행동에 나서도록 만드는 일이 전시 지도자로서 가장 중요한 임무 중의 하나로 생각했다는 점은 이론의 여지가 없다. 만약 브룩이 이러한 압력에 분개했다면 적어도 그 대응방식 면에서 딜보다는 더 나은 모습을 보였다고 말할 수 있을 것이다.

모든 전쟁이 정치적인 문제에 의해 확전된다는 사실은 군사 부문의 역사를 공부하는 학자들이 익히 알고 있다. 이들은 클라우제비츠나 그의 제자들의 이론에 정통해 있기 때문이다. 하지만 때때로 학자들도 간과하고 있는 사실은 전쟁에서 정치적인 고려 사항이 얼마나 깊숙이 얼마나 넓은 범위에 걸쳐 전쟁 자체에 영향을 주는지이다.

예를 들어 노르망디 침공 작전에 앞서 공군력을 이용하는 문제에 대해 알아보자. 1943년 말과 1944년 초에 걸쳐 영국 및 미국 연합군은 제2차 세계대전에서 가장 거대한 규모의 작전을 준비하고 있었다. 이는 영국 해협을 통과하여 유럽을 침공하는 작전이었다. 이 작전이 성공할지 여부에 대해서는 아무도 장담하지 못했고 지상군의 공격작전에 가장 중요한 화력지원은 연합군의 공군 폭격기였다. 연합군은 공군력을 이용하여 교두보 근처의 지역에 주둔하고 있던 독일군에 정신적 혼란을 가져오고, 교두보 근처로 독일군의 증원을 연기하고 차단하는 일 또한 필수적이라고 여겼던 것이다.

상륙작전은 많은 비용을 치러야 하고 상당한 어려움이 뒤따르는 일이지만, 연합군에서는 노르망디 지역을 사수하기 위해 독일군이 병력과 화력을 더욱 강화할 수도 있다는 가능성에 대해 많은 우려를 했다. 그래서 연합군이 상륙작전을 시행할 경우 독일군이 압도적인 병력으로 맞대응을 시도할 경우 이는 감당하기 어려운 일이었다.

연합군 내부에서는 공군의 전술적인 대응방법을 놓고 전문가들의 의견이 엇갈렸다. 즉 영국 공군과 미국 공군 원정대의 단거리 전투기와 중·소형 폭격기를 운용할 것인지 아니면 제8공군과 영국의 폭격 편대에 소속된 대형 폭격기의 집중적 화력을 동원할 것인지에 대해 의견 차이를 보였다. 일부에서는 노르망디 지역의 목표를 공략하기 위해 전술적으로 필요한 공군력만을 가동할 것을 선호한 반면, 다른 이들은 폭격 편대가 독일의 심장부에 있는 합성연료 공장과 군사산업 시설 등 핵심목표에 대해서도 폭격을 퍼부어야 한다고 주장했다.

전자의 주장대로라면 가장 좋은 목표물은 프랑스 서부와 북부 지역에 위치한 교량과 철도가 되며 이를 파괴하여 독일군의 보급로를 완전히 차단해야 했다. 다른 이들은 프랑스의 철도망에 대해 체계적인 공격을 주장했다. 이를 통해 독일군에게 치명적인 타격을 입힐 수 있다는 생각에서였다.[86] 두 번째 전문가 집단은 대형 폭격기를 동원하여 프랑스 철도체계의 조차장操車場(화물이나 화차를 보관하는 장소)을 초토화시키자는 주장이었다. 이는 일정 기간 동안 포격이 지속적으로 이뤄질 경우, 결국에 가서는 독일군이 형성한 방어선이 붕괴될 것이라는 이론에 기초한 것이었다.

이렇듯 보기에는 기술적이고 순수한 군사적인 문제이지만 실제로 이는 상당한 정치적 파장을 내포하고 있는 문제였다. 폭격 과정에서 프랑스 민간인들이 목숨을 잃을 수 있기 때문이었다. 특히 조차장 폭격안의 경우에는 그 위험이 더욱 컸다. 그런 까닭에 처칠은 폭격 문제에 대한 토의중에 개입하여 프랑스 민간인 사상자의 수를 최소한으로 줄이겠다는 약속을 이끌어냈다.

당시 공군 총사령관이었던 아서 테더Arthur Tedder에게 보낸 서신에서 처칠은 "장군은 끔찍할 정도의 증오심을 유발할 수도 있소."라는 말과 함께 프랑스 민간인 사상자의 수를 원래 예상했던 1만 6천명에서 1만 명 수준으로 낮추어야 한다고 주장했다. 프랑스 민간인 사상자에 대한 보고서가 5월 내내 여러 번 제출되었지만, 예상치를 넘어서지는 않았다.[87] 5월 말 무렵에 독일군의 보고에 따르면, 약 6천 명의 프랑스인들이 당시의 폭격으로 목숨을 잃었고 이는 처칠이 우려했던 수준보다는 상당히 적은 수였다.

처칠은 『세계의 위기 The World Crisis』에서 "궁극적으로, 진정한 전략과 정치는 하나다."라고 말했다. 그의 이력, 특히 제2차 세계대전 당시 영국 총리와 군수장관으로서의 경력을 자세히 연구해 보면 민군관계가 얼마나 풀기 어렵고, 전략을 수립하는 데에는 얼마나 복잡한 과정이 수반되는지를 알 수 있다. 또한 처칠에 대한 연구를 통해 방대한 양의 독서와 상식뿐만 아니라 전문가로서의 식견에 기초하여 준비한, 까다롭고 예지가 넘치는 질문의 놀라운 효과에 대해서도 잘 알 수 있다. 칼 폰 클라우제비츠는 이러한 자질을 가리켜 '군사적 천재성의 바탕이 되는 속성'이라고 말했다.

처칠의 끊임없는 질문은 제2차 세계대전을 전체적으로 조망하는 확고한 이해력의 바탕 위에서 가능한 것이었다. 이러한 노력이 가장 분명하게 드러난 대목은 전쟁이 거의 막바지에 이르러 평화를 위해 노력할 시기였다. 1945년 그가 미국의 지도자들과 이 문제를 놓고 거의 필사적으로 혼신의 힘을 기울여 평화협상에 임한 것도 이런 맥락에서 이해될 수 있다. 하지만 처칠은 자신의 주장대로 협상을 이끌지는 못했다. 기나긴 전쟁의 승리가 이제 가까이 다가왔지만 처칠의 심정은 그다지 밝지 못했다.

겉보기에 대단한 성공으로 보이는 이 클라이맥스 시점이 내게는 가장 불행한 순간이다. 나는 환호하는 군중 속을 돌아다녔고 우리 연합군으로부터의 축하와 축복으로 넘쳐나는 회의에 참석하기도 했지만 가슴은 아팠고 불길한 예감이 나의 마음을 사로잡았다.88

처칠은 이미 공산주의 소련연방이 동유럽에 미치는 군사적 위협을 꿰뚫어 보고 있었던 것이다. 사실 1943년 여름에 그는 이미 루스벨트에게 카틴 숲Katyn Forest에서 수천 명의 폴란드 공무원들과 지식인들을 집단살육한 장본인은 아마도 소련군일 것이라고 통보해 주었다. 그런 까닭에 처칠은 정치적 행동과 함께 군사적으로 충분한 대비를 할 것을 주장했다.89 그는 연합군이 프라하를 해방시키고, 영국과 미국군이 비엔나와 베를린에 입성하여 제3제국Third Reich(히틀러는 자신이 구상했던 이상적인 독일을 '제3제국'이라고 칭했다. 이는 기본적으로 독일에 의한 유럽 대륙 지배라 할 수 있다. 참고로 그는 제1제국은 신성로마 제국, 제2제국은 프로이센 제국이라고 보았다)의 심장부에 먼저 도착함으로써 얻는 정치적 효과를 노려야 한다고 주장했다.

하지만 명석한 두뇌로 평판이 자자했던 아이젠하워 장군도 처칠의 이런 주장을 이해하지 못했고 1945년 3월 하순에 이르러 베를린은 "더 이상 특별하게 중요한 목표가 아니다."라고 무시해 버렸다.90 처칠은 제2차 세계대전 말미에 터진 마지막 군사작전들이 평화에 이바지하도록 하는 데에는 오직 절반만의 성공을 거두었다. 예를 들어 1944년에서 1945년 사이의 그리스 내전에 그는 부분적으로 개입하여 성공을 거두기도 했다. 하지만 1945년 겨울에서 봄 무렵에 그의 영향력은 약화되었다. 서부 유럽에 주둔하고 있는 군대의 불과 4분의 1밖에 안 되는 병력이 영국군이거나 또는 영국군 관할에 속해 있었고 영국의 재정, 인력, 물자는 5년 반

동안이나 끌었던 기나긴 전쟁 때문에 거의 바닥을 드러냈다. 하지만 일반적인 전시 정치인과는 대조적으로, 처칠은 마지막 군사작전이 보다 더 넓고 많은 정치적 효과를 거둘 수 있도록 혼신의 힘을 다했다.

질문을 통해 본질을 파악하는 능력과 어려운 환경 속에서도 전쟁에 대한 더 큰 비전과 의의를 제시하는 그의 능력에 부가하여 처칠은 다른 한 가지 중요한 능력을 가지고 있었다. 이에 대해서는 처칠의 가장 신랄한 비평가라 할지라도 동의할 대목으로, 바로 그의 정치적 수사였다. 이에 대해 케네디John F. Kennedy 대통령은 "(그의 수사는) 영어를 동원하여 이를 전투에 투입할 수 있는 능력mobilize the English language and send it into battle"이라고 격찬했다. 물론 그는 다른 정치적 재능도 가지고 있었다. 예를 들면 처칠은 전시에 영국 내 여러 당의 정치인들과 연대하여 매우 능숙하게 초당적 연정체제를 이끌어갔다. 때로는 서로 성향이 다른 정치인들간에 심각한 갈등을 빚은 적도 있고 그의 권위에 정면으로 도전을 받은 적도 있었지만 이를 능숙하게 극복했다. 하지만 이에 대해서는 충분히 알려져 있지 않은 것이 사실이다.

처칠의 연설은 여느 정치인들의 연설처럼 단순히 장황한 이상만을 제시하는 차원을 초월했다. 그는 연설중에 미래의 계획이나 앞으로 다가올 사건 등에 대해서는 말하지 않으면서도 지금까지의 전쟁수행 상황에 대해 놀라울 정도로 세세하게 설명했지만, 이러한 사실 또한 제대로 알려지지 않고 있다. 그는 패배를 감추지 않고 실수를 애써 폄하하지 않으면서도, 가능한 많은 사람들을 자신이 그리는 '그림 속으로' 끌어들이려 했고 그에 대한 중요성도 충분히 인식하고 있었다.[91]

하지만 정치인으로서의 처칠에게서 찾아볼 수 있는 가장 중요한 장점은 자신의 가슴 속에 타오르는 불굴의 의지를 감동적인 연설로 일반 국민들에게 전달하는 능력이었다. 1940년에 그가 남긴 글에 따르면, 영국인들은 사자의 기상을 가졌다고 한다. 처칠은 이들이 용맹스런 사자의 포효를 외칠 수 있도록 용기를 북돋운 지도자였다. 하지만 그는 또한 겸손의 미덕도 아는 정치인이었다. 그는 전시 지도자로서 내각에서 그리고 소수의 보좌관들과의 회의에서 자신의 능력을 유감없이 발휘했고, 국가문서와 비망록을 명쾌한 논조로 작성하는 남다른 재능을 가지고 있었다. 그가 보여준 리더십의 기술은 전문가를 자처하는 휘하의 군장성들을 상대로 날카로운 질문을 통해 그들의 주장에 정면으로 이의를 제기한 데 있었다. 하지만 진정한 용기를 바탕으로 하지 않았다면 그 모든 기술들은 무용지물이 되었을 것이다.

그가 보여준 용기는 50년이 지난 지금까지도 여전히 장엄한 모습으로 우리에게 다가오고 있다. 전시 정치 지도자로서 처칠이 보여준 뛰어난 능력과 백전불굴의 기상이야말로 처칠을 금세기 최대의 전시 지도자로 만든 결정적인 요인이었다.

CHAPTER 5

벤구리온의 세미나

벤구리온은 언제 양보해야 할지를 정확하게 아는 인물이었다. 독립전쟁 당시 이스라엘 방위군은 요르단 강의 서안지역 전체와 시나이 반도 일부를 점령할 수 있었지만, 공격 명령을 내리지 않았다. 이는 벤구리온이 일찌감치 클라우제비츠가 말한 '승리의 정점the culminating point of victory'의 의미에 대해 완벽하게 이해하고 있었다는 것을 의미한다. 즉, 욕심을 부려 승리의 정점을 넘어서는 순간 이는 곧 패배로 이어질 수도 있다는 사실을 알고 있었던 것이다.

오두막 속의 초상화

다비드 벤구리온David Ben-Gurion은 1953년에 공직에서 은퇴한 후 다시 복직하여 1963년에 마침내 공인으로서의 삶에 영원한 종지부를 찍었다. 벤구리온은 팔레스타인 지역 내 유대인 공동체의 지도자로 활동했으며 이스라엘이 건국된 후 초대 총리가 되었다. 그는 공직에서 두 번이나 은퇴한 후에도 텔아비브에 있는 아파트로 돌아가 편안한 여생을 도모하지 않고 이제 막 새로 생겨나 많은 어려움을 겪고 있는 키부츠kibbutz로 발길을 돌렸다.

스데 보케르Sde Boker는 이스라엘의 네게브 사막에 자리한 집단 농장으로서 유대인들의 집단 정착촌이었다. 그는 초라한 단층 건물의 방갈로에서 수많은 책들에 둘러싸여 살았다. 사나운 성깔로 악명을 떨쳤던 아내 파울라Paula가 항상 그의 옆을 지켰으며, 근처의 주민들은 경외심에 가득 차서 그를 지켜보았다고 한다.

벤구리온의 오두막에는 인물 사진 및 그림 3점과 조각상 1점이 있었다. 하나는 1930년대 팔레스타인에 거주하는 유대인들의 정계에서 주도적 역할을 맡았던 베를 카츠넬슨Berl Katznelson의 사진으로서 벤구리온의 서재 책상 위에 놓여 있었다. 카츠넬슨은 젊은 시절 벤구리온과 정치적으로 뜻을 같이 한 동지 중의 한 사람이었다. 벤구리온이 가까이하기 어렵고 냉정했다면, 카츠넬슨은 다정다감하고 따뜻한 마음씨의 소유자였다. 이를 통해 정치에서든 개인적인 인간 관계에서든 자신과 반대되는 성격의 소유자에게 마음이 끌린다는 것을 다시 한번 확인하게 된다.

책상 맞은편 벽에 가지런히 세워져 있는 책들과 함께 서 있는 미켈란젤로의 모세 동상 복사본은 이스라엘의 용맹스런 건국 아버지인 벤구리온과 묘한 비교를 이룬다. 양자는 일생 동안 눈부신 업적을 이뤄놓았지만 한편으로는 억세고 고집센 유대인들을 이끌면서 수많은 시련을 감내해야 했다. 1953년 후반에 벤구리온의 친한 친구 중 한 사람은 그의 사임 이유에 대해 "구세주가 당도하여 이스라엘의 망명객들을 불러모으고 근처의 모든 민족들을 상대로 승리를 거두고 이스라엘의 영토를 정복했으며 … 그 다음에 연정 체제를 구성해야만 했다."라고 답했다.1

벤구리온의 집에는 작은 거실이 있었고, 유명 인사들이 이따금씩 그곳에서 그를 만나곤 했다. 이 거실의 벽 한쪽에는 링컨의 초상화가 걸려 있고 그 속에 '노예 해방 선언'이라는 어구가 가는 글씨체로 삽입되어 있다. 가장 놀라운 사실은, 이 호전적인 지도자의 침실에 대영 제국을 무릎 꿇게 만들었던 평화주의자 간디의 사진이 걸려 있다는 점이다.

이들 네 명의 지도자들의 상이한 이미지는 벤구리온의 다차원적인 모습을 단적으로 보여주고 있다. 격렬한 노동운동과 그보다 더 치열했던 정치투쟁이 벌어지는 한가운데 서야 했던 카츠넬슨, 유대인들의 역사와 정체성의 근원이며 유대민족을 위해 메시아가 재림하기를 갈망했던 모세, 영어권 세계의 지도자들로부터 경탄의 대상이며 자유와 민주주의를 위해 모진 고난을 극복했던 링컨, 영적인 힘에 대한 확신을 가지고 현실세계가 아무리 절망적이더라도 굴하지 않고 영혼을 더욱 고양시킨 간디의 모습이 벤구리온의 내면에 복합적으로 어우러져 있었다. 벤구리온의 위대성은 이러한 대조적이고 모순되기까지한 여러 모습들을 적절히 조화시킨 그의 역량에 있다고 할 수 있다.

이와 더불어 방대한 양의 책들이 텔아비브에 있는 아파트는 물론이고 정착촌 오두막집의 내벽을 따라 가지런히 정렬되어 있다. 양가에 있는 책을 모두 합하면 그 수가 총 1만 2천 권이 넘는 분량으로, 이는 8개 국어에 능통하여 철학, 과학, 문학, 유대학, 군사, 역사 등에 대해 깊은 관심을 가졌던 한 인간의 내면적 깊이를 반영한다.2 벤구리온은 어린 시절 러시아로 도주했다가 다시 팔레스타인 지방에 돌아온 이후로 백전불굴의 정치인으로 일했다. 그러나 그와 동시에 그는 지칠 줄 모르는 지적 호기심의 소유자로, 이를 만족시키기 위해 방대한 양의 독서를 했다. 생의 말년에도 그는 젊은 시절 유럽 역사나 군사학에 대해 공부했던 때의 강렬한 열정 그대로를 가지고 동양 철학에 심취했다. 위대한 정치인들 중에서도 이보다 더 놀라운 독학자는 찾아보기 힘들 것이다. 독서를 통해 얻은 벤구리온의 폭넓은 지식이 가장 분명하게 적용된 곳은 바로 피비린내 나는 전쟁터였다.

1946년 12월, 60세가 된 다비드 벤구리온은 이제 막 태동하려고 하는 유대 국가의 실질적인 국방장관이 되었다. 그로부터 일년 반 후에 이스라엘은 독립국이 되었고 벤구리온은 명실상부한 국방장관으로서 그리고 초대 총리로서 임무를 수행하게 되었다. 그는 재임기간 동안 이미 상당한 규모를 자랑하던 이스라엘군에 대해 일대 개혁을 단행했다. 소규모이지만 탄탄한 조직력을 자랑했던 유대 게릴라 조직과 테러 단체를 흡수하고, 동일 규모에서는 세계 최강이라 할 만한 육군 조직을 창설하여 독립전쟁을 성공적으로 이끌었으며 이스라엘의 건국을 주도했다.

그때 이후로 이스라엘은 좋든 싫든 어쩔 수 없이 국제 정치무대의 한복판에 서게 되었다. 빈약한 자원과 낮은 인구 수준에도 불구하고 벤구리온은 어려운 전쟁을 성공적으로 이끌었으며, 그 과정에서 모든 아랍 주변국들의 반발과 이 지역에서 큰 영향력을 발휘했던 영국의 반대를 무릅써야 했다. 당시 초강대국으로 부상하고 있던 국가들로부터 미온적인 지지를 받기도 했지만, 이는 본질적으로 무관심과 다를 바 없었다. 이런 면에서 벤구리온의 치국책은 워싱턴이나 링컨만큼이나 괄목할 만한 위업이 될 것이며, 그가 처했던 환경 또한 초창기 미국의 그것에 못지않을 만큼 험난했다.

독립의 전주곡

제1차 세계대전 후 한동안 팔레스타인 지방에 있던 유대인 공동체에서는 자치 형태의 유대 단체 또는 국가를 건설하려는 야망이 일기 시작했다. 1880년대 초 팔레스타인에 거주하던 유대인 수는 2만 5천명도 안되었지만, 제1차 세계대전이 발발할 무렵에는 8만 5천 명으로 불어났다. 전쟁 동안 피난민들이 발생하면서 다시 한번 인구수가 줄었다가, 1925년경에 이르러 10만에 달하는 유대인이 유입되면서 전체 인구수는 16만 명에 달했다.

그러나 1920년대 후반에 들어서면서 이민 환경에 많은 변화가 생기게 되었다. 1929년 헤브론Hebron에서 일어난 아랍인들의 폭동은 유대계 이민자들이 팔레스타인으로 유입되는 데 대한 아랍인들의 불만이 어느 정도인지를 밝혀주는 사건이었다. 이후 1936년에 발생한 아랍 반란Arab Revolt은 영국인 식민통치자들로 하여금 유대인들의 이민 움직임을 이대로 방치할 경우, 어떠한 위험이 초래될지에 대해 각성하는 계기가 되었다. 당시 팔레스타인에 거주하던 유대인의 수는 약 40만에 달했다.

1939년 5월, 일련의 조사위원회의 활동과 회의를 거친 후 영국은 향후 10년 후에 아랍인들이 지배하는 팔레스타인 국가의 건설을 골자로 하는 백서White Paper를 발표했다. 이 백서의 내용은 아랍인들에 비해 인구 열세를 극복하려는 시온주의자들뿐만 아니라 히틀러가 맹위를 떨쳤던 유럽 지역에 거주하면서 생존의 갈림길에 서 있던 수많은 유대인들에게 절망적인 소식으로 다가왔다. 그 중에서도 가장 끔찍했던 내용은 향후 5년에 걸쳐서 허용 가능한 이민자 수를 7만 5천 명으로 제한한다는 조항과 이후의 이민에 대해서는 아랍인들의 동의를 거쳐야 한다는 조항이었다. 물론 유대인들은 이러한 조항을 거부했다.

유대인 공동체의 지도자들은 독립국가 건설과 동유럽에 거주하는 동족들을 위한 피난처 마련에 대한 꿈을 이루기 위해 필사적인 몸부림을 치고 있었다. 따라서 이에 정면으로 위배되는 영국의 정책에 강하게 반발했고 투쟁했다. 제2차 세계대전이 한창일 때 벤구리온은 "우리는 백서White Paper가 없었던 것처럼 전쟁에 임할 것이고, 전쟁이 없었던 것처럼 백서와 싸울 것이다."라는 구호를 부르짖었다. 하지만 이러한 대담무쌍한 구호에도 불구하고 당시 팔레스타인에 있던 유대인 공동체는 유럽에 있는 동족들을 구조해낼 힘이 없었고, 영국을 설득하여 그들을 팔레스타인 지방으로 이주시키게 할 만한 외교력도 갖추고 있지 않았다.

전쟁이 막바지에 이를 무렵, 유대인 공동체의 인구는 50만 명으로 불어났지만, 유럽에 있는 유대인들의 구조 활동은 미미했고 성공하지 못하는 경우가 대부분이었다. 수만 명의 팔레스타인 출신 유대인들이 영국 육군에 입대했고, 소수의 유대계 요원들이 독일군이 점령하고 있는 유럽에 목숨을 걸고 잠입하는 등의 영웅적인 모습을 보였지만 별다른 성과를 내지는 못했다. 전반적으로 볼 때, 팔레스타인의 유대인 공동체는 유럽의 유대인 거주 구역에서 벌어진 참상을 잠자코 지켜보는 것 외에는 별다른 방도가 없었다.[3]

1945년이 지나면서 벤구리온은 유대인 공동체의 안보와 더불어 이보다 더 중요한 목표에 자신의 모든 역량을 집중시키기 시작했다. 이는 바로 시온주의Zionism(시온주의는 19세기 말부터 유럽의 유대학자들 사이에서 시작된 유대민족운동으로서, '잃어버린 국가의 회복'과 '이상적인 유대국가의 건설'을 기본적인 목표로 삼고 있다)에 입각한 제도 및 기구를 설립하고, 유대 국가건설을 지지하는 여론을 조성하고, 불법적인 방법을 동원해서라도 더 많은 유대인 이민자들을 팔레스타인 지방으로 유입하는 일이었다. 제2차 세계대전 동안 나라 없는 민족의 설움을 통렬히 경험한 유대인들은 유대 독립 국가의 희망을 다시 한번 불태웠고, 수많은 유대인들이 팔레스타인으로 이주할 만반의 준비를 갖추었다. 또한 나치주의자들의 유대인 말살 정책에 대한 반발로서 미국을 필두로 영국과 다른 유럽 국가들이 고난과 공포에 떨고 있는 유대인들에게 동정적 시각을 던짐에 따라 상황은 다소 호전되었다.

영국 정부와 팔레스타인 유대인간의 무력투쟁은 미국의 개입으로 인해 이제 정치적 투쟁의 양상을 띠게 되었다. 미국은 영국을 상대로 10만 명의 유대계 난민들을 팔레스타인으로 즉시 입국시키라는 압력을 가했다. 1946년 봄에 영국과 미국의 합동조사위원회의 조사가 이뤄졌고, 1947년에는 유엔 팔레스타인 특별위원회UN Special Committee on Palestine (UNSCOP)가 이 문제에 개입했다. 이러한 외교적, 정치적 노력에 힘입어 1939년에 영국 정부가 발표한 백서에 포함된 정책들은 거의 사문화되었다. 특히 유대인 이민자 수를 제한하려는 조항은 폐지되었고, 1947년 9월에 영국은 팔레스타인 지역에 대한 식민통치권을 포기하고 유엔에 모든 권한을 위임했다.

영국의 식민통치에 대한 시온주의자들의 정치투쟁이 하나의 전선을 구성했다면, 팔레스타인에서 유대인들의 무력투쟁은 또 하나의 전선을 형성했다. 물론 미국의 뉴욕타임스의 전면에 팔레스타인 문제가 실리고 이후 미 의회에서 본격적인 논의가 이루어짐에 따라서 이 문제에 대한 국제적 관심은 더욱 고조되기도 했다. 1940년대 초에는 유대계 게릴라 및 테러단체인 이르군 즈바이 레우미Irgun Zvai Leumi(IZL, 이하 '이르군' 표기)과 로하메이 헤루트 이스라엘Lohamei Herut Yisrael(Lechi, 이하 '레히' 표기)는 영국 식민당국을 상대로 무력 투쟁을 개시했다. 이들은 요인암살과 시설파괴 공작을 주도했고, 1944년 카이로에서 영국의 중동 국장이었던 모인Lord Moyne을 암살함으로써 정치적으로 큰 파장을 초래하기도 했다.

유대인 공동체의 주민들은 이러한 테러 행위에 경악했지만, 한편으로는 유럽에서 자행되고 있는 대학살로부터 동족들을 팔레스타인으로 구조하기를 학수고대하고 있었다. 따라서 이들은 테러 단체의 야만적 행동에 치를 떨면서도 한편으로는 이들의 행위에 협조하는 이중적 태도를 보였다. 1945년 10월 벤구리온은 유대계 저항조직 중 최대 규모를 자랑했던 하가나Hagana에 사주하여 영국 식민정부의 군사시설물에 일련의 공격을 가할 것을 지시했다. 가능하다면 영국인들의 목숨을 해치지 않는 범위 내에서 실시되었는데, 이는 영국에 압력을 가해 유대인 이민자 수의 증가를 묵인해 줄 것을 유도하려는 취지였다.4

이에 대해 영국은 맞대응을 벌였다. 1946년 6월 이른바 '블랙 선데이 Black Sunday' 사건이 터지면서 유대계 지도자들 다수가 체포되었고 하가나의 무기창고가 기습당했다. 또한 1946년 7월에는 예루살렘에 있는 킹 다비드 호텔King David Hotel을 폭격하는 등 극단적인 진압작전을 서슴치 않고 자행한 결과로, 영국 통치령에 대한 유대인들의 투쟁은 거의 종식되다시피 했다. 팔레스타인에서 주요 유대인 지도자 중의 한 사람이었던 벤구리온은 좀더 통제된 방식의 무력사용을 지시하면서 온건 투쟁 노선을 취했다. 하지만 이후에도 이르군과 레히가 과격한 무력 테러활동을 전개하자, 이에 격노한 벤구리온은 1944년 말에서 1945년 3월까지 그리고 1947년 4월 동안 두 차례에 걸쳐 영국을 도와 이들 테러단체들을 진압했다.

이러한 격동기를 겪으면서 벤구리온과 다른 유대인 지도자들은 정면 대치와 협상이라는 두 가지 방법을 적절히 혼합하여 영국을 상대했다. 이들은 유대 공동체가 영국인들에게 대항해봤자 아무런 소득을 거두지 못할 것이라고 생각하는 패배주의자들을 멀리했고, 무력만을 통해서 식민통치를 끝내야 한다는 강경론자들의 주장에도 동의하지 않았다. 벤구리온이 보여준 리더십의 특징인 냉혹함과 융통성은 이 시기 동안에 서서히 형성되기 시작했다. 폭력과 양보, 그리고 대결과 수용 정책을 번갈아가며 구사했던 벤구리온은 유대인 무장단체들 사이에서 큰 인기를 누리지는 못했고 또한 완전한 신뢰를 얻지도 못했다. 하지만 팔레스타인에 유대인 정착촌을 허가한 이후로 계속 이권을 잃고 있던 영국 정부를 다루는 데 있어서 이들 무장단체들은 벤구리온에게 많은 도움을 준 것만은 사실이다.

제2차 세계대전이 종식되면서 팔레스타인 지방에서는 폭력 투쟁이 더욱 과열화되었다. 영국 통치에 반대하는 이르군과 레히는 영국 식민당국을 상대로 무력 투쟁 수위를 높였고, 다른 한편에서는 유대인에 대한 아랍인들의 적대감과 유대 국가에 대한 두려움이 증폭되었다. 당시 팔레스타인에는 약 75만에서 100만에 가까운 아랍인들이 거주하고 있었고, 이들의 민족 구성 또한 다양했다.5

아랍인들은 씨족 및 지역 단위로 생활하고 있었지만, 대중적 지지도가 높은 지도자들이 많이 포진해 있었다. 특히 예루살렘의 대 법률학자인 하지 아민 알 후세이니Haj Amin al-Husseini는 유대 국가의 건설은 팔레스타인에 거주하는 아랍인들이 용인할 수 없는 일이라고까지 주장했다. 알 후세이니는 노회한 민중선동가로서 영국 당국에 의해 직위를 부여받았다가 다시 추방당했고 제2차 세계대전 동안에는 독일과 손을 잡기도 했다. 이후 그는 중동에 돌아와서 팔레스타인 아랍인들을 이끌면서 죽을 때까지 유대인과의 투쟁을 전개했다.

1946년 말, 팔레스타인에 위기 상황이 발생했다. 팔레스타인에서 유대 무장단체의 게릴라 공격이 점점 더 기승을 부림에 따라 아랍인들과 유대인 공동체와의 갈등 또한 더욱 심화되었다. 더군다나 서방세계로부터 팔레스타인 지역을 안정시키기 위해 모종의 조치를 취해야 한다는 압력이 들어오기 시작했다. 이에 영국 정부가 마침내 무력진압 작전을 전개했던 것이다.

대부분의 미국 국민들과 상당수의 영국 국민들은 당시 야당 의원으로 활동하던 처칠이 제시한 팔레스타인 정책을 지지하지 않았다. 처칠은 이른바 '유대인들과의 비열한 전쟁this squalid war against the Jews'을 선포했던 것이다. 히틀러가 지시한 대량학살에서 용케 살아남은 유대인 난민들이 비인간적인 취급을 받으며 철책으로 둘러싸인 시설에 수용되어 있는 모습과, 이들이 다시 동족들이 잔인하게 학살당했던 수용소로 호송되는 모습 등은 일반인들의 강한 동정심을 사고도 남았다. 게다가 영국은 재정적으로 거의 파탄 상태에 이르렀기 때문에 연 10만 명의 병력을 팔레스타인에 주둔시킬 만한 경제적 여력이 남아 있지 않았다.

1946년 미국으로부터의 대규모 원조를 통해서 영국은 겨우 국가부도 사태를 모면할 수 있었다. 당시 영국은 팔레스타인뿐만 아니라 인도에서도 식민지 유지에 어려움을 겪고 있었다. 인도 총독은 영국 식민정부하의 인도 군대가 사회질서를 유지할 능력을 갖추고 있지 못하다는 결론을 내렸다. 따라서 경제적 어려움과 더불어 인도를 필두로 전세계에 뻗어 있던 대영제국의 식민지에서 독립의 움직임이 가시화되면서 영국의 지도자들은 팔레스타인에서 철수를 결정하게 되었다.6

1946년 가을 국제 시온주의 운동의 대표들이 바젤Basel(스위스 북부 라인 강에 인접한 도시)에서 열린 제22차 시온주의 총회Zionist Congress에 참석했을 때, 이들은 이제 상황이 근본적으로 달라졌음을 깨달았다. 홀로코스트에 대한 공포는 이제 충분히 인식되고 있었고, 유럽에서만 수십만에 달하는 유대인들이 팔레스타인으로의 이민을 갈망했다. 당시 60만에 달했던 유대인 공동체는 나름대로 이민자들을 늘리기 위해 필사적인 몸부림을 치고 있었고, 미국에 거주하는 유대인 재력가들은 시온주의

자들의 운동에 자금을 제공할 용의를 내비쳤다. 또한 미국을 비롯해서 다른 나라에서도 유대인들을 동정어린 시각으로 바라보기 시작함에 따라 유대 국가 건설에 대한 지지 여론은 국제적으로 확산되었다.

하지만 다른 시각에서 볼 때, 상황은 시온주의 지도자들에게 매우 불리하게 돌아갔다. 당시 영국 의회를 장악한 노동당 정부는 시온주의자들이 제시하는 대의에 공개적으로 적의를 드러냈다. 여기에는 단순한 정책 차원을 뛰어넘어 다소 개인적이고 밖으로 드러나지 않은 측면이 있었다. 특히 당시 영국의 외무부 장관이었던 어네스트 베빈Ernest Bevin은 시온주의 운동에 반대하는 차원을 넘어 반유대주의anti-Semitism 성향을 보이기도 했다.

시온주의 지도자들은 이러한 영국을 자신들의 꿈을 실현하기 위해 제거해야 할 걸림돌로 간주했다. 아랍 국가들은 제2차 세계대전 후에 공공연하게 영국령으로부터의 독립을 요구했다. 요르단과 시리아는 공식적으로 독립을 요구했고, 다른 국가들도 다소 미온적이었지만 마찬가지 입장이었다. 중동과 서방간의 긴장관계가 심화되면서 영국과 미국에 대한 아랍인들의 영향력 또한 커졌다. 서구 열강들은 중동 지역의 석유를 절실히 필요로 했고, 식민지로 두고 있는 중동 국가에서 잡음이 생기지 않기를 원했기 때문이었다. 시온주의자들에 대한 미국의 지지는 주로 개인적인 동정 차원에 그쳤을 뿐, 국가적인 이익과는 거리가 멀었다. 따라서 미국의 국무부와 국방부는 팔레스타인 유대인들에 대해 냉담한 반응을 보였는데, 이들에 대한 반감이라기보다는 단순히 무관심에 가까웠다.

서구 열강은 이슈브Yishuv, 즉 팔레스타인 지방의 유대인 공동체에 공산주의자들과 이들의 동조자들이 있다는 사실을 탐탁치 않게 여겼다. 이로 인해 당시 전체 인구수가 3천만에 달했던 서구 강대국들이 인구수가 고작해야 60만에 달하는 한 나라에 대해 느끼는 반감은 가중되었다. 아이러니하게도, 팔레스타인의 유대계 사회주의자들은 소련 연방으로부터도 따돌림을 당했다. 공산주의에 대한 환상에서 이미 깨어난 벤구리온이 이들의 지도자로 군림하고 있었고, 그가 주도하는 운동은 본질적으로 공산주의식 보편주의를 배격할 수밖에 없는 현실적 이유를 안고 있기 때문이었다. 이와 같은 절망적인 상황 속에서 유대 공동체의 실질적 지도자였던 벤구리온은 '국방 장관직Defense Portfolio'을 요구했다. 이로서 그는 아직 국가의 형태도 갖추지 못한 공동체의 사실상의 총리이자 국방장관의 임무를 수행하게 되었다.

늙은 거장

유대인 공동체 주민들의 안전을 확보하기 위해 이제 그는 과연 어떤 방법으로 자신의 책임을 다했을까? 다비드 벤구리온은 1906년 20세의 나이로 폴란드에서 팔레스타인으로 이주해 왔다. 1930년대 초까지 그는 힘든 노동일을 하면서도 정치운동에 헌신했고, 이후 유대계 노동조합인 히스타드루트Histadrut의 초대 사무총장이 되었다. 이 단체는 노조 활동을 통해 유대인 공동체에서 경제 및 사회 활동의 중심축으로 자리잡았다. 1935년에 그는 유대인들의 비공식적 통치기구였던 유대기구Jewish Authority의 회장이 되었다.

벤구리온은 제1차 세계대전이 발발하기 전에 유대 공동체의 자위 노력을 위한 군사 활동에 일부 참가했으며, 제1차 세계대전 동안에는 영국 육군에서 복무하기도 했다. 하지만 그의 실제 군복무 경험은 보잘것없는 수준이었다. 벤구리온에게 제1차 세계대전 동안의 군복무는 정계에 진출하기 위한 하나의 관문에 불과했다. 이런 맥락에서 일생 동안 벤구리온의 모든 활동은 정치활동으로 귀결되었다. 일생 동안 그의 목표는 매우 단순하고 분명했다. 바로 어떠한 장애에도 불구하고 유대 국가를 건설하는 일이었다.

벤구리온은 개인적으로 책을 사는 것 이외에는 근검절약을 생활화했다. 그는 재정적 문제에 대해서는 지독할 정도의 청렴함을 보였다. 일례로, 생활비 지출이 늘어나는 것을 막기 위해 아내더러 식료품 비용을 줄이라고 지시한 적도 한두 번이 아니었다. 벤구리온은 사납기로 소문난 논객이었으며, 누군가에게 원한을 품으면 좀처럼 달래기 어려운 성격의 소유자였지만, 자신이 당면했던 정치적 현실을 누구보다도 더 잘 알고 있었다. 그는 자신의 정적들이 유대인이든 영국인이든 아랍인이든 상관없이, 이들과의 싸움에서 언제 어떤 방식으로 자신을 억제해야 하는지를 잘 알고 있었다.

그의 사회, 정치, 경제적 견해와 그가 주도했던 사회운동이 제시한 이상은 세기 초에는 본질적으로 러시아 사회주의자들의 주장과 흡사했지만 그후로는 많은 변화를 겪었다. 초기 시온주의자들의 상당수가 그러했던 것처럼, 그 또한 자신을 새로운 차원의 유대인이라고 생각했다. 이들은 농부, 노동자, 군인 계층으로서 유대 민족의 역사와 업적을 자랑스럽게 여겼지만, 다른 한편으로는 유대인 거주 구역인 게토getto에서 자라난 패기 없고 나약한 유대인들을 경멸했다.

벤구리온은 유대국가와 민족에 대한 강한 애국심과 박애정신을 갖고 있었지만, 영국과 미국의 정치적 제도에 대해서는 마음속 깊이 경탄해 마지않았다. 그가 자신의 뇌리 속에 깊이 뿌리박힌 사회주의 사상을 극복할 수 있었던 이유도 여기에 있었다. 1920년대 말에 이르면서 벤구리온은 세계에서 유일한 사회주의 국가인 소련연방이 과연 유대국가 건설을 위한 좋은 본보기를 제공할 수 있을지에 대해 의구심을 가지기 시작했다.

이후 시간이 지나면서, 그는 소련연방을 존중하면서 대외적 지원을 충분히 활용했지만 한편으로는 경계를 게을리하지 않았다. 그는 궁극적으로 소련연방의 공산주의식 보편주의와 전제주의 정부 형태는 유대 민족주의 및 영미권의 민권사상과 양립할 수 없다고 보았다.

벤구리온은 군통수권자로서의 임무를 완수하기 위해 자신의 얼마 되지 않은 군복무 경험을 활용했다. 사실 타고난 적성으로는 군통수권자로서의 역할은 어울리지 않았다. 하지만 그는 수십 년 동안의 정치인 생활을 통해 익힌 인내력과 빈틈없는 정치적 수완을 갖고 있었다. 그의 뛰어난 언변과 방대한 양의 지식 또한 많은 도움이 되었다.

성인이 된 이후로 그는 매일 상당한 분량의 일기를 꼼꼼하게 기록했는데, 이는 개인의 사소한 일상을 적는다기보다는 수많은 정보를 자기 것으로 흡수하고 체화하기 위한 수단이었다. 그는 주요 인물들과의 인터뷰나 대화 내용을 축어체에 가까운 형태로 차분히 기록했고, 통계치 등의 수치는 나중에 검토를 위해 주의깊게 표시를 해두는 등 나름대로의 방법을 활용했다.[8]

유대인 공동체의 지도자로서 벤구리온의 위치는 확고했지만 도전자가 없었던 것은 아니었다. 자신이 주도한 유대 노동운동 내부에도 정적들이 있었다. 이들 중에는 유대 공동체에 근거를 두고 있던 친소련 성향의 좌파주의자들도 포함되어 있었다. 당시 노동자 연합당United Workers' Party 또는 마팜Mapam이 공동체에서 주요 정당의 위치에 올라 있었다. 그는 또한 포심porshim이라 불리는 분리주의자들과 개혁주의 국가군사조직National Military Organization of the Revisionist movement으로부터도 거센 도전을 받았고, 이슈브의 부유층과 종교단체 및 동유럽에 있는 유대계 공동체와도 불편한 관계를 유지했다.

벤구리온은 팔레스타인 밖에서 거주하던 시온주의 운동의 지도자들과 권력투쟁을 벌인 끝에 승리했다. 그들 중 대표적인 인물로는 쉐임 바이츠만Chaim Weizmann을 들 수 있다. 그는 명석한 두뇌를 갖춘 과학자 출신으로 오랫동안 영국과 관계를 유지해오고 있었고 후에 이스라엘의 초대 대통령이 된 인물이다. 비록 벤구리온이 자신의 소속 정당인 마파이Mapai를 장악하고 있었지만, 당의 운영 방식은 다수 의원이 의사결정에 참여하는 집단지도체제 성격이었고, 당 총재의 독주를 허용치 않는 사회주의식 전통을 따르고 있었다. 사실 벤구리온의 고압적인 일 처리에 당의 많은 동료 의원들이 분개해 한 경우가 여러 번 발생했고, 이로 인해 초기의 이스라엘 정부는 내부적인 위기상황을 겪기도 했다.

이러한 쟁쟁한 정적들과 다른 제약조건들로 인해 벤구리온은 남들을 설득할 수 있는 능력을 길러야 했고, 또한 그만큼 중요했던 것은 그 자신을 남에게 필요한 존재로 만드는 일이었다. 벤구리온의 정적들은 그를 가리켜 독재자이며 권모술수에 능하다고 비난했지만, 그의 높은 지성과 유대 국가 건설에 대한 그의 열정 또는 헌신만은 인정하지 않을 수 없었다. 사람들은 자그마한 체구에 훤하게 드러난 대머리 그리고 양 옆으로 억센 백발이 보이는 벤구리온을 가리켜 '늙은 거장The Old Man'이라 불렀다.

벤구리온의 최측근 중에서도 그를 좋아하는 사람은 별로 없었던 반면, 적이라 할지라도 그를 존경하지 않는 사람 또한 거의 없었다. 원칙적인 문제에 대해서는 총리직 사임도 불사할 정도였던 벤구리온이었지만, 국내 정치에서는 간청이나 위협 그리고 정치적 거래 등 다양한 정치적 술수를 구사했다. 이 과정에서 그는 외국과의 전쟁에 쏟은 만큼의 에너지를 국내 정치에도 소비해야만 했다.

1946년 말경에 이르러 벤구리온은 향후 이스라엘의 대외 저항운동은 단순히 영국을 상대로 하는 투쟁에만 국한되지는 않을 것임을 깨달았다. 당시 대영제국의 운명은 서서히 기울고 있었고 식민지에 대한 보전 의지도 약화되고 있었다. 영국을 상대로 하는 투쟁은 험난하고 심지어는 끔찍한 유혈분쟁이 동반되기도 했지만, 기본적으로 영국의 식민당국자들은 문명화된 교양수준을 겸비했고 절제된 무력만을 사용했다. 벤구리온도 이 점에 대해서는 경외심을 느꼈다고 한다. 그는 독일군의 대 공습작전 Blitz이 전개되는 동안에 런던에 있었고 여러 명의 영국인과도 친분을 나누었으며, 영국이라는 위대한 제국의 문명을 통해 나온 문화적, 정치적, 군사적 성과물들을 경탄의 눈으로 바라보았다.

반면, 벤구리온은 아랍 국가들을 여행하면서 일부 정상들과 회동도 가졌지만,9 앞으로 전쟁을 치러야 하는 아랍 세계에 대해서는 아는 바가 별로 없었다. 벤구리온은 아랍권의 제도나 문화에 대해서는 별다른 관심을 가지지 않았으며, 아랍인들에게는 자기절제가 부족하고 뻔뻔스러운 면이 있다고 생각했다.

벤구리온은 시온주의 운동이 유대인들의 자유로운 이민과 반자치적인 영국 보호령의 형성을 이끌 뿐만 아니라, 궁극적으로는 완전한 유대 국가의 건설로 이어질 것이라고 믿어 의심치 않았다. 제2차 세계대전의 암울한 상황이 전개되던 1942년 5월, 벤구리온은 소위 볼티모어 프로그램 Baltimore program을 유대 공동체 내에서 통과시키는 데에도 큰 역할을 했다. 볼티모어 프로그램은 시온주의 운동의 목표는 유대국가 건설이라는 내용을 골자로 하는 계획안이었다.

영국 정부가 팔레스타인에서 철수하겠다는 결정을 내리기도 전에, 벤구리온은 유대계 지하 군사조직이 새로운 임무를 맡아야 할 때가 왔다고 믿었다. 국방 문제에 대한 직접적인 통제권을 행사하려고 그가 많은 노력을 했던 까닭도 바로 여기에 있었다.

벤구리온의 세미나 : "우리는 모든 것을 처음부터 시작해야 한다"

1947년 3월에서 5월 말까지 벤구리온은 지하 군사조직인 하가나에서 '세미나the Seminar'로 알려진 행사를 주관했다. 두달 동안 그는 일상적인 업무를 모두 중단하고 하가나의 고위 명령계통의 모든 요인들을 대상으로 인터뷰를 실시하여 임전태세가 확고하게 자리잡았는지를 검토했다. 차분하고 꼼꼼하게 작성된 그의 일기를 참고하면, 그가 사령관들의 기본적인 자질, 병과, 장비상태, 예산현황, 고위 명령계통의 구조, 정보수집 현황 등 하가나 활동의 전반적인 활동을 조사했음을 알 수 있다.

이 세미나가 열리게 된 배경에는 단순하면서도 중대한 정치적 가정이 깔려 있었다. 즉 앞으로 다가올 유대인과 아랍인과의 투쟁은 앞서 1921년, 1929년, 1936년에서 1939년까지의 소요 사태와는 근본적으로 다른 차원의 전쟁이 될 것이라는 가정이었다. 이는 상황을 정확히 예견한 것으로 판명되었다. 향후의 전쟁은 유대계 지하 무장 조직과 팔레스타인의 아랍 주민들이나 아랍 씨족들과의 대결이 아니었다. 즉 아랍국가 및 그들의 정규군과의 전쟁이 앞으로 전개될 것이고, 유대인들이 유대국가를 건설하기 위해서는 정규군을 양성해야 한다는 가정이었다.10

세미나가 끝나갈 무렵, 벤구리온은 마파이 중앙위원회를 대상으로 한 연설에서 단도직입적인 어조로 자신의 의중을 전달했다. 그는 하가나는 앞으로 다가올 중대한 도전에 대처할 만한 준비가 되어있지 않고, 더욱 나쁜 상황은 하가나의 지도층 인사들이 이를 인정하지 않는 것이라고 결론을 내렸다.

제가 매우 어려운 내용을 말하고 있음을 잘 알고 있습니다. 하지만 제 마음 속에서는 그보다 더 심한 내용도 있기 때문에 가능한 짧게 줄여 말씀드리겠습니다. … 우리는 거의 모든 것을 처음부터 새로 시작해야 합니다. 아랍 전선은 점점 더 심각해지고 있고, 저들은 이제 더 이상 단순한 폭도들이 아니기 때문입니다.

하가나의 개혁은 중요한 문제였다. 그후 2년 동안 벤구리온은 이 문제를 완전히 해결하기 위해 노력해야만 했고, 이스라엘의 정규군 양성에 있어서도 아주 귀중한 교훈이 되었다. 전반적으로 하가나는 아랍인들의 조직적인 부대 단위의 공격이나 떼를 지어 약탈하는 행위 등에 대해서는 성공적으로 대처했으며, 유대 정착촌의 안전을 유지하는 데 공헌했다. 그러나 이런 식의 소극적 성공은 하가나로 하여금 미래에 다가올 도전에 대해서는 방심하게 만들었다. 하가나의 지도층 인사들은 미래의 위협은 기존의 것과 근본적인 차이가 있을 것이라는 주장을 믿지 않았다.

조직화된 아랍 세계와 아랍 국가 그리고 그들의 정규군이 있습니다. 물론 유럽 국가의 정규군과는 비교가 안 되겠지만, 정규군이라고는 전혀 없는 우리에게는 상당한 위협이 될 수 있습니다. 이제 우리는 받아들이기 어려운 사실을 인정해야 합니다. 즉 우리가 충분한 군사력을 갖추고 있다는 생각을 버려야 합니다. 사실 우리에겐 아무것도 없습니다. 우리에게는 강한 의지와 다른 민족들이 헤아릴 수 없는 역량이 있습니다. 하지만 우리가 반드시 명심해야 할 점은, 신발을 만들기 위해서는 우선 신발을 수선하는 법부터 배워야 한다는 사실입니다.11

세미나 전의 하가나는 매우 복잡한 조직이었다. 하가나의 지휘부에는 조직을 전반적으로 관리 감독하는 미프카다 아르지트Mifkadah Artzit, 즉 국가 사령부가 있고, 로쉬 미프카다 아르지트Rosh Mifkadah Artzit

또는 라마Rama가 최고 책임자로서 예산과 일반적인 정책 문제를 관장했다. 하가나에도 일반 참모들이 있었지만 일반 정규군에서 볼 수 있는 체계화된 참모진과는 거리가 멀었다. 하가나는 예루살렘, 텔아비브, 하이파, 갈릴리 남부, 상부, 하부의 6개 지점에 지역 사령부를 두었고 3개 대대 병력의 팔마흐 또는 특수부대가 있었다. 각 부대는 자체의 참모진과 독립적인 명령체계를 갖추고 있었다. 하가나의 일반 참모진은 기획, 훈련 및 다른 업무에는 관여했지만 첩보기관에는 통제력을 행사하지 못했다.

하가나의 첩보기관은 유대 기구와 하가나의 국가 사령부에 첩보 보고를 했는데, 이런 면에서 하가나의 총사령관격인 라마는 일종의 국방장관의 역할을 수행했다고 볼 수 있다. 불법이민 조직과 해외로부터의 물자 및 인력 조달망은 하가나의 직속 명령체계에 있지 않았지만, 업무 현황을 라마에게 보고했다. 따라서 하가나의 조직구성은 매우 혼란스럽고 복잡한 구조를 이루고 있었다.[12] 1947년 말에 이르면서 하가나의 병력 규모는 400 명의 정식요원, 2천 명의 유대계 경찰, 3천 명의 팔마흐 대대병력, 약 1만 명의 보병 병력과 다양한 형태의 국내방위군 및 청소년 병력 등이 전부였다.[13]

하가나는 법률의 사각지대에서 존재한 것과 마찬가지였다. 영국 식민당국은 하가나의 창설을 묵인해 주었지만, 하가나가 식민정부령에 정면으로 반발할 경우에는 제재조치를 서슴지 않았다. 하가나에서 복무하는 군인들은 대부분 지원병이고 정식 군사교육을 거의 받지 않은 팔레스타인 출신 유대인이었다. 재정이나 인력수급 또한 빈약한 상태였지만 지하 군사조직이라는 점을 감안할 때는 놀라울 정도로 정교하게 운영되는 조직이었다. 하가나는 정규 군사교육을 실시했고 무기산업에 손을 댔으며 우수한 정보기관과 강력한 특수부대를 보유하고 있었다. 당시에도 정보기관 요원들은 첩보 보고서는 물론이고 아랍의 고위급 지도자들의 대화 내용을 도청한 것을 보고할 정도였다.

1947년에 이르러 의회제도가 제자리를 잡으면서 의회 소속 안보위원회가 민간인 감독 및 통제의 임무를 수행했다. 하가나는 이슈브 과도기 정부의 감독 및 통제하에 놓여 있었지만, 통제의 깊이나 효력 면에서 볼 때 체계화된 제도를 통해 작동된다기보다는 해당 책임자의 재량에 따라 결정되었다. 하가나는 명목상으로는 정치적 중립을 유지했지만, 사실상 다비드 벤구리온이 이끄는 중도 사회주의자들이 조직의 대부분을 장악하고 있었다.

방만해져버린 하가나 조직에서 벤구리온의 정확한 직위가 무엇이었는지는 분명치 않다. 유대 기구의 의장으로서 그리고 팔레스타인 공동체의 유력한 정치 지도자로서 그가 상당한 권력을 행사한 것은 사실이지만, 한편으로는 수많은 정치 기구가 활동했던 유대 공동체의 결정에 따라야만 했다. 그가 주도했던 마파이는 이슈브 내에서 제1당의 규모를 갖추고 있었지만, 극좌파 인사들과 시온주의 성향의 우파세력과 경쟁관계에 있었고 그 외에도 다른 비非시온주의 세력 및 종교 세력들도 견제해야만 했다. 더군다나 마파이의 사회주의 전통과 이슈브의 엘리트층을 구성했던 조기 정착자들의 영향력에 힘입어 유대 공동체는 집단적 지도체제를 구성하고 있었다. 이런 체제하에서는 특정인의 독주는 모든 지도층의 의혹의 대상이 되게 마련이었다.

벤구리온의 세미나는 텔아비브에 자리한 하가나의 본부격인 '붉은 집 red house'에서 거행되었다. 세미나에서 다룬 주요 안건은 유대인 공동체의 군사조직과 관련된 모든 부문, 즉 '조직구조, 활동, 교육, 훈련, 장비, 재고, 제조, 구매, 예산, 첩보, 청소년, 대외관계' 등을 망라했다.14 벤구리온의 우선 관심사는 하가나 소속 고위급 사령관들의 인물 됨됨이와 자질이었던 것으로 보인다. 여기서 그는 이들에 대해 자신이 평가한 내용을 구체적으로 밝혔다. 예를 들어 공격작전 분야에서 하가나 조직의 선도자 역할을 했던 이츠하크 사데Yitzhak Sadeh에 대한 그의 평가는 '그는 예술가이기 때문에' 사령관 임무에는 어울리지 않는다는 평가를 내렸다.15 당시 벤구리온은 이미 이스라엘 독립전쟁을 대비하여 일부 야전 사령관의 재목들을 뽑아두었던 상태였으며, 그 중에는 독립전쟁의 후반기에 들어서 최고 명령권자의 위치에 오른 인물도 있었다. 예를 들면 모쉐 카르멜Moshe Carmel은 훗날 북부 전선의 총사령관이 되었다.

하가나의 지도부와 관련하여 두 가지 문제가 그를 괴롭혔다. 첫 번째로는 고위급 지도자들은 전반적으로 리더십 자체가 부족하다는 점이었다. 벤구리온은 일찌감치 유대인 사령관들을 위한 고등교육을 담당할 군사학교가 없다는 점을 주목했고, 하가나 지도자들의 전문가답지 못한 자질에 대해서도 비판을 가해왔다. 독학으로 모든 지식을 습득해야 했던 벤구리온은 공식적으로 교육받은 이들에 대해서는 경외심을 갖고 있었던 반면, 팔레스타인 출신의 지도자들의 능력에 대해서는 불신을 품고 있었다 그는 이들에게 앞으로 다가올 전쟁을 충분히 치러낼 역량이 있다고 보지 않았다.

두 번째 문제점은 하가나의 행정구조에 집중되었다. 당시 그는 하가나의 행정구조는 혼란스럽고 모호하게 짜여졌다고 생각했다. 특히 국가 사령부의 라마는 과도기 정부의 국방장관과 참모총장 역할의 중간쯤에 해당하는 어정쩡한 모습이었다. 그는 현재의 라마였던 제에브 파인스타인 Ze'ev Feinstein을 경질시키고 좌익 정치권의 유력한 인사이며 능력 있는 조직책이었던 이스라엘 갈릴리Israel Galili를 대신 앉혔다. 하지만 몇 주도 지나지 않아서 라마가 민간과 군을 원활히 연결하는 통로 역할을 하는 것이 아니라, 오히려 둘 사이를 가로막는 존재로 전락해버린 데 대해서 매우 못마땅하게 여겼다.16

하가나 조직의 근본적인 문제점은 규모의 문제였다. 전임 라마였던 모쉐 스네Moshe Sneh는 하가나 조직의 기초 단위를 소대로 할 것인지 아니면 중대로 할 것인지를 놓고 오랫동안 벤구리온과 설전을 벌였다. 사실 당시 하가나에서 제공하는 지도자 교육의 최고 높은 단계는 소대장 양성 과정이었다.17 그런 까닭에 아직 국가 형성의 초기 단계에 있는 상태에서 군 지도자들은 적게는 35명에서 많아봐야 150명 정도의 부대원으로 나누어지는 부대를 염두에 두고 있었다.

벤구리온은 수천 명의 부대원으로 구성된 여단 단위를 주장했고 여기에 정규군 구성에 필요한 모든 장비, 즉 전차, 항공기, 포병 장비 등을 구입할 계획을 짜야 할 필요가 있다고 믿었다. 그는 자신이 원하는 부대의 전투력에 대해서 엄격하고 분명한 기준을 갖고 있었다. 훗날 이스라엘 방위군Israel Defense Forces의 장군이 된 모쉐 카르멜Moshe Carmel이 아랍인들에 비해 상대적으로 우수한 이스라엘 군의 전투력을 칭찬했을 때, 벤구리온은 과연 하가나가 야전에서 영국군 1개 대대 병력과 대적할 능력이 되는지를 되물었다.18 카르멜은 그에 대해서는 아는 바가 없다는 점을 인정했다. 물론 벤구리온은 영국과 전쟁을 개시할 생각은 전혀 없었지만, 그 정도의 수준만큼은 도달해야 한다고 보았다.

벤구리온은 하가나의 전투 조직뿐만 아니라 전투 지원부문에 대해서도 세심한 검토를 했다. 예를 들면, 만약 하가나가 이동식 군사작전을 감행할 경우 유대인 정착촌의 고정식 통신 시스템은 상당 수준 개선할 필요가 있었다.19 오직 하가나의 첩보 분야만이 벤구리온이 요구하는 기준을 충족시켰을 뿐이었다. 그의 일기를 살펴보면, 해외에서 무기를 구입하는 계획을 놓고 오랫동안 고심을 한 흔적이 엿보인다. 팔레스타인 유대 공동체의 무기제조 산업이 상당한 수준에 도달했다고는 하지만 소형화기, 구식 박격포, 일부의 고성능 폭발물, 탄약, 개량형 장갑차 및 버스 등의 생산에 그칠 뿐이었다. 아직까지는 정규군의 구성에 필수적인 전차, 항공기, 자동화기와 포병 화기 등을 생산할 수준에 이르지는 못했다.

세미나가 진행되면서 벤구리온은 하가나가 탄탄한 조직과 장비를 갖춘 완전한 부대와는 거리가 멀다는 사실을 깨달았다. 이슈브는 실제보다 더 많은 병력을 유지하고 있는 것으로 평판이 나 있었다. 영국이 기밀해제한 1948년 1월 정보자료에 따르면, 하가나의 병력은 7만 명 정도이고 팔마흐가 약 1만 5천 명 정도이며, 산정 기준에 따라 병력 수는 다소 줄어들 수 있다고 추정했다. 영국과 미국 그리고 프랑스의 첩보 기관들은 이보다 한술 더 떠 병력 수를 실제보다 훨씬 크게 부풀리기도 했다.[20] 하지만 하가나 조직이 공식적으로 공개한 병력수는 실제와는 거리가 멀었고, 조직 내부에서만 알려진 3만에서 3만 5천 명의 병력 수에 대해서도 터무니없는 과장에 불과했다.[21]

하가나는 지원병으로만 운영되는 군사조직이었지만, 인력수급 면에서 이르군 및 레히와 경쟁 관계에 놓여 있었다. 하지만 벤구리온은 하가나가 병력 부족을 겪고 있는 원인은 제2차 세계대전 동안 영국군에서 전투는 물론이고 다양한 지원분야에서 경험을 갖고 있던 2만 5천명의 베테랑 군인들을 제대로 활용하고 있지 못하기 때문이라고 믿었다. 하가나의 인사부에서는 제2차 세계대전 참전 군인들의 동원해제 증서를 수없이 가지고 있었지만, 그 중의 3분의 2는 주소가 잘못된 경우라고 그의 일기에 나와 있다.[22]

벤구리온은 이러한 문제들은 하가나 지도부의 편협한 지엽주의식 사고에 기인한다고 믿었다. 이들 중 대부분은 제2차 세계대전 동안 팔레스타인에만 머물렀을 뿐 참전하지 않았고, 정규군의 조직이나 운영방식에 대해서도 관심이 없었다. 여기에는 복잡한 심리가 작용하고 있는 듯했다. 이들은 영국군의 방식대로 조직을 엄격하게 편성할 경우 균등 개념에 강조를 두고 있던 기존의 하가나 조직방식과 마찰을 일으킬 것이라고 보았다. 재정 상태도 엉망인데다 합법적인 지위조차 보장받지 못한 민병대 조직의 문제를 해결하기 위해 충분한 장비와 탄탄한 조직력을 갖춘 대규모 군부대의 운영방식을 적용하는 것은 무리가 있다고 생각했다.

또한 제2차 세계대전에 참가했던 이들에 대한 단순한 질투와 분노의 의미도 있었다. 더군다나 하가나의 한 사령관이 정확히 지적한 것처럼, 영국부대에 복무했던 유대인 중의 대부분은 전투부대에서 복무하지 않았다. 따라서 하가나 지도부의 주장은 현재 가장 중대하고 긴박한 일은 잘 훈련된 보병 전투병력을 더 많이 확보하는 것이었다.23

엎친데 덮친격으로, 하가나가 자랑하는 특수부대인 팔마흐 부대원들에게는 엘리트 의식이 있었다. 팔마흐는 히브리어 플루곳 마하츠plugot machatz의 약자로 '폭풍의 중대'라는 의미이다. 팔마흐는 1942년 창설된 부대로 18세기 미국의 미니트맨Minute Men(미국의 독립전쟁 당시 영국군에 저항했던 미국의 특수부대로서 이들의 전투력은 영국군을 능가했다고 한다. 미니트맨이라 불려진 이유는, 소집한 지 일 분만에 행군이나 전투 태세를 완전히 갖출 수 있었기 때문이라고 전해진다)에 비견될 만한 유대계 부대이다. 생계를 위해 집단농장에서 노동을 했던 부대원들은 실질적으로 팔레스타인 유대 사회의 유일한 상비군 병력이었다. 좌익 성향의 키부츠 운동 대표들이 팔마흐를 이끌었고 이 단체의 성향 또한 사회주의식 균등주의를 강하게 표방하고 있었다. 이들은 경무장 보병으로도 분류될 수 있고 아니면 특수부대로 분류될 수도 있지만, 어쨌든 강도 높은 훈련을 받고 높은 사기를 유지했으며 영국과 아랍인들을 상대로 다양한 작전을 수행했다.

벤구리온 또한 팔마흐의 강력한 전투력에 대해서는 충분히 알고 있었지만, 부대원들의 엘리트 의식과 부대의 자치적 운영에 대해서는 우려를 감추지 못했다. 팔마흐는 독립적인 참모진과 예산을 운용했고 이와 관련된 세부적 사항들은 외부의 감사를 받지 않았다.24 벤구리온은 당시로서는 이 문제에 대해 즉각적인 행동을 취할 여력이 없었지만, 여건이 성숙되면 언젠가는 해결해야 할 문제라고 생각했다.

"그들은 군 복무 경험도 없고 또한 원하지도 않는다"

세미나 직후에 벤구리온은 자신의 동료들에게 1947년 6월 현재 자신이 내린 평가를 밝혔다. "내가 발견한 문제점들로는, 우선 장비 부족을 들 수 있습니다. 오랫동안 안보에 대한 필요성과 아랍인들이 끼치는 위험에 대해서 진지하게 받아들이지 못했기 때문일 것입니다. 그 다음으로, 하가나는 조직 자체를 하나의 수단이 아니라 목적으로 보고 있다는 것입니다. 즉 하가나가 어떤 임무를 수행하기 위해 창설되었는지에 대해서 지도부는 충분히 인식하지 못하고 있습니다. 다음으로, 하가나 대원들은 단체정신은 갖고 있을지 모르지만 실제 군 복무 경험도 없고 또한 원하지도 않는다는 것입니다."25

한편 당시에는 여러 가지 사건들이 연이어 터져 나왔다. 1946년에서 1947년 겨울 동안 영국 식민당국은 팔레스타인을 유대인 지역과 아랍인 지역으로 나눈 다음 영국군이 주둔하여 관리하는 방안을 마련했다. 1947년 2월에 비로소 공식적인 제안이 발표되었지만 모든 당사자들의 격렬한 반대에 부딪혀 폐지되었다. 1947년 4월 세미나가 한창 진행되는 동안에, 영국 정부는 팔레스타인 문제를 유엔에 위임했다. 1947년 여름에 이르러 분명해진 사실은 이 지역에서 전운의 기운이 최고조에 이르렀다는 점이었다. 벤구리온은 팔레스타인 분할에 대한 유엔의 투표가 실시될 경우,

이는 곧 전쟁을 발발하게 될 것이라는 사실을 인식하고 있었다. 그해 11월, 유엔안전보장 이사회에서는 팔레스타인을 2개 지역, 즉 유대 지역과 아랍 지역으로 분할하는 안에 찬성하는 표결이 이루어졌다.

상황이 이런 식으로 전개될 것임을 미리 예견한 벤구리온은 세미나 직후에 세 가지의 정책을 집행했다. 그는 우선 하가나의 고위 명령체계에 일대 구조개혁을 단행했다. 국가 사령부의 최고사령관이었던 제에브 파인스타인을 이스라엘 갈릴리로 대체했고 이외에도 군사령부 내에 여러 가지 개혁 조치를 실시했다.26 하지만 그는 1939년 이후로 하가나의 참모장으로 활동해 온 야코브 도리Ya'akov Dori는 경질시키지 않는 대신, 젊고 패기 넘치는 이갈 야딘Yigal Yadin을 군사작전 부문 책임자로 임명했다. 이같은 인사조치는 아직은 변화의 시작에 불과했고 대대적인 개혁 바람이 불어닥칠 예정이었다. 하지만 벤구리온은 당분간은 자신의 권위에 도전하지 않으면서 자신과 뜻을 같이 하는 인물들을 하가나의 수뇌부에 앉히기를 원했다.

1947년 10월, 벤구리온은 자신이 당면했던 가장 심각한 문제점은 "그 조직(하가나)에 대한 민간인 통제력의 부족"이라고 말했다. 그리고 "이 조직이 민간인에 의해 통제되는 조직이라고 말한다면 의심할 바 없는 거짓말이다."라고 단언했다.27 그는 하가나의 새 지도부를 임명하는 과정에서 민간인 통제력을 강화하려는 자신의 의중을 반영했다.

당시 야코브 도리나 이갈 야딘은 하가나 내부에서 독립적인 지지세력을 갖추고 있지 못했다. 도리는 하가나에서 수년 동안 활동했지만 엔지니어 출신인데다 진취적인 모습을 보여주지는 못했고 참모진들을 장악하지도 못했다. 야딘은 팔마흐 출신도 아니고 하가나 조직의 기성세력 출신도 아니었다. 그는 당시에 하가나에 소속된 부대원 신분이었지만 1947년 봄까지 1년 6개월 동안이나 휴직상태였다.28 독학으로 고고학자가 된 부친을 둔 야딘은 영국군에서 복무한 경험은 없었지만 자신이 군사 전문가라고 생각했고 이를 자랑스러워했다. 군사 이론에 밝았던 그는 하가나의 장교양성 과정을 개설하는 데 중요한 역할을 했고 실질적으로 학교를 운영했다.

하지만 그곳에서 팔마흐의 자유분방한 기질을 가진 부대원들과 충돌을 일으켰다. 초기의 갈등은 사소한 문제에 국한되었다. 예를 들면 각 소대는 독자적 군사행동을 위한 훈련을 받아야 하는지, 아니면 중대 대형을 통한 군사작전에 대한 훈련을 받아야 하는지, 또는 팔마흐 부대원들은 중형 자동화기 사용법을 숙지해야 하는지 등의 문제였다. 하지만 시간이 흐르면서 대원들과의 성격 충돌과 지도 방식상의 문제로 변하게 되면서 매우 심각한 수준으로까지 발전되었다.29 세미나 동안 벤구리온은 야딘과 인터뷰를 했고 그가 하가나를 떠난 이유에 대해 신중하게 질문을 던졌다. 1947년 가을, 야딘은 하가나 조직의 중심부로 다시 복직하면서 군사작전 부문을 담당했다. 그는 또한 전임 참모장이었던 이츠하크 사데가 등한시했던 참모진 양성에 대해서도 신경을 썼다.

벤구리온은 좀더 전문적인 능력을 갖춘 군인들을 하가나에 끌어들이기 시작했으며, 하가나의 모호한 명령체계를 명확히 하기 위한 조치를 단행했다. 특히 국가 사령부의 총사령관인 갈릴리가 민간 지도자와 군 사이를 가로막는 장애물이 아니라 일종의 선임참모 역할을 해야 한다고 주장했다. 이와 관련하여 벤구리온과 하가나 지도부 사이에 공개적인 충돌은 발생하지 않았지만 양자간의 의견 충돌은 어느 정도 가시화된 단계였다. 벤구리온은 이미 국가 사령부를 비정상적인 조직으로 생각했고 적절한 때가 오면 해체되어야 한다고 주장해왔기 때문이었다.30

두 번째로 벤구리온은 영국군에서 복무한 경험이 있는 이들에게 손을 뻗쳤다. 특히 소령 출신이었던 하임 라스코브Haim Laskov는 젊고 진지한 인물로서, 1940년에 영국 육군에 입대했다가 제2차 세계대전 동안 육군 내부의 모든 장교양성 과정을 두루 섭렵했다.31 라스코브는 1958년에 이스라엘 방위군의 참모총장이 되었는데, 1947년 8월 벤구리온이 그를 하가나의 수석 훈련관으로 발탁할 때까지 한 전기회사의 보안 담당자로 일하고 있었다. 세미나 동안 벤구리온은 그와 인터뷰를 실시했다. 늙은 거장은 자신과 인터뷰를 한 모든 이들에게 인터뷰 내용에 대해서 비밀에 부칠 것을 맹세하도록 하는 용의주도함을 보였다. 그는 라스코브가 대대당 필요한 소총수 등에 대해서 정확한 지식을 보유하고 있다는 사실을 확인했다.

벤구리온은 대화 도중에 라스코브가 다른 일반장교들보다 더 많은 군사지식을 소유한 경위에 대해 따져 물었고, 라스코브는 침착하게 군의 조직 및 장비에 대한 개념을 설명했으며 이는 제대로 훈련을 받은 영국 장교라면 누구나 숙지하고 있는 상황이라고 답변했다.32 여기서부터 벤구리온과 라스코브의 길고도 생산적인 관계가 시작되었다. 벤구리온은 라스코브로부터 하가나에 도입할 만한 군사조직 형태와 훈련체계에 대한 유용한 지식들을 얻을 수 있었다. 반면 하가나 부대원들은 라스코브와 다른 영국군 출신 장교들에 대해 의심의 눈길을 거두지 않았다.33

세 번째로 벤구리온은 유대 국가를 방어할 병력동원 및 군수물자 조달과 관련된 계획수립에 박차를 가했다. 군 간부들을 선발하여 대승적 사고를 강조했으며 끊임없는 검토 및 조사를 실시하는 등 이 부문에서 그가 이룬 업적은 이스라엘 독립전쟁의 최고 지휘권자로서 보여준 활약에 비견될 만한 수준이었다. 사실 아랍 국가들과의 전쟁에서 이스라엘이 승리를 거둔 이면에는 비단 배수진을 치고 필사적으로 항전한 이스라엘 국민들의 전의만이 아니라 전쟁의 양적인 면에서 우위를 점했던 점도 무시할 수 없는 승리의 요소였다. 아랍 국가들은 유대인과의 전쟁에서 국가 총동원 체제를 가동하지 않았다.

또한 그들은 전면전을 수행할 만큼의 실전 경험도 없었고 이를 주관할 효과적인 제도나 기관이 없었다. 아랍국들의 원정대는 이스라엘 군대에 비해 규모 면에서 우위를 지키지 못했고 전투력 면에서도 강한 모습을 보여주지 못했다. 반면에 이스라엘은 1790년 대의 프랑스 혁명 때처럼 또는 남북전쟁 당시의 북부군처럼 전면전을 위한 인적, 물적 자원을 총동원할 수 있는 능력을 갖추고 있었다. 이런 면에서 아랍 국가들은 유대인들의 상대가 되지 못했다.34 전쟁을 위한 총동원령과 관련되어 두 가지 중요한 부문은 인력과 물자이다.

벤구리온은 직관적으로 하가나는 동원 가능한 인력을 파악하고 등록시키는 일에 매우 서툴다는 사실을 깨달았고, 이는 그가 주관한 세미나 동안의 철저한 조사를 통해 확인되었다. 일단 팔레스타인 지역 안에서 그 다음 유럽의 난민 수용소에서 지원자를 파악하여 입대시키려는 노력이 본격적으로 전개되면서 하가나는 빠른 속도로 인력 충원을 이루게 되었다. 1948년 2월 이스라엘 정부가 독립을 선포하기 하루 전날, 하가나의 병력 수는 남녀 모두 합하여 1만 6천 명에 이르렀고 5월 들어서는 거의 두 배로 증가하여 3만 5천 명에 달했다. 그후 이스라엘 방위군의 병력 수는 1948년 12월에 정점을 이루어 9만 2천 명에 달했다.35

물론 병력 증가의 일부는 기존의 민병대 대원들과 팔마흐 조직에서 흡수했고, 일부는 절대적인 병력 수의 증가라기보다는 조직재편과 다른 조직의 흡수에 기인한 바가 컸다. 하지만 이를 감안한다 하더라도 세미나를 개최한 후부터 2년 뒤 독립전쟁이 끝날 때까지 병력 수가 4배로 증가했다는 사실은, 벤구리온과 그의 참모들이 인력동원을 위한 기초작업을 충실히 했다고 결론내릴 수밖에 없다.

지하 군사조직인 하가나는 자체적인 무기생산 능력을 증강시켜 왔지만 해외로부터의 무기구입은 이스라엘의 존립 자체에 결정적인 역할을 한 것으로 판명되었다. 아래의 표를 참고해 보자.

1947년과 1948년의 이스라엘 방위군의 지상군 장비[36]

	1947년 4월	1947년 11월	1948년 5월	1948년 10월	1949년 3월
소총	10,073	10,678	21,886	59,389	62,200
소형 경기관총	1,900	3,662	10,264	21,343	31,049
기관총	444	775	1,269	6,436	6,494
2인치 박격포	672	670	682	618	1,706
3인치 박격포	96	84	105	389	678
포병 장비*		25	25	253	492

*1949년 3월까지 150종의 야전 장비와 89종의 대전차포.

무기구입 과정에서 하나의 돌파구가 되었던 계기는 1948년 상반기에 이뤄진 체코슬로바키아와의 거래였다. 체코는 자국 영토 내에 제2차 세계대전 때 독일의 무기제조 생산시설을 보유하고 있었고 여기서 생산한 최신 무기들을 이스라엘에 공급했다. 히틀러의 강제수용소에서 살아남은 많은 유대인들이 독일이 설계한 마우저Mauser 소총과 경기관총을 휴대하고 독일식 Bf-109 전투기의 공중 엄호를 받으면서 아랍인들과의 전투에 임했다는 사실은 역사의 아이러니라 하지 않을 수 없다.

이런 무기들은 모두 체코와의 거래를 통해 구입했다. 벤구리온은 무기 거래와 관련된 재정, 외교, 조직 등의 문제에 많은 열정을 쏟아야 했다. 재정부문은 무엇보다도 미국계 유대인들의 기금모금 운동으로 많은 부분이 충당되었고, 외교 부문은 소련연방이 프라하에 공산주의 정권을 세우면서 체코와의 무기 거래가 가능했다. 조직 면에서는, 영국이 해상봉쇄와 다름없는 조치를 단행했고 유엔이 정전노력을 벌이고 있는 와중에서도 무기를 몰래 반입할 수 있는 탄탄한 조직을 구성해야 했다.

벤구리온은 하가나 고위급 지휘부의 재조직뿐만 아니라 지휘부에 전략적인 지침을 제공하는 데에도 신속한 움직임을 보였다. 그는 일련의 연설을 통해서 고위 정치 지도자들과 군 지휘관들에게 자신의 비전을 설명했다. 처칠과 마찬가지로, 벤구리온은 동료들과 부관들이 자신의 임무에 제대로 대비할 수 있도록 상황에 대한 체계적 조사를 강조했다. 벤구리온에게 연설은 청자들을 고무시켜 행동에 나서도록 하는 의도만 있었던 것이 아니라 갈등의 소지가 있는 문제점에 대해 설명하는 기회였다. 가끔씩 극적인 효과를 내기 위해 의도적으로 과격한 표현을 사용하기도 했다. 아마 가장 중요한 연설로는 1947년 6월 18일 실시된 '미래의 하가나'라는 연설일 것이다. 이 연설은 많은 주목을 받았는데, 그 이유는 내용 자체가 주는 중요성과 더불어 벤구리온의 사고가 어떤 식으로 작동하는지를 정확히 알려주는 것이었기 때문이다.[37]

여느 때처럼 그는 먼저 팔레스타인에서 유대 공동체의 투쟁 역사에 대해 이야기하기 시작했다. 그는 그러한 투쟁을 역사 속의 수많은 투쟁 중의 하나이며 다양한 시기에 다양한 전선에서 이슈브는 다양한 적들을 상대해 왔다고 말했다. 세기가 바뀔 무렵에는 유대인들이 당면한 문제는 아랍 폭도들의 약탈에 맞서서 자신들의 가족과 재산을 보호하였다. 그 폭도들은 제1차 세계대전 후에 아랍 지역에서 정치적 목적을 가진 조직화된 세력으로서 위협적인 존재가 되었다.

그리고 '영국 전선'이 형성되어 팔레스타인에 유대인들의 이민을 제한하려는 백서가 발표된 후에는 영국인들에 맞서 투쟁을 전개해 나갔다. 하지만 지금이야말로 가장 중요한 시험대가 눈앞에 있다고 벤구리온은 역설했다. "아랍 국가 지배자들은 적대적인 호전성을 가지고 있으며, 최선을 다해서 최대한 신속하게 반드시 이 전선에 대비해야만 한다."라고 벤구리온은 말했다.

영국 전선과 아랍 전선을 연결하는 고리를 찾던 벤구리온은 장차 다가올 전쟁은 수적으로 우세하고 더 나아가 좀더 조직화된 정규군 세력과의 싸움이 될 것이라고 주장했다. 따라서 이슈브는 제2차 세계대전에 참전했던 베테랑 군인들의 군사 경험과 팔레스타인 유대인의 기술적 우월성을 백분 활용하여 이스라엘군의 질적인 우위를 확보해야만 했다. 그는 유대인들에게는 세 가지 종류의 군대가 필요하다고 생각했다.

영토방위를 위해 고정된 위치에서 싸우는 국민군, 보다 체계화된 조직을 갖추고 신속하게 이동할 수 있는 일반군, 그리고 특수임무를 수행하는 특수부대였다. 세 가지 군대 형태만큼이나 중요했던 것은 하가나 부대의 규모를 늘려서 정규군을 창설할 초석을 마련하는 일이었다. 그는 연설의 말미에서 하가나의 지휘관들에게 대대급 이상의 지휘관과 야전에서 대규모 부대를 통제하는 데 필요한 참모진을 양성하는 학교를 설립할 것을 지시했다.

처칠과 마찬가지로 벤구리온은 많은 시간을 부관들을 고무시키고 격려하는 데 할애함으로써 비록 그들이 목표달성에 실패했다 하더라도 최소한 자신의 지시에 따르도록 했다. 당대 및 이후에 그를 비판하는 세력의 대부분은 벤구리온은 단지 이미 진행중이었던 사업들을 가속화시켰을 뿐이라고 애써 폄하했다. 예를 들어 이들은 무기구입이라든지 또는 대형 부대의 조직화 등은 이미 하가나가 추진하고 있었던 사업이었다고 주장했다. 하가나의 기존 지도부는 벤구리온이 선호했던 영국군 출신들은 팔레스타인 출신 장교들에 비해 융통성이 부족했을 뿐만 아니라 영국식의 형식적 규율과 전술을 곧이곧대로 적용시키려 했다고 비판했다.

따라서 이러한 관행들은 독립성향이 강한 유대인들의 정서에 부합되지 않고 팔레스타인의 산악 지형에서 벌어지는 전투에도 적합하지 않다는 것이었다. 물론 이러한 주장에 어느 정도의 일리가 있다는 것은 두말할 나위가 없다. 하지만 이들의 주장이 모두 정확했던 것은 아니었으며 당면한 문제점의 정수까지 이르지는 못했다. 링컨, 클레망소, 처칠과 같이 벤구리온은 휘하의 부관들을 독려하여 자신들에게 주어진 일을 처리하도록 했다. 부관들이 이러한 업무가 옳다고 생각할지라도 제대로 시행하지 않는 경우가 종종 있었기 때문이다.

처칠과 마찬가지로 벤구리온은 자신이 지시한 사항이 제대로 시행되고 있는지 세부적인 사항에까지 질문하는 용의주도함을 보였고 이를 통해 원하는 결과를 얻어냈다. 예컨대, 그는 하가나의 소규모 통신부대를 강화하기 위한 제반사항을 주의깊게 고려했다. 당시의 통신부대는 뿔뿔이 흩어진 유대 정착촌간의 연락을 유지하는 데에는 소기의 성과를 내고 있었지만, 복잡한 군사조직 부문까지 관여할 만한 장비나 인력이 절대적으로 부족했다.38

그는 일기를 통해 자신이 지시했던 사항이 제대로 지켜지고 있는지를 일일이 기록해 놓았고 그로 인한 변화과정을 세세히 파악했다. 이 까다로운 늙은 거장이 품었던 이상과 시원하게 드러난 이마 양 옆으로 돋아난 억센 백발, 짧고 날카로운 질문, 언제나 뭔가를 기록하는 그의 손 등은 고대 유대인의 경전에 나오는 한 위인의 모습을 연상시켰을지도 모르겠다. "너희의 위에 무엇이 있는지를 알라. 응시하는 눈, 경청하는 귀, 그리고 너희의 모든 행동들을 기록하는 책이 있느니라."39(여기서 말하는 인물은 당대 유대인들의 지도자이자 학자로서 크게 이름을 떨친 랍비 주다 하나시 Judah Ha-Nasi이다. 인용구는 주다 하나시가 집대성한 유대경전 미쉬나 Mishnah의 피르케이 아보트Pirkei Avot에 수록되어 있다)

"특수부대의 전쟁"

벤구리온의 노력을 입증할 수 있는 기회는 예상보다 훨씬 빨리 다가왔다. 이스라엘 독립전쟁은 이스라엘 정부가 1948년 5월 공식적으로 독립선언을 하기 훨씬 이전에 이미 시작되었기 때문이었다. 1947년 11월 29일 축제 분위기가 이슈브에 감돌았다. 유엔에서 기권 13표와 함께 33대 13의 표차로 팔레스타인 지방을 분리하고 요르단 서부에 인접한 3개 지역에서 유대 국가를 건설하기로 결정했기 때문이었다. 텔아비브 거리마다 흥에 겨워 춤을 추는 인파들로 넘쳐났지만 벤구리온은 앞으로 험난한 전쟁이 다가올 것을 예견한 채 자택에 머물러 있었다. 그는 거리의 자축행사에 참가하는 것 대신에 자신의 딸에게 아주 침착한 어조로 밖에서 흥을 즐기고 있는 군중들의 일부가 곧 닥쳐올 전쟁에서 목숨을 잃게 될 것이라고 말했다.40

그의 예견은 정확했다. 유엔의 결정이 발표되면서 아랍과 유대인들 사이에 중동전이 시작되었고 이는 약 13개월 동안이나 지속되었다. 정전과 전투가 되풀이되는 지루한 국면을 거치면서 힘들고 고통스런 전쟁이 이 지역에 몰아 닥쳤다. 첫 번째 전투는 유엔 결정 바로 다음날 시작되었다. 팔레스타인에 거주하는 아랍 무장단체들이 이슈브를 수차례 공격했고 아랍 국가들은 전쟁에 대비하여 동원령을 내렸다. 매복과 기습작전이 끊임없이 펼쳐지던 1차 전투에서 영국군은 전쟁 자체를 중단시키기 위해 개입하는 듯 했지만, 그 과정에서 한 쪽으로 또는 다른 한 쪽으로 기우는 듯한 자세를 보였다.

물론 전반적으로 볼 때, 영국은 아랍인들에게 좀더 기우는 양상을 보였고 특히 레히와 이르군이 팔레스타인에서 철수하는 영국군에 유혈 공격을 단행하면서 이 같은 경향은 더욱 노골화되었다. 아랍 주민들과 비정규

무장단체들은 유대인들이 많이 모여 사는 도시를 서로 연결하는 도로를 중심으로 집중적인 공격을 펼쳤다. 특히 해안 평야 지대에서 예루살렘으로 통하는 모든 도로를 집중적으로 공략했다. 4개월이 지났지만 이슈브는 여전히 군수물자를 동원하는 중이었고 여전히 방어에만 치중하는 모습을 보였다. 하지만 1948년 4월 이슈브는 마침내 강력한 맞대응 공격을 펼쳐 일시적으로나마 예루살렘으로 이르는 통로를 확보했으며 티베리아Tiberias, 하이파Haifa, 자파Jaffa 등의 전략적 요충지에 주둔해 있던 아랍 병력을 쳐부수었다.

1948년 5월 14일 이스라엘이 독립을 공식적으로 선포하면서 이스라엘 독립전쟁의 제2차 국면이 시작되었고 이스라엘은 심각한 위기에 봉착하게 되었다. 바로 아랍 국가들의 정규군이 침입을 해왔기 때문이었다. 치열한 전투가 벌어진 지 한 달도 안 되어 예루살렘은 다시 아랍의 수중에 넘어갔고 이 곳을 방어하던 소규모 유격대는 요르단의 정규군으로 이루어진 아랍 군단Arab Legion에 무릎을 꿇었다. 한편 시리아군은 새로이 건설된 유대 국가에 할당된 영토의 일부를 점령했고 이집트군은 브엘세바Beersheba를 점령한 후 텔아비브 전방 48 km 지점까지 진군했다. 6월에 접어들면서 이스라엘군이 일부 전투에서 승리를 거두면서 아랍군의 맹렬한 기세를 한풀 꺾는 데 성공했다. 하지만 일부 전문가들의 주장에 따르면, 6월 11일 이뤄진 제1차 정전협정이 없었다면 이스라엘에게는 크나큰 재앙이 불어 닥쳤을 것이라고 평했다.

한 달간 지속된 정전기간 동안 이스라엘 방위군은 조직을 재정비하고 장비를 점검한 뒤 전쟁을 재개했다. 이스라엘 독립전쟁의 3번째 국면이 시작되는 순간이었다. 7월 8일 이스라엘군은 아랍군과의 10일 전투에서 승리하여 이스라엘 중심부로부터 아랍 병력을 몰아냈고 남부지역에서도 이집트군을 상대로 전쟁의 주도권을 쥐게 되었다. 7월 18일의 제2차 정전협정이 결렬되면서 일련의 국지전이 전개되었다. 1948년 10월 중순에 이스라엘군은 이집트군을 네게브Negev 사막에서 완전히 몰아냄과 동시에 아랍의 비정규 병력을 갈릴리 지역에서 몰아냈다. 이제 예루살렘의 모든 지역을 차지하기 위해 전투를 재개하는 일만 남은 것 같았다. 이스라엘 독립전쟁 최후의 치열한 전투는 1948년을 일주일 남긴 시점에서 시작하여 1949년 첫째 주까지 지속되었다. 이스라엘군은 진군을 계속하여 시나위 반도까지 나아갔으며 그곳에 주둔하고 있었던 영국군과 대규모 충돌을 일으킬 뻔하기도 했다.41

　이스라엘 독립전쟁의 외형적인 규모, 즉 동원된 병력 수나 사상자 수 또는 점령지의 면적만을 놓고 볼 때는 그다지 대수로울 게 없다. 하지만 전략상 그리고 군사작전상의 복잡한 측면을 고려할 때, 이 전쟁은 전쟁사를 연구하는 많은 학자들에게 중요한 전쟁으로 손꼽힌다. 이스라엘 독립전쟁은 미국의 뉴저지 주 만한 크기의 지역에서 벌어졌지만 전쟁사적 의미에서 의의가 매우 크다. 적어도 이스라엘의 입장에서 볼 때는 국가의 사활이 걸린 전쟁이었다. 이스라엘의 지도자들과 국민들은 이 전쟁의 승패에 따라 이스라엘의 존립은 물론이고 국민들의 목숨까지도 좌우된다고 생각했다. 그런 까닭에 유대인들에게 전쟁은 전면전의 성격을 띠게 되었고 전쟁에서 승리하기 위해 모든 노력을 아끼지 않았다.

　이스라엘 정부는 남녀를 막론하고 무기휴대가 가능한 모든 국민들을 동원하려 했고 실제로 그러했다. 또한 모든 수단과 방법을 동원하여 전쟁에 필요한 무기를 생산하고 외국으로부터 반입하려고 했다. 특히 예루살렘을 수복하기 위해 벌였던 전투나 야드 모르데카이Yad Mordechai, 네그바Negba, 미시마르 히멕Mishmar HaEmek과 같은 고립된 정착촌을 사수하기 위한 전투 등은 제2차 세계대전 당시의 전투에 비해서는 소규모 국지전에 불과하지만 이스라엘군은 전력을 다해 싸운 싸움이었다.

이스라엘 독립전쟁은 적당한 형태의 평화정착을 염두에 둔 서구 열강들의 냉정한 계산을 수반한 전쟁이라는 점에서 또 하나의 전략적인 측면이 있다. 개전 초부터 이스라엘 임시정부의 지도자들은 유엔에서 정한 경계선의 존재를 인정하길 거부했고 더 많은 영토를 확보할 수 있다고 믿었다. 실제로 이스라엘은 전쟁을 통해 영토상의 이득을 보았다. 하지만 이스라엘의 존립 자체가 걸린 독립전쟁이 벌어지는 동안에도 벤구리온에게는 여러 가지의 어려운 선택사항들이 놓여 있었다.

텔아비브에서 하이파에 이르는 해안 도시에 살고 있는 유대인들에게 안전을 보장해주어야 했고, 팔레스타인 북부와 남부 그리고 무엇보다도 예루살렘에 위치한 정착촌들과 통신망을 계속 유지해야만 했다. 또한 이스라엘군의 규모를 증강시키기 위해 군복에서 의약품에 이르는 각종 장비와 보급물자를 유입하는 한편 새로이 건설된 국가의 제도를 정비해야 했다.

제1차 정전 이후 이스라엘의 지도자들은 유대인들의 생존 문제에 대해서 더 이상 우려하지 않았다. 개전 초부터 아랍 진영은 사생결단식의 전선을 구축하지 않았던 것이다. 레바논과 이집트는 참전에 대한 확고한 의지를 보이지 않았다. 또한 과거 이스라엘의 동조자로서 유대 기구의 자금을 받은 적도 있는 한 인사가 트랜스요르단Transjordan(요르단Jordan의 옛 이름)의 압둘라Abdullah 국왕을 상대로 전쟁에 반대하는 주장을 펼치기도 했다.

전쟁이 발발하는 그 순간까지도 압둘라 국왕과 협상을 계속한 이스라엘 지도부는 요르단과는 평화협정을 맺을 수 있다는 희망을 버리지 않았다. 압둘라 국왕은 당시 아랍의 모든 전투 병력 중에서 가장 강력했던 아랍 군단에 대한 지휘권을 가지고 있었다. 그후 얼마 안 가서 밝혀진 사실이지만, 압둘라 국왕은 이스라엘을 정복하는 데에는 큰 관심이 없었고 다만 고대 도시인 예루살렘을 확보하고 아랍 경쟁국들을 견제하려고 했다. 따라서 압둘라 국왕이 협상의 여지가 충분히 있었던 인물임에는 틀림없었다.

하지만 그는 아랍 군단 소속 4개 연대의 사령관으로 재직했던 압둘라 엘텔Abdullah el-Tel 같이 젊고 민족주의적인 성향을 가진 인물들의 주장을 무시할 수가 없었다.42 중동 지역의 패권을 놓고 경쟁관계에 있었던 이집트와 이라크간에도 불협화음이 터져 나왔고, 심지어 팔레스타인 아랍인들에게도 내부 분열의 조짐이 보이기 시작했다. 전쟁이 진행되는 동안 이스라엘에서도 폭력을 동반한 유대인들간의 당파 싸움이 일어나긴 했지만, 전반적으로 볼 때 1948년과 1949년까지의 이스라엘 독립전쟁으로 인해 이슈브 내 유대인들간의 단결은 더욱 강화되었다.

반면 아랍 진영은 정반대의 모습을 보였다. 개전 초에는 아랍국들간에 일치단결된 모습을 보였지만 시간이 지나면서 점점 더 와해되기 시작했고 반유대 동맹 또한 무너지는 모습을 보였다. 더 나아가서 아랍 진영의 소규모 정규군들의 자질은 고르지 못했고, 이동 및 수송상의 문제와 이로 인한 군수물자 보급망의 문제점으로 인해 큰 어려움을 겪어야 했다.

또한 아랍인들은 유대인들이 보여준 전국적 규모의 동원 체제를 가동할 저력을 갖추고 있지 못했다. 이들은 이슈브 내의 유대인들이 경험했던 생필품 부족 현상을 겪은 적도 없으며 제2차 세계대전 당시에 유럽 열강들이 보여줬던 강력한 물자동원 노력을 경험하지도 못했다. 아랍국들의 관료주의 행정체제는 비효율적인데다 신속하지 못했고 그들의 무기 또한 실전에서 검증받지 못한 것들이 대부분이었다.

이스라엘 독립전쟁의 역설적인 본질, 즉 사활을 건 필사적인 투쟁과 영토확장과 사소한 이익을 위한 제한된 수준의 전쟁은 외부의 열강세력들이 개입을 고려하면서 더욱 복잡한 양상으로 전개되었다. 영국은 아직 자국령에 있는 아랍 쪽으로 기우는 모습을 보였지만, 한편으로는 이들에 대해 무기 통상 금지조치를 실시했다. 미국은 유럽의 다른 나라들과 마찬가지로 이스라엘에 동정적인 시각을 가지고 있었지만 중동지역에 많은 이권이 걸려 있었다.

소련 연방은 영국 제국주의의 손길을 차단하고 친서방 성향의 아랍 정권을 전복시킬 용의는 있었지만, 유대 민족주의를 불신했고 이스라엘이 지향하는 민주적 사회주의 또한 못미더워했다. 더군다나 시온주의자들의 진영 내부에서도 선호하거나 지지하는 국가가 여러 갈래로 나뉘어져 있었다. 팔마흐는 상당 부분 친소련 성향인 반면, 이스라엘 중산층의 일부는 영국 쪽으로 기울었고 나머지는 미국을 선호했다. 당시 미국은 엄청난 경제력과 더불어 미국 내의 유대인들의 영향력에 힘입어 이스라엘에게 가장 중요했던 우방국이었다.

이스라엘 독립전쟁의 전략적인 측면에서 나타나는 모순점들을 해결하는 일은 벤구리온의 임무 중 하나였다. 하지만 그에 못지않게 중요했던 일은 이스라엘군의 작전수행에 관한 것이었다. 독립전쟁에서는 폭격기를 동원한 폭격작전이 이루어졌고 게릴라 활동과 여단 또는 심지어 사단 병력에 의한 재래식 공격 작전도 전개되었다. 팔레스타인 북부, 중부, 남부에 이르는 3개 전선은 약 50~65 km까지 서로 떨어져 있었지만, 지형상으로 그리고 인구분포상으로 작전수행에 많은 어려움이 있었다.

북부의 산악지방의 유대인 정착촌은 파우지 엘 카우크지Fawzi el-Kawukji가 이끄는 아랍 해방군Arab Liberation Army이 외부로 통하는 도로를 봉쇄하면서 고립된 적도 있었다. 여기에 시리아와 레바논군이 정착촌을 강하게 압박해 왔다. 중부전선에서는, 해안 평야지대에 미국의 한 군사 전문가가 말했던 것처럼 '시온주의자들의 보루Zionist redoubt'가 형성되었다. 이곳에는 유대인들이 밀집해 있었고 이스라엘의 전쟁 준비에 필요한 모든 노력이 이루어지는 곳이었기 때문이다. 하지만 유대안 Judaean 언덕의 북부 및 남부 지역에 이르는 지대에 위치한 예루살렘이 야말로 이스라엘 정치의 중심지였고, 사방에 아랍계 촌락이 자리해 있어서 아랍 군단에게 용이한 접근로를 제공했다.

또한 이라크군도 이 지역에 군사력을 증강시켰다. 남부전선에서는 이집트 병력이 사막에서 작전을 수행하고 있었지만, 반면 이스라엘 진영에서는 몇 개의 산개된 정착촌만이 있을 뿐이었다. 이스라엘군은 이들 정착촌을 군사작전에 필요한 부대 숙영지로 활용했다. 따라서 이집트군은 시나이 반도를 지나 이스라엘의 심장부로 진격하는 동안 아무런 장애를 받지 않았으며, 진군을 거듭하여 텔아비브와 예루살렘에 근접한 지점까지 도달했다.

이스라엘군이 치열한 전투와 불굴의 항전의지 그리고 전 국가적인 물자동원을 통해 전쟁에서 승리를 일궈냈던 것은 사실이었다. 하지만 독립전쟁 동안 형제간에 군인과 언론인으로서 활약했던 킴체Kimche 형제가 작성한 글을 통해 이스라엘 독립전쟁에는 다른 중요한 측면이 있었음을 알 수 있다.

정말 중요했던 점은 의지의 충돌이었다. 사령부간의 전투였다. ⋯ 사실 이 전쟁에서 벌어진 실제 교전(적어도 1948년 10월까지)은 전쟁의 좀더 넓은 측면에서 볼 때, 일반인들이 생각하는 것보다 훨씬 더 작은 역할을 했을 뿐이었다. 특히 전쟁의 군사적인 측면에 대한 다소 정형화된 설명만을 놓고 따져보면 말이다. 이스라엘인, 아랍인 그리고 영국인들 모두에게 ⋯ 만약 이번 전쟁에서 사령관들의 전쟁이 있었다면, 이는 최고사령관들, 야전사령관들, 그리고 지역사령관들의 전쟁일 것이다. 이들은 입장은 단호했다. ⋯ 43

이스라엘 진영에서 '사령관들의 전쟁'은 상대적으로 훨씬 더 어려운 측면이 있었다. 왜냐하면 이스라엘군 내부의 지도부 사이에는 여러 차례의 의견충돌이 있었고, 이는 비단 사령관들간의 성격이나 정책, 목표상의 차이도 있겠지만 명령계통의 구조적인 문제에도 기인했다.

이런 맥락에서, 이스라엘 독립전쟁이 5년 전에 유럽이나 아시아에서 막을 내렸던 제2차 세계대전에 비해 규모 면에서는 보잘것 없는 전쟁이었지만, 전략적으로 볼 때 매우 복잡한 양상을 띤 전쟁이었다. 어떤 정부도 주먹구구식 계산에 의해 전쟁을 수행할 수는 없으며 이스라엘 독립전쟁 또한 예외가 아니었다. 예를 들어, 전쟁이 시작될 무렵 벤구리온은 전쟁의 주요한 원칙을 거스르는 전략적 결정을 내렸다. 즉 그는 일반 참모에게 명령을 내려 팔레스타인 전역의 모든 유대 정착촌을 방어할 것을 지시했다. 이는 결국 일부 지역은 포기하고 전략적 요충지에 군사력을 집중적으로 투입할 수 있는 기회를 포기한 셈이었다.44 이 결정은 군사작전과 전략상의 의사결정 문제가 교차하는 사안으로서 매우 흥미 있는 사례라 하지 않을 수 없다.

벤구리온이 이같은 결정을 내리게 된 데에는 두 가지의 이유가 있었다. 우선 모든 유대인 정착촌을 방어함으로써 아랍인들의 공격이 산발적으로 이루어지고 그 과정에서 집중력이 떨어질 수도 있다는 계산이었다. 그리하여 국내외에서 전쟁을 위한 인력 및 물자 동원에 필요한 시간을 벌 수 있었다. 이스라엘의 군수물자 동원능력은 벤구리온의 전쟁 계획 중 핵심적인 문제였다. 농업을 위주로 하는 유대 정착촌은 자체방어 체제로 재조직되었다. 물론 전쟁이 계속되면서 많은 수의 정착촌이 무너졌지만 대부분은 적으로부터 영토를 충실히 방어했고 또한 시리아, 이집트, 요르단 군의 공격에 의해 무너지는 과정에서도 시간과 공간상으로 적에게 큰 피해를 입힐 수 있었다.

전쟁 없이는 한 치의 땅도 내줄 수 없다는 벤구리온의 결정에 대한 두 번째 이유는 심리적인 차원에 관한 것이었다. 유대인들이 힘없이 꽁무니를 빼는 모습을 보인다면 적은 크게 만족할 것이고 한껏 고무될 것이기 때문이었다. 유대인들을 전사가 아니라 지배해야 할 대상으로만 인식하고 경멸했던 아랍인들은 애초부터 이스라엘과 치열한 전쟁을 수행할 마음의 준비가 되어 있지 않았다. 또한 유대인들에게도 벤구리온의 결정은 매우 중요한 심리적 효과를 미쳤다. 즉 도주하는 것은 생각할 수도 없는 대안이며, 과거의 그 오랜 오욕의 세월을 뒤로 하고 이제부터 맞서서 싸울 수 있고 또한 반드시 그래야 한다는 절실함을 유대인들의 뇌리에 깊이 각인시켜 주었던 것이다.

물론 벤구리온의 이런 결정으로 인해 희생이 없었던 것은 아니었다. 예루살렘 남쪽의 에치온Etzion 정착촌은 아랍 군단에 의해 완전히 쑥대밭이 되었다. 제마Zemach와 미시마르 하야든Mishmar Hayarden 또한 시리아군에게 함락되었고, 야드 모르데카이는 이집트군에 의해 무너졌다. 제1차 정전협정이 붕괴될 즈음에 이스라엘 방위군은 이슈브 내의 모든 지역을 방어하면서 이로 인한 병력 부족으로 상당한 진통을 겪기도 했다. 하지만 이스라엘인들은 아랍군의 초기 공격을 모두 막아냈고 각자에 할당된 전략적 요충지들을 빼앗기지도 않았다. 유대인들은 정전기간 동안 무기를 밀수입하고 지원병을 확보했으며 군대를 재정비하는 등 아랍국들보다 더 효과적으로 준비했고, 정전이 끝나자마자 시작된 전투에서 주도권을 되찾았다.

벤구리온의 대승적 사고와 과감한 결단력 그리고 융통성이 한데 조화를 이루어 가장 큰 효과를 본 것은 예루살렘에 대한 그의 전략적 결정이었다. 유대 국가의 건설을 승인했던 유엔 결의안 181조는 "예루살렘은 특별한 국제적 정부 하의 분할체corpus separatum를 창립하여 유엔이 관리할 것이다."라고 명시하고 있다. 약 10만 명의 유대인과 여러 성지가 있는 예루살렘은 유대인들에게 상징적인 측면에서나 인구가 집결된 주요 대도시의 측면에서나 양보할 수 없는 곳이었다. 예루살렘은 해안 평야에서 48 km밖에 떨어져 있지 않았지만, 보급선은 산악지대로 나 있는 구불구불한 길뿐이었고 주위의 아랍 촌락에 의해 지배되었다. 이스라엘이 독립을 선언하기 훨씬 이전에, 예루살렘으로 보급품을 수송하는 유대인들이 압드 엘 카드르 알 후세이니Abd el-Kadr al-Hussaini가 이끄는 아랍인들에 의해 공격을 받은 적도 있었다. 영국군이 철수하면서 유대인 호송행렬에 대한 보호는 제대로 이뤄지지 못했다.

이런 까닭에, 개전 초부터 벤구리온은 예루살렘에 대해 많은 신경을 써야만 했다. 1948년 1월에 이르러 그는 영국군의 철수와 때를 같이 하여 예루살렘에 대한 다단계 공격작전을 염두에 두고 있었고, 여기에는 해안쪽으로 나 있는 도로를 확보하기 위한 작전도 포함되었다.45 3월 31일, 일반 참모진은 그의 집을 방문하여 여러 가지 문제를 논의했다.

나는 그들에게 현 시점에서는 오직 하나의 시급한 문제가 있다고 말했다. 이는 예루살렘으로 나 있는 도로를 확보하기 위한 전투이며, 이갈 야딘이 양성한 400~500명 정도의 병력만으로는 적당하지 않다. 지금으로선 이 싸움은 우리에게 결정적으로 중요한 전투이다. 예루살렘이 적의 수중에 넘어가면 이슈브에겐 치명적인 타격이 될 것이고 아랍인들도 이런 사실을 잘 알고 있다. 이들은 예루살렘과의 연락을 차단하기 위해 많은 병력을 집중배치했기 때문에, 우리는 반드시 사용가능한 모든 병력을 동원해야 한다. … 이후 즉시 우리는 사무실로 가서 작전을 짰다.46

벤구리온의 명령으로 이스라엘군은 독립전쟁 중의 최대 작전인 나츠숀

NACHSHON 작전을 수행하게 되는데, 이는 출애굽기 동안에 맨처음 홍해에 뛰어든 이스라엘인의 이름을 딴 것이다. 이 작전에는 이스라엘로서는 처음으로 여단급 병력이 동원되어 4월 3일부터 16일까지 약 1천 500명의 병력이 투입되었다. 이스라엘군은 여기서 필사적인 전투를 벌였고 카스텔Kastel이라 불린 언덕 꼭대기 전투에서는 팔레스타인 아랍군에서 최고의 게릴라 지도자로 꼽혔던 압드 엘 카드르 알 후세이니가 전사했다. 3개의 거대 규모의 호송부대가 예루살렘에 도착하여 한 달 동안의 전면전을 버틸 만한 보급물자를 공급했다. 예루살렘에 밀집된 수많은 유대인들로 인해 치열한 포위공격이 계속되는 동안에도 이 지역을 사수해야 한다는 절박감은 더했다. 반면 아랍인들은 공격에 대한 충분한 동기가 없었고 이로 인해 전의 또한 상실해 버렸다.

일단 전쟁이 시작되자 벤구리온은 북부와 남부지역에서 아랍 정규군의 공격에 시달리고 있는 유대 정착촌보다 예루살렘의 방어가 무엇보다도 우선시되어야 한다고 주장했다. 전시에 종종 발생하듯이, 사소한 일이 때로는 큰 사건으로 비화되기도 한다. 벤구리온은 이스라엘 방위군 소속 작전 부문 사령관인 이갈 야딘과 구식 65 mm 대포 4문을 갈릴리 북쪽 전선에 배치해야 하는지 아니면 예루살렘 전선에 배치해야 하는지를 놓고 설전을 벌였다. 야딘은 벤구리온의 의견에 강한 거부감을 나타내기 위해 총리의 책상을 자신의 주먹으로 강하게 내리쳤다. 테이블의 유리가 박살나 버릴 정도였다. 우여곡절 끝에 결국 두 사람은 화해를 했다.47

아랍국들이 참전하면서 예루살렘은 다시 한번 치열한 쟁탈전에 휘말리게 되었다. 일단 전쟁이 시작되자 라트룬Latrun에 주둔하고 있던 아랍 군단은 예루살렘으로 이르는 도로를 물샐틈없이 단단하게 봉쇄해 버렸다. 벤구리온은 수차례 명령을 내려 라트룬에 대한 공세를 강화하도록 했다. 그 결과 이 작전은 이스라엘 독립전쟁 당시에 치러진 전투 중에서 가

장 많은 사상자 수를 냈고, 오늘날까지도 이 작전의 실효성에 대해서는 논란을 불러일으키고 있다.48

예루살렘 작전에서 아랍군의 예봉을 견뎌야 했던 이들은 제대로 훈련도 받지 못한 이민자들이 대부분이었고, 많은 병력손실을 입었지만 실익은 거의 없었다. 잘 훈련받은 아랍 군단은 라트룬에 대한 이스라엘군의 공세를 격퇴했고, 한편 사방이 벽으로 둘러싸인 올드 시티Old City(예루살렘은 올드 시티Old City와 뉴 시티New City로 구분된다. 올드 시티 또는 예루살렘성이라 불리는 지역은 성서에도 나와 있는 곳으로 사방이 성벽으로 둘러싸여 있다. 반면 뉴 시티는 19세기 말 이후로 새롭게 발전하고 있는 지역으로 올드 시티 면적의 100배에 달한다) 안에서 주둔했던 요르단군은 예루살렘 내의 유대인 거주지역을 줄이기까지 했다.

벤구리온은 웨스트포인트 졸업생이며 제2차 세계대전 동안 미국 육군 법률가로서 복무한 경험이 있는 미키 마커스Mickey Marcus에게 이스라엘군에 대한 지휘권을 맡겼다. 마커스는 라트룬을 점령하지는 못했지만, 정전협정이 체결되기 하루 전날 우회도로를 건설하는 데는 성공했다. 이를 통해 이스라엘의 호송단은 예루살렘으로 이동하여 거의 아사 직전에 있던 유대인들에게 식량 및 물자를 공급할 수 있었다.

예루살렘을 얻기 위한 벤구리온의 작전은 대부분 성공했지만 완벽한 성공으로 보기에는 어려웠다. 예루살렘에는 중요한 아랍 거주지역이 있었고 도시 내의 유대 병력이 주둔한 지역에도 마찬가지였다. 하지만 템플 마운트Temple Mount를 비롯한 올드 시티 지역은 아랍 군단의 손아귀에 떨어졌다. 정전기간이 끝나고 이스라엘의 공세가 재개되었을 때 벤구리온은 이스라엘 방위군의 대부분 병력을 더 이상 예루살렘에 투입하지 않았다. 그는 갈릴리 지방의 정복과 네게브 사막으로 진군해온 이집트 병력을 몰아내는 데 병력을 투입했다.49

벤구리온은 언뜻 보기에는 협상이나 군사행동에 있어서 융통성이 전혀 없는 것처럼 보였지만 사실은 어느 시점에서 양보를 해야 할지를 정확하게 알고 있었던 인물이었다. 예컨대 그는 팔레스타인 내에 3개 지역에 걸쳐서만 영토를 인정해 주는 유엔의 분리 결의안을 받아들였다. 그는 유대국가가 자생력을 갖기 위해서는 네게브 사막의 광활한 공간과 북부지역의 상당 부분이 필요하다는 사실을 잘 알고 있었던 것이다. 더군다나 벤구리온은 예루살렘이 국제적으로 관심의 대상이었고 이 문제의 해결과 관련하여 국제사회로부터의 압력을 이미 체감하고 있던 터였다. 또한 다른 유대 지도자들처럼 그는 압둘라 국왕과의 실용적 거래에 대해 희망을 포기하지 않고 있던 터였다. 압둘라 국왕은 휘하의 좀더 강경한 민족주의 관료들의 말을 거부한 채 예루살렘 내의 회교성지에 대한 통제권만으로 만족하는 모습을 보였다. 물론 예루살렘 안의 회교 성지와 유대인들의 성지는 거의 동일한 지점에 위치해 있었다.

정전협상이 결렬된 후 1948년 7월에서 1949년 1월 사이 6개월 동안 벤구리온은 짧지만 아주 치열했던 전쟁을 총지휘했다. 사실 말이 정전이었지 그 기간 동안에도 양측은 협정 내용을 여러 차례 어겼다. 이스라엘 독립전쟁의 두 번째 국면으로 접어들기까지 이스라엘 방위군은 군의 규모나 세분화 그리고 사기 면에서 발전된 모습을 보였다. 짧지만 집중적인 공격을 통해 이스라엘 방위군은 원래의 유엔 분리안이 규정한 이스라엘 영토의 대부분을 되찾았을 뿐만 아니라 인접국 영토의 일부까지 손에 넣었다.

1948년 1월 로드Rhodes에서 마지막 정전 협상이 열릴 무렵에 이스라엘군은 시나이 반도를 가로질러 대규모의 이집트군을 고립시켰고 이스라엘 중부 및 북부에 있던 요르단, 시리아, 이라크 병력에 비해 월등한 우위를 점했다. 벤구리온은 전황을 신중하게 예의주시하면서 아랍국들이 정전 협상을 어길 경우에 이를 적극적으로 활용하여 적들을 더욱 밀어부쳤지만 언제 자제해야 할지를 알고 있었다.

1948년 9월 벤구리온은 예루살렘 남쪽 헤브론에 대한 공략을 심각하게 고려하고 있었다. 만약 작전이 성공한다면 이스라엘은 예루살렘 남부의 서안지역West Bank 전체를 지배할 수 있고 올드 시티도 다시 되찾을 가능성이 있었다. 하지만 이스라엘 내각이 이번 공격에 반대의사를 표명함에 따라 벤구리온도 어쩔 수 없이 포기해야 했다. 그는 나중에 이를 가리켜 '여러 세대가 통곡할 일'이라고까지 하면서 아쉬운 감정을 토로했다. 이로 인해 이스라엘이 유대안 언덕의 모든 지역에서 요르단 강에 이르는 지역을 지배할 기회를 잃어버렸던 것이다.50

하지만 그는 영국의 적대적인 태도와 미국과 소련의 미온적인 지지, 그리고 팔레스타인 난민 문제를 감안할 때 공격을 포기하는 것이 현명하다고 생각했다. 9월 27일 그는 대정부 연설에서 "우리는 마음대로 군사력을 사용할 수는 없습니다. 우리보다 훨씬 더 강력한 국가들도 이런 식으로 마음대로 군사력을 사용하지는 못합니다. 이제 전 세계의 모든 사물은 서로 의존하고 있습니다. … "라고 말했다.51 그는 신생 이스라엘의 군사력이 이웃 국가들에 비해 우위를 점하고 있다는 사실을 잘 알고 있었고 조국의 영토를 늘리려는 강한 욕구도 있었지만, 국제사회의 정치적 제약을 받아들이기로 결심했다.

우리는 전쟁에서 이기고 적들을 공격하여 압둘라의 군대와 시리아, 이라크, 이집트군을 박살내면서 그들의 영토를 차지할 수도 있다. 그렇지만 그 결과로서 세계의 나머지 국가들을 우리의 적으로 삼게 된다면, 이는 외교전에서의 패배를 의미하는 것이다.52

1949년 남부전선을 방문한 벤구리온은 이갈 알론Yigal Alon과 이츠하크 라빈Yitzhak Rabin에게 헤브론 남쪽의 지역을 어떻게 정복할 것인지에 대한 질문을 던졌다.

알론은 우리가 작전을 어떻게 수행할지에 대해 아주 소상하게 설명하기 시작했다. 그러다가 갑자기 말을 멈추고 궁금한 듯 묻는 것이었다. "각하, 정말 이 지역을 정복하기를 원하십니까?" 벤구리온 총리의 눈에 광채가 돌기 시작했다. 그는 "지금이야 가능하지 않소만, 아마 언젠가는 … "라고 대답했다.53

벤구리온은 신생 유대국가의 영토로서 요르단 강 서안지역 전체라도 흡족하게 받아들였을 것이다. 그는 예루살렘의 동쪽 절반을 상실한 데 대해 몹시 안타까워했다. 하지만 결국 자신의 야심을 접고 신중한 태도를 고수했다. 팔레스타인의 분리안에 반대했고 이스라엘의 주요 군사적 적대국인 이집트, 요르단, 이라크를 지지했던 영국 정부는 여전히 이스라엘에 적대적이었다. 이와 더불어 팔레스타인 난민들이 인접국으로 대거 이동하는 사태를 빚게 되자 국제정세는 이스라엘에게 불리한 상황으로 돌아갔다.

벤구리온은 소련 연방이나 미국을 이스라엘의 후원국으로 만들려는 희망도 품지 않았고 또한 그렇게 기대할 수도 없었다. 양국은 이스라엘에 동정적인 시각을 갖고 있었지만, 이스라엘의 영토확장을 지지할 경우 초래되는 아랍 국가들의 반발을 무시할 수 없었기 때문이다.

"우리 군의 결함 중에서도 기강 해이가 가장 심각한 문제이다"

전시의 많은 정치인들처럼, 벤구리온은 전략적 문제, 즉 정치적 목적을 위해 무력을 어떻게 사용할 것인지를 결정해야 했을 뿐만 아니라 동시에 국가의 제도적 틀을 마련해야 했다. 벤구리온은 자의식이 강한 국가 건설자였고 자신의 정치철학을 국가통제주의라고까지 표현했다. 그는 팔레스타인 유대인과 해외에 있는 수많은 유대인들의 다양한 문화적 배경을 충분히 인식하고 있었기 때문에 이를 극복하기 위한 수단으로서 강력한 제도적 장치를 갖춘 국가를 건설하기를 희망했다.

이를 위해 벤구리온은 고대 유대 언어인 히브리 어를 일상 생활에서 의무적으로 사용하도록 했다. 당시 히브리 어는 기도나 종교적 목적에만 사용되다가 생활언어로 사용된 지는 얼마 되지 않았다. 국방장관으로 재직할 때 그가 맨 처음 내린 명령은 휘하의 모든 장교들이 자신의 이름을 히브리식으로 개명하라는 것이었다. 그는 새 국가를 건설하는 데 있어서 언어가 주는 상징적인 중요성에 대해 충분히 이해하고 있었던 것이다.

신생 국가인 이스라엘이 당면한 과제 중에서 가장 시급했던 문제는 정치적 중립을 유지하는 군사조직을 창설하는 일이었다. 당시의 이스라엘에는 정통성을 가진 정치 지도자의 지시에 충실하고 무력사용에 대한 전권을 행사하는 그런 군 조직이 절실히 필요했다. 6월 11일 시작되어 7월 8일까지 지속된 제1차 정전기간이 끝난 지 일주일 후에 벤구리온은 자신의 일기장에 다음과 같이 기록했다. "우리 군의 모든 결함 중에서도 기강 해이가 가장 심각한 문제이다. 그리고 무엇보다도 최고위 지휘관들에게서 이런 문제는 가장 심하게 나타난다."[54] 그가 이 같은 기록을 남긴 시점은 이스라엘 방위군 소속 여단장들과 10시간에 걸친 회의를 마치고 난 후였다.

회의에서 벤구리온은 군 지휘관들에게 당시까지의 작전 수행에 대해 꼬치꼬치 캐물었다.55 그는 고위급 사령관들이 라트룬을 점령하여 예루살렘과의 안정된 통신망을 확보하기 위해 헌신적인 노력을 펼치지 않는다고 비난을 퍼부었다. 하지만 그의 관심사는 비단 정치권의 명령에 순응하는 군 지휘관들을 임명하는 것만이 아니라, 독립전쟁 전의 게릴라와 테러단체들 그리고 자치권을 누리고 있던 팔마흐 조직을 모두 이스라엘 방위군 조직으로 예편시키는 것이었다.

이런 식의 내부 정치 투쟁은 어떤 때는 담배연기 자욱한 밀실에서 이뤄졌지만, 때로는 텔아비브 전체에 모르는 사람이 없을 정도로 공개적으로 진행되기도 했다. 이러한 투쟁은 병력 부족으로 어려움을 겪던 이스라엘 군을 어디에 어떻게 배치해야 하는지에 대한 결정만큼이나 어렵고 힘든 결정이었다. 벤구리온의 독재적인 스타일과 성격은 다른 이들의 격렬한 반응을 자아냈다. 더군다나 그의 독선적인 주장이 국가 건설자로서의 충정어린 결단에 의한 것인지 아니면 단순히 자신의 주장과 방식만을 고수하려는 태도에서 나온 것인지를 구별하는 것 또한 매우 어려운 지경이었다. 하지만 그 결과로 탄생한 것은 이스라엘 방위군이었고, 이는 본질적으로 전문적이고 정치적으로 중립적인 군대였다.

이스라엘 방위군은 1948년 5월 26일 창설되었고 지도부와 핵심 참모진은 하가나와 팔마흐 출신들이었다. 지하무장단체인 레히와 이르군의 지도자들 또한 새로이 탄생한 이스라엘 방위군과의 합병을 약속했다. 기껏해야 수백 명 정도의 대원을 거느린 레히로서는 비교적 큰 문제가 되지 않았다. 하지만 3천 명의 대원을 거느리고 있던 이르군은 1948년 3월에 이스라엘의 대부분 지역이 독립된 후에야 비로소 이스라엘 방위군에 들어오게 되었다. 이르군은 독립전쟁 전의 기간 동안에는 하가나의 지시에 따라 투쟁을 했고, 예루살렘에 강한 지지기반을 두고 있었다. 이 단체는

예루살렘 방어를 위해 약 700명으로 구성된 강력한 대대를 운용하기도 했다.56

이르군과 하가나 및 팔마흐 간에는 해소되지 못한 감정의 앙금이 있었다. 과거 하가나는 영국 식민정부를 도와 이르군 요원들을 검거한 적이 있으며, 그 기억은 아직도 이르군 지도부의 뇌리에 남아 있었다. 하가나는 1948년 4월 예루살렘 외곽에 위치한 데이르 야신Deir Yasin에서 이르군이 아랍 주민들을 학살한 데 대해 비난을 퍼부었다. 예루살렘으로 통하는 도로를 확보하기 위해 시도된 이 작전은 계획부터 잘못되었고 결함 투성이였다.

결국 이르군이 원래의 목적은 달성하지 못한 채 무고한 아랍 주민들만 죽였다는 비판이었다. 이르군 또한 나름대로 불만에 가득 차 있었다. 이 작전에 대한 승인을 해준 이가 바로 하가나의 사령관이었기 때문이다. 더 나아가서 대부분의 이르군 대원들은 골수 좌파들로 득실거릴 것만 같은 팔마흐에 대해서도 좋지 않은 감정을 갖고 있었다. 반면 팔마흐 또한 이르군을 새로운 유대 국가에서 이념적인 오염을 일으킬 수 있는 잠재적 골칫거리로 보았다. 이러한 원한 관계가 곪아터져 생긴 사건이 바로 '알타레나 사건Altalena affair'이었다.

이르군은 제2차 세계대전 직후에 유럽으로부터 방대한 양의 무기를 구입했고 대규모 불법이민을 주도했다. 1948년 6월 초에 알타레나호는 5천정의 소총, 250정의 기관총, 박격포, 대량의 포탄, 수류탄, 고성능 폭발물과 900명의 해외 지원병을 싣고 프랑스 남부에서 이스라엘로 향하고 있었다. 이 배는 제1차 정전기간이 시작된 지 8일 후인 6월 19일 이스라엘 해안가에 도착했다. 이르군의 수뇌부는 배를 통해 들어온 무기와 병력을 조직 내부에 유보시키거나 아니면 예루살렘에 배치될 이르군 대원용으로 활용할 의도였다. 벤구리온은 이 배와 배 안의 모든 화물 및 인력은 이스라엘 방위군의 용도에 따라 사용되고 배치되어야 한다고 생각했다. 배와 내륙간에 그리고 이르군과 벤구리온 측과의 원활하지 못한 의사소통으로 인해 배는 정박하지 않고 해안가에 계속 머무르게 되었다.

이 배는 처음에는 크파르 비트킨Kfar Vitkin 해안에서, 그후에는 텔아비브 해안에서 머물렀고, 이르군 수뇌부는 배의 하역을 돕기 위해 대원들을 파견했다. 벤구리온은 이르군이 자신의 지시에 따르지 않자 26살의 이츠하크 라빈이 지휘하는 팔마흐 부대에 명령을 내려 알타레나호를 공격하도록 했다. 결과적으로 이르군 대원 18명이 목숨을 잃었고 10명이 부상을 당했다.57 이는 이르군 대원들에게 가슴이 찢어질 정도의 처참한 광경이었다.

하지만 가까스로 분노를 억누른 이르군의 사령관 메나헴 베긴Menachem Begin은 부하들에게 보복을 금지했고 그후에 이르군 조직은 완전히 이스라엘 방위군에 흡수되었다. 몇 년 후 이스라엘이 제3사원Third Temple을 완공했을 때, 벤구리온은 알타레나호를 침몰시켰던 그 '성스러운 대포'가 재단의 가장자리에 위치해야 한다고 주장함으로써 이스라엘의 많은 우익인사들을 다시 한번 격노하게 만들었다.58

알타레나 사건이 끝났다고 해서 통합되고 정치적 중립을 지키는 이스라엘 방위군을 창설하려는 벤구리온의 앞길에 모든 난관이 사라져 버린 것은 아니었다. 그의 눈에는 반독립적인 성격의 무장단체인 팔마흐 또한 이스라엘의 군사제도를 정비하는 데 큰 위협을 주고 있는 것으로 비쳐졌다. 팔마흐는 1941년 창설되었고 소규모 부대로서 게릴라 작전 등을 수행했다. 원래 팔마흐는 제2차 세계대전 동안 이집트에서 롬멜 부대가 팔레스타인으로 진군할 경우 유대 공동체를 보호하기 위해 결성된 무장단체였다. 얼마 지나지 않아 팔마흐는 이슈브의 상비군으로서의 성격을 띠게 되었고 키부츠에 근거지를 두었다.

아랍국들과의 전쟁이 터졌을 때, 팔마흐는 자체적인 명령계통을 갖는 3개 여단으로 구성되어 작전을 수행했다. 물론 당시에도 벤구리온은 팔마흐 부대를 이스라엘 방위군의 정규 여단에 분산 배치하기를 원했지만 행동에 옮기지는 못했다.59 팔마흐는 다른 무장단체에 비해 자생적 성격이 강한 집단으로서 사회주의 성향을 띠고 비공식적이며 독립적인 군사행동을 수행하는 데 자부심을 느꼈다. 그리고 한편으로는 정규군의 불필요한 형식이나 가식 등에 대해서는 경멸감을 감추지 않았다. 팔마흐의 지도자들은 이스라엘 방위군에서 최고로 꼽혔는데, 대표적 인물로는 총사령관인 이갈 알론Yigal Alon과 예루살렘 전선에 배치된 하렐Harel 여단의 사령관인 이츠하크 라빈이었다.

벤구리온은 팔마흐를 이용하여 이르군을 제압했다. 이제 그는 좀더 정교한 방법으로 팔마흐 자체를 해체시키려는 노력을 단행하려고 했다.60 1948년 5월 3일 독립선언과 아랍국들과의 전면전이 있기 2주도 안 남겨놓은 시점에서, 벤구리온은 국가 사령부의 총사령관 갈릴리를 전격적으로 해임해 버렸다. 이로 인해 팔마흐의 고위 수뇌부와 하가나 조직이 벤구리온과 갈등을 일으킬 소지를 남겼다. 이들은 비교적 온화한 성격인 갈릴리와 함께 일하기를 원했기 때문에 그의 사임을 둘러싸고 반발의 움직임을 보였고 벤구리온은 일시적으로 양보하여 갈릴리를 복직시켰다.

하지만 벤구리온은 자신이 이스라엘의 국방장관으로서 갖는 모든 권한을 반드시 행사할 수 있어야 한다고 주장함으로써 자신의 통제력을 더욱 확고히 하고자 했다. 이는 군의 사령관들과 참모들에게 직접적인 명령을 내릴 수 있는 권한을 더욱 강화하고자 하는 조치였다. 5월 12일 마침내 이스라엘 내각은 그의 요구를 들어주었다.61

이로 인해 벤구리온은 정적과 군부 내 반대세력으로부터 격렬한 비난을 받게 되었다. 제1차 정전 기간 동안 모르데카이 마클레프Mordechai

Makleff를 비롯하여 영국군에서 복무한 장교들을 기용하여 전략적으로 중요한 전선에 배치하기를 원했다. 또한 벤 던켈만Ben Dunkelman 같은 노련한 군인을 새로이 창설되어 사기가 형편없었던 제7여단의 사령관으로 임명하려고 노력했다. 제7여단은 나중에 이스라엘 방위군에서 첫 번째 기갑 부대가 되었다.62 외국군에서 훈련받은 많은 다른 군인들처럼, 던켈만은 팔레스타인에서 군 생활을 한 이스라엘 군인들로부터 의혹과 냉대를 받았다. 던켈만은 맨처음 팔마흐 부대에 배치되었는데, 거기서 그가 팔마흐 여단 소속 참모들의 일처리가 미숙하다고 평했다가 팔마흐 장교들로부터 날카로운 반격을 당하기도 했다. "팔마흐에서 우리는 실제 지형을 봐야 하오. 우리는 지도나 보면서 계획을 세우진 않소!"63

6월 24일 마침내 이러한 갈등이 표면화되었다. 벤구리온은 고위 명령계통을 재조직하는 것을 골자로 하는 야딘의 계획에 대해 거부의사를 표명했던 것이다. 야딘의 계획에는 팔마흐의 지휘관들과 마팜Mapam(마팜은 마파이보다 좌파성향이 강하고 친소련 성향의 정치인들이 만든 정당으로 키부츠의 이익 수호에 앞장섰다. 이갈 알론이나 갈릴리 등의 군부 인사들이 참여했다)의 좌파 인사들이 군 조직 내에서 누렸던 권한을 더욱 강화하는 내용이었고 벤구리온은 이를 용인하지 않았다. 7월 1일 야딘과 군의 고위직에 있던 마팜의 일부 의원들이 사임을 표명했다. 물론 그들이 진정으로 사임할 의사를 갖고 있었는지에 대해서는 의문의 여지가 있었다.

여기서 전시중에 있는 내각에서 일어난 일이라고는 믿기지 않을 만큼 놀라운 사건이 일어나게 된다. 남부전선에서 불안한 징후가 포착되고 있는 와중에서도 이스라엘 정부가 내무장관인 이츠하크 그린바움Yitzchak Greenbaum이 주재하고 외무장관, 법무장관, 보건 및 이민장관, 농업장관이 포함된 5인 위원회가 구성되어 벤구리온의 전쟁 수행에 대한 심의를 연 것이다.64

7월 3일부터 6일까지 소집된 이 위원회는 야딘을 비롯하여 분을 삭이지 못하는 군 장성들로부터 벤구리온이 전쟁의 세부사항에 대해 지나치게 간섭한다는 비난섞인 증언을 들었다. 비교적 비난의 강도가 약했던 야딘 또한 "전쟁에 관련된 문제는 크게 두 부분으로 나뉘어집니다. 하나는 전략적 결정으로서 전시에 있어서 최고위 지도자들의 정치활동입니다. 하지만 나머지 부분인 실제 작전은 군이 주도해야 합니다."라고 증언했다.65 민군관계에 대한 정상이론을 이보다 더 완벽하게 설명한 말도 없을 것이다. 야딘은 "제게 어떻게 해야 할지가 아니라 무엇을 해야 할지만 말해주십시오."라고 말함으로써 당시 군부가 품고 있던 정서를 아주 효과적으로 대변했다.

벤구리온 또한 이에 정면대응했다. 그는 군의 정치세력화를 언급했고 하가나와 팔마흐 조직이 영국군 출신 장교들에 대해 편견을 갖고 있으며, 전반적으로 기강이 잡혀 있지 않다고 강하게 비판했다. 그는 자신이 군사적으로 세부적인 사항까지 개입한 것은 이스라엘군이 자신의 명령을 제대로 이행하지 않았기 때문이라고 주장했다. 또한 국방장관으로서 자신은 서로 복잡하게 얽혀 있는 전쟁의 모든 국면을 관장할 수 있는 권한을 갖고 있다고 말했다. 그린바움 위원회는 국방장관과 참모총장 사이에 직위 하나를 신설하여 벤구리온의 권한을 축소하고 그와 군부간의 불화와 관련된 모든 문제는 전시 내각에 회부되어야 한다는 권고안을 내놓았다. 이에 대한 반응으로 벤구리온은 사임의사를 밝혔다. 제1차 정전기간을 단 하루 남긴 시점에서 마침내 이스라엘 내각은 굴복했고, 벤구리온은 자신의 절대적인 권한을 계속 보유할 수 있었다.

벤구리온은 팔마흐를 흡수하기 위한 기회를 노리고 있었다. 1948년 10월 말 이집트군에 대한 공격을 재개하기 하루 전에 그는 이스라엘 방위군이 팔마흐 사령부의 명령권을 접수하고, 팔마흐의 3개 여단 조직은 이스라엘 방위군 조직에 그대로 흡수되도록 했다. 여기에는 벤구리온의 절묘한 계산이 깔려 있었다. 당시 이갈 알론은 이스라엘의 남부전선 사령관으로서 바쁜 나날을 보내고 있었다. 그는 네게브 사막 전역을 점령했고, 훗날 홍해 항구로 기능을 하게 되는 에일랏Eilat을 장악하기 위해 유격대를 파견하고 시나이 반도의 엘 아리쉬El Arish까지 진격하는 등 동분서주했기 때문에 다른 일에 미처 신경을 쓸 틈이 없었다.

하지만 팔마흐 대원들은 벤구리온의 결정에 강력히 반발했다. 이들은 이번 조치가 궁극적으로는 팔마흐 조직 자체의 와해를 위한 포석임을 이미 예견하고 있었다. 벤구리온은 강하게 부인했지만 한편으로는 팔마흐의 해체에 대한 정당성을 주장했다. 부상당한 팔마흐 대원에게 보낸 편지에서 그는 자신은 팔마흐 부대 자체를 해체시킬 의도는 없다고 말하기까지 했다. 물론 그의 말은 본심과는 거리가 멀었다.66

팔마흐의 완전한 해체를 위해 벤구리온은 다시 한번 기회를 노렸다. 1949년 5월 그는 팔마흐의 3개 여단을 해체하고 팔마흐 조직이 완전히 이스라엘 방위군에 흡수되도록 명령했다. 이에 반대하여 팔마흐로부터 여러 차례의 항의와 성토가 이어졌다.67 벤구리온은 병약한 야코브 도리 Ya'akov Dori를 해임했고 젊고 금욕적인 인류학자 출신으로서 팔마흐에서는 한번도 활동해본 적이 없는 이갈 야딘을 이스라엘 방위군의 참모총장으로 임명했다. 사실 이스라엘 방위군의 초대 참모총장 후보로는 강한 카리스마로 군부 내에 지지층이 두터웠던 알론이 영순위였다. 하지만 벤구리온은 이러한 알론 대신 야딘을 택했다.

물론 야딘 또한 벤구리온에 대해 불평을 토로한 적은 있지만 그에게 다른 사령관들처럼 심한 비난을 퍼붓지는 않았다. 야딘은 또한 새로이 창설된 이스라엘 방위군 내부에 존재하는 여러 부류 속에서도 언제나 중립을 지켰다. 벤구리온은 모쉐 다얀Moshe Dayan이나 이츠하크 라빈 같은 젊고 전도유망한 사령관들은 군에 계속 남겨두었다. 다얀과 라빈 모두 후에 군사령관이 되었다. 벤구리온으로서는 군의 인사정책을 통해 통합된 모습의 이스라엘 방위군을 창설하려는 자신의 의도를 분명히 밝힌 셈이었다. 야딘을 선택한 것은 현명한 일이었다. 야딘은 체계적이고 빈틈없는 인물이었으며 벤구리온이 선호했던 영국군 장교 출신이 아니면서도 그들에게서 찾아볼 수 있는 장점은 골고루 갖추고 있었다.

야딘은 야전 사령관으로서는 다소 평가가 엇갈리지만, 조직 구성이나 브리핑에 매우 능숙한 군인이었다. 군사문제에 대한 그의 명쾌한 분석은 영국의 군사문제 언론인이자 역사학자인 바실 리델 하트Basil Liddell Hart 같은 외국인 전문가들에게도 깊은 인상을 심어주었다. 야딘은 또한 독립 선포 후 이스라엘 방위군을 조직하는 과정에서 기본적인 토대를 마련하는 데에도 크게 기여했다. 벤구리온과 야딘은 이스라엘군에게는 정형화된 규율과 정규군이 가지는 모든 인프라 시설이 필요하다는 데 뜻을 같이 했다. 야딘에게 부족했던 점은 지휘관으로서 전투를 이끄는 데 필요한 기백이었는데 이는 다른 사령관들이 제공해줄 수 있는 문제였다. 야딘과 함께 일을 하면서 벤구리온은 여러 가지 복잡한 상황 속에서도 이스라엘의 국가적 전략을 다듬어 갔다.

유엔은 이스라엘의 관할하에 있는 예루살렘의 일부 지역을 국제화하려는 움직임을 보였다. 영국은 여전히 이스라엘에 대한 곱지 않은 눈길을 보내고 있었고 독립전쟁이 막바지에 이를 무렵에는 시나이 반도 상공에서 이스라엘 공군과 영국 공군간의 전투가 벌어지기도 했다. 수십만 명의 팔레스타인 아랍인들이 전쟁의 참화를 피해 인접국으로 피난가는 장면은 국제사회의 동정심을 유발했다.

이스라엘은 상당한 군사력을 성공적으로 동원했고, 전쟁이 끝날 무렵에는 막강한 군대를 보유할 수 있게 되었다. 영토 또한 원래 유엔 결의안을 통해 할당된 영토보다 더 많은 부분을 차지하게 되었다. 더군다나 수많은 아랍인들이 팔레스타인을 떠나 인접국으로 이주했기 때문에 이 지역에서 이제 유대인들이 인종적으로 다수를 차지하게 되었다. 이스라엘은 세계의 열강으로부터 정식 국가로서 인정을 받게 되었고 국경지역의 상당 부분이 적에게 노출되어 있지만, 지속적인 성장과 번영의 기반을 마련할 수 있는 영토를 확보하게 되었다.

최후의 경고

많은 다른 민주주의 국가들처럼, 이스라엘 또한 지금은 군을 국가의 중립적 기구로 간주하고 있다. 하지만 이스라엘군이 항상 그러했던 것은 아니며 벤구리온의 의식적인 노력이 없었다면, 과연 군이 현재와 같은 정치적 중립성을 유지할 수 있을지에 대해서도 의문이 든다.68 팔마흐는 쉽게 사회주의 국가의 이념적 근위병이 되었을 것이고 실제로도 그런 노력을 벌인 적이 있다. 사실 이스라엘 방위군의 고위 지휘관들은 정당 정치에 참여했었고 군의 고위 장성들은 젊은 나이에 전역하여 정계에 입문하는 경우도 있었다. 하지만 벤구리온이 이스라엘 방위군에 남긴 족적으로 인하여 이스라엘군은 요르단을 제외한 아랍의 어떤 나라보다도 더 전문적이면서 비정치적인 집단으로 거듭나게 되었다. 군의 효과적인 작전수행의 측면에서도 비약적인 발전을 이루게 되었다.

벤구리온은 여러 가지 면에서 이스라엘 방위군의 아버지와 같은 존재였다. 그는 오늘날까지도 이스라엘 사회 일반보다는 이스라엘군 창설의 대들보 같은 인물로 존경받고 있다. 이스라엘 방위군의 고위 지휘관들은 최근까지도 정기적으로 회합하여 벤구리온이 남긴 기록을 연구하고 그의 업적 및 그 의미에 대해 깊게 생각할 기회를 가져왔다고 한다. 그가 은퇴한 이후에도 군의 여러 장군들이 이 늙은 거장에게 찾아와서 자문을 구했고 때로는 그로부터 질책을 듣기도 했다.

1967년 5월 당시 참모총장이었던 라빈이 스데 보커Sde Boker에 있는 그를 찾아와 임박한 전쟁의 발발 가능성에 대해 질문을 던졌을 때 벤구리온은 라빈에게 호통을 쳤다고 한다. 우방 국가 하나 없이 전쟁을 일으킬 경우 이스라엘은 얼마나 큰 위험에 빠지겠느냐는 것이 벤구리온의 주장이었다.69 불안감과 수면부족 그리고 흡연과다로 가뜩이나 만신창이가 된 몸을 이끌고 온 라빈은 그의 호통에 놀라 기절할 뻔했다고 한다.

하지만 벤구리온은 그 전쟁(여기서 말하는 전쟁은 1967년 발발한 제3차 중동전쟁 또는 '6일 전쟁'을 말한다. 시리아, 이집트, 요르단 등을 상대로 이스라엘은 완승을 거두었고 영토 또한 넓혔지만, 그 과정에서 수많은 팔레스타인 난민들이 발생했다) 속에 내재한 위험만 의식한 것은 아니었다. 작전상으로 그 전쟁을 통해 기대했던 것보다 훨씬 더 많은 성과를 거두었다. 하지만 쉽게 이긴 그 전쟁의 결과에 대해 벤구리온이 내린 불길한 예언은 기대했던 것보다 훨씬 더 정확하게 적중했다. 특히 전쟁으로 인해 이스라엘에 대해 불타오르는 적개심을 느끼고 있는 수많은 팔레스타인 아랍인들의 처리문제가 대표적이었다.

다른 위대한 전시 지도자들처럼 벤구리온은 군인들과 그들의 지휘관들에 대해서는 따뜻한 애정을 갖고 있었지만, 군 내부의 관료주의 조직체계에 대해서는 깊은 불신을 가지고 있었다. 믿기지 않겠지만 그는 전쟁에 대해서 거의 평화주의자에 가까운 반감을 갖고 있었다.

군대가 꼭 필요하다는 사실은 비민주적이고 비인간적이며 시온주의와도 거리가 멀고 비사회주의적이다. 왜냐하면 군은 인간을 살상하고 시설을 파괴하기 위해 존재하기 때문이다. 하지만 우리의 적들이 우리를 말살하려 하고, 오직 군사력을 통해서만 우리에게 해를 가하려는 적의 의지와 능력을 파괴할 수 있다는 사실 또한 부인할 수 없다.70

벤구리온은 1948년 6월 19일 연설을 통해 위와 같은 말을 남겼다. 이 연설은 아마도 그의 연설 중 가장 흥미있는 것 중의 하나로서 그 제목은 '지하 무장단체였던 하가나가 정규군이 되다'였다. 벤구리온은 이 연설에서 군사문제에 대한 자신의 지론 중 핵심적인 내용을 말했다. 그 중에는 군사 전문가들의 조언에 대한 그의 견해가 포함되어 있다.

다른 모든 현실적 차원의 문제에서처럼, 군사문제에서도 이론이나 기법에만 능한 전문가들은 훌륭한 조언과 안내는 할 수 있을망정 현명한 결정을 내릴 수는 없다. 그보다 더 필수적인 요소는 개방된 사고와 상식이다. 그리고 이러한 자질들은 어느 정도까지는 누구나 가지고 있는 것들이다.71

벤구리온은 "전쟁시 군사문제에서는 일반적인 사항이란 없고 오직 세부적인 항목만 있을 뿐이다."라고 말했다.72 이와 관련하여 만약 그에게 잘못이 있다면, 이는 총리로서 그리고 국방장관으로서 그가 개인적으로 행사했던 민간인 통제권을 떠받쳐 줄 만한 제도적 장치를 마련하지 못했다는 사실이지, 통제력을 행사한 사실 자체가 되어서는 안 될 것이다. 벤구리온에게는 자신이 국방장관으로 임명한 시몬 퍼레즈Shimon Peres와 같은 명석한 후계자가 있었다. 하지만 그는 공직에서 은퇴하여 민간인의 신분이 되었지만 이스라엘의 군사문제에 대해서는 실질적인 영향력을 행사했다. 벤구리온의 은밀한 정치 활동은 과도기적 이스라엘 정계에서 오랫동안 정치활동을 해온 결과였다. 또한 이스라엘과 같이 인접국으로부터 끊임없는 위협을 받는 작은 나라의 안보를 위해서는 필수적인 요소이기도 했다. 하지만 이는 한편으로 이스라엘의 군 제도에 대한 민간의 공식적인 감사를 방해하는 요인이 되기도 했다.

예를 들어 크네셋의 국방 및 외교위원회는 이스라엘 군 조직에 대한 감사를 실시하려 했지만 제대로 이뤄지지 못했다. 일각에서는 여기서 더 나아가 1973년과 1982년에 군의 허약한 모습이 드러나기 전까지 이스라엘 방위군에 대한 맹목적인 숭배 현상이 나타나게 된 것도 벤구리온의 책임이라고 비판한다. 물론 이러한 비판에는 나름대로의 일리가 있지만 지나친 비약이라는 느낌을 지울 수 없다. 1948년과 1949년 동안 정치적으로나 군사적으로 믿을 수 없을 정도의 많은 난관을 극복하고 독립 국가를 건설한 그의 업적은 놀랄 만한 위업이었다. 또한 그 와중에서도 이질적인 이념과 자라온 사회적, 문화적 배경이 천차만별인 군인들로 구성된 이스라엘군에 정치적 중립과 전문화라는 근본적인 원칙을 주입한 그의 노력은 더더욱 놀랄 만한 업적이었다.

벤구리온의 세미나는 한 차례 더 열렸다. 1953년 그는 다시 한번 공직에서 물러났고 이스라엘의 국방정책에 대해 면밀하게 검토할 수 있는 기회를 가졌다.73 그해 8월 말부터 10월 중순까지 7주에 걸쳐서 그는 다시 한번 세미나를 주재했고 1946년에 그랬던 것처럼, '백지 상태에서' 시작했다.74 다시 한번 그는 군 사령관들과 인터뷰를 했고 다양한 자료를 검토하고 첩보보고서를 토대로 깊이 생각하는 기회를 마련하였다.

두 번째 세미나에서 그가 내린 결론은 지난번과는 아주 상이했다. 그는 이제 이스라엘이 대규모 전쟁에 휘말릴 가능성이 많지 않다는 쪽으로 결론을 내렸다. 그는 또한 전통적인 아랍 정권들이 이제 좀더 근본적인 민족주의 성격을 띠는 정권으로 대체되고 있고 이들에게 더이상 밀실거래나 암묵의 동의는 통하기 어려울 것이라는 점을 인식했다. 이스라엘에 대한 아랍 국가들의 원한이 앞으로 오랫동안 지속될 것이라 예견했던 벤구리온은 3가지의 기본 원칙을 토대로 새로운 전략을 수립하기 시작했다. 3가지 원칙이란, 외국과의 동맹, 특히 프랑스와의 동맹과 핵무기 도입, 그리고 대규모 군비지출을 일시적으로 연기하면서 아랍 지역에 있는 수십만의 유대인들을 이스라엘로 불러들이는 것이었다. 이러한 원칙을 골자로 하는 신전략은 다시 한번 이스라엘군과 의견충돌을 빚기도 했다.

벤구리온은 군 출신 정치인으로서 놀랄 만한 정도로 많은 장점을 갖추고 있었다. 특히 언제 양보해야 할지를 정확하게 아는 인물이었다. 벤구리온같이 완고하고 괴팍하며 성마른 성격의 소유자가 그러한 자질을 갖추었다는 사실은 더 한층 인상적이다. 이스라엘 독립전쟁 당시 이스라엘 방위군은 요르단 강의 서안지역 전체와 시나이 반도 일부를 점령할 수 있었지만, 벤구리온은 공격 명령을 내리지 않았다. 이는 벤구리온이 일찌감치 클라우제비츠가 말한 '승리의 정점the culminating point of victory'의 의미에 대해 완벽하게 이해하고 있었다는 것을 의미한다. 즉, 욕심을 부려 승리의 정점을 넘어서는 순간 이는 곧 패배로 이어질 수도 있다는 사실을 벤구리온은 알고 있었던 것이다.

하지만 무엇보다도 괄목할 만한 점은, 벤구리온은 모든 것을 새로운 시각에서 생각하려는 용의가 있었고 또한 그럴 만한 능력이 있었다는 사실이다. 이것이야말로 벤구리온이 이스라엘 방위군에 남긴 가장 중요한 메시지였다. 전쟁이 끝난 지 2년도 채 안된 1950년 여름, 그는 이스라엘 방위군 소속 출판사가 발행한 연설문 모음집에 대한 서문을 썼다. 여기서 그의 결론은 다음과 같았다.

이스라엘의 안보에 가장 위험한 적은 안보에 책임이 있는 자들의 지적 타성이다. 이 단순하고 기본적인 생각이 제22차 시온주의 총회에서 이슈브 안보에 대한 책임을 떠맡던 그날부터 나를 인도해 온 좌우명이었다. 그리고 나는 이 단순하고 기본적인 생각을 전쟁 전에, 전쟁 동안, 전쟁 후에 안보 문제와 관련하여 함께 일했던 모든 동료들에게 주입하려고 했다.[75]

그가 말한 이 '단순하고 기본적인 진실'은 아직도 이스라엘 방위군에 대한 준엄한 경고문의 역할을 하고 있다. 아니, 오늘날 존재하는 모든 군사조직에 대한 경고문일지도 모르겠다.

CHAPTER 6

리더십은 있으나 천재는 없다

무력사용에 대한 군의 견해와 이의 연장선상에 있는 와인버거의 법칙 및 파월 독트린이 돌이킬 수 없는 대세로 자리잡고 있지만 이를 거스를 만한 요인은 전무하다. 20세기 말에 이르러 우려스러운 것은 군부가 기득권을 유지하기 위하여 노골적으로 정치판에 끼어들고 있다는 점이다 빌 클린턴은 1992년 전역한 지 얼마 안 되는 군 장성들로부터 대선 후보 지지를 공개적으로 받아냈다. 조지 부시George W. Bush 대통령은 클린턴보다 더 많은 전직 장성들의 지지를 이끌어냈다.

예외에 해당하는 위대한 천재들

링컨, 클레망소, 처칠, 벤구리온 모두 나름대로 실수를 저지르기도 했다. 때때로 각자는 반대 세력에 대해 정확한 판단을 내리지 못했고, 무능한 인물들에 과도한 집착을 보인 적도 있다. 또한 단순히 운이 없어 성공을 거두지 못한 사람들을 처벌한 적도 있고, 불쾌한 현실을 애써 무시하며 근거 없는 망상에 빠지기도 했다. 더군다나 이들의 전략적 판단이 항상 옳지는 못했으며, 때로는 휘하의 관료 및 군 장성들에 대해 너무 심할 정도로 간섭을 했고 가혹한 판단의 잣대를 들이댔다.

만약 휘하의 장군들이 무턱대고 그들의 주장에 순종했더라면 참담한 실패가 뒤따랐을지도 모를 일이었다. 그들이 보여준 천재성의 많은 부분은 휘하 부관들의 이견을 수용할 줄 아는 역량에 있었다. 더욱 중요한 것은 자신들의 주장만을 고집하지 않고 일부 수정을 하거나 완전히 새로운 대안을 찾는 열린 사고방식을 가졌다는 것이다.

하지만 여러 가지 측면에서 일반 정치인과 다를 바가 없다고 하더라도, 이들에게는 기성 정치인들과 구별되는 비범한 데가 분명히 존재했다. 휘하의 전문가 집단을 상대로 송곳같은 질문을 던지고 고무시키고 대안을 제시하고 중재하고, 드물지만 일방적인 명령까지 내릴 수 있었던 능력을 감안할 때 이들은 단연 돋보였다. 이들 중의 누구도 군사령관들에게 군사작전권을 이양하는 민군관계에 대한 '정상'이론에 집착하지 않았다. 이들 모두 군부에게 성가신 존재처럼 비쳐졌고 애정과 분노가 교차되는 묘한 감정을 자아내기도 했다. 하지만 이들 모두 정치인과 군인간에 분명한 책임의 선을 긋기를 거부했지만, 후대의 평가자 역할을 하는 우리들 대부분은 그들을 성공한 전시 지도자로 판단하고 있다.

확실히 정치인의 수완을 어떻게 평가할지에 대한 문제는 흥미로운 분석대상이다. 대부분의 역사학자들은 다른 무엇보다도, 수준의 높고 낮음이 분명히 드러나는 수리적 기준이나 과학적인 토대를 갖춘 기준을 선호할 것이다. 어떤 면에서 위에서 언급한 네 사람의 정치인들은 실패한 정치인으로 보일지도 모르지만, 그런 면에서 볼 때 그들의 휘하 군 장성들 또한 실패한 경우이며, 그들의 동맹세력이나 반대세력들은 더욱 크게 실패한 경우로 말할 수 있는 것이다. 과연 어떤 기준을 통해 전시 정치인들의 자질을 검증해야만 할까?

궁극적으로 전쟁에서 승리 여부가 가장 중요한 기준이 될 수 있지만, 이것이 유일한 대안은 아닐 것이다. 처칠이 말버러 장군의 전기에서 말한 것처럼 "미래와 관련된 미스터리를 꿰뚫어보는 능력은 왕자나 정치인이나 지휘관에게만 주어지는 것이 아니다. 아무리 통찰력 있는 혜안의 소유자라 하더라도, 당시에는 옳다고 내린 결정이지만 시간이 지나면서 여지없이 오류가 드러나게 마련이라는 결론에 도달할 뿐이다."[1]

사실 누구도 역사의 최종적인 결과를 판단할 수는 없는 일이다. 하지만 미합중국 체제를 유지하면서 노예제도를 폐지하고, 유럽에서 독일제국을 건설하려는 1,2차 시도를 분쇄하고, 2천년 동안 나라 없이 헤매다가 마침내 유대 국가를 건설한 일은 누가 뭐래도 이들의 빛나는 업적인 것이다. 네 사람의 위대한 지도자들이 맞닥뜨려야 했던 상황은 너무나 암울했지만, 이들은 탁월한 리더십을 선보였고 전쟁을 승리로 이끄는 데 지대한 공헌을 했다. 만약 당시에 이들이 없었다고 상상한다면 그 누구도 이들이 이뤄낸 큰 위업을 달성할 수 있었으리라고 상상하지 못할 것이다.

하지만 이들의 찬란한 위업으로부터 우리는 과연 어떤 교훈을 얻을 수 있을까? 다른 정치인들도 이들과 같이 행동하기를 희망할 수 있을까? 이들은 단지 극히 예외에 해당하는 천재들이라고 결론 내리지는 않을까? 그래서 이들이 보여준 리더십은 일반적인 전쟁에서 보통의 정치 지도자들에게는 적합하지 않을 것이라고 결론 내리지는 않을까? 이들이 철저한 간섭과 미시적 접근법을 통하여 성과를 이루어낸 점은 모두가 인정하고 있다. 하지만 그런 식의 지나친 간섭 행위를 했음에도 불구하고 빛나는 위업을 달성했다고 결론을 내릴 수는 없을까? 아니면 단순히 천재들에게는 기존의 법칙이 통용되지 않기 때문에 성공했다고 말해야 할까?

이러한 질문들에 답하기 위해서는 전시의 리더십이 민군 정상이론에 의해 행사된 경우를 검토해 보는 일이 선행되어야 할 것이다. 즉 정치인들이 어느 정도 군부와 거리를 두면서 군사적인 문제에 대해서는 질문이나 조사를 피했던 역사적 사례를 검토하면 양자를 쉽게 비교할 수 있을 것이다. 정상이론에 근거한 리더십 행사가 바람직한 형태이든 아니든 판단하기는 곤란하지만, 역사 속에서 사례를 찾기는 어렵지 않다. 우선 그 중에서 가장 중요한 사례인 미국의 경우를 검토하기로 하자. 1965년에서 금세기 말까지 미국은 민군 정상이론에 의거하여 전쟁을 수행해 온 나라이다.

"가정은 느슨하게, 질문은 피하고, 분석은 얕게"

베트남 전쟁으로 60만에 가까운 미국의 젊은이들이 목숨을 잃었고 훨씬 더 많은 수의 병사들이 불구자 신세로 전락했으며, 한 세대가 넘는 기간 동안 미국 사회는 큰 진통을 겪어야 했다. 베트남 전쟁에서 기인하는 사회적 고통과 불신의 흔적은 당시의 어린 세대들이 완전히 성숙하여 이제 장년기로 접어들고 있는 오늘날의 미국사회에도 여전히 남아 있다.

베트남 전쟁에서 미국이 민군 '정상'이론에 기초하여 전쟁을 수행했다는 사실은 일견 이상하게 들릴지도 모른다. 사실 이 전쟁이 남겨놓은 유산 중의 하나는 민간 정치인들이 '미군의 한 쪽 팔을 등에 묶은 채 전장에 내보냈기 때문에' 전쟁에서 승리하지 못했고, 향후 군사작전의 열쇠는 군인들이 쥐어야 한다는 교훈이었다. 이는 아직도 많은 미국인들의 뇌리에 깊이 박혀 있는 개념이다.

이러한 진단은 사실 근본적으로 불완전한 주장이며 어떤 면에서는 완전히 그릇된 판단이라고 볼 수도 있지만, 아직까지도 미국의 민군관계에 많은 영향을 미치고 있다. 베트남 전쟁은 민간 지도자들이 군사작전 부문에 미시적인 시각으로 접근하여 끔찍할 정도의 재앙을 초래한 대표적인 사례로 꼽힌다. 하지만 과연 그럴까? 린든 베인스 존슨Lyndon Baines Johnson 대통령은 술수에 능하고 거만했으며, 로버트 스트레인지 맥나마라Robert Strange McNamara 국방장관은 고압적이고 성급한 인물에 불과했을까? 그래서 이들이 처칠이나 링컨과 같은 대가다운 자질이나 역량을 갖추지도 못했으면서 단순히 흉내만 내다가 그와 같은 참담한 결과를 초래했던 것일까?

존슨과 맥나마라가 베트남 전쟁의 일부 사항에 대해서 세부적인 부분에까지 관여했다는 것은 의심할 바 없는 사실이다. 존슨의 사례는 전쟁 후 한 세대 이상의 기간 동안 수많은 민간인 지도자들과 군 지도자들에게 군통수권자로서 민간인 지도자의 지나친 참견이 어떠한 결과를 초래하는지를 보여주는 사례로 활용되었다. 물론 존슨은 하노이Hanoi와 하이퐁Haiphong에서 미군 전폭기들의 목표지점을 일일이 검토했고, 군항공기들의 출격 횟수를 제한했으며 어떤 경우에는 미군의 교전수칙을 임의로 정하기까지 했다. 이러한 이미지가 현재 미국의 민군관계를 결정지었으며, 이런 이유 때문에 면밀한 검토 및 분석 작업이 필요한 것이다. 하지만 진정한 정치인으로서의 자질도 갖추지 못한 채 불안하고 주제넘은 한 대통령이 자신의 권한을 이용하여 돌이킬 수 없는 실수를 저질렀다고 주장하는 것은 균형감각을 잃은 주장이 아닐까?

우선 존슨이 보여준 지나칠 정도의 민간인 통제 사례로 꼽히는 전폭기 목표물 설정에 대해 알아보기로 하자. 베트남 전쟁에서 공군작전과 관련하여 눈여겨보아야 할 대목은, 존슨이 합참의장이 제출한 대부분의 폭격 계획에 대해 승인을 했다는 점이다.2 물론 대통령의 승인 과정을 통해서 적의 경제적, 정치적 시설물에 대한 전격적인 폭격이 아니라 오랜 기간 동안의 지루한 폭격 작전이 이루어졌다. 또한 일부 지역을 폭격 예외 지점으로 두면서 미 공군의 효과적인 작전수행에 차질을 빚은 것 또한 의심할 바 없는 사실이다.

전쟁 초기에 폭격 예외지점은 적의 대공포화 지역과 하노이 및 하이퐁 지역 내 일부 목표지점이었다. 이 때문에 북베트남 정부(베트남 전쟁은 공산화된 북베트남 정규군과 북베트남에서 훈련받고 무장한 베트남 독립동맹 병사들, 즉 베트콩들이 연대하여 남베트남 정규군과 미군을 상대로 벌인 전쟁이다. 북베트남 또는 베트남 사회주의공화국Socialist Republic of Vietnam의 수도는 하노이였고, 남베트남 또는 베트남 공화국Republic of Vietnam의 수도는 사이공이었다. 사이공은 통일 후 호치민 시티로 불리게 되었다)에 대한 미군의 압박작전이 제대로 먹혀들지 않았고, 남부 지방으로 향하는 적의 보급품을 차단하는 데에도 차질을 빚게 되었다. 하지만 여기에는 당시의 정황상 그럴 수밖에 없었던 이유가 있다.

첫 번째로 그리고 가장 중요한 사실은, 존슨과 그의 보좌관들은 베트남 전쟁에 중국이 참전하여 전쟁이 장기전으로 이어지는 상황을 두려워했다. 지금에 와서야 분명해진 사실이지만, 이는 결코 지나칠 사안이 아니었으며 중국은 30만에 달하는 병력을 베트남에 파병했고 1천 명 이상이 작전중에 전사했다.3 또한 당시는 한국 전쟁이 종전된 지 15년이 채 되지 않았고, 쿠바 미사일 위기상황이 벌어진 지도 5년이 되지 않은 때였다는 사실도 간과해서는 안 된다. 한국전과 쿠바 사태는 미국의 고위급 지도자들로 하여금 주요 공산주의 국가들의 위협은 허세가 아니라 실제로 전쟁을 유발시킬 수도 있다는 사실을 깨닫게 해주는 계기가 되었다.

특히 한국전은 미군으로 하여금 적을 너무 몰아붙일 경우 확전 양상으로 이를 수 있다는 교훈을 주었다. 즉 미군이 진군을 거듭하여 압록강 Yalu River까지 다다르면서, 중국이 참전하여 전쟁이 확전되는 계기를 마련했던 것이다. 미군이 북한 내에 있는 중국이나 소련의 군부대 시설물에 대한 폭격을 자제한 것도 같은 맥락이었다. 쿠바 미사일 위기는 무력사용을 정교하게 억제함으로써 원하는 결과를 얻을 수도 있다는 것을 증명해 준 사건이었다. 또한 이 사태는 일부 강경성향 군 장성들의 무력사용 의지를 꺾기 위해서는 민간인 통제력이 절실하게 필요하다는 사실을 여지없이 보여주는 사건이기도 했다. 오늘날의 역사학자들이 1950년부터 1953년까지 발발했던 한국전과 1962년에 일어났던 쿠바 사태에 대한 이런 식의 해석에 동의할 수도 있고 반박할 수도 있겠지만, 그 당시에는 이와 같은 교훈들은 너무나 자명해 보였다.

1964년과 1967년 사이에 미국의 민간 및 군 지휘관들은 인도차이나 반도를 중국과 소련 세력이 확고히 뿌리를 내린 지역으로 보았으며, 전쟁이 발발할 경우 미군 파병의 대상지는 아니라는 견해를 갖고 있었다. 당시 군사 자문관들은 공산권 국가들이 연대하여 서방을 상대로 단일 전선을 형성하고 있다고 생각했고 정치 지도자들 또한 이들의 의견에 이견이 없었다. 게다가 나름의 전쟁 가능성에 대해 생각하고 있었다. 존슨의 경우, 판단 착오로 발사된 미사일 몇 발만으로도 세계적인 위기 상황이 초래될 수 있다고 생각했고, 어떻게든 베트남에서의 전쟁 가능성을 줄이려고 노력했다. 존슨이 미 공군의 폭격 목표로서 일부 지역을 예외로 지정한 일도 이런 맥락에서 이해될 수 있다. 베트남에서 제7공군 사령관으로 활동했던 한 장성은 전쟁이 끝난 후 다음과 같은 기록을 남겼다.

(나는) 북베트남의 비행장, SAM, AAA 지점과 다른 목표에 대한 공습 금지 조치로 인해 상당히 불쾌했다. 공군은 그런 식의 속박을 원치 않게 마련이다.… 하지만 자제력이야말로 제2차 세계대전 이후 미국이 수행한 모든 전쟁에서 통용된 원칙이었고, 핵 및 열핵 무기 시대에서 우리의 희망은 분명 향후의 전쟁에서도 모든 초강대국이 마땅히 일정 수준의 자제력을 행사해야 한다는 점이다.4

25년이 지난 후 그때보다는 훨씬 더 호전된 국제정세 속에서, 미 공군의 오폭으로 인해 벨그레이드Belgrade에 있는 중국 대사관이 파괴된 사건이 발생했다. 이 사건이 일어난 이후로 미국과 중국간에는 일년 이상 동안 냉기류가 형성되었다. 또한 많은 중국 국민들이 미국에 대해 악감정을 가지게 되었다. 이러한 사실을 충분히 감안한다면 베트남전 당시에 존슨이 내렸던 결정도 어느 정도 정상 참작을 해주어야 할 것이다.

군사작전에 대한 정치권의 통제와 관련하여 생각해 볼 두 번째 측면은, 당시의 결정은 전략적 신호strategic signalling 이론과 점진적인 상승 gradual escalation 이론에서 기인했다는 점이다. 이런 식의 접근법은 베트남 전쟁에서는 먹혀들지 않았다. 베트남의 공산주의 정권은 결사적인 항전의지를 보였고 전투력도 뛰어났으며 목적달성을 위해서는 어떠한 고난도 감당할 준비가 되어 있는 상태였다. 따라서 미국측이 취한 단계적 압박 전술은 통하지 않았고, 적의 발전소나 레이더 기지와 같은 기간시설을 폭격함으로써 얻게 되는 외교적 신호효과도 기대할 수 없었다.

존슨과 맥나마라는 잘못된 전략 개념인 '승리 이론theory of victory'에 기초하여 적을 잘못 알고 있었으며, 아군의 상황에 대해서도 충분히 파악하지 못한 채 전략적 판단을 내린 것이다. 이러한 관점에서 볼 때, 베트남 전쟁은 민간인 지도자들이 군에 대한 통제력을 어떻게 행사했느냐의 문제이지 얼마나 잘 행사했느냐의 문제가 아닌 것이다.

만약 존슨의 군사문제 보좌관들이 전쟁수행 방식에 대해 훨씬 더 나은 대안을 제시하였더라면 민간인 통제에 반대하는 주장이 힘을 얻었을 것이다. 하지만 당시 존슨의 보좌관들은 베트남 전쟁의 수행방식을 지지했고, 여기서 더 나아가 좀더 적극적인 공세를 취하는 방식을 선호했다는 점도 익히 알려진 사실이다. 베트남 전쟁에서 존슨의 군사담당 보좌관이나 자문관들이 보다 집중적인 폭격작전이나 더 많은 병력을 전방에 투입하는 방법 외에 다른 전략적 대안을 제시했다는 증거는 어디에도 없다. 예를 들어 1965년 7월 22일 백악관 회의에서 대통령과 해군작전 총사령관 맥도날드D. L. McDonald 간의 대화 내용을 검토해 보자.[5]

맥도날드 : 해병대를 투입하여 전황이 호전되었습니다. 맥나마라 장관께서 우리는 이제 발을 뺄 수 없는 상황에까지 이르렀다고 말했는데, 저의 생각도 같습니다. 만약 현재 방식대로 전쟁을 수행할 경우, 장기전이 되면서 적이 승리할 것이라는 것은 불을 보듯 뻔합니다. 하지만 더 많은 병력을 투입하면 전세를 역전시킬 수 있고 추가적으로 무엇이 필요한지에 대해서도 파악할 수 있게 됩니다.

대통령 : 하지만 장군은 10만 명이면 충분할지 아닐지에 대해서도 모르지 않소. 우리가 어디로 가고 있는지 그리고 앞으로 상황이 어떻게 될지도 모르면서, 무슨 근거로 여기서 멈춰서는 안 된다고 주장하는 거요? 더군다나 지금은 추가파병을 원하고 있지 않소?

맥도날드 : 조만간에 우리는 적들을 협상 테이블에 앉히게 될 겁니다.

대통령 : 하지만 우리가 10만 명을 투입하면 적들은 그만큼의 추가 병력을 투입하지 않을 것 같소? 그때는 우리의 상황은 어떻게 되겠소?

맥도날드 : 우리가 폭격을 강화한다면 그렇게 되지는 않을 …

대통령 : 장군은 그에 대해 확신하오?

맥도날드 : 예, 각하. 다른 대안을 고려할 때 결론은 그렇습니다. 지금 결단을 내려서 병력 증원을 해주십시오.

대통령 : 그게 다요?

맥도날드 : 아, 동맹국들이 우리를 불신할지도 모릅니다.

대통령 : 현재 우리를 실질적으로 돕고 있는 동맹국이라야 몇 되지 않소.

맥도날드 : 예를 들어 태국을 생각해 보십시오. 그리고 우리가 베트남에서 철수한다면, 전 세계가 우리의 능력을 의심할 겁니다. 우리에겐 선택의 여지가 많지 않습니다.

가장 중요한 문제로서, 과연 베트남에서 대규모 전쟁을 시작할 것인지 여부에 대한 결정은 미 군부에 의해 놀라울 정도의 빈약한 전략적 판단에 기초하여 이뤄졌다. 맥매스터H. R. McMaster는 "사령관들은 자신의 제안을 조리 있게 설명하지도 못했고 전황을 예측하지도 못했다. 이로 인해 점진적인 압박을 주장하는 반대파가 주도권을 차지하는 계기를 마련해 주었다."라고 지적했다.6 또 다른 예를 들어보자. 1965년 11월 존슨 대통령은 미 합참의장단과 만났다. 당시 이 회의에 참석한 대통령 보좌관의 회고에 따르면 존슨은 이 자리에서 분통을 터뜨렸다고 한다. 합참 소속 참모총장들은 정치 지도자들과는 다른 결론에 도달했지만 이를 뒷받침할 만한 증거는 제시하지 못했다.

그들 모두는 북베트남에서 미군이 더 이상 지체하지 않고 대규모 공격을 감행할 경우 중국이나 소련연방이 무력을 통한 반응을 할 가능성은 매우 낮다는 의견을 제시했다. 불행히도 이들의 견해와 판단은 국방부의 주장과는 공통분모를 찾지 못했다. 적어도 군사전략을 실제로 좌지우지하는 맥나마라와 민간인 전문가들은 의견을 달리했다.7

하지만 그러한 판단은 참모총장들의 군인으로서의 본능을 반영한 것일 뿐, 국제정치의 전문적 식견을 바탕으로 나온 견해는 아니었다. 이들이 우방국이나 적국에 대해서 민간 정치인들보다 더 나은 식견을 갖고 있었다는 증거는 어디에도 없다. 미국의 외교원칙이나 미국 국민들이 받아들일 만한 조건으로 전쟁을 끝내는 데 필요한 전략을 갖고 있지도 못했다.

예를 들어 전쟁 초기의 공습계획, 구체적으로는 북베트남의 산업시설을 공습을 통해 파괴하는 계획은 제2차 세계대전 당시의 전략을 그대로 답습한 것이었다.8 지상전에 대한 근본 전략인, 소모전을 통해 적을 무력화시킨다는 목표 또한 달성하기 불가능한 것으로 드러났다. 전쟁에 지친 맥나마라는 1968년 마침내 국방장관직을 사임했다. 그의 후임인 클라크 클리포드Clark Clifford는 그해 3월에 있었던 미 합참의장단과의 회의 내용을 다음과 같이 기록했다.

베트남에서 승리를 거두기 위해서는 얼마나 걸릴 것인가? 그들은 몰랐다. 얼마나 많은 병력이 더 투입되어야 하는가? 역시 대답하지 못했다. 20만이면 충분할 것인가? 확답을 하지 못했다. 그러면 더 많은 병력이 필요한가? 아마 그럴지도 모르겠다고 답했다. 적 또한 병력 증원을 할 것으로 보는가? 아마도 그럴 것이라고 답했다. 그렇다면 전쟁을 이기기 위한 계획은 무엇인가? 단 하나의 계획은 소모전을 통해 공산주의자들을 무력화시키고, 아마 진작 그랬다면 이미 그들은 전쟁을 포기했을 것이라고 대답했다. 우리가 그 시점까지 도달했다는 어떤 징후도 없는가? 없다고 했다.9

따라서 '민간 리더십에 맞서지 못한' 것에 대해서 미 군부를 비판하는 것은 논점을 벗어났다고 할 수 있다. 사실 미 군부는 베트남 전쟁의 실패 요인으로 이를 자주 인용했다. 하지만 자신들의 주장을 뒷받침할 근거가 없었고 다른 전략적 대안이 없었으며, 전쟁에 적용할 만한 '전문가적인 판단'도 내리지 못했던 것이다.

베트남 전쟁에서 참담한 실패를 겪은 지 수십 년이 지난 후에도 군 장성들은 아직도 미국이 전쟁을 이길 수 있었는지 그리고 적당한 전략이 무엇이었는지에 대해 열띤 토론을 벌였다. 즉 북베트남군이 남부로 침입하는 것을 막기 위해 해안에서 태국 국경에 이르는 곳까지 방책을 설치하여 병력을 포진시켰으면 어떠했는지부터 적극적인 내부 반란을 주도하였다면 어떠했을지 등의 방법이 논의되었다. 또한 개전 초부터 대규모 폭격을 감행하였더라면 어떠했을지에 대해서도 논의했다.10 하지만 대부분의 경우가 그러하듯, 이들은 의견일치를 보지 못했고 아직도 마찬가지다.

사실 베트남 전쟁에서 존슨과 맥나마라의 전쟁수행 방식은 링컨이나 클레망소, 처칠 또는 벤구리온의 방식과 정반대이다. 당시 미국 정계는 전쟁을 결심한 후 처칠의 경우처럼 군사 자문관들과의 격렬한 논의를 하지 않고 뒤로 물러서는 모습을 보였다. 1967년 10월에 이르러 미 합참의 장은 대통령, 국무장관과 국방장관, 국가안보 보좌관, 공보실장 등과 함께 화요일 오찬에 참석하여 베트남에 대한 이야기를 나누었다.11 베트남 전쟁에 병력과 물자를 추가로 투입하는 기간 동안에도 미군의 전략에 대해 정치 및 군사 측면에서 포괄적인 평가를 하지 못했다.

전면전을 주장했던 합참의 권고안은 적군의 특성이나 국제정치 상황에 비춰볼 때도 타당하지 못했기 때문에 정치 지도자들은 군사 자문단들과의 상의도 없이 참전을 결정했던 것이다. 어느 정도까지는, 미 합참이 민간 지도자들의 정치적 제약조건을 받아들이고 허용한도 내에서 작전을 수행하느니 차라리 무관심한 태도를 취했다고도 볼 수 있을 정도였다.

물론 합참의 무능함에 대한 책임은 당연히 이들을 임명한 백악관이 져야 한다. 사실 존슨 행정부는 합참 사령관들을 임명할 때 정치적인 측면을 우선적으로 고려했다. 당시 미군의 최고위급 장성이었던 맥스웰 테일러Maxwell Taylor와 얼 윌러Earle Wheeler 장군 등은 민간 지도부와 매우 친밀한 관계를 유지했지만 효과적인 작전계획을 수립할 만한 능력은 없었다. 또한 이들은 민간과 군부간의 의견일치에 대해서 의식하는 태도를 견지했기 때문에 한 편의 기대를 완전히 저버리는 날카로운 전략적 결정은 하지 못했다.12

최근 한 전쟁사 연구학자는 테일러 합참의장은 "행정부의 군사정책 방향에 대해 전임자들보다 더 순종적인 인물들을 고위직에 천거했다."는 주장까지 펼쳤다.13 여하튼 앞서 언급한 네 명의 전시 지도자들과 다르게 당시의 민간 지도자들은 전략의 필수적인 문제인 전쟁 목표와 수단에 대해서 군부와 토의를 하려는 적극적인 노력을 하지 않았다.

1967년 3월 20일부터 21일까지 괌Guam에서 열린 회의에는 대통령을 포함한 미국의 핵심 지도부와 베트남의 정치 지도자들 그리고 남베트남 미군 총사령관이었던 윌리엄 웨스트모어랜드William Westmoreland 장군이 배석했다. 하지만 이 자리에서도 전황에 대한 자세한 토의나 재검토는 거의 없었다. 놀라울 것도 없이, 웨스트모어랜드 장군은 전쟁은 잘 진행되고 있다고 말했다. 이는 여러 가지의 정량적인 지표에 토대하여 내린 결론이었지만, 나중에 가서 그 모든 것들의 진위성 여부가 의심스럽다는 결론에 이르게 되었다.14

베트남 전쟁에서 민간인 지도부에 대한 일반적인 비판은 이들이 점진적인 무력사용을 선호하면서 군부가 요구했던, 즉시적이고 대규모의 무력사용을 지양했다는 점이다. 이러한 비판은 베트남 북부에 대한 공습에는 적용될지 모르겠지만 남부 전선에서의 군사작전에는 사실과 거리가 멀다. 남부 베트남에서 미군의 무력증강은 매우 빠른 속도로 이루어졌고, 설령 어느 정도의 제약사항이 있었다 하더라도 이는 정치권의 반대라기보다는 병참부문의 제약사항 때문이었다. 당시 미군이 사용할 수 있었던 항구는 다낭Danang 한 곳뿐이었기 때문에 미군의 물자를 수송하는 데 한계가 있었다. 너무 많은 거점기지가 우후죽순으로 생겨났기 때문에 거대한 양의 군수물자를 재고로 쌓아두고 있었지만 야전에 나가 있는 미군 병력에게 효과적으로 전달되지 못했다. 더욱 충격적인 사실은 맥나마라와 존슨은 1968년까지도 병력을 늘리기 위해 거의 총동원에 가까운 대규모 예산을 떠맡을 용의가 있었다는 점이었다.

베트남 공화국에 대한 북베트남군의 공격이 거세지면서 전황은 빠른 속도로 전개되었지만 미군의 작전은 별다른 효과를 거두지 못했다. 미군의 작전은 대부분 민간인 지도부의 간섭을 받지 않았는데, 그 내용을 살펴보면 대대적인 화력공세, 광범위한 정글 지역을 오염시키는 작전 그리고 적군의 포착 및 교전 등 전략이라고 할 만한 내용이 없다.

미군의 전략은 민간인 보호와 베트남 공화국 군대의 양성에 더 중점을 두었다고 말할 수 있을지도 모른다. 베트남과 관련하여 미국의 최고위 첩보담당자 중의 한 사람은 "인도차이나 전쟁에 미국의 참전과 관련하여 도저히 풀 수 없는 수수께끼 중의 하나는 왜 베트남군은 대한민국 육군처럼 수준급의 병력을 양성해 내지 못했나 하는 것이다."라고 기록했다.15 이에 대한 대답을 찾기란 어려운 일이 아니다. 남베트남군의 양성은 적군을 막는 데 급급했던 미 육군에게 우선적인 임무가 될 수 없었기 때문이다. 미군이 베트남 공화국 군대를 훈련시키는 데 노력을 기울인 것은 사실이지만 이는 재래식 전쟁을 수행하기 위한 목적이었다.16 이런 면에서 미군은 '수색 및 소탕search and destroy'이라는 단순한 전략적 개념하에서 독자적인 방법으로 전쟁을 수행했던 것이다.

미군은 베트남 전쟁 동안 적어도 1970년까지는 모든 종류의 제약 속에서 악전고투해야만 했다. 미군은 베트남의 인접국인 라오스Laos나 캄보

디아Cambodia 등지에 대규모 부대 단위로 이동할 수 없는 상황이었고, 부패한 남베트남의 정치 지도자들과 군사령관들의 특권도 인정해 주어야 했다. 또 양군이 밀림 속에서 밀집한 채 대치했기 때문에 무차별적인 화력공세도 퍼붓지 못했다. 하지만 일부 제약조건들은 인도주의적인 차원에서 금기로 여겨지는 사항이었고, 다른 일부는 베트남 전쟁과 같이 게릴라전으로 전개되는 상황에서 자연적으로 발생하게 마련이었다. 그외 다른 제약사항들은 모든 전쟁에서 특히 동맹군 체제를 유지하며 수행하는 전쟁에서 어김없이 나타나는 문제점들이었다.

제2차 세계대전 때 유럽 지역의 연합군 총사령관이었던 아이젠하워 장군은 비록 프랑스 군대가 자신의 지휘권 아래에 있었지만 이들의 행동을 마음대로 통제하지 못했다. 마찬가지로 베트남 군사원조 사령부Military Assistance Command Vietnam(베트남에 파견된 미군 4개 군의 사령부이다)는 남베트남군 소속 장군들의 행동을 통제하지 못했고 이에 대해 노발대발했다. 하지만 흥미로운 사실은 베트남 공화국 군 내부의 인사문제에 대한 미군의 통제권을 확보할 수 있는 합동지휘권을 포기한 이는 바로 미군의 군사령관이었던 윌리엄 웨스트모어랜드였다. 베트남 전쟁 당시 미 행정부에서 안보담당 관료였던 로버트 코머Robert Komer는 "우리군의 대거 참전 자체가 실제로 우리의 발언권을 약화시킨 요인이었다. 베트남의 자원과 인력 대신 미국의 자원과 인력을 사용할 용의가 있는 한, 베트남인들의 참전 의지는 더욱 줄어들었다."고 주장했다.[17]

웨스트모어랜드는 군사작전에서 민간 지도부의 간섭을 거의 받지 않았다. 그가 베트남 전쟁에서 4년 반 동안 사령관으로 일하면서 존슨이나 맥나마라가 방문한 횟수는 손에 꼽을 정도이다. 물론 그가 직접 워싱턴으로 찾아가 백악관을 방문한 일은 있다. 하지만 1967년 11월 존슨 대통령을 방문한 기록을 보면 전략적인 대안을 분석하는 내용과는 거리가 멀었고 단지 존슨에 대한 자신의 인상만을 적었을 뿐이었다. 예를 들면 "린든 존슨 대통령보다 더 생각이 깊고 자상한 분은 본 적이 없다."는 식이었다.18

맥나마라는 개전 초부터 전쟁이 순조롭게 진행되지 않는다는 것을 분명히 알고 있었다. 존슨 또한 이러한 사실을 알고 있었을 가능성이 크다. 하지만 베트남 전쟁의 군사작전에 대한 그들의 관심과 구체적인 조사 부문은 작전의 근본적인 방향보다는 주로 미군의 군사작전이 어떻게 진행되고 있는지에 관해서 집중되었다. 1971년 발간된 국방부 문서 Pentagon Papers에는 베트남 전쟁 동안 맥나마라 장관의 지시들이 수록되어 있다. 하지만 여기에도 '수색 및 소탕search and destroy' 작전이 나오게 된 전략적인 배경에 대해서 어떤 조사가 이루어졌는지에 대한 내용은 없다. 다음은 맥나마라의 회고록에서 발췌한 내용이다.

돌이켜 보면, 사이공이나 워싱턴에서 1965년 7월과 그 이후로 베트남 전쟁에서 아군 군사전략의 바탕이 되었던 느슨한 가정, 불충분한 질문, 그리고 얕은 분석에 대해 철저한 검증을 하지 않은 것은 나의 분명한 실수였다. 나는 20년 동안 조직의 책임자로서 문제를 파악하고 조직의 뜻에 반하더라도 그들에게 문제에 대한 대안은 무엇인지와 그 결과에 대해 깊게 생각할 것을 요구하였다. 하지만 그때 왜 내가 그렇게 하지 않았는지에 대해서는 아마 영원히 이해하지 못할지도 모르겠다.19

웨스트모어랜드는 절도 있는 군인이었지만 전반적으로 볼 때 베트남 군사원조 사령부의 사령관이라는 중책에 걸맞은 능력을 갖추지는 못했다. 만약 링컨의 임기 동안 사령관직을 수행했더라면 오래 버텨내지 못했을 인물이었다. 클레망소라면 일주일에 두세 번 정도는 그의 작전권역을 방문했을 것이고, 처칠이라면 그가 제시한 전략에 대해 승인하기 전에 수

많은 질문을 던져 타당성과 실행가능성을 조사했을 것이다. 벤구리온이었다면 광범위한 연구를 통해 공습작전을 적어도 3개 사령부가 아무런 공조 노력도 없이 수행한 사실을 발견하고, 작전수행이 믿을 수 없을 정도의 주먹구구식 방법으로 이루어지고 있다는 사실을 미리 간파했을 것이다. 또한 남베트남에 있는 미군 사령관이 베트남의 부패한 군대에 개혁을 단행하지 못한 이유에 대해서도 발견해낼 수 있을 것이다.

돌이켜 볼 때, 충격적인 사실은 군 지도자나 민간 지도자 모두 동남아시아에서 단일 사령부에 대한 필요성과 같은 중요한 문제를 외면해 버린 점이었다. 웨스트모어랜드는 이를 두고 식민주의 냄새가 난다며 거들떠 보지도 않았다. 그는 회고록에서조차도 이 문제의 중요성을 이해하지 못했다. "아군은 베트남인들을 도와야 하지만, 그들을 위해서 전쟁을 수행하는 것은 아니다.… 설령 그들을 위해 일한다 해도, 무슨 수로 그들이 이 사실을 깨닫는단 말인가? 지휘관과 사령관들은 오직 경험을 통해서만 책임지는 법을 배우게 된다."[20] 미국이 사실상 남베트남을 위해 전쟁을 했다는 사실은 이미 전문가들 사이에서는 알려진 사실이다. 또한 웨스트모어랜드가 베트남군의 지역 정서에 대해 터무니없을 정도로 높게 존중해줌으로써 베트남 공화국 군대는 자정하려는 노력 없이 계속 부패하고 무능한 군으로 남게 되었다.

당시 민간인 지도부가 웨스트모어랜드와 의견을 달리했을지도 모르는 일이지만, 임무와 관련하여 그에게 책임을 추궁하는 일은 한번도 없었다. 또 민간 지도자들이 정량적인 기준에 의해 군사작전의 결과를 평가하라고 군에 강요한 적도 없었다. '사상자 수'나 그와 유사한 전적 평가기준 등은 민간뿐만 아니라 군 지도자들이 함께 개발한 것이며 때때로 군 내부에서 자주 채택하는 기준이었다. 군이 선호했던 작전 형태 중에서 정교하다고 부를 만한 것은 거의 없었다.

줄리안 어웰Julian J. Ewell 중장과 아이라 헌트Ira A. Hunt 소령은 사상자 수 기준 사용과 소모전에 기초한 내부반란 전술을 지지하는 연구보고서에서 다음과 같이 말했다.21 "적을 쳐부수고 남베트남 국민들을 보호하는 최선의 방법은 공산주의 체제에 대해 최대한의 무력을 행사하는 것이다. 일단 최대 무력을 사용하기로 결정을 내렸다면, 이제 문제는 현재 가용한 자원을 가지고 어떻게 효율적으로 실시할 것인가 하는 기술적인 문제로 귀결된다." 메콩Mekong 강 삼각지에 주둔하고 있던 미 9사단의 사단장이었던 어웰 중장이 전사자 수에 너무나 집착한 모습을 보인 나머지 '삼각지의 도살자'라는 별명을 얻은 것도 우연이 아닌 것이다.

베트남전 문제는 첩보에 있지도 않았고 존슨이나 맥나마라의 의지 부족에 있지도 않았다. 가장 큰 실수는 베트남에서 승리를 하기 위해서 어떤 형태의 무력을 취할 것인지에 대한 그들의 오판이었다. 또 능력 있는 장군을 임명하지 못한 점, 장군들과 전략, 작전, 전술 등에 대해 심도 있는 논의를 하지 않은 점, 일의 우선순위를 설정하는 데 미숙했던 점, 그리고 아군 내부의 갈등을 제대로 처리하지 못한 점 등도 작전실패의 원인이었다. 한마디 말하면, 베트남 전쟁에서 민간인 지도부의 가장 큰 실수는 전쟁을 수행하는 데 무엇이 필요한지에 대해서 제대로 파악하지 못했던 것이라고 할 수 있다.

"민주주의를 위해 군이 무엇을 할 수 있고 무엇을 할 수 없는지"

베트남 전쟁으로 인해 많은 미군들이 깊은 마음의 상처를 받았다. 물론 미국이 전쟁에서 졌다고 생각했기 때문이기도 하지만, 한편으로는 오랜 기간에 걸쳐서 베트남 전쟁의 경험이 미군에 끼친 영향 때문이었다. 전장에서 사상자 수나 세는 동안에, 미군들이 자랑스러워했던 정정당당한 대결의 원칙은 색이 바래져버렸다. 임관 장교나 부사관들의 자질은 갈수록 떨어지고 유럽과 미국의 재래식 군사력은 약화되는 조짐을 보였다. 이러한 모습은 1980년대까지 지속되었다. 부분적으로 이런 문제점들은 미국의 고위 사령부에서 실전에서 필요한 조건과 냉전을 유지하기 위해 필요한 조건을 제대로 조화시키지 못한 데서 오는 결과였다.

한국전에서 미 합동참모 본부는 미군의 전쟁 참가 병력수에 상한선을 정하고 대신 유럽 지역에 미군병력을 증강시키려는 권고안을 제출한 바 있다. 당시 미국은 유럽에서 전쟁이 일어날 가능성이 있는 것으로 생각했기 때문이다. 하지만 베트남 전쟁에서는 이런 식의 균형감각 있는 병력 투입방식을 따르지 않았고, 또한 시도한 적도 없다. 그저 처음부터 끝까지 군부는 병력 증원만을 요구했을 뿐이었다.

물론 위와 같은 사실들이 베트남 전쟁 당시 국방장관과 존슨 대통령의 전쟁수행 방식을 합리화하는 것은 아니다. 사실은 그 반대이다. 민간인 지도자는 군의 활동과 그 결과에 대한 책임을 져야 하기 때문이다. 하지만 여기서 요점은, 베트남 전쟁의 패배 원인은 일반인들이 믿는 것과는 달리, 적절하지 못한 전략과 너무나 미약했던 군부에 대한 민간인 통제 때문이었다는 사실이다. 전쟁의 패배가 민간인 지도자들의 미시적 접근법에서 기인한다기보다는 자신들의 임무에 대한 이해 부족 때문이었고, 이것이야말로 전쟁 동안 민간 지도부의 치명적 결함에 해당된다.

또 한 가지는 민간 지도자들이 베트남 전쟁을 본격적인 전쟁으로 받아들이지 않고, 다만 일종의 폭력을 수반한 외교적 신호로 생각했다는 점이었다.[22] 이러한 식의 거만한 태도는 군사적인 성공을 암시하는 몇 가지 정량적 지표만으로 기존의 정치 및 군사적 판단을 대체할 수 있다는 그릇된 논리에 기인했다. 물론 베트남 전쟁은 단순히 이길 수 없었던 전쟁이었는지도 모른다.23 하지만 분명한 점은 전쟁수행 과정에서 미군과 행정부가 보여준 행동은 최악이었다는 점이다.

베트남 전쟁 이후에 미군의 고위 지도부는 중요한 교훈을 깨달았다. 당시 미국 육군의 총사령관은 1944년 바스통Bastogne 구조 작전의 영웅이었던 크레이튼 에이브라함스Creighton Abrams 장군이었다. 에이브라함스는 베트남 전쟁이 막바지에 이를 무렵 미군 사령관으로 임명되었다. 그는 예비군과 현역이 함께 통합되는 군 조직인 통합군Total Force 창설을 지지했다. 이에 따르면 전쟁이 발발하여 동원령이 떨어질 경우, 미 육군의 16개 사단은 주 방위군National Guard과 다른 예비군 부대로부터 병력을 충원하게 된다.

에이브라함스는 "그들은 예비군을 소환하지 않고는 전쟁에 임하지 못할 것이다."라고 선포했다.24 여기서 '그들'은 정치인들이며 이 계획의 목적은 단순히 효율성을 높이는 것 이외에도 미국인들간의 유대감을 형성하고 유지하는 것이다. 에이브라함스는 미국은 더 이상 무의미한 피만 흘리는 전쟁에 말려들어서는 안 되며, 국민들의 지지도 없이 참전해서는 안 된다고 생각했다. 그는 더 이상 동남아시아 전쟁에서 돌아온 미군들에게 조소와 경멸을 퍼붓는 일이 있어서도 안 된다고 생각했다.

통합군 창설은 대담한 조치였다. 그 전에는 미국의 정규군은 항상 주 방위군을 비웃었지만, 주 방위군은 예비군 병력 중에서 전투요원의 대부분을 차지했다. 주 방위군은 과거 주의 민병대에서 발전한 부대인 까닭에 일부 구태의연한 모습이 아직은 남아 있었다. 무엇보다도 주목할 만한 점은 내부 인사문제와 관련하여 정치권과의 인맥이 중요한 역할을 했다는 것이다. 더군다나 주 방위군은 그 전에는 베트남 전쟁 참전을 꺼렸지만 그렇다고 양심적인 반전주의자도 아니고 외국으로 도주하기도 싫었던 젊은이들의 피신처와도 같은 구실을 했다.

현역 군인들은 주 방위군처럼 전업 군인이 아닌 자들이 전시에 정규군과 함께 효과적으로 작전을 수행할 만한 기강과 능력을 닦을 수 없다고 보았다. 하지만 고위 사령부에서 지시한 대로 분열된 미국 사회의 끊어진 고리를 연결하기 위해서 이들은 잠자코 모든 불만을 삭여야 했다.

크레이튼 에이브라함스는 용기있고 유능했으며 애국심으로 가득 찬 군인이었다. 그는 헌법에 대한 강한 신념과 민간인의 권위가 군부에 우선한다는 원칙을 신봉하고 있었다. 하지만 이번 조치는 겉으로 보기에는 군 조직상의 기술적 변화에 불과했지만, 실제는 군 조직과 관련하여 정치인들의 간섭을 미리 차단하려는 의도도 깔려 있었다. 민간인 지도자들 또한 허약하거나 무능하지 않았다.

당시의 국방장관은 제임스 슐레진저 James Schlesinger였다. 그는 강경한 성향의 군사문제 분석가로서 랜드 Rand 연구소에서 근무한 경험이 있고, 국방부가 당면한 모든 문제를 꿰뚫어 보고 있었다. 하지만 당시 전투중의 병력운용에 대한 결정권이 군에 넘어가는 부적절한 조치가 취해졌지만, 정치권에서는 아무런 일도 일어나지 않은 듯했다. 더욱 놀라운 것은, 군이 이 일을 주도하면서 과거에는 불신했던 주 방위군 부대에 대해 전적인 신뢰를 부여하고 있다는 것이다.

1990년 이를 시험할 수 있는 기회가 왔을 때, 미 육군은 전투발생시 보충 병력을 주 방위군에서 충원하겠다는 정책에서 뒷걸음질치는 모습을 보였다. 제24기계화 보병 사단은 소속 부대의 1개 여단 병력이 부족했지만 충원하지 않고 걸프전에 참전했다. 원래 이 1개 여단 병력은 조지아 주 방위군 소속 제48여단이었지만, 현역이 아닌 예비역으로 구성되었기 때문에 참전하지 못했다. 그 전까지 사령관들이 어느 전쟁이든지 간에 예비군 병력과 함께 참전하겠다고 약속을 했으면서도 이를 지키지는 못한 것이다.

민간인 지도부는 '통합군'과 군사문제에 대한 정치인들의 개입을 차단하는 여러 조치들을 받아들였다. 그 이유는 베트남 전쟁 상황에 대해 군이 보고한 내용은 부정확한 사실이 많았지만, 정치권은 이를 그대로 받아들였기 때문이었다. 그 내용을 소개하면, 군은 '한 손을 등에 묶인 채 전장에 나갔다'라든지 민간인들이 군사문제에 지나치게 간섭했고 지나치게 근시안적인 시각에서 전쟁을 지휘했다는 등이었다. 이는 민군 '정상'이론의 득세를 의미했다. 종종 그렇지만, 군의 견해를 가장 정확하게 정리하는 이는 민간인이다. 1984년 11월, 태평양에서 맥아더 장군의 수하에 있었고 그를 존경해 마지 않았던 캐스퍼 와인버거Caspar Weinberger 국방장관은 미군에 의한 무력사용에 대한 6가지 원칙을 제시했다. 이 원칙들은 국방부의 기성세력 내부에서는 거의 정설로 인정받고 있다. 이 6가지 원칙들은 기본적으로 민군 '정상'이론을 구현하고 있다.

(1) 미국은 국익에 절대적으로 필요하다고 인정되는 경우가 아니라면 해외에 병력을 파견해서는 안 된다.

(2) 일단 우리가 전투 병력을 주어진 상황에 투입할 필요가 있다고 결정을 내리면, 승리에 대한 분명한 확신을 가지고 총력을 기울여야 한다. 우리의 목표를 성취하는 데 필요한 병력과 물자를 투입할 의지가 없다면, 애초부터 어떠한 병력이나 물자도 투입해서는 안 된다.

(3) 해외에 군대를 파병하기로 결정을 내리면, 분명하게 정의된 정치적, 군사적 목표가 있어야 한다. 그리고 우리 군대가 분명하게 정의된 목표를 어떻게 성취할 수 있을지에 대한 구체적인 계획이 있어야 한다. 임무 수행에 꼭 필요한 병력을 확보해서 파견해야 한다. 클라우제비츠가 밝혔듯이, "전쟁을 통해 무엇을 얻고자 하는지 그리고 전쟁을 어떻게 수행할 것인지에 대한 분명한 계획 없이는 아무도, 적어도 제정신을 가진 사람은 전쟁을 일으키지 않는다."

(4) 우리의 목표와 투입한 병력의 규모, 구성 및 배치 간에 존재하는 관계는 지속적으로 재평가되어야 하고 필요한 경우 조정되어야 한다. 전쟁 동안 여러 가지 조건과 목표는 예외 없이 변하게 마련이다. 조건과 목표가 바뀌면, 그에 따른 우리의 전투 요구조건도 바뀌어야만 한다. 다음과 같은 질문에 반복적으로 답함으로써 항상 우리의 위치를 잃지 말아야 한다. "이 전쟁은 국익에 부합하는가?" "국익을 지키기 위해 반드시 싸워야 하고 무력을 사용해야만 하는가?" "만약 그 대답이 '예'라면 우리는 반드시 이겨야 한다. 만약 그 대답이 '아니오'라면 전투에 참여해서는 안 된다."

(5) 미국이 군대를 해외에 파병하기 전에, 미국 국민들과 의회 의원들도 지지할 것이라는 이성적 확신이 있어야 한다.

(6) 미군을 전투에 파병하는 일은 최후의 수단이 되어야 한다.[25]

와인버거 원칙은 거의 지키기 불가능할 정도의 높은 기준을 요구하고 있기 때문에 실제 무력사용에 대한 지침으로는 오래 지속되지 못했다. 하지만 하나의 이상적인 원칙으로 이후의 많은 정치 지도자들과 군 지휘관들이 와인버거 원칙을 신봉했다. 1990년대에 은퇴한 4성 장군 중의 한 사람이 다음과 같은 내용을 회고했다. "젊은 장교 시절, 나는 그 복사본을 구해다가 10년 동안이나 내 서류 가방에 문자 그대로 달고 다녔다. 당시에는 그게 아주 중요한 것으로 생각했고, 맨 처음 그것을 읽었을 때는 '이런, 이렇게 단순한 것을'이라는 감탄사를 연발할 정도로 극적인 감동을 받았다. 그리고 속으로 말했다. '마침내, 깨달았다.… 민주주의를 위해 군이 무엇을 할 수 있고 무엇을 할 수 없는지를.'"[26]

이러한 내용을 담고 있는 와인버거의 연설은 제2차 세계대전 참전 군인이며 국무장관으로 재직했던 조지 슐츠로부터 격앙된 반응을 이끌어내기도 했다. 하지만 군 내부에서는 와인버거의 원칙들이 가장 건전한 형태의 전략으로 받아들여졌다. 와인버거의 연설문은 수없이 인쇄되었고 군사학교의 교재로도 사용되는 등 군 내부에서 하나의 교리로 자리잡았다. 그가 남긴 원칙들은 이른바 파월 독트린에 의해 더욱 강화되었다. 당시 강력하고 카리스마 넘치는 합참의장이었던 콜린 파월Colin Powell은 '압도적인 무력overwhelming force'을 골자로 하는 자신의 지론을 발표했다. 그의 주장은 단순히 목표를 달성하기 위해 적당한 무력이 아니라 압도적인 무력을 사용해야 한다는 것이었다.

1986년 의회는 합참과 합참의장의 권한을 강화함으로써 이러한 원칙들에 더욱 힘을 실어주었다. 이때 이후로 미국의 민간인 지도부는 한 명의 주요 군사 보좌관인 합참의장이 나머지 모두를 압도하는 상황이 도래하고, 그의 뒤에는 막강한 영향력을 행사하는 합참이 포진하게 된다. 대통령과 국방장관이 군사문제에 관한 전문적 자문을 구할 곳이 한곳밖에 없게 되고, 합참의장은 공식적으로는 군 명령계통에 포함되어 있지 않지만, 실질적으로는 대통령에 대한 군사적 자문 역할을 하게 된다. 그리고 대통령과 국방장관의 명령을 다시 군에 전달하는 역할을 맡게 된다. 마침내 '정상'이론은 승리를 거둔 것이다.

"정치적 결정이 내려진 후의 군사행동의 자유"

미군 내에서 베트남 전쟁이 어둡고 불길한 이야기라면, 1991년의 걸프 전쟁은 그 반대이다. 걸프전에서는 정치인들이 전쟁의 목표를 정하고 작전 수행에 대한 단순한 지침을 수립한 다음, 그 외의 모든 것을 군에 맡긴 전쟁의 전형으로 여겨진다. 짧게 말하면, 걸프전은 민군관계에 대한 '정상'이론의 타당성을 확인해 준 역할을 한 듯 보였다. 전쟁 당시 조지 부시George H. W. Bush(George Herbert Walker Bush) 대통령은 전쟁 후에 다음과 같은 견해를 피력했다.

콜린 파월 합참의장은 언제나 전문가다운 모습을 보이면서 우리가 싸워야 한다면 옳은 방법을 사용해야 하고 미봉책을 써서는 안 된다는 점을 분명히 하길 원했다. 그는 내가 어떤 옵션을 원하든 간에 충분한 병력이 있어야 하고, 일단 정치적 결정이 내려졌다면 그 일을 수행하는 데 행동의 자유를 줄 것을 원했다. 나는 우리 군이 양자를 모두 가졌다고 확신했다. 나는 베트남 전쟁이나 다른 수많은 전쟁에서 나타났던 문제점, 즉 정치 지도부가 군사작전에 간섭하는 잘못된 전철을 밟고 싶지 않았다. 또한 나는 군을 운용하는 데 있어서 미시적 접근법은 피하려고 했다.[27]

베트남 전쟁 당시의 존슨 행정부에 비해, 걸프전 당시의 부시 행정부가 무간섭주의에 기초하여 전쟁을 이끌었다는 점에는 의심의 여지가 없다. 어느 정도까지는 베트남 전쟁의 실패를 분석하고 이에 대한 교훈을 바탕으로 수립된 전략이었다. 또한 콜린 파월이라는 인물의 개인적인 영향력도 반영한 것이었다. 파월은 개인적인 카리스마와 더불어 행정부 내의 관료들을 다루는 데에도 능숙했다. 1986년 골드워터 니콜스 국방부 재조직 특별법Goldwater-Nichols Department of Defense Reorganization Act에 힘입어 합참의장으로서 파월의 발언권은 더욱 강화되었다.

파월은 고도의 정치적 수완을 발휘하여 걸프전에서 군에 대한 민간인 통제를 차단했다. 파월은 닉슨 행정부 당시에 백악관의 직원으로 일하면서 "실제로 해보지 않고는 무엇을 없앨 수 있는지 모른다."라는 진리를 터득한 인물이다.[28] 그는 장군으로서 미국 내에서 많은 인기를 누렸으며 은퇴한 직후에는 자신이 공화당원이라고 밝혔고 일년 후의 대통령 선거 때는 거의 입후보할 뻔했다. 그는 정책적인 면에서 자신의 상관이었던 정치 지도자들과 의견을 같이 했다. 레이건 행정부 시절에는 대통령 안보 보좌관으로도 일했던 그는 군내의 그 누구보다도 그리고 민간의 어떤 전문가만큼이나 정부가 어떤 방식으로 돌아가는지를 잘 알고 있었다. 그러한 문제에 대해서는 아무런 지도나 조언이 필요치 않은 인물이었다.

물론 당시에는 링컨이나 처칠이 행사했던 방식의 민간인 통제가 크게 요구되던 상황은 아니었다. 이라크가 국제무대에서 극도로 고립되었기 때문이었다. 한때 이라크의 후견인 역할을 했던 소련 연방은 붕괴되고 있었다. 아랍의 인접국들도 이라크에 적대적이었고 중국과 같은 잠재적 동맹국들도 아직은 미국에 반대하여 이라크 쪽으로 기울 만한 필요성을 느끼지 못하고 있었다. 더군다나 이라크군은 잦은 전쟁으로 지쳐 있던 상태였다. 반면 미국은 세계에서 가장 부유하고 강력한 국가들로 이루어진 동맹군 체제를 이끌었고, 미군은 레이건 정부 시절의 국방예산 증액에 힘입어 최고의 훈련을 받고 최신의 장비를 갖추고 있었다. 미군을 필두로 한 동맹군 쪽은 기술이나 전술로 심지어 숫자상으로도 압도적인 우위를 지켰다. 돌이켜 볼 때, 당시에는 사정이 달랐을지도 모르겠지만 1991년 1, 2월에 걸쳐 미군 측이 거둔 압도적인 승리는 이미 충분히 예견된 것이라고 볼 수도 있다.

하지만 걸프전을 앞두고 최고사령부 내부에서 전개된 속사정은 민군관계에 대한 정상이론의 타당성을 입증하는 것 외에 다른 사실을 제안하고 있다. 우선 파월은 이라크와의 전쟁에 반대했다. 언론인 밥 우드워드Bob Woodward가 기록한 글에서 당시 정황을 정확히 알 수 있다.29 파월도 회고록을 통해 밝힌 것처럼, 그는 당시 국방장관이었던 딕 체니Dick Cheney로부터 날카로운 비판을 들었다. 즉 합창의장은 정책을 집행할 따름이지, 정책을 결정하려 해서는 안 된다는 주장이었다.30

골드워터 니콜스 특별법의 발효로 인해 합참의장은 대통령의 제1의 군사 자문관 역할을 하게 되었고, 합참의장 파월은 강력한 지위를 누리게 되었다. 그는 민간 지도자들에게 다른 군사 전문가들이 자문하는 통로를 막아버렸다. 파월은 행정부에 대한 제1의 군사 자문관이라는 직위에 대해 강한 열정을 가지고 있었는데, 그의 이런 열정을 폭발시킨 사건이 발생했다. 체니가 해군 소장이던 윌리엄 오웬스William Owens를 자신의 군사 보좌관으로 임명하고, 국방부에 파월이 제시한 대안 외에 다른 안에 대해서도 알아볼 것을 지시한 사실이 드러난 것이다. 당시의 작전은 국방장관의 지시에 따라 이루어지긴 했지만 파월은 정부로부터 전권을 위임받아 독자적으로 수행하는 프리랜싱freelancing으로 생각했다.31 하지만 민간 지도자들은 파월의 의지와는 상관없이 다른 전문가들로부터의 군사적 자문을 얻었다. 그것도 미군부에서 쿠웨이트로의 직접적인 공격 외에는 다른 대안을 생각지 않고 있었던 때에 말이다.32

걸프전에서 공중작전 계획은 공군 참모부에서 나왔다. 공군 참모부는 당시 총사령관인 노먼 슈워츠코프에게 보고를 하는 군사 조직이 아니라, 공군 참모총장과 작전 담당 비서에게 보고를 하도록 되어 있었다. 당시 공군 참모부에서 작전계획을 주도한 인물은 존 워든John Warden 대령이었다. 그는 전쟁중에 공군이 결정적인 화력을 지원해 주어야 한다고 확신했고 공군 작전 계획에 대한 책까지 집필했다. 그의 주도하에 공군 참모부는 '인스턴트 선더INSTANT THUNDER' 작전을 수립했다. 워든과 다른 참모들이 작전명으로 '인스턴트 선더'를 고른 이유는 베트남 전쟁 당시의 작전명인 '롤링 선더ROLLING THUNDER'가 목표로 했던 단계적인 공격 방식을 단호히 배격하는 차원에서였다(instant thunder와 rolling thunder는 의미상으로도 대조를 이룬다. 전자는 즉각적으로 단번에 울려퍼지는 천둥을 의미하는 반면, 후자는 여러 번에 걸쳐 나타는 천둥이다. 군사작전의 방식에서도 이런 모습을 상상하면 이해가 쉽다).

워든은 공군의 전쟁 계획팀을 이끌었지만 명령계통의 직위는 갖고 있지 않았다. 그럼에도 불구하고 그는 파월에게 작전 브리핑을 한 바 있으며, 전쟁이 시작된 지 2주 후에는 해당 작전권역의 공군 사령관인 찰스 호너Charles Horner 중장에게도 자신의 작전에 대한 브리핑을 했다. 호너는 워든을 좋아하지 않아서 처음에는 그의 계획을 비웃으면서 워든을 다시 워싱턴으로 보내버렸지만 워너의 참모 몇 명은 그대로 놔두었다. 반면 공군 참모총장 마이클 두건Michael Dugan과 공군장관인 도널드 라이스Donald Rice는 워든을 비호했다. 워든은 국방부 지하 사무실에서 사우디아라비아의 수도 리야드Riyadh에서의 지원계획을 담당했다.

공군과 공군의 작전에 깊은 불신을 품었던 파월은 공군 참모부의 계획이 이행되는 것을 막기 위해 최선을 다했다. 두건을 해임시키는 데 있어서도 파월이 모종의 역할을 했을 개연성이 있다. 두건은 페르시아 만으로 가는 길에 동행한 기자들에게 공군의 작전이 실시된다면, 기존의 군사적 목표뿐만 아니라 이라크의 독재자 사담 후세인과 주위의 인물들도 목표물로 삼을 것이라고 말했다가 이것이 화근이 되어 해임됐다. 하지만 행정부 내의 정치 지도자들이 공군의 공습 작전을 지지했으며, 지상전에서 대규모 사상자가 발생하면서, 공군의 전격적인 공습 작전은 실시되었다. 그리고 걸프전에서 가장 중요한 의미를 갖는 작전으로 자리매김했다.

지상군의 작전계획 수립은 이보다 더 늦은 속도로 추진되었다. 여기에도 민간과 군의 상호작용이 매우 중요했다. 10월 슈워츠코프 장군은 자신의 수석 참모를 정부에 파견하여 사우디아라비아에 주둔중인 미군 1개 군단 병력만을 가동하여 이라크군을 쿠웨이트에서 철수시키는 방안에 대해 브리핑하도록 했다. 민간인 지도부의 대부분은 쿠웨이트 내부에 미군 1개 군단 병력만이 침입하여 정면공격을 감행하는 이 작전에 경악했다.

사실 당시 가용한 병력을 고려할 때 그 이상의 병력을 동원하기는 힘들어 보였다. 특히 국가안보 보좌관 브렌트 스코크로프트Brent Scowcroft와 국방장관 딕 체니가 강한 반대입장을 표명했다.33

부시 대통령은 군의 요청을 받아들여 프리데릭 프랭크Frederick Franks 중장의 지휘하에 있던 유럽의 미 7군단을 소환했다. 이 작전을 통해 미군은 쿠웨이트 시티 지역을 강타했을 뿐만 아니라 이라크군의 전방을 완전히 무너뜨려버렸다. 하지만 이 작전에 동원된 미군 병력 규모에 대해서는 민간 전문가들에 의한 철저한 검증이 필요한 부분이었지만, 전쟁 후 몇 달 동안 민군간에 갈등이 생기면서 흐지부지되고 말았다.

딕 체니는 세부적 사항까지 관여하면서 작전의 최종 계획을 짰다. 와이오밍Wyoming의 출신 정치인으로서 국방장관이 된 체니는 베트남 전쟁 동안 징집영장을 받았을 나이였지만 군에서 복무한 적은 없었다. 이러한 사실 때문에 그가 상대했던 고위급 군 장성들은 다소 불쾌한 태도를 취하기도 했다. 체니 이전에 부시 행정부는 존 타워John Tower 상원의원을 국방장관직에 임명한 적이 있지만 의회의 인준을 받지 못했다. 그후에 국방장관에 임명된 체니는 공군 참모총장 래리 웰치Larry Welch가 행정부의 허락도 없이 의회와 접촉한 데 대해 공개적으로 비난했다. 그뿐 아니라 남부 사령부의 사령관이었던 프레드 워너Fred Woerner를 해임시키고 나중에는 두건까지 해임함으로 자신의 존재를 알렸다.

사실 웰치에 대한 체니의 비난은 다소 불공정한 측면이 있음이 나중에 드러났다. 이러한 일들로 인해 군 내부에서 체니에 대한 경멸감이 눈에 띄게 드러났고 좀처럼 수그러들지 않았다. 웰치는 "지금까지 프로들과 전투를 통해 많은 공격을 당했지만 아직 건재하다. 하물며 아마추어에게 한 방 맞았다고 해서 고통을 느낄 내가 아니다."라고 호기를 부리기까지 했다.34 체니가 걸프전 계획에 대한 수차례 브리핑을 모두 받고 난 후, 합참에서는 한 행사를 주관했다. 여기서 체니는 "리처드 브루스 체니Richard Bruce Cheney는 이제 모든 군사학교의 명예 졸업생임을 증명하는 수료증"을 받았다.35 이는 선심을 쓰는 척 하면서 체니를 골려주려는 장난이었다. 체니는 작전계획에 대해 아무런 변경조치도 하지 않았고, 전시 동안 그나 다른 민간 지도자들이 파월을 통하지 않고 직접 슈워츠코프와 연락을 취한 적도 없었다. 체니가 해당 작전 권역에 방문한 것을 제외한다면, 과연 그가 전시 동안 해당 작전권역의 사령관과 정기적으로 연락을 취했는지 여부도 분명치 않다.

전쟁 동안 정치권이 군사작전에 대해 통제력을 행사하려는 흔적이 보였던 경우가 두 번 정도 발생했지만, 그나마 모두 파월에 의해 차단되었다. 첫 번째는 바그다드의 폭격과 관련된 것이었다. 리야드 시간으로 1991년 2월 13일 이른 아침에 미 공군 소속 비행기들이 이라크의 명령 및 통제 센터 한 곳을 공격했다. 이곳은 다른 동맹국들에게도 알려지지 않은 곳으로 이라크 엘리트층의 가족들을 위한 대피소 구실을 하던 곳이었다. 이라크인들은 공습이 일어난 후 재빨리 현장으로 이동해서 연기나는 잔해더미를 CNN 방송 카메라에 보여주면서 수백 명이 목숨을 잃었다고 주장했다. 그 여파로 바그다드에 대한 공격은 며칠 중단되었고 그후의 공격 또한 극도의 제약을 받았다. 공습 목표 하나하나마다 사령관의 개인적인 승인을 받아야 했던 것이다.36

공군측의 보도에 따르면, 그러한 조치는 파월이 직접 내렸다고 한다.37 바그다드에 대한 폭격 금지조치가 내렸지만 파월이나 사우디아라비아의 공군 사령관의 입지는 흔들리지 않았다. 양자는 소위 '전략적' 목표 공격에 대해 높은 기대를 갖지 않았고 단지 지상군과 이들을 지지하는 인프라 시설에 대한 공격을 선호했다.

두 번째 사례는 더욱 심각했다. 전쟁이 시작된 지 이틀째 되던 밤에 이라크 군은 이스라엘을 향해 8발의 지대지 스커드 미사일을 발사했다. 탄두는 정교하지 못했고 미사일은 부정확했지만 동맹체제에 손실을 입힐 잠재력은 충분했다. 적어도 미국 정부의 지도부는 그러하다고 믿었다.38 미군의 원래 공습 계획에는 이라크의 스커드 미사일 발사대에 대한 공격이 포함되어 있었고 공습이 시작되면서 이미 시행되었다. 하지만 미군은 뒤늦게 이라크군이 미사일을 이동식 발사대로 옮겨 장착해 놓았다는 사실을 깨달았다. 결과적으로 미국을 중심으로 하는 동맹군은 이라크 미사일을 찾기 위한 수색작전을 벌였다. 하지만 수색작전은 별다른 성과를 내지 못했고, 오히려 아군에서 가장 효과적인 항공기 중의 일부가 동원됨으로써 공군 작전의 규모만 더욱 커지게 되었다.39

워싱턴 정가에서는 이라크의 미사일을 제압하기 위한 적극적인 공습작전을 강력하게 추진한 반면, 야전에서는 호응을 얻지 못했다. 스커드 미사일은 부정확하다는 평판이 높았기 때문에, 미군의 한 장군은 공공연하게 이동식 스커드 미사일은 군사적으로 중요치 않은 사안이라고 무시해 버리기도 했다. 이런 발언은 공군의 사기를 떨어뜨리는 한편 이스라엘로 하여금 자신들의 안보문제가 미국인들에게는 하찮은 문제로 여겨지고 있다는 오해를 불러일으켰다.

이라크의 이동식 미사일 발사대를 파괴하기 위한 비행기 출격 횟수에 대한 브리핑을 보고받다가 국방장관은 이렇게 외쳤다고 한다. "빌어먹을, 내가 알고 싶은 건 그곳의 전황이란 말이야. 슈워츠코프 사령관과 직접 이야기라도 해야 한다면 그러겠어."40 하지만 민간인 지도자들이 해당 작전권역의 사령관에게 직접적으로 불만 사항을 전달하기 이전에 개입한 인물은 정치 사정에 밝은 파월이었다. 여기서 흥미로운 점은, 엄밀하게 따지면 명령계통에 속해 있지도 않은 중개인을 통하지 않고 국방장관이 작전권역의 사령관에게 직접 연락을 취하는 일이 왠지 이상하고 심지어

부적당한 일로 여겨졌다는 사실이었다.

돌이켜 보면, 앞서 소개한 민간과 군부 사이의 주요 쟁점들, 즉 전쟁을 해야 하는지, 어떤 계획을 채택해야 하는지, 스커드 미사일을 제압하기 위해 얼마나 많은 노력을 기울여야 하는지 등은 파월이 중간에서 모두 처리해 버렸다. 그는 위와 관련된 문제에 대한 정치권의 우려를 전해 듣고는 자신과 매일 전화통화를 나누는 슈워츠코프에게 지시를 내려 정치권의 의중을 전달했다. 이런 과정의 이면에는 중요한 조건 하나를 전제로 하고 있었다. 군사력의 규모가 너무 커져서 정치인들이나 사령관들 모두 전략적 판단을 내려서는 안 된다는 것이었다.

물론 대규모로 전개된 스커드 미사일 공중수색 작전은 실패로 돌아갔지만 그 과정에서 이라크군 시설물에 대한 폭격이 이루어졌다. 공군의 화력지원을 받은 미 지상군 병력의 사상자 수는 극소수에 불과했다. 또한 군부의 미온적인 반응에도 불구하고 전쟁을 결정했지만 그러한 결정이 미군측이 입은 손실에 대한 변명이 되지도 않았다. 군은 설득력 있는 지상군 작전계획을 마련하지 못했지만 민간 및 군의 최고위층에서 위기의식이 고조되지도 않았다. 이로 인해 이미 병력과 장비로 넘치는 작전권역에 또 한 차례의 병력 및 장비가 투입되었을 뿐이었다.

민간인 통제의 불확실성은 전쟁이 끝나갈 무렵에 가서야 분명해졌다. 6주 동안의 공습과 4일도 안 되는 지상군 작전으로 쿠웨이트와 이라크 남부에 주둔하고 있던 이라크군은 와해되거나 도주했다. 언제 전쟁을 끝낼지 그리고 어떻게 종전시킬지에 관한 문제가 대두되었다. 하지만 당시 이러한 중요한 문제들은 고위급 정치 지도자들의 몫이 아니었던 것 같다. 물론 군도 종전과정에서 나름대로 할 일이 있는 것은 사실이다. 당시에는 두 가지 중요한 결정, 즉 전쟁을 언제 그만둘지와 정전 협상을 어떻게 다룰 것인지에 대한 결정이 내려져야 했다. 하지만 두 가지 경우 모두 군부가 결정적인 역할을 했고, 돌이켜 보면 이들은 잘못된 판단을 했다.

지상전이 종식된 것은 1991년 2월 27일 백악관의 대통령 집무실인 오벌 오피스Oval Office에서 있었던 논의에 힘입은 바가 크다. 이 자리에서 정전 결정이 한밤중에 발표되었고 국가안보 보좌관 브렌트 스코크로프트는 이를 두고 "반쪽만 괜찮군."이라고 말했다. 그래서 걸프전에서의 지상전은 정확히 100시간 동안 지속되었다고 말할 수도 있을 것이다.41 파월은 대통령이 제시한 승리의 조건이 완전히 충족되었다고 주장하면서 정전 권고안을 냈다. 부시는 이라크와의 전쟁을 결정하기도 전에 이미 1990년 8월 8일 아래와 같이 걸프전의 목표를 분명하게 밝혔다.

네 가지의 단순한 원칙이 우리의 정책에 기본지침이 되고 있다. 우선 우리는 쿠웨이트에서 모든 이라크 군대의 즉각적이고 무조건적인 완전 철수를 원한다. 둘째, 쿠웨이트에서는 정통성 있는 정부가 현재의 꼭두각시 정권을 몰아내고 들어서야 한다. 셋째, 미국 행정부는 루스벨트 대통령부터 레이건 대통령까지 항상 그랬던 것처럼 페르시아 만의 안보와 안정에 대한 확고한 신념을 가지고 있다. 넷째 나는 해외에 나가 있는 미국인들의 목숨을 보호하려는 확고한 의지가 있다.42

모든 면을 따져볼 때, 정치 지도자들은 파월의 권고안을 그대로 따랐다. 파월은 슈워츠코프 또한 자신과 견해를 같이 한다고 보고했다. 하지만 슈워츠코프의 주장은 그와는 달랐다. 전쟁 직후에 슈워츠코프는 영국 텔레비전에 출연하여 데이비드 프로스트David Frost와 인터뷰를 하면서 자신은 이라크군을 전멸시키기 위해 군사작전을 계속 추진할 것을 권고했다고 말한 것이다. 이 문제에 대한 진실이야 어떻든 간에, 공격작전을 중단한 것은 두 가지 면에서 실수였다. 우선 얼마 지나지 않아, 미군 병력이 실제로는 쿠웨이트 작전권역으로부터의 출구를 완전히 봉쇄하지 못했음이 드러났다. 두 번째로 적군의 핵심 부대인 공화국 수비대 기갑 사단은 실제로 별다른 피해 없이 빠져나갔고, 전후에 사담 후세인 정권을 유지할 수 있는 뒷받침이 될 수 있었다.

당시 파월이 종전을 주장한 데에는 두 가지 정치적 이유가 있었다. 쿠웨이트 시티 외곽을 따라 나 있는 '죽음의 고속도로Highway of Death'에서 이라크군에 공격을 가할 경우, 국제 여론은 미국에 등을 돌리게 될 것이라고 판단했다. 두 번째로 이라크 전쟁의 주요 목표, 즉 쿠웨이트에서 이라크 군대를 몰아내는 것은 이미 완수되었다고 보았다. 파월이 제시한 두 가지의 이유는 물론 군사적 차원이 아니라 정치적 차원의 문제이지만, 돌이켜 볼 때 의문의 여지가 있다. 소위 말하는 죽음의 고속도로는 군인들의 시체로 어지럽혀진 것이 아니라 미국 항공기들이 패퇴하는 이라크군에 대해 맹렬한 기세로 기관총을 난사하자 버려버린 이동장비와 차량 등의 잔해가 지저분하게 널려져 있던 것이었다.

이러한 장면들 중의 어느 것도 텔레비전에 방영되지 않았고, 그런 까닭에 해외나 국내에서 일반 대중들의 '받아들이지 못할' 정도의 반전운동이 일어나리라는 징후도 없었다. 이런 상황에서 '받아들이지 못할'의 정의는 명백히 정치 지도부의 문제이다. 대통령이 전쟁 목표를 달성하는 것과 관련해서, 그 해석은 소극적이고 편협했다. 즉 쿠웨이트에서 이라크군을 몰아내고 동맹군에 대한 이라크의 위협을 제거하는 것만을 의미하는 것으로 해석했다. 여기에서 심각한 실수가 발생했다.

부시 대통령의 전쟁 목표를 담은 공식적인 성명서에도 종전의 이유로서 쿠웨이트의 원상 복귀만으로는 충분하지 않다는 내용이 분명히 명시되어 있다. 물론 성명서에서 페르시아 만에서 안정을 확보한다는 목표를 확대 해석하면 쿠웨이트에서 이라크군을 축출하는 것과 같은 비중을 차지한다고도 볼 수 있다. 하지만 부시 성명서에 밝힌 목표들은 그 당시나 그 이후로 많은 찬사를 받았지만 실제로는 환상에 불과했다.

성명서에서 부시가 제시한 여러 목표들 중에서 비교적 분명한 것은 단 하나, 쿠웨이트에서 이라크군을 몰아낸다는 것뿐이었다. 정통성 있는 쿠웨이트 정부를 복권시키는 것 또한 거의 직설적인 표현이나 마찬가지였다. '정통성'에 대해 지나치게 민주적인 해석을 고집하지 않는다면 말이다. 세 번째 목표는 분명한 사실을 모호한 형태로 발언한 경우에 해당한다. 즉 미국은 세계 원유의 안정적인 공급을 추구한다는 내용이었다. 물론 이외에도 미국 국민들의 목숨을 보호한다는 목표가 있었지만, 이는 전쟁이 시작되기도 전에 후세인이 서방국가의 인질들을 풀어주었기 때문에 해당되지 않는다. 이를 통해 후세인은 자신의 목표는 민간인이 아니라 오직 미군이라는 것을 분명히 밝힌 계기였다.

돌이켜 보면 분명히 언급한 목표 이외에도 다른 불분명하고 명시되지 않은 목표가 있었다. 우선, 이라크가 보유중인 대량살상 무기의 파피와 정권 교체였다. 걸프전 동안 이라크의 핵무기 및 생화학 무기 시설에 대한 공격이 시작되었고, 그후 유엔의 무기사찰과 제재조치 이후에도 계속되었다. 미국의 정보기관들이 이라크의 대량살상 무기 계획에 대해 집중적으로 첩보 수집을 시작하고 그에 대한 정보를 제공함에 따라 미국 정치인들의 마음 속에서도 동요가 일기 시작했다. 평화와 안정을 추구한다는 목표는 분명히 사담 후세인의 축출을 의미했다.

미국의 정치 지도자들이 이에 대해 분명한 표현을 통해 명시하지는 않았지만, 그들은 전쟁으로 인해 이라크에게 심각한 타격을 입힐 경우 후세인 정권도 붕괴될 것이라고 믿었다. 하지만 미 행정부는 특정 정치 지도자의 암살이나 제거를 목표로 하거나 그러한 목표를 명시했을 때, 만일 목표달성에 실패했을 경우의 정치적 파장을 두려워했던 것이다.[43]

전쟁을 이끌면서 정치인들은 원래의 목표와 대의를 변경해야 하는 경우가 발생하며, 이로 인해 전략적 목표를 가급적 줄이려는 사람들은 실망감을 느끼기도 한다. 걸프전의 종전으로 미국은 새로운 전략적 목표가 생기게 되었다. 즉 대규모 미군 병력을 페르시아 만에 주둔시켜 이곳의 질서를 바로잡는 역할을 맡도록 하고 공군 병력을 통해 이라크를 감시해야 하는 새로운 부담을 떠안은 것이었다. 또한 걸프 지역 내에서 일어나는 정치적 변화를 이용하여 아랍과 이스라엘간의 갈등을 부분적으로 해결해야 하는 부담도 맡게 되었다. 걸프전을 미완의 상태에서 끝내버림으로써 초래되는 다른 결과들은 전쟁이 끝난 지 10년 후에 체감되었다. 특히 사담 후세인 정권이 부담스러운 유엔 무기사찰과 제재조치를 교묘하게 피하면서 그러한 부담은 더욱 가시화되었다.

조기 종전으로 인한 문제점은 당시 걸프 지역 사령관이 사프완Safwan에서 정전 협상을 수행하는 데 드러난 잘못으로 더욱 악화되었다. 백악관의 지시를 전달한 파월과의 대화 이후에 슈워츠코프는 이라크군이 충족시켜야 할 여러 가지 협상안을 마련했다. 여기에는 물론 파월의 입김이 작용했다. 이틀 후 협상이 열리기 하루 전날, 슈워츠코프는 "뭐가 더 중요한지 궁금하단 말이야, 협상을 시작해도 좋다는 허가인지 아니면 협상 자체인지 말이야."라고 농담삼아 말했다. 협상이 시작되기 직전에 용어상의 변경사항이 발생했다. 미 국무부는 '협상'이라는 용어를 '논의'로 바꾸었다. 다른 말로 하자면 슈워츠코프는 자신이 직접 작성했던 순수한 기술적인 용어 외에는 아무런 지시도 받지 못했던 것이다.44

따라서 슈워츠코프는 민간인 지도부로부터 아무런 지시사항도 받지 못한 채 정전 협상에 임한 것과 마찬가지였다. 그는 자신의 재량권으로 이라크측과 비교적 관대한 협상안과 함께 협상을 마무리지었다. 당시 슈워츠코프의 협상 상대는 이라크군에서 비교적 낮은 직위의 중장이었고 협상 전 미 헌병의 몸수색에 매우 불쾌해 했었다고 한다.45 슈워츠코프는 전쟁의 목표에 대해 나름대로 소극적인 해석을 내렸고 이에 의거하여 협상을 이끌었다. 그는 협상에서 이라크인들이 헬기를 사용할 수 있도록 허락했는데, 이는 사담 후세인 정권에 저항하는 시아파 회교 세력들을 진압하는 데 없어서는 안 될 중요한 수단으로 사용되었다. 그후에 시아파 회교도들에 대한 대량 학살극이 벌어졌고 후세인 정권에 대한 즉각적인 위협은 이제 사라지게 되었던 것이다.

슈워츠코프가 이라크 정권을 관대하게 대해 준 것은 미국군 지휘관들의 신념을 반영한 것이었다. 많은 장성들과 많은 미국인들은 승리를 선언하고 고국에 돌아와 승리를 축하하는 시가행진을 벌이는 것을 전승의 모든 것으로 생각했다. 사실 슈워츠코프와 파월은 정전 협상을 1945년 일본의 항복 선언을 받아들인 미국의 전함 미주리 호USS Missouri에서 개최하는 안에 대해 논의하기도 했다. 슈워츠코프에 따르면, 이러한 계획은 촉박한 시간일정 때문에 무산되었다고 한다. 이런 식의 발상은 군사적 성공의 완결에 대한 그릇된 인식뿐만 아니라, 이들의 역사적 통찰력 또한 매우 얕은 수준에 머무르고 있음을 증명해준 일이었다.46

당시 미군은 전쟁을 구태의연한 사고의 틀에서 정의하려 했고, 이런 이유로 인해 이라크 남부에 미군 주둔을 좀더 연장시키는 안이나 북부의 쿠르드 족이나 남부의 시아파 회교세력들이 벌이고 있는 반체제 운동을 지원하는 안에 단호하게 반대했다. 물론 바그다드에 대한 직접적인 군사조치에 대해서도 강하게 반대했다. 1966년 버몬트의 상원의원이었던 조지 에이켄George D. Aiken은 베트남 전쟁에 대한 해법으로 "승리를 선언하고 고국으로 귀환하라."고 제시한 적이 있다. 아이러니하게도 걸프전 당시의 미군은 이를 받아들인 듯 보인다.

여러 가지 면에서 군의 이러한 단순한 사고는 미 행정부의 입장을 그대로 반영하는 듯 했다. 미 행정부는 당시 이라크의 국내정치에 휘말려들기를 꺼렸으며 아랍국들의 반응에 대해서도 상당히 신경쓰는 모습을 보였다. 하지만 사실을 말하자면 전쟁 말기에 미군이 공화국 수비대를 단순히 내쫓는 것 대신에 치명적인 타격을 입히는 등의 과감한 공세를 취하여 쿠르드 족이나 시아파 회교 세력들을 도왔다 해도 아랍권으로부터 별다른 반발은 없었을 것이다. 또한 미행정부가 사담 후세인이 권좌에서 축출되기 전까지는 평화는 있을 수 없다고 강경한 입장을 취했어도 아랍권의 반응은 마찬가지였을 것이다.

어떤 면에서는 당시의 민간인 지도부는 전쟁이 초래할 장기적 결과나 전쟁의 승리를 마무리하는 필수적 조치 등에 대해 깊게 생각해 보지 않은 듯하다. 당시의 민간인 지도자들은 주도권을 발휘하지 못한 채 군부가 정의한 대로 야전에서의 승리만으로 만족했다. 하지만 이 과정에서 전쟁의 정치적 목표로 제시했던 것들 중의 극히 일부만 달성되었을 뿐이었다. 걸프전에서 명목상의 정치적 목표는 이전의 쿠웨이트 정부를 다시 복원하는 일이었지만 여기에는 좀더 크지만 모호한 의도가 수반되었다. 이라크의 대량살상 무기 개발계획의 저지는 전쟁이 끝난 후에야 겨우 시작되었고 그후 10년 동안 이라크는 교묘한 방법으로 저항했다. 전장에서 분명한 승리를 거두었다 하더라도 최후의 목표를 달성하기 위한 전략이 없다면 이를 이룰 수 없음이 여실히 증명되었던 것이다.

10년도 지나지 않아 유엔의 무기사찰 활동은 중지되었고 이라크에 대한 폭격은 반복되었지만 효과는 미미했다. 또한 이라크에 대한 국제사회의 제재 조치와 통상금지 조치로 인해 많은 이라크 국민들이 고통을 겪으면서 세계 여론 또한 이라크를 동정적인 시각으로 바라보았다. 현재에도 상당한 규모의 미군 병력이 이라크를 포함한 페르시아 만을 감시하기 위해 요구되고 있으며, 걸프전 당시 승리에 환호하던 동맹군에는 이제 미국과 영국군밖에 남아 있지 않다. 일부 아랍국들이 미국의 우방국이라고는 하지만 불안하기 그지없고 또한 완전히 신뢰할 만한 대상이 아니다.

걸프전과 그 이후의 결과는 민간인 지도자들이 군부에 의해 전략적 통제권을 강탈당한 경우가 아니라 민간인 지도부가 권한 행사를 포기한 사례이다. 물론 정치 지도자들도 나름대로 이유가 있었을 것이다. 군 장성들과 마찬가지로 이들 또한 민간인의 '미시적 접근'이 베트남 전쟁에서 크나큰 재앙을 초래했다고 믿고 있었고, 또한 강력하며 세상물정에 밝은 합참의장이 있었기 때문이다. 민간인 지도자들은 군부의 능력을 전적으로 신뢰했다. 냉전이 끝난 시점에서 문화적으로 이질적이고 전략적으로도 큰 비중을 차지하지 못하는 지역에 오랫동안 군사작전을 수행할 경우, 이로 인해 야기될 결과에 대해서도 우려했다. 마침내 이들은 전쟁에서 이겨 금의환향하는 병사들의 모습으로만 만족하고 만 것이었다.

하지만 정치와 마찬가지로 거의 대부분의 전쟁에는 분명한 종점이 없게 마련이다. 전략수립 과정은 페넬로페Penelope의 거미줄과 마찬가지 원리로 작동된다. 낮에는 아주 근사한 천을 짓는 듯 하다가도 밤이면 허망하게 모두 풀어져 버리고 만다. 아마 전략가가 당면할 수 있는 가장 큰 실수를 꼽자면 점진적이고 부분적인 성공을 기피하면서 승리에 대한 터무니없는 환상을 꿈꾸다가 예상치 못했던 난관에 부딪치면 포기하고 마는 일이 될 것이다.

부시 대통령 또한 남부럽지 않은 전쟁 영웅이 되었다. 그는 미국을 이끌어 전투를 승리로 이끌면서도 한편으로 전사자 수나 물자손실의 측면에서는 거의 피해를 입지 않는 등의 혁혁한 전과로 한때는 국민들로부터 역사상 최고의 인기를 누렸다. 하지만 2년도 채 지나지 않아 가난한 남부주 출신의 주지사였던 빌 클린턴에 의해 치욕적인 패배를 당했다. 아이러니하게도 클린턴은 베트남 전쟁 동안 군 복무를 기피한 인물이다.

"이제 우리는 베트남 신드롬을 완전히 벗어던졌다"[47]

많은 군인들과 정치인들은 걸프전의 승리로 인해 베트남 전쟁의 유령과 망령이 모두 사라진 것으로 생각했다. 부시 대통령에 따르면 자신은 걸프전 내내 베트남 전쟁에 대해 많은 생각을 했다고 한다. 걸프전이 끝날 무렵에 부시가 흥에 겨워 말한 기도문을 참고하면 베트남 전쟁의 망령으로 인해 얼마나 심적으로 괴로웠는지를 알 수 있다. 종전 2일을 앞둔 1991년 2월 26일 그의 일기에는 "베트남 신드롬의 결말에 대해 내가 얼마나 불안해했는지 생각하면 놀라울 뿐이다.…"라고 적혀 있다.[48] 또한 "베트남은 이제 곧 과거에 묻힐 것이다."라는 대목도 나온다. 그는 걸프전의 종결이 '미주리호에서의 항복 선언'이라는 극적인 결말로 끝나지 못한 것을 아쉬워했다. 그는 이런 이유로 인해 "이번 전쟁이 제2차 세계대전과 비교하여 다소 아쉬움이 남는 부분이며, 쿠웨이트를 한국이나 베트남과 구별시키는 요인이다.…"라고 말했다.[49]

부시가 '베트남 신드롬의 종결'이라는 표현에 그렇게나 집착한 사실은 그러한 역사적 사실들이 자신에게 얼마나 큰 부담으로 작용했는지를 잘 보여준다. 하지만 걸프전의 엉성한 수습으로 인해 오랜 시간이 지난 후에도 사담 후세인은 여전히 건재하고 경제제재 조치에 상관없이 걸프 지역에서 커다란 위협이 되고 있다. 그리고 이런 현실은 부시 대통령이 걸프전에서 자신이 수립한 즉각적인 목표에도 도달하지 못했다는 사실을 여실히 보여주고 있다.

사실 걸프전이 베트남 신드롬에 종지부를 찍기는커녕 오히려 더 강화시켰다고 볼 수 있다. 걸프전을 통해 미국 국방 관계자들이 얻은 것이라고는 베트남 전쟁 전에 자신들이 믿어 의심치 않았던 민군관계에 대한 '정상'이론의 타당성을 다시 한번 확신한 것뿐이었다. 그후 10년이 지나 베트남 전쟁과 걸프 전쟁을 겪으면서 민군 '정상'이론은 더욱 강화되었고 미국에서 군에 대한 민간의 통제력은 더욱 약화되었으며, 고위 장성과 정치인간의 불신은 더욱 깊어져 가고 있다. 더욱 나쁜 현상은 군부가 정치화되는 조짐까지 보이고 있다는 사실이다.

두 전쟁에서 얻은 교훈은 군 내부에서 베트남 세대들이 퇴역하고 있는 가운데서도 사라지지 않았다. 1999년 트라이앵글 안보연구소Triangle Institute for Security Studies 소속의 사회 과학자들은 수많은 군인들을 대상으로 군이 정치적 중립을 지키면서 정치 지도자들에게 자문을 제공하고 지지를 해야 되는지 아니면 무력사용의 핵심적인 요소에 대한 통제권을 '주장'해야 하는지에 대한 설문조사를 벌였다. 그 결과에 따르면, 군인들은 군사작전상의 일부 요소에 대해서는 자문이나 지지보다는 통제권을 요구하는 것이 자신들의 의무라고 믿고 있음이 밝혀졌다. 또한 그들 중 50%는 군이 '교전수칙을 정해야' 하고, 52%는 군이 '출구 전략'을 수립해야 하며, 63%는 '모든 임무를 완수하기 위해 어떤 종류의 군부대가 투입되어야 할지 결정해야 한다'고 말했다.50

여기서 '주장insist'이라는 말은 물론 모호한 의미를 가진다. 하지만 분명한 점은 미국의 민군관계에 있어서 심대한 변화가 일어났다는 것은 분명하다. 미 군부는 지난 20년 동안 사회로부터 존경을 받았고 두 전쟁을 거치면서 민군 '정상'이론이 정설로 자리잡음으로써 이들의 자신감은 더욱 고양되었다. 그리고 마침내 내린 결론은 민간인들은 '그들'의 일에 관여할 만한 이유나 근거가 없다는 것이었다.

트라이앵글 안보연구소의 조사결과는 걸프전 이후에 무력 사용에 대한 통제권을 누가 행사해야 하는지에 대해서 미 군부의 견해는 이 책에서 밝힌 입장과는 다르다는 점을 암시하고 있다. 또한 이러한 견해가 단지 이론일 뿐 실전에서는 적용되지 않는다는 주장도 사실이 아니다. 예를 들면,

합참의 소식통들이 미 군부가 1999년 코소보 전쟁에 대해 반대한다는 입장을 언론에 흘렸다. 당시 군부의 주장은 "누구라도 이 모든 것들이 우리의 국익과 상관이 있다고 생각지는 않을 거야."라는 식이었다. 마치 모든 결정권은 군부에 있는 듯한 태도였다.[51] 사실 21세기가 시작할 무렵에 군의 장교들이 무력사용을 포함한 정부의 여러 정책에 대해서 불만사항을 언론에 흘려보내는 일은 이제 관행화되었다. 1942년 루스벨트 대통령이 북아프리카 침공을 결정했을 때 육군 참모총장과 해군 참모총장은 불만에 가득 차 있었지만 군인으로서 의무감에 충실하여 말없이 따랐다. 그때와 지금은 거의 천양지차라고 할 수 있다.

걸프전과 그 이후에 벌어진 소규모 국지전에서 군의 '조언'은 더 이상 '조언'이 아니었다. 이는 민간인 지도부에게 여러 가지 대안을 의미하기도 했지만 때로는 단일안을 의미하기도 했다. 미국의 민간 지도자들은 군의 까다로운 요구사항에 주저하는 모습을 보였다. 유고슬라비아와 보스니아에서 부시 행정부가 수동적인 태도를 취한 데 대해 비판했던 클린턴 행정부는 1992년 양 지역에 미군이 개입하기 위해서는 약 40만 명의 병력이 필요하다는 군의 보고를 받고 말문이 막혀 버렸다.[52] 하지만 정작 미군이 전쟁에 투입되었을 때 군부와 정치권과의 공조나 접촉은 거의 없었다.

1995년 발칸 반도 문제를 둘러싸고 미국측의 수석 협상가였던 리처드 홀브룩Richard Holbrooke은 미군 사령관인 레이턴 스미스Leighton Smith가 자신의 사령부를 미국 정부의 지시를 받지 않는 독자적 군대로 여겼다는 바를 술회하기도 했다. " … 그는 내게 자신만이 부대의 안전과 복지에 책임이 있으며, 나토 위원회가 자신에게 위임한 권한하에서 군사행동의 재량권을 가진다고 말했다. 물론 이는 자기나름의 판단에 따른 것이었다. 그는 자신이 미국을 위해 임무를 수행하는 것이 아니라고까지 말했다. 나토군의 사령관으로서 브뤼셀로부터 명령을 받는다는 것이다."[53]

스미스는 미국을 대표하여 정책을 집행하러 파견된 홀브룩에 집요하게 반대하는 입장을 고수했는데, 이는 제1차 세계대전 동안 포슈와 클레망소의 관계에서나 찾아볼 수 있었던 오만한 태도였다. 또한 현재 평화유지와 제한된 형태의 군사개입 정책에서 주로 이용되는 동맹군 체제는 그 자체적으로 민군관계에 있어서 어려운 상황을 조성한다는 사실을 보여주는 증거이기도 했다.

1993년 소말리아 개입 작전은 그와 유사한 사례를 제공했다. 유엔의 지휘 아래 미군 병력을 투입하면서 미군부와 정치권간의 정책 조율은 이루어지지 못했고 때로는 정책 충돌을 빚기도 했다. 이러한 상황이 노골적으로 드러난 예는 소말리아의 한 장군을 납치하여 모가디슈Mogasidhu(소말리아의 수도)가 안정을 되찾도록 하려던 계획이 재앙에 가까운 실패를 겪게 된 경우이다. 여기에서도 군의 오만함보다는 민간 지도부의 권한 포기가 적용된다. 유엔 고등판무관에게 모든 권한을 위임하면서 미국의 대통령이나 국방장관은 모가디슈에서 작전중인 미군 병력이 본격적인 전쟁에서 임무를 수행하고 있다고 생각하지 않았다.

하지만 아무리 작은 규모의 전쟁이라도 이들은 분명히 전쟁을 치르고 있었다. 따라서 미 정부 지도자들은 전쟁의 목표와 수단을 조화시키기 위해서 노력을 아끼지 말았어야 마땅했다. 당시 클린턴 행정부는 작전상황에 대해 군과 적극적인 논의와 작전 계획을 검토하기는커녕, 소말리아 작전을 심각하게 받아들이지도 않았다. 민간 지도부는 소말리아에서 작전중인 미군이 왜 여러 곳의 사령부로 나뉘어 작전을 수행하는지에 대해서도 알려고 하지 않음으로써 정당한 권리행사를 포기한 셈이었다.

걸프전 이후 몇 년이 지나면서 군사상의 실수에 대해 군이 아닌 민간인 지도부가 책임을 져야 한다는 분위기가 형성되었다. 1993년 모가디슈 작전의 실패로 18명의 특수부대원들이 목숨을 잃게 되는 상황이 발생하자

국방장관 레스 아스핀Les Aspin은 사임했다. 하지만 사실 당시 군부는 기존의 작전형태 이외에 다른 대안을 전혀 제시하지 않았고 특수부대원들을 구조하는데 사용될 수도 있었던 AC-300 전투용 헬기를 투입하는 안에도 반대했다.

이와 유사한 사례로, 1996년 사우디아라비아의 다렌Dhahran에 위치한 코바르 타워Khobar Tower 폭발사건이 일어나면서 19명의 미군병사가 목숨을 잃었다. 당시 상원 군사위원회Armed Services Committee가 청문회를 소집하여 윌리엄 페리William Perry 국방장관과 해당 지역의 미군 사령관을 소환했다. 하지만 이와 관련하여 전적인 책임을 져야 했던 쪽은 페리 장관이었고 사령관은 그의 옆에서 침묵만을 지킬 뿐이었다. 하급장교들은 직무태만이나 다른 죄목으로 처벌을 당했지만 고위 사령관들은 아무런 징계조치도 받지 않았다. 공군 소속 한 준장은 코바르 사태 이후 승진이 거부되었다. 그의 재량권하에서는 코바르 사태를 예방할 수도 없었고 더 효과적인 대응을 할 수도 없었는데도 말이다. 민간인 지도자들이 나서서 작전상의 실패에 대해 군 지도자들에게 책임을 물어야만 했던 상황이었지만 현실은 반대였다.

민간 및 군의 최고위 지도부간의 원활하지 못한 민군관계는 미군의 군사력 증강과 상관관계를 이루고 있다. 미군은 기술이나 조직 그리고 병력 수 면에서 비약적인 성장을 이루었는데, 이는 미국 경제의 놀랄 만한 성장에서 기인한 것이며 이로 인해 미군의 전반적인 질이 향상되었다. 1999년 웨슬리 클라크Wesley Clark 장군이 나토군을 지휘하여 세르비아군을 상대로 승리를 거두면서 미국의 민군관계는 또 하나의 해로운 결과를 양산하게 되었다. 클라크는 명석하고 야심차며 정치적 수완까지 갖춘 장군으로서 당시의 미 국무부 장관이 제시했던 정책을 지지했다.

그의 동료들이 그에게 만약 상황이 불리하게 전개될 경우 민간인 친구들은 어디에 있을까 하고 물었다. 베트남전의 재앙과 같이 그들은 사임하고 책이나 집필할까? 맥 번디Mac Bundy와 밥 맥나마라가 했던 것처럼 말이다. … 군에서는 너무 발빠르게 행동하거나 비위맞추는 말만 하고 고분고분하게만 행동하는 사람들이 있다. 또한 각종 회의에 참석하여 의견도 맞지 않는 사람들을 즐겁게 해주는 사람들도 있다. 이런 자들은 존경을 받지 못한다. 이런 자들은 오히려 불신을 받을 뿐이다.54

클라크는 코소보 전쟁에 별 소용이 없었던 군의 동료들과 참전을 결심했던 대통령을 홀대했다가 나중에 제값을 호되게 치러야 했다. 하지만 대통령이나 국방장관 어느 누구도 작전 사령관인 클라크와 이야기 한번 하지 않았다. 오히려 그는 국내에서 자신에게 적대적이었던 합참의장과 비협조적인 장군들로부터 훈계를 당하는 꼴이 되었다. 후에 그는 책을 통해 "위기상황 내내 군통수권자나 국방장관이 어떤 방식으로 의사결정을 내렸는지 전혀 몰랐고 그 이후에도 아는 바가 없었다."라고 술회했다.55

물론 민간 지도자들이 목표지점을 검토했지만 거의 대부분의 경우 작전 사령관의 요청을 승인해 주었다. 오히려 미군 사령관들은 나토 동맹국 정부로부터 훨씬 더 많은 반대에 부딪쳐야 했다. 미군 전사자가 발생하는 것을 매우 두려워했던 클린턴 대통령은 개전 초부터 미국이 코소보에 지상군을 투입하는 일은 없을 것이라고 못박았다. 클린턴의 신중하지 못한 발언으로 인해 미 공군의 작전이 길어지고 전쟁이 장기화될 것이라는 점이 분명해지게 되었다. 그 기간 동안 세르비아군은 무방비 상태의 수많은 알바니아계 코소보인들을 학살했다.

클린턴의 결정은 군 지도자들과의 전략적 회의를 거친 후에 나온 것이 아닌 것으로 보인다. 왜냐하면 전쟁의 목표를 설정하기도 전에 미군의 가장 중요한 임무로서 '군의 보호'라는 조건을 내세운 것은 전략적으로 생각할 수도 없는 일이기 때문이다. 이는 당시의 민간 지도부가 무력사용이 무엇을 의미하는지를 전혀 몰랐다는 것을 입증해준다. 오늘날에도 무력사용은 병력의 무모한 소비라기보다는 정도 면에서는 차이가 날지 모르지만 병력에 대한 적극적인 보호를 의미한다.56

코소보 전쟁에서 미군 전사자는 발생하지 않았고 세르비아군은 코소보에서 철수했다. 이러한 성공에도 불구하고 클라크 장군은 조기에 아무런 축하 행사도 없이 쓸쓸히 퇴직해야만 했다. 그는 미군의 고위 명령계통에 인맥이 없었으며 합참의 의견을 무조건적으로 수용했던 윌리엄 코언 William Cohen 국방장관과도 소원한 관계였기 때문이었다. 그를 대신하여 합참 부의장이었던 조셉 랠스턴Joseph Ralston 장군이 유럽 지역의 연합군 최고사령관에 올랐다. 그는 코소보 전쟁에 참가하는 데 대해 군의 미온적인 태도를 대변한 인물이었다.

"일상적인 방법"

한편으로 현재의 민군관계는 순조롭고 원만하다. 링컨이나 처칠이 재임하던 시기에 비해 군의 고위 지휘관들은 정치 지도자들과 훨씬 더 쉽게 접촉하고 있다. 이들은 외교관계위원회Foreign Relations Council가 주관하는 회의에 참석하고 군의 문제가 아닌 정치적 문제에 대해서도 자유롭게 대화를 나눈다. 이들은 행정부 내의 요직을 겸직하고 부서간 회의에도 쉽게 모습을 드러낸다. 이런 식의 피상적인 조화를 일부 학자들은 민군관계의 이상적인 패러다임으로 서로 친밀한 융합을 도모하는 화합이론에 대해서 이야기하기도 한다.57 하지만 이는 단지 신기루일 뿐이다.

냉전 동안 미군은 엄청난 양의 권력과 영향력을 축적했지만 거의 알려져 있지 않다. 미군은 전 세계를 여러 작전 권역으로 나누었다. 이로 인해 수많은 사령부가 생겨났으며 사령부 참모진의 위용은 대통령의 직속 참모들을 능가하는 수준이다.58 냉전에서 전쟁에 대비하기 위해 군은 군사학교 졸업생들을 의회의 인턴사원으로 일하게 함으로써 군 지휘관이 되어서도 정치가 어떤 식으로 돌아가는지에 대한 물정을 익히도록 했다. 군은 전략을 들먹이며 군사학교에서 정치를 가르치기도 했다. 동시에 베트남 전쟁 이후로 민간인 지도자가 군사상의 세부적 사항에 과다한 지식을 얻지 못하도록 철저하게 견제했다.

생각이 깊은 군의 장성들이라 할지라도 제2차 세계대전 이후로 군의 실패 또는 절반만의 성공을 설명하면서 한결같은 목소리를 낸다. 승리를 얻기 위해서는 "정치적 의지가 꼭 필요하다. 행정부 의회 그리고 미국 국민들의 의지가 있어야만 한다. 이 모든 의지가 행동을 위해 뭉쳐져야 한다."라는 식이다.59 이런 식의 선결 조건은 지극히 비현실적인 것으로서 양차 대전을 제외하고 미국에서 이런 식으로 전 국민의 총화된 모습을 보여준 예가 없었다. 이런 식의 논리를 그대로 받아들일 경우, 민간인 지도자들은 항상 군을 실망시킬 것이며 군인들은 항상 작전상의 실패에 대한 변명을 찾을 것이다.

무력사용에 대한 군의 견해와 이의 연장선상에 있는 와인버거의 법칙 및 파월 독트린이 돌이킬 수 없는 대세로 자리잡고 있지만 이를 거스를 만한 요인은 전무하다.60 20세기 말에 이르러 더욱 우려스러운 것은 군부가 기득권을 유지하기 위하여 노골적으로 정치판에 끼어들고 있다는 점이다. 군의 정치화는 군 조직의 최상층부에서 하층부까지 예외가 없다. 빌 클린턴은 1992년 전역한 지 얼마 안 되는 군 장성들로부터 대선 후보 지지를 공개적으로 받아냈다. 현 대통령인 조지 부시 George W. Bush는 클린턴보다 더 많고 더 쟁쟁한 전직 장성들의 지지를 이끌어냈다. 이 중에는 군에서 은퇴한 지 많게는 몇 주에서 적게는 며칠밖에 안 된 인물도 3명이나 끼어 있었다. 이들은 각각 해군 사령관, 해병대 사령관, 그리고 페르시아 만의 미군 사령관을 역임했다.61

군의 고위 장성들을 선거 유세에 동원하고 군 장성들이 아무 거리낌없이 특정 정당이나 정치인의 지지자로 서명하는 행태는 제2차 세계대전 당시 미 육군 참모총장이었던 조지 마샬George C. Marshall이 수립한 군의 행동기준과는 천양지차다. 마샬은 극단적인 선택이긴 하지만 투표행위조차 피함으로써 어떠한 당파성도 기피하려 했다. 1943년 그는 자신의 부관에게 "우리는 완전히 국가에 몸을 바쳤다. 우리는 사실상 성직자와 같다. 우리의 유일한 임무는 공화국을 수호하는 일이다."라고 말했다고 한다. 그는 군의 정치적 중립에 대한 일반 대중의 확신은 '신성한 신뢰'로서 마음속에서 '매일 매시간'마다 새겨져야 한다고 말했다.62

여기에는 하나의 역설이 존재한다. 군이 민간문제에 개입해서는 안 된다는 내용을 골자로 하는 '정상'이론은 정치 참여에 깊은 관심을 갖고 있는 군에 의해 결국 무너져 버렸다는 사실이다. 물론 이들은 처음에는 단지 일시적으로만 관여하려고만 했을 것이다. 군 장성들의 이러한 열의는 무력사용과 정치권과는 아무런 관계도 없는 것 마냥 치부해버리는 비현실적인 '정상'이론 탓에서 나온 측면도 있다. 냉전 이후의 세계는 군과 정치의 상호작용이 점점 더 복잡하게 변하고 있고, 동기 여하를 막론하고 군인들이 정치 참여 경향을 보이고 있다는 사실도 놀랄만한 일은 아니다. 이러한 경향을 더욱 부추겼던 요인은 위계질서, 명령, 충성심, 자기희생 등에 대한 군의 전통적인 가치와 균등화, 사회적 유동성, 개인주의, 개인의 욕망 등과 같은 민간 사회의 가치간에 이질감이 더욱 커지고 있다는 점이다.

현대 군 조직에서는 여성 군인들의 수가 지속적으로 늘어가고 있고 동성애자들에 대한 장벽도 더욱 줄어듦에 따라 기존의 전통적인 사고를 갖고 있던 군 지휘관들은 일종의 위기의식을 느끼고 있다. 물론 그들 자신 또한 국가의 기본제도와 특수 이익집단간의 경계를 허무는 데 일조했지만 말이다.63 2001년 새 대통령이 취임할 무렵에는 이러한 미세하면서도 강력한 사회적 요인들이 민간과 군과의 관계에 팽팽한 긴장감이 흐르게 했다. 25년 전에 동일한 임무를 수행했던 신임 국방장관인 도널드 럼스펠드는 현역 군인들이 특별한 연구 목적을 제외하고는 정치 참여를 금지하는 국방부 내의 보고서와 함께 임기를 시작했다. 하지만 이는 알맹이는 없는 과시용의 국방부 보고서였다. 2001년 9월 11일 미국을 덮친 테러 공격 후에 새로운 차원의 대 테러전쟁이 벌어졌을 때까지 럼스펠드 장관이 이끈 국방부는 민간과 군부 사이의 관계에서 클린턴 행정부가 보여줬던 것만큼이나 심각한 상호 불신감을 보여주었을 뿐이었다.

오늘날 미국의 지도자들은 미군의 군사력에 의해 지배되는 세계로부터의 강한 유혹에 사로잡혀 100년 이상의 전쟁을 겪으면서 깨달았던 민군 관계의 귀중한 교훈을 잊어버리고 있다. 국가의 존립과 국민이 생존이 걸린 전쟁을 경험하지 못하게 되면 그 나름의 위험이 뒤따르게 된다. 즉 그런 절박한 전쟁을 겪은 지 오랜 시간이 지나면서, 민간과 군의 지도자들은 치열한 전쟁을 통해서만 배울 수 있는 교훈을 잊어버리게 된다. 무엇보다도 이러한 교훈은, 민간인 지도자들은 전쟁 수행에 있어서도 여느 중요한 법안을 마련할 때처럼 적극적으로 개입을 해야 한다는 것이다. 그들은 민간 관료들의 보고뿐만 아니라 군의 보고 또한 아주 철저하게 검토하고 분석해야 한다.

또 휘하의 군 지휘관들이 사실을 있는 그대로 솔직하게 밝힐 것을 요구하고 기대해야 한다. 정치인들과 군부는 끊임없는 대화에 임해야 하고 민간인 지도자들의 의견은 단순히 받아적기용이 아니라 반드시 실제 작전을 통제하는 지침이 되어야 한다. 그러한 대화는 단순히 전쟁 목표와 정책뿐만 아니라 전쟁 수단과 방법까지 포함해야만 한다. 베트남 전쟁 당시에 미군의 한 장교는 "우리의 최고위 민간과 군 지도자들은 반드시 가까이 지내야 하고 속으로 상대를 어떻게 생각하든지 간에 반드시 계속 접촉해야만 한다."라고 말했다.64

21세기가 밝아오기 직전에 상원 외교관계위원회는 1999년 미국과 나토 동맹국이 세르비아를 상대로 수행한 전쟁을 검토했다. 오리건 출신의 상원의원이며 상임위원장이었던 고든 스미스Gordon H. Smith는 "정치적 고려가 나토의 군사전략에 얼마나 많은 영향을 주었는지를 알고서 괴로웠다."라고 말했다. 그는 "(여러 가지 문제와 관련하여) 정치인들은 … 질의를 했고 때로는 군이 선택한 목표지점을 거부하기도 했다."라고 말하면서 불편한 심기를 드러냈다. 그의 말은 계속되었다.

나는 민주주의 사회에서 군에 대한 민간인의 통제의 필요성에 대해서는 확고한 신념을 갖고 있다. 하지만 나는 정치적 목표를 분명히 설정하고 목표 범위 내에서 군 사령관들이 목표를 달성하기 위한 전략을 수립하도록 허락함으로써 앞서 말한 원칙에도 효과적으로 따를 수 있다고 믿고 있다.65

그의 말을 통해 민군관계에 대한 정상이론은 여전히 살아 있고 그것도 왕성하게 활동하고 있음을 알 수 있다.

위대한 정치인은 드물고 처칠이나 링컨과 같이 행세하려고 하는 보통 수준의 정치인들은 큰 실패를 겪을지도 모른다. 하지만 한 가지 중요한 사실은 '군 전문가들'에게 모든 것을 위임하면서 의존하려 하는 평범한 정치인 역시 파멸로 이르는 예정된 길을 걷고 있으며, 어쩌면 실패로 이르는 지름길인지도 모른다. 흥미로운 점은 콜린 파월이 자신의 삶의 교훈을 다음과 같이 적고 있다는 것이다. "직업 군인들을 두려워하지 말라, 심지어 그들의 텃밭에 있다 하더라도. 귀찮은 존재로 취급받더라도 세부사항을 무시하지 않는 것이 중요하다."66 극단적으로 우호적인 조건을 제외한다면, 민간인 지도자가 아무 질문도 없이 군의 조언을 전적으로 수용하는 행위가 좋은 결과를 가져올 가능성은 거의 없다. 물론 1999년 세르비아 전쟁 같은 경우는 예외에 속한다. 세르비아는 국민총생산이 미 국방 예산의 15분의 1에 불과한 가난한 나라였고, 이 작은 나라를 상대로 미국과 동맹국이 전쟁을 벌였기 때문에 결과는 불을 보듯 뻔했다.

민간인과 군인 그리고 정치문제와 군사문제 간에 분명한 구분선이 있다는 믿음에 대해 칼 폰 클라우제비츠는 '전쟁 이론'이라고 명명했다. 전쟁 이론은 무력사용을 좀더 쉽게 다룰 수 있도록 해주는 듯한 일련의 신념과 원칙으로 이루어져 있다. 하지만 그가 밝힌 것처럼, "전쟁 수행에 대한 이성적 분석이 부재하다면 … 심지어 최고위 단계에서도 일상적인 방법으로 진행될 것"이다.67 민군관계에 대한 '정상'이론은 사실상 고위 사령부의 명령을 일상적인 일쯤으로 만들려는 노력이다. 우리가 다음에 살펴 볼 '불평등한 대화'는 이전의 여러 장에서 논의한 성공적인 전시 지도자들의 기술 중 정수를 이룬다. 그리고 클라우제비츠가 말한 '일상적인 방법'과는 정반대의 개념이다.

CHAPTER 7

불평등한 대화

이들은 다양한 도전에 직면했지만 각자 나름대로의 방법을 통해서 해결의 돌파구를 찾았다. 링컨은 순진함을 가장한 고도의 처세술을 구사했고 호랑이 클레망소는 불굴의 의지로 난관에 정면으로 맞서 이겨냈다. 반면 처칠은 자신의 천재성과 기지를 활용하여 때로는 상대를 감동시키고 때로는 분노하게도 만들었다. 벤구리온은 철저한 연구와 두둑한 배짱을 백분 활용했다.

"평범한 인간의 표본"

지금까지 네 명의 위대한 정치인과 이들이 당면했던 상이한 문제점들을 살펴보았다. 링컨은 자신과 전쟁에 대한 철학이 동일한 장군을 찾고자 했고, 클레망소는 유능한 군 지휘관들간의 충돌을 중간에서 적절하게 조정하고 조화시키고자 했다. 처칠은 올바른 판단을 위해 거의 무자비할 정도의 질문을 던졌고, 벤구리온은 혼란스런 상황 속에서도 근본적인 사안들을 소홀히 하지 않으려는 모습을 보여주었다. 이들은 다양한 도전에 직면했지만 각자 나름대로의 방법을 통해서 해결의 돌파구를 찾았다.

링컨은 순진함을 가장한 고도의 처세술을 구사했고 호랑이 클레망소는 불굴의 의지로 난관에 정면으로 맞서 이겨냈다. 반면 처칠은 자신의 천재성과 기지를 활용하여 때로는 상대를 감동시키고 때로는 분노하게도 만들었다. 벤구리온은 철저한 연구와 두둑한 배짱을 백분 활용했다. 과연 이들의 공통점은 무엇일까?

흥미로운 점은, 이들 중의 어느 누구도 휘하의 장성들에게 일방통행식의 명령을 내리지 않았다는 사실이다. 한편으로는 상대를 구슬리다가도 다른 한편으로는 고압적인 어조로 협박하기도 했지만, 고압적인 명령을 내린 경우는 매우 드물며 전권을 휘두르는 대원수같이 행동하지도 않았다. 각자는 자신과 의견이 다른 군 장성들을 용인해 주었고 진급까지 시켜주었다. 그랜트, 포슈, 브룩, 야딘 모두 상대하기에 만만찮은 인물이었고, 자신들이 한편으로는 존경하기까지 했던 정치인들의 주장에 반박을 하는 데에도 주저하는 법이 없었다.

대통령 및 총리와 장군들간의 대화는 본질적으로 불평등한 대화였다. 양측은 자신들의 견해를 거리낌 없이 피력했고 때로는 상대방의 감정을 상하게도 했으며 이런 일은 한 차례가 아니라 반복적으로 이루어졌다. 하지만 민간인 지도자가 갖는 권위는 분명했고 여기에는 의문의 여지가 없었다는 점에서 불평등한 대화였다. 또한 이들의 권위는 전쟁이 시작될 때보다는 전쟁이 끝나갈 무렵에 더 한층 강력하게 행사되었다. 민군관계에 대한 정상이론대로라면 오직 전쟁의 시작과 종결 무렵에 가서야 겨우 양자간에 대화가 이뤄지지만, 네 명의 전시 지도자들과 군과의 접촉은 전쟁 내내 계속되었다.

양자간의 갈등에는 대가가 뒤따랐고, 전반적으로 볼 때 그러한 대가는 장군들이 치러야 했다. 장군들은 전쟁을 몸소 지휘하면서 정신적이나 육체적으로 상당한 부담을 느꼈다. 여기에 더해 군부의 조언을 단지 단순한 조언으로만 받아들였을 뿐, 행동의 지표로 삼는 일은 꿈도 꾸지 않았던 민간인 지도자의 지시에 충실해야 했기 때문이다. 그래서 전쟁 동안 다소 대가 세지 못한 장군들은 이들 정치 지도자들과의 관계에서 많은 어려움을 겪어야 했고, 일부는 일생동안 자신이 부당하거나 심지어 야만적인 대우를 받았다고 두고두고 괴로워했다.

존 딜이나 아치볼드 워벨 같은 영국의 장군들은 총명하고 훌륭한 교육을 받은 데다 유능한 군인이었지만, 장군들에게서 그 이상의 능력을 주문했던 처칠과 원만한 관계를 형성하지 못했다. 또 한 가지 덧붙일 점은, 처칠은 이들 외에도 운좋게 군사령관이 되었다가 우연히 승리를 거둔, 소위 운이 따르는 장군들에게도 호감을 가지고 있었다.

남북전쟁에 대해 연구한 학자라면 병적일 정도로 자기중심적이고 자기연민이 강했던 조지 맥클레런 장군에 대해서 동정심을 가질 이는 거의 없을 것이다. 하지만 무뚝뚝하고 성마르지만 유능했던 조지 메드 장군에 대해서는 연민의 정을 느끼게 될 것이다. 메드는 포토맥 육군의 마지막 사령관으로서 전쟁이 막바지에 이르면서 게티스버그 전투에서 승리를 일궈낸 장군이었다. 그는 사령관직을 맡은 지 일주일을 겨우 넘긴 시점에 전투를 치러야 했고 3일 동안 5만 명의 사상자를 낸 대혈전을 승리로 이끌었던 것이다.

하지만 그에게 돌아온 것은 링컨의 냉담한 질책이었다. 메드가 남부군의 리 장군이 지휘하는 부대를 전멸시키지 않았기 때문이었다. 그전까지 포토맥 육군의 역사는 수많은 패배와 피비린내 나는 앤티에텀 전투에서의 무승부로 점철된 점을 고려할 때, 이는 너무나 몰인정한 처사였다. 분노한 메드는 사임의사를 밝혔지만 링컨은 이를 반려했다. 1863년 가을, 다시 메드가 대규모 손실을 입을 것이 뻔한 작전을 수행하기를 꺼려한 사실이 밝혀짐에 따라, 그는 정식 절차도 없이 해임되는 수모를 당해야만 했다. 전쟁이 끝날 무렵에도 메드는 대통령으로부터 감사나 격려의 말은 거의 듣지 못했고 신임도 얻지 못했다. 그는 아포메톡스 코트하우스 Appomattox Courthouse에서 리 장군이 최후의 항복 선언을 할 때도 그 자리에 참석하지 못했다.

조국에 승리를 안겨주고 강한 충성심을 보임으로써 정치 지휘자들의 신임을 받았던 장군들조차도 항상 좋은 대우를 받지는 못했다. 클레망소는 자신의 회고록에서 이미 세상을 떠난 포슈 장군을 날카롭게 비판했다. "포슈는 평범한 인간의 표본이었고, 그의 주요 단점을 꼽자면 자신을 실제보다 더 위대하다고 생각했다는 사실이다."1 팔마흐의 지도자이자 이스라엘 독립전쟁에서 현저한 공을 세웠던 장군 이갈 알론은 자신의 군 이력이 본격적으로 시작되기도 전에 끝나버리는 수모를 당해야 했다.

물론 그가 일선에서 물러난 후로도 군사작전에 대한 논평과 군사적 조언을 했고 이스라엘 정치에서 중요한 역할을 했던 것은 사실이다. 하지만 한창 혈기왕성할 나이인 31살 이후로는 비범한 능력을 선보였던 군 지휘관으로서의 역할은 결코 다시 수행할 수 없었다. 전시에 거대한 군사조직을 이끌 만한 능력을 타고났으며 야심차고 애국심으로 충만한 그와 같은 인물에게는 너무나 잔인한 일이었다.

브룩은 자신의 회고록에서 처칠에 대한 자신의 본심을 털어놓았다. 절제된 어조 속에서 처칠에 대한 찬사를 아끼지 않았고, 전시에 자신이 겪어야 했던 정신적 고통을 회고록을 통해 밝혔던 그는 20세기 서방의 주요 지도자 중의 한 명인 처칠에 의해 철저히 무시당했다. "브룩 장군은 처칠 총리가 고의적으로 그리고 가시적으로 등을 돌린 단 한 사람이었다."라고 전시에 처칠의 비서로 일했던 존 콜빌John Colville이 회고했다.[2]

링컨은 서신을 통해 그랜트 장군을 전적으로 신뢰하는 듯 그의 작전계획에 대해서는 굳이 알고 싶지도 않다고 고백할 정도로 그에게 상당한 재량권을 주었다. 하지만 링컨은 한편으로는 그랜트 군대의 내부에 정보원을 두어 그를 감시했다. 백악관의 아마추어 전략가와 다름없었던 링컨은 그랜트에게 위협적인 경고를 보내기도 했으며, 엄격한 명령을 통해 자신의 지시에 조금도 벗어나는 일이 없도록 했다. 1865년 3월 3일 에드윈 스탠턴 국방장관은 그랜트에게 전신을 보냈다. 비록 스탠턴이 보낸 전신이었지만 원문 내용은 링컨이 작성했고 인사말과 날짜 그리고 서명만 스탠턴이 적었다. 편지 내용은 이러했다.

> 대통령께서 내게 지시하시길, 리 장군의 항복에 관한 내용이 아니라면 그와 어떠한 회의도 가져서는 안 되며, 또한 아무리 작은 사안이라도 순수하게 군사적 문제가 아니라면 어떠한 접촉도 하지 말라고 말씀하셨소. 대통령께서는 어떠한 정치적 문제에 대해서도 장군이 자의적으로 결정하거나 논의하거나 협의하지 말 것을 지시하셨소. 그러한 문제들은 대통령이 현재 검토하고 계시며, 어떠한 형태의 군사회의나 집회에서도 논의하지 않을 것이오. 아무쪼록 귀관은 전승을 위해 최선을 다해주기를 바라오.[3]

주위의 모든 사람들이 누가 진정한 명령권자임을 확실히 인식했다. 또한 네 명의 위대한 전시 지도자들은 휘하의 군 장성들에게 지나치게 관대한 칭찬을 삼가면서 마지막 순간까지 긴장의 끈을 놓지 않도록 했다.

"위기상황에서 누구라도 잘못된 판단을 내릴 수 있다"

이들 정치인들이 보여준 리더십에서 과연 어떤 자질들이 주요한 역할을 했으며 다른 이들은 이를 어떻게 본받을 수 있을까? 이들은 군사 전문가도 아니요, 기술 전문가도 아니었다. 아무리 높은 수준의 지식을 보유했다 하더라도 전문적이고 세부적인 문제에 직면하여 잘못된 판단을 내린 적이 있음을 이미 알아보았다. 이들이 가진 저력 중의 하나는, 전문가들도 실수를 하게 마련이고 지식은 결국 지혜의 시녀에 불과하다는 사실을 충분히 깨달았다는 것이다.

정치 비평가인 헨리 애덤스Henry Adams는 "모든 위기상황에서 누구라도 잘못된 판단을 내릴 수 있다."라고 말했다.4 물론 그의 말이 사실이긴 하지만, 리더십의 기술 중 일부는 아마도 다른 사람들이 자신들보다 더 큰 실수를 더욱 빈번하게 할 때 이를 직관적으로 알아차릴 수 있는 능력에 있지 않을까 한다.

이 책에서 언급한 정치인들은 범인에게서는 찾아보기 어려운 뛰어난 직관을 가지고 있었다. '직관'과 '천재성'은 이들이 보여준 치국술의 외양을 나타내는 말이다. 아이사이어 벌린Isaiah Berlin은 정치력의 본질에 대한 두 권의 저서에서 "성공한 정치인들의 사고 구조는 일반인들과는 다르다. 즉, 그들은 현재의 주어진 상황이 어떤 면에서 인간의 기나긴 역사 속에서 일어난 다른 상황과 유사한지 또는 다른지에 대해서 의문을 품지 않는다."라고 말했다.5 "위대한 정치 지도자들의 천재성은 무엇보다도 끊임없이 변하고 다채로우며 분명치 않고 영속적으로 중복되는 자료를 통합하는 과정을 수반한다. 이러한 자료는 너무나 많고, 빠르게 변하고, 뒤엉켜 있어서 일반인들로서는 이해하기 어렵고 정확하게 구별해내기도 어려워 하나씩 차근차근 정리하기가 거의 불가능하다."6

벌린은 그러한 천재성은 위대한 소설가들에게서 나타나기도 하며, 위대한 정치인들은 기질 면에서 보통 이상의 예술적 자질을 갖고 있다고 말했다. "총명하고 배운 것이 많고 교양 있는 것과는 별도로, 한 인간이 어리석은지 현명한지 통찰력이 있는지 없는지를 구별하는 기준은 각각의 상황에 대해서 뭔가 특이한 요소를 구체적으로 감지해낼 수 있느냐에 달려 있다."7

벌린에 따르면 주어진 정치 상황에서 특이한 점을 포착해낼 수 있는 능력은 정치인에게서 나타나는 여러 자질 중의 일부에 불과하다고 말한다. 그것만큼 중요한 일은 해당 상황에서 작용하는 여러 종류의 힘과 제약 사항들을 종합하고 이해하는 능력이다. 정치인을 배의 선장에 비유하기도 하지만, 그것보다는 엄청나게 복잡한 구조를 갖춘 배의 조타수에 비유하는 것이 더 정확할 것이다. 이 배는 풍랑이 치는 바다를 항해하며 여러 개의 돛과 밧줄, 마스트가 같은 방향으로 작동하다가도 제각각 움직이기도 하며, 날씨는 너무나 복잡하게 바뀌는 나머지 기존의 항해 요령이나 지침이 거의 통하지 않는 상황에 놓여 있는 것이다.

이런 맥락에서 1918년의 전시 상황에서 클레망소가 처칠에게 "내게는 정형화된 정치 철학이 없소. 나는 지금까지 기존의 모든 정치 원칙들을 파기해 버렸소. 나는 나의 경험에 비추어 모든 상황을 다루는 사람이오."라고 말했던 것도 놀랄 만한 일이 아니다.8 아마 그의 전기 작가라면 클레망소에게서는 자신이 인정했던 것보다 더 많은 원칙들을 찾아낼 수 있을지도 모른다. 하지만 이는 클레망소뿐만 아니라 다른 정치인들도 일관되게 표출했던 정서였다. 좀더 분명한 예로 링컨은 "나는 무슨 상황이 일어날지를 통제하지는 못했다. 분명히 고백하건대 상황이 나를 통제했다."라고 기록하기도 했다.9 물론 이와 같은 말은 링컨의 성격상 자신의 의중을 단도직입적으로 분명히 표현한 말은 아닐지도 모르겠지만 단순히 거짓이라고 볼 수도 없는 일이다.

그런 까닭에 위대한 전시 지도자들이 보여준, 세부사항에 대한 집착은 단순히 오만한 정치 지도자들에게서 나타나는 특징으로 보기보다는 전쟁을 승리로 이끄는 데 필수적인 요소라고 이해하는 편이 정확할 것이다. 최고 지도자가 당면하는 도전은 어느 선까지 지시를 내리고 그 이하는 부관들의 재량권에 맡겨두느냐가 아니라, 어떻게 세부사항들을 보다 큰 목표에 부합하도록 할 것인지에 있다. 즉 특정 숲이나 개개의 나무들을 면밀하게 예의주시하면서 전체 숲의 상태를 파악하는 일이다.

이와는 대조적으로 미국의 정치인들이 베트남 전쟁에서 실패한 정치 지도자로 인식되는 이유는 세부사항에 너무 많이 탐닉한 것이 아니라 잘못된 세부사항에 집착한 결과로 그릇된 결과에 도달했기 때문이다. 그들은 야전의 현실적인 요소에 입각하여 베트남 전쟁의 전략이라 볼 수 있던 '승리 이론'에 대해 제대로 검증하지 않았던 것이다. 더군다나 현재 운영되는 군사조직이 올바른 구조를 갖추었는지, 올바른 임무를 수행하는지 그리고 무엇보다도 올바른 지휘관을 갖추었는지에 대해 의문을 갖지 않았다. 또한 휘하의 군 장성들을 상대로 대답하기 힘들지만 꼭 필요했던 질문들을 던져서 이들을 검증하지 않았다. 마지막으로 그들은 군 지휘관들로 하여금 다른 견해를 가졌던 외부의 전문가들과 열띤 토론의 기회를 가질 기회를 제공하지 않았다.

1862년 12월 1일 연례 의회 연설에서 링컨은 "평온했던 과거에 비롯된 원칙들은 폭풍우 치는 현재와는 맞지 않습니다.… 우리가 당면한 상황은 과거와는 다르므로 새로운 사고와 새로운 행동으로 무장해야 합니다."라고 선언했다.10 위대한 전시 지도자들은 완전히 생소하고 과거와는 판이하게 다른 수많은 세부적인 사실 속에서 현재의 상황을 정확히 파악해낸다. 새로운 상황을 재빨리 포착하는 이러한 감각은 과거의 경험이나 종래의 군사적 사고를 반영하기 위해 필요한 것이 아니라, 신무기 기술을 비롯한 다양한 상황에서 작동된다.

링컨은 직접 화기를 시험했고 미 육군 군수부대의 사령관에게 명령을 내려 최신 개머리판 장전 연발식 소총을 구입하도록 했다. 클레망소는 전차 생산을 증강시키는 데 깊은 관심을 가졌고 적극적으로 지원한 덕택에 1918년 당시 세계 최고수준의 전차를 생산해낼 수 있었다. 처칠은 모든 종류의 군사 기술에 대해 지칠줄 모르는 열정을 갖고 있었다. 벤구리온은 이스라엘이 건국되기 전에 이미 걸음마 단계인 이스라엘의 무기산업을 육성하여 소형 화기에서부터 포병 화기까지 개발하도록 했다. 네 명의 지도자들 모두 왕성한 지적 호기심의 소유자였고, 기술을 과대평가하지는 않았지만 결코 기술의 중요성을 간과하는 법이 없었다.

다른 예는 이들 지도자들이 생소한 전략적 환경이나 작전상의 문제점들을 파악하는 능력에서 찾아볼 수 있다. 링컨이 남부군의 수도를 공략하기보다는 한사코 리 장군이 이끄는 남부군 본진을 공략할 것을 고집한 일은 좋은 예라고 할 수 있다. 링컨은 남북전쟁에서 단순히 야전에서 남부군에게 이기는 것보다는 남부 주들이 더 이상 저항할 의지를 갖지 못하도록 만들어야 한다고 이해했던 것이다. 하지만 휘하의 장군들 대부분은 이를 깨닫지 못했다. 클레망소는 고위 군사령관들의 의혹에 찬 눈길에도 불구하고 서부전선에서 연합군 통합사령부를 창설할 필요성을 일찌감치 간파했다. 처칠은 새로운 차원의 전쟁을 정의하는 데 천재적인 재능을 가졌던 인물이었다. 벤구리온은 주위의 누구보다도 더 빨리 이슈브의 당시 방위 조직은 앞으로 다가올 일련의 전략적 도전을 감당할 능력이 없음을 분명히 예견한 바 있다. 하지만 그들의 예리한 인식만으로 충분했던 것은 아니었다. 네 명의 지도자들은 해당 사안에 대해 다른 이들을 상대로 설명하고 설득하는 등의 리더십을 백분 발휘해야만 했다.

퀘벡Quebec을 정복한 제임스 울프James Wolfe 장군은 "전쟁은 어려움으로만 가득 찬 하나의 대안이다."라고 말했다. 전시 지도자의 임무 중 하나는 가능한 한 폭넓은 시각으로 여러 가지 어려움 속에서도 결단을 내리는 일이다. "어떠한 행보를 취하든 간에 최고 위치에 있는 사람과 두 번째 세 번째 네 번째 서열에 있는 사람들이 처하게 되는 입장간에는 비교할 수 없을 정도의 차이가 있다."11 본질적으로 군사령관의 관점은 여러 가지 면에서 일부분에 치우치고 제한적일 수밖에 없다. 특히 실제 군사작전을 수행하는 데 따르는 모든 책임을 자신이 져야 하기 때문에 그럴 것이다.

따라서 군사행동을 판단하기 위한 올바른 관점을 견지해야 하는 쪽은 정치인들의 몫이다. 이를 위해 정치인들은 어느 시점에서 정치적 논리를 앞세워 순수하게 군사적인 문제에 개입해야 하는지, 이러한 절충과 타협이 전쟁의 큰 맥락 속에서나 아니면 개별 전투 속에서 제대로 부합하는지 결정하게 된다. 예를 들면, 링컨은 장군으로서는 유능하지 못했지만 정치적으로는 두터운 인맥을 갖춘 인물들을 요직에 임명한 적이 있다. 부시 대통령과 체니 국방장관은 공군에 압력을 행사하여 이라크 사막에 배치되어 있는 스커드 미사일을 파괴하도록 했다. 여기서 전시의 정치인들은 대의를 위하여 군사적인 희생도 마다하지 않는 의지가 필요하다는 것을 알 수 있다. 하지만 이를 올바로 수행하기 위해서는 그러한 희생이 얼마나 고통스러운지를 정확하게 이해해야만 한다.

여기서 다시 군사적 세부사항을 완벽하게 파악하는 능력이 필수적임을 확인하게 된다. 링컨은 전쟁에 관한 전문서적을 연구하고 국방부로 당도하는 모든 전신을 면밀히 검토했다. 클레망소는 최전방을 방문하여 포화 속에서도 일반 사병들 및 장군들과 대화를 나누었다. 처칠은 휘하의 사령관들을 상대로 끊임없이 질문을 던지고 조사했다. 벤구리온은 일기를 통해 모든 세부사항을 꼼꼼하게 기록했다. 이들은 전쟁과 관련하여 많은 사실을 알지 못한다면 군 통수권자로서 효과적인 지휘도 할 수 없다는 사실을 너무나 잘 알고 있었다.

하지만 이들은 개인적인 연구 활동을 통해 모든 지식과 전황에 관한 사실을 얻었던 것은 아니었다. 이들은 휘하의 군 장성들의 사고방식을 이해해야만 했고, 자신들의 의중을 지령, 명령, 요구, 제안 등의 형태로 출력할 수 있는 능력 있는 보좌진이 필요했다. 이들 지도자들의 뒤에는 군사 문제 전문가가 포진해 있었다. 핼렉, 모닥, 이스메이, 야딘과 같은 인물이었다. 이들은 자신들이 모시는 상관과 여러 가지 면에서 공통점을 지니고 있었다.

구체적인 예를 들면 이들 또한 매우 총명했고 독서광이었으며 박식했고 글을 통해 전달하고자 하는 바를 분명하게 전달하는 능력도 갖추고 있었다. 이들은 특정한 정치적 견해를 고수하지 않았고 야전의 고위 사령관이 되고자 하는 열망도 없었거나 아예 포기해 버렸다. 이들이 항상 군 장성들과 친밀한 관계를 가지지는 못했지만 그들에게 항상 예의바르고 정중했다.

예를 들면 제2차 세계대전 동안 윌리엄 레히William Leahy는 대통령의 비서실장직을 수행하면서 이 역할을 떠맡았다. 그는 군사작전상의 책임도 없었고 관리하기 어려울 정도의 많은 직원도 거느리지 않았다. 그에게는 어떠한 종류의 연대 책임도 존재하지 않았다. 레히는 군사담당 보좌관으로서 오직 한 사람, 즉 대통령만을 보좌할 뿐이었다. 이러한 군사전령 역할은 종종 비공식적인 직위로 임명하는 것도 필요하다. 고위급 사령관들은 서열 면에서 이들의 위에 존재한다. 흥미로운 사실은 현대의 민군명령 체계에서는 전령의 역할을 인정하지 않는다는 점이다. 미국이라면 합참의장 정도가 이러한 역할을 한다고 볼 수 있는데, 합참의장은 이외에도 합참을 관리하고 야전 사령관들 간의 분쟁을 조정하고 군부의 입장을 상관인 정치 지도자에게 보고하는 일을 한다. 대통령의 군사자문 역할과 다른 역할간에는 필연적으로 충돌이 발생하게 된다. 따라서 한 사람이 두 역할을 동시에 수행하는 일이 반드시 정치 지도자들에게 도움이 되지는 않는다.

폭넓은 견해와 가장 전문가적인 지식이 광범위한 범위에 걸쳐 수집되었고 효과적으로 전달되었기 때문에 네 명의 위대한 지도자들은 많은 도움을 받을 수 있었다. 또 한 가지 첨가할 사항이 있다면 이들 지도자들은 사람을 판단할 줄 아는 탁월한 능력을 보유했다는 점이다. 모든 사람에게 다소간 결함이 있다면 모든 장군들 또한 결함이 있게 마련이다. 리더십의 많은 부분은 누구를 선택하고 누구를 견제하며 누구를 해임시킬 것인지의 문제이다. 네 명의 지도자들은 오늘날의 관행과는 비교가 안 될 정도로 고위 장성들을 자주 경질했다. 하지만 주목해야 할 점은 이런 잦은 인사조치가 개인적인 변덕심의 발로는 아니었다. 린든 존슨 대통령은 윌리엄 웨스트모어랜드 장군을 해임하고 베트남 전쟁 당시 미국이 처한 복잡한 정치적, 군사적 도전에 더욱 적합한 인물을 찾아야 했었다. 하지만 그는 쉽사리 결정하지 못하고 주저하는 모습을 보였고, 참담한 결과를 맞아야만 했다.

정치인들이 장군들을 마음대로 기용할 수 있고 그래야만 한다. 물론 장군들을 경솔하게 해임하거나 무례하게 다룰 필요는 없다. 하지만 네 명의 위대한 전시 지도자들은 장군들을 다루는 방법과 관련하여 글래드스톤 Gladstone이 밝힌, 총리로서 성공하기 위한 첫 번째 요건, 즉 "능숙한 도살자가 되어야만 한다."를 충족시킬 만한 능력을 입증했다. 사실 네 명의 지도자 중 가장 온화한 성품을 지녔던 링컨이 아이러니하게도 가장 자주 사령관들을 경질했다.

전시에 장군을 해임하는 것이 가벼운 일은 아니다. 민주주의 국가의 정치인들이 잘 알고 있는 것처럼, 오늘 불명예스런 치욕을 당한 군사령관이 부메랑이 되어 내일 다시 정치적 경쟁자로 돌아올지도 모른다. 조지 맥클레런 장군은 정치인으로 변신하여 1864년 대통령 선거에 입후보했고, 더글라스 맥아더Douglas MacArthur 장군도 1952년 대통령 선거에 입후보 직전까지 가기도 했다.

부시 대통령과 클린턴 대통령 또한 콜린 파월 장군이 1992년과 1996년 대통령 선거에 입후보할 수도 있었음을 잘 알고 있었다. 의회제도가 권력의 중심부로 가는 방편이 될 수 있다. 이츠하크 라빈, 에후드 바락, 에리엘 샤론 등의 군 장성들은 정치인으로 변신하여 총리까지 역임했다. 아이러니한 것은, 장군 출신 정치인은 시장이나 상원의원이 되기보다는 대통령에 당선될 가능성이 더 높다는 점이다.

영국의회는 장군 출신 정치인이 탄탄한 조직구조를 갖춘 정당의 당수가 되기가 매우 어려운 곳이다. 하지만 이런 의회제도에서도 전역한 군 지휘관들은 유력한 정치세력의 구심점으로 활동할 수는 있으며, 다양한 목적으로 접근하는 정치인들의 후원을 얻을 수도 있다. 예를 들어 1917년 해군장관을 지낸 에드워드 카슨은 "내가 해군본부에 있는 한 그들은 모든 재량권을 누릴 것이다. 나는 사소한 일로 그들에게 간섭하지 않을 것이고, 또한 누구라도 그들에게 간섭하지 못하게 할 것이다."라고 말했다.12 하지만 카슨의 견해는 해군 내의 다른 제독들의 정서를 대변한 측면도 있겠지만, 영국 내각 내부에 있는 자신의 정적들을 의식해서 나온 것이었다.

정치인들의 앞잡이 역할을 하거나 단순히 이름만을 팔고 다니면서, 은퇴한 장군들은 상당한 정치적 영향력을 행사할 수 있다. 특히 군 내부의 엄격한 제약사항을 더 이상 지킬 필요가 없을 경우에는 더욱 그러하다. 하지만 이러한 영향력은 비교적 오래가지 못한다. 예컨대 조지 맥클레런은 1864년 링컨에 맞서 상대했지만 패배를 맛봐야 했고, 맥아더 또한 전시중에 해리 트루먼 대통령과의 극심한 갈등을 겪은 후 미국으로 돌아왔을 때 자신의 영향력이 많이 약화되었음을 깨달았다. 그럼에도 불구하고 군 장성들의 잠재적 영향력은 전시 정치인들의 우려의 대상이었다.

비버브룩은 양차 대전을 경험하면서 영국의 민군관계를 관찰해 볼 수 있는 기회를 가지게 되었다. 그는 1916년 영국 내에서 민간 지도자들과 군부간의 관계가 어떠했는지를 짐작케 해주는 글을 남겼다.

장군들이 상상했던 장관들의 모습은 대충 이러했다. 이는 어느 정도는 일반 국민들의 정서를 대변한다고도 볼 수 있었다.

장관은 바깥의 차 소리마저도 고요하게 들리는 집무실에서 가죽 팔걸이 의자에 축 늘어져 있으며 긴 시가를 입에 물고서 비서에게 이래라저래라 하며 잔소리를 한다. 빈둥빈둥 놀면서 그는 '장렬하게 싸우는 전쟁영웅들을 죽음으로 내모는' 명령을 너무나 경솔하게 내려버린다. 수천 명의 목숨이 걸린 문제일 뿐더러, 장관 자신은 전쟁에 대해서는 아무것도 모르면서 말이다. 그다음 일어나 다른 동료 관료들과 저녁식사를 한다. 장관들이 뭔가 하는 일이 있다면 이는 탁월한 전문적 식견을 가진 장군들의 일에 참견을 하는 것이다. 반면 장군들은 시가를 즐기는 것 대신에 매일매일 어려운 난관을 극복해야 하고 위험스런 상황을 감내한다. 이를 보상하기 위해 이들에게 빅

토리아 십자훈장Victoria Cross을 매일 수여해도 아깝지 않을 것이다.
당시에 장군들의 관점을 대변했던 영국 신문들을 읽으면서 눈살을 찌푸린 경험이 있었다면 이러한 분위기를 인식하고 있을 것이다.13

하지만 비버브룩이 명시했던 것처럼, 그 당시의 군의 장성들은 당시의 정치인들만큼이나 '아늑하고 안전한' 곳에서 생활했다. 하지만 오늘날까지도 '팔걸이의자 전략가'식의 조소가 민간 정치 지도자들을 향해 쏟아지는 경우가 종종 발생한다. 마치 장군들 자신은 달리는 말에 몸을 싣고 전장터를 누비면서 긴박한 결정을 내리는 것처럼 말이다. 평화시에 군 조직과 군 지휘관들은 일상적인 조롱과 그로 인해 좌절감을 느끼는 경우가 발생할 수도 있지만, 일단 전쟁이 터지면 이들의 지위는 비약적으로 격상하게 된다. 오늘날에도 전시의 지휘관은 사회적으로 주목을 받는 인물이며 이는 최소한 전쟁의 총성이 잠잠해질 때까지 또는 그후에도 당분간은 상당한 인지도를 얻게 된다.

전시에 장군을 해임할 경우, 정치 지도자들에게는 상당한 부담이 될 수 있다. 지휘관을 해임함으로써 야전에 나가 있는 장병들의 사기가 저하되지는 않을까? 명령계통의 일관성이 손상되어 부대원들의 전투력이 상실되지는 않을까? 신임 사령관이 군부대와 작전권역 그리고 임무를 파악하기까지 어떠한 부작용이 야기될 수 있을까? 무엇보다도 그 직책에 대해 더 적합한 능력을 갖춘 인물을 임명할 수는 없었을까? 이 모든 까다로운 질문들이 정치 지도자들의 몫이 되는 것이다.

정치인들은 다른 방대한 조직의 최고위 지도자들처럼 능력 있는 지휘관들이 사망하게 되면 상당히 당혹해할 수밖에 없다. 1914년 독일의 합참총장은 헬무트 폰 몰트케Helmut von Moltke로서 1864에서 1866년 그리고 1870년에서 1871년 사이에 짧지만 수많은 사상자가 발생했던 통일전쟁을 지휘했던 몰트케 장군의 조카였다. 1905년 그는 빌헬름 황제 Kaiser Wilhelm가 자신으로 하여금 알프레드 폰 슐리펜Alfred von Schlieffen 장군의 뒤를 잇도록 할 것이라는 소식을 접했다. 일설에 따르면 그는 황제에게 "황제께서는 똑같은 복권에 두 번 당첨되고 싶으신 겁니까?"라고 말했다고 한다. 물론 이는 현명치 못한 발언이었다.

장군을 발탁하는 데에는 정해진 기준이 없다. 집요한 방어형 장군이 있는가 하면 대담무쌍한 공격형 장군도 있고, 융통성 있고 재기발랄한 임기응변형 장군과 엄격한 규율과 정해진 방법만을 따르는 장군도 있다. 젊은 장군과 늙은 장군, 흥분하기 잘하고 활력에 넘치는 장군과 무덤덤하고 침착한 장군 등 모두 나름대로 적합한 상황과 필요가 있을 수 있다. 리더십은 해당 상황에 따른 적절한 판단을 의미하며, 전시에 민간 지도자들의 리더십은 상황을 판단할 수 있는 능력에 달려 있다.

비단 전쟁 상황만이 아니라 인물을 판단하는 능력도 중요하다. 링컨과 스탠턴이 찰스 데이나를 파견하여 그랜트를 감시토록 했을 때, 그들의 관심은 그랜트의 작전수행 능력이 아니라 그의 의지와 지성, 그의 음주벽으로 인한 결함, 그리고 지도자로서 그의 다른 자질들이 조화를 이루어 제대로 작동하는지를 파악하기 위해서였다.

이 책에서 언급한 네 명의 지도자들은 한결같이 고집스러웠고, 불굴의 의지를 지니고 있었다. 그와 같은 특성들이야말로 일반인들이 이들을 생각할 때 연상되는 것들이다. 1940년 6월 18일 처칠은 긴 연설을 했다. "우리는 결코 항복하지 않을 것입니다."라는 제목의 이 연설은 모든 영국인들의 가슴을 뛰게 만들었던 장엄한 저항정신을 단적으로 표출한 것이었다. 호랑이 클레망소 또한 "저는 전쟁을 택하겠습니다."라는 연설을 통해 자신의 집요한 의지를 표현하여 많은 프랑스인들의 마음을 사로잡았다. 벤구리온의 백전불굴의 의지가 가장 선명하게 드러난 대목은 동료 정치인들 중의 많은 이들이 독립문제에 대해 주춤하고 있을 때 마지막까지 밀어부쳐 결국은 자신의 의지를 관철시켰을 때이다.

이런 면에서 볼 때 링컨은 아마도 가장 강력한 의지의 소유자가 아닐까 한다. 그는 1860년 12월 자신이 대통령으로 선출된 후 발생했던 위기상황에서 "싸움은 어차피 일어나게 되어있고 지금이 최적기야."를 외치며 자신의 고집대로 밀고 나갔으며 마지막까지도 냉정한 자세로 전의를 잃지 않았다. 링컨의 재임 연설에서는 다소 화해를 도모하는 어구들이 포함되어 있었지만, 그 외의 다른 부분에서는 여전히 그의 강한 의지를 읽을 수 있다.

차분한 목소리로 우리가 희망하고 열렬한 목소리로 우리가 기도하는 것은 이 엄청난 전쟁의 참화가 빨리 사라지기를 기원하는 바람일 것입니다. 하지만 만약 지난 250년 동안 아무런 보답없이 일했던 흑인 노예들의 땀으로 일궈낸 그 모든 부가 사라질 때까지, 그리고 모진 채찍질로 인해 흘렸을 그들의 피 한 방울에 대한 대가가 아군의 군도에 의해서 피의 보복을 통해 이뤄질 때까지 전쟁이 계속되어야 한다는 것이 신의 뜻이라면, 3천년 전에도 그러했던 것처럼 "신의 판단은 옳고 추호도 그릇됨이 없습니다."라고 말해야 할 것입니다.

이들 정치 지도자들이 품었던 단호한 의지는 충동적이고 치기어린 흑백논리식 사고에서 나온 것은 아니다. 이들 네 명의 노회한 정치 지도자들이 일생동안 아무리 많은 것을 보아왔고 경험했다 할지라도 자신들이 주도했던 모든 투쟁에서 항상 승리를 거둘 수 있다고 확신하지는 못했을 것이다. 하지만 이들로 하여금 일생일대의 크고 중요한 임무를 정면으로 맞닥뜨리도록 만든 원동력은 바로 강한 의지였다.

국가는 말에 의해 인도되고 말에 의해 통치된다. 이 책에서 소개한 네 명의 지도자들은 독서를 통해 역사, 정치, 문학 부문에 상당한 조예를 갖추고 있었고, 최고의 웅변가나 작가의 수준은 아니더라도 상당한 수준의 연설 능력과 문서작성 능력을 겸비하고 있었다. 아마 이러한 능력이 있음으로 해서 자신들의 연설이 그렇게나 많은 관심을 끌었을지도 모른다. 현재의 독자들도 그들의 연설과 글을 읽으면서 경탄을 금치 못한다. 물론 여기에는 그들을 흠모하는 마음도 있었을 것이다.

오늘날에 와서 '수사rhetoric'라는 단어에는 의도적인 허풍이나 호언장담을 한다는 어감이 녹아 있다. 하지만 수사의 진정한 뜻은 설득력 있는 정치 연설을 의미한다. 네 명의 지도자들이 발표한 연설에는 조국을 충분히 이해했던 이들 지도자들의 통찰력이 반영되어 있고, 아주 세심하게 고른 용어를 통해 청중들을 감동시키려고 했다. 이들 지도자들은 참모진 등에게 연설문 작성을 맡기지 않았고, 오늘날의 정치인들보다 연설을 통해 고무시키고 묘사하고 확인하고 설명하는 일이 얼마나 중요한지를 훨씬 더 잘 알고 있었다.

이들이 남긴 수많은 연설을 생각할 때 한 가지 흥미로운 사실이 우리를 기다린다. 이들은 청중들이 모두 알고 있는 사실들을 다시 한번 반복하는 따위의 연설은 거의 하지 않았다는 사실이다. 즉 네 명의 위대한 전시 지도자들은 연설을 통해 자신들이 생각하는 전쟁의 의미와 현재의 전황에 대해 길고 놀랄 정도로 자세하게 설명했다.

예컨대 1941년 2월 9일 처칠의 "우리는 일을 마무리할 것이다.Give us the tools and we will finish the job."라는 제목의 연설과 2001년 10월 7일 아프카니스탄 전쟁을 개시하며 조지 W. 부시 대통령이 실시한 연설을 비교해 보자. 당시 부시의 연설 작가는 처칠의 연설에서 한 소절을 인용했다. 처칠의 연설 중 "우리가 실패하거나 힘없이 비틀거리는 일은 없을 겁니다. 우리가 나약해지거나 지치는 일도 없을 것입니다."라는 말이 60년 후, 부시의 연설에서는 "우리는 흔들리지 않을 것입니다. 우리는 지치지 않을 것입니다. 우리는 비틀거리지 않을 것입니다. 그리고 우리는 실패하지 않을 것입니다."로 다시 태어났다. 하지만 부시의 연설은 처칠의 연설과는 비교할 수 없을 정도로 짧고 내용 면에서도 자세하지 못했다. 부시는 앞으로 어려움이 닥칠 것이라고 얘기하지 않았고 적에 대해서도 오직 일반적인 표현을 통해 막연하게 묘사했을 뿐이었다.

처칠과 같은 거장들은 앞으로 어떤 작전을 취할 것인지에 대해서는 철저하게 말을 아꼈지만 지금까지의 과정과 추이를 설명하기 위해서는 최대한의 노력을 들여서 아주 자세하게 설명했다. 즉 전쟁의 주요한 흐름과 주요 고비, 그리고 국가적 역경에 대한 자신들의 생각을 일목요연하게 설명했던 것이다. 이들은 작전이나 전투를 설명할 때, 통계치를 소개할 때, 전쟁의 주요한 흐름을 요약해서 전달할 때에는 거의 전문가에 가까운 태도를 취한다.

이 책의 앞장에서 이들 정치인들이 보여준 정교한 커뮤니케이션 기술, 정곡을 찌르는 메모, 간결한 전신에 대해 알아보았다. 또 고위직에 있는 인물들에게서 좀처럼 찾아보기 어려울 정도의 경청하는 태도 또한 그들의 성공에 중요한 요인이라는 것도 알아보았다. 수만 명이 지켜보는 연단에서 수백 명의 쟁쟁한 의원들이 배석해 있는 의회에서 아니면 십여 명도 안 되는 회의실에서 이들은 청중들을 상대로 글과 연설을 통해 자신의 분명한 뜻을 밝히고 설득할 수 있는 능력을 보여주었다. 이런 능력이 없었다면 지도자로서의 역할을 분명히 할 수 없었을 것이다.

"진정한 일관성"

불굴의 결단력을 보여주는 위대한 연설은 아직도 우리의 귓가를 맴돈다. 하지만 네 명의 위대한 지도자들에게는 또 한 가지의 특징이 나타난다. 이는 바로 중용中庸의 정신이다. 중용이라는 말은 벤구리온이나 클레망소와 같은 도전적인 영혼의 소유자와는 어울리지 않게 들릴지도 모른다. 처칠은 종종 심술쟁이나 다혈질로 불리기도 했다. 하지만 네 명의 정치인들은 정치적 중용의 본질을 선명하게 보여주고 있다. "현재 돌아가고 있는 상황을 잘 알면서 흔들림 없이 목적지를 향해 순항하고자 하는 정치인은 때로는 자신의 몸을 한 쪽이나 다른 쪽으로 기울이게 된다."14

때때로 중용은 자제나 단순히 참는 형태로 나타나기도 한다. 예를 들어, 클레망소는 교권敎權 개입에 대해서는 강한 거부반응을 보였지만 가톨릭을 믿는 장군들과는 원만한 관계를 유지했다.

클레망소 총리는 어느 날 아침 예기치 않게 봄본Bombon에 불쑥 나타나서는 포슈 사령관을 만나고 싶다고 말했다. 보우털Boutal 대위는 사령관은 성당에 갔다고 말했고 이에 덧붙여 "즉시 가서 총리께서 방문하셨다고 말씀드리겠습니다."라고 말했다. 총리는 "세상 무슨 일이 일어나도 그를 방해하지 말게. 그게 그 사람에겐 너무 잘 어울리거든."이라며 기지에 넘치는 대답을 했다. 총리에겐 신앙이 없었지만, 프랑스가 도움을 받을 수만 있다면 전지전능한 하느님에게라도 한 가닥 기대를 걸어볼 용의가 충분히 있었다.15

하지만 이들 위인들의 중용은 단순히 상냥한 말에서 찾을 수 있는 그것보다는 더 깊고 심오하다. 이들의 중용은 자신의 열정을 다스릴 줄 아는 능력과 언제 어떻게 맞대응을 해야 하는지에 대한 정확한 이해에서 나온다. 아리스토텔레스와 다른 철학자들은 중용에 대해 좀더 철학적인 용어를 사용하여 그 속에도 있지 않고 그 자체도 아니며 처음에는 한 방향으로, 그 다음에는 다른 방향으로 기울면서 생기게 되는 산물이라고 말했다. 처칠과 클레망소는 이를 짓궂을 정도로 익살스럽게 행동에 옮긴 경우라 할 수 있다.16

외관상으로 고집스럽다거나 심지어 심술궂다는 것이 자신의 신조에 대해 굽힐 줄 모르는 아집을 부린다거나 단순히 상대의 말을 듣지 않는다는 것만을 의미하지는 않는다. 그보다는 차라리 흔들리는 배의 균형을 잡기 위해 반대편으로 체중을 싣는 일에 더 가깝다고 할 수 있다. 클레망소는 번갈아 가며 포슈와 페탱을 때로는 격려하고 때로는 외면한 사례가 여기에 해당한다. 또한 벤구리온이 이슈브 내에서 정치적으로 궁지에 몰려 있었던 영국군 출신 장교들을 지지한 것도 같은 맥락이다.

더욱 중요한 사실은 네 명의 지도자들의 전쟁 목표는 핵심적인 원칙에 의거한 것이었고, 궁극적인 목표를 실현해 가는 과정에서 융통성과 자기 억제를 적절히 활용했다. 링컨은 미연방을 살리기 위해 전쟁을 벌였지만 남부 주의 권리와 입지를 회복시켜주는 데 있어서 동료 공화당 의원들보다는 훨씬 더 후한 조건을 제시했다. 클레망소는 독일과 죽을 때까지라도 싸웠겠지만 연합국들의 반대를 무릅쓰고서라도 포슈와 일반 국민들의 여론에 떠밀려 무력으로 적을 완전히 제압함으로써 프랑스의 안전을 도모하지는 않았다.

처칠은 자신의 제2차 세계대전 회고록에서 전쟁의 교훈으로 "전시에는 결연한 의지, 패배할 때는 완강한 저항, 승리할 때는 넓은 아량, 평화시에는 온정어린 호의"라는 글을 기록했다. 그는 한편으로는 서방의 어떤 정치인들보다도 더 빨리 소련연방의 커져가는 위협을 감지하면서도, 다른 한편으로는 독일과의 관대한 평화를 위한 준비가 되어 있었다. 유대 국가 건설에 대한 불굴의 의지를 가졌던 벤구리온은 요르단 강 서안 지역의 땅을 이스라엘의 영토로 만들어야 한다는 장군들의 간청을 끝내 받아들이지 않았다.

클라우제비츠는 작전수행에서 군이 '승리의 정점'에 도달하게 되는 때가 찾아온다고 한다. 군의 잠재력을 최대한 발휘할 때 도달하게 되는 승리의 순간이지만, 여기서 더 욕심을 부리게 되면 지치게 되고 그리하여 패배로 이어지게 된다. 네 명의 위대한 정치인들은 거의 직관적으로 이러한 개념을 정확히 이해했으며 가장 중요한 국면에서 이를 적극적으로 활용했다. 군사적 성공에 탐닉하는 지도자들은 보통 그들 자신과 조국에 큰 재앙을 가져오게 마련이다. 천재적인 지휘관인 나폴레옹 보나파르트가 그러했고 단순히 성공한 폭도와 같은 사담 후세인이 그러하다. 하지만 1980년대 소련의 지도부가 아프가니스탄 침공에서 입증한 것처럼, 다소 소심하고 호전적이지도 않은 정치인들도 군사적 성공에 심취하여 무리수를 두기도 한다.

전시에 네 명의 지도자들이 겪었던 가장 어려운 전략적 난제 중의 하나, 즉 수도의 안보문제에 대한 접근법을 통해서 이들이 승리의 정점에 대해서도 정확하게 의식하고 있었음을 알 수 있다. 각 지도자들은 국가의 수도가 적에 의해 침공당하거나 점령당할 가능성에 직면해 있었다. 워싱턴, 파리, 런던, 예루살렘이 갖는 상징적 중요성은 매우 컸다. 링컨과 벤구리온은 수도를 잃으면 국가가 지속되지 못할 수도 있다고까지 보았고, 바로 그런 이유 때문에 이들은 수도 방위를 위해 모든 자원을 투입할 것을 군에 명령했다. 당시 미국과 이스라엘은 아직 국가형성의 초기단계였다는 점을 감안하면, 이는 단순히 호기를 부리거나 수도의 안보 외에 다른 것을 볼 줄 몰라서 취한 행보가 아니었다.

하지만 남북전쟁과 이스라엘 독립전쟁에서 전세가 바뀌었을 때 그들의 입장 또한 바뀌었다. 링컨은 1864년 주벌 얼리가 워싱턴을 침공했을 때

격노했지만 공황상태에 빠져 허둥대는 모습을 보이지 않았다. 오히려 그는 북부군 병력을 적절히 조율하여 리 장군이 이끄는 남부군을 격퇴했다. 즉 식량보급 기지로서 남부군이 활용했던 세넌도어 밸리를 무력화시키고 버지니아 북부 육군의 잔당들을 무찌르게 했던 것이다. 링컨은 남부군의 리 장군이 노렸던 것처럼, 극도로 혼란해져 피터스버그를 포위하고 있었던 북부군을 철군시키지 않고 적에게 압박을 가하도록 했다.

북부군은 이를 통해 남부군과 그들의 수도 구실을 했던 피터스버그의 숨통을 서서히 그렇지만 조금도 숨쉴 틈을 주지 않고 조여갈 수 있었다. 이와 유사한 경우로, 벤구리온은 예루살렘의 대부분이 이스라엘의 수중에 안전히 확보되었음을 확인하고 나서는 다른 작전권역에 눈을 돌려 이스라엘 방위군의 병력과 물자를 투입했다.

한편 클레망소와 처칠은 오랜 전통과 확고한 뿌리를 내리고 있는 국가의 지도자였기 때문에 수도를 잃는다는 것이 물론 통탄할 일이었지만 절대 용인할 수 없는 일은 아니었다. 1918년 6월 14일 클레망소는 "나는 파리 앞에서 파리에서 파리 뒤에서 싸울 것이다."라고 말하며 결연한 의지를 보였다.17 처칠 또한 1940년 7월 14일 "런던의 대부분 지역에서 그리고 거리마다 적의로 가득찬 적들을 쉽게 삼켜버릴 수 있다. 우리는 런던이 적에 의해 길들여지고 비굴하게 노예로 전락하는 꼴을 당하기보다는 차라리 온갖 잔해와 잿더미 속에서 파괴되는 모습을 택하겠다."라고까지 말했다.18

즉 양자는 치열한 전투 속에서 수도를 희생시킬 각오가 서 있었고, 설령 수도를 잃는다 하더라도 이로 인해 전쟁의 판도가 결정될 것이라고 보지는 않았다. 처칠과 클레망소는 적들의 폭격기가 영공을 포위한 상황에서도 가능한 한 평상심을 유지하고 예전과 변함없이 일상 업무에 종사하는 결연한 모습을 보여 주었다. 프랑스의 경우는 비단 폭격기뿐만 아니라 독일군의 장거리포 사정권 안에 놓이기도 했다.

네 명의 지도자들은 감정적 통제의 측면에서 중용의 태도를 분명하게 보여주었고 이는 주위의 인물들과 강한 대조를 이루었다. 링컨은 주위의 감정을 배제하고 차분히 객관적 사실을 바탕으로 판단을 했고, 그 결과 누구보다도 빨리 남북전쟁이 장기전이 될 것이라는 사실을 알아차렸다. 클레망소는 전쟁 동안 철인과 같은 모습을 보여주었지만 생의 말기에는 우울한 모습을 보였는데, 이는 그가 죽은 뒤에 프랑스에는 다시 한번 대재앙이 닥칠 것이라는 점을 예견했기 때문이었다.

처칠은 영국이 제2차 세계대전에 참여한 이후로 시작된 암울한 나날 속에서도 줄곧 활기찬 모습을 잃지 않았고 이는 영국이 패배할 것이라고 생각했던 주위의 엘리트 관료와 장성들에게 큰 힘이 되었다. 1944년 전세가 호전되어 동료 정치인들이 지나친 낙관론을 가지자 그는 이를 호되게 비판했으며, 1945년에는 소련 연방의 위협에 대해 누구보다도 먼저 불길한 예감으로 앞날을 걱정하기도 했다. 벤구리온은 유엔에서 팔레스타인 분리안을 표결하여 유대 국가의 건설을 발표했을 때 '즐거워하는 사람들 속에서 홀로 비탄에 잠긴 자'의 역할을 떠맡았다. 하지만 그는 결국에 가서 유대 국가 건설의 꿈이 실현될 것이라는 데에는 누구보다도 확고한 신념을 가지고 있었다.

중용은 냉정하고 과감한 결단력과도 양립한다. 이런 까닭에 네 명의 지도자들은 좀더 큰 목표를 위해서 어떠한 희생도 치를 각오가 되어 있었다. 1940년 6월, 전쟁으로 만신창이가 된 동맹국 프랑스가 독일의 침공에 항복을 선언한 지 불과 며칠도 안돼, 영국 내각은 오란항에 정박중이었던 프랑스 함대를 공격하는 결정을 내렸다. 이는 물론 처칠의 강력한 주장에 힘입은 것이었다. 처칠은 이 때의 심정을 비통한 심정으로 적었다. "이는 가증스러운 결정이고, 내가 아는 바로는 가장 부자연스럽고 고통스런 결정이었다. … 하지만 국가의 명운과 우리의 대의를 살리는 일이 바로 여기에 달려 있었다. 그렇지만 영국의 명운과 영국에 의지하는 모든 이를 위해서 이번 행동보다 더 필요한 것도 없었다. … 이를 통해 영국의 전시내각은 누구도 두려워하지 않고 그 어떤 장애물도 영국을 막을 수 없음을 분명하게 입증했다."19 처칠의 말은 사실로 드러났다. 영국의 공격으로 약 1천 300명에 달하는 프랑스 해군이 목숨을 잃었다. 그 전까지만 해도 과연 영국이 홀로 전쟁을 계속 수행할 수 있을까 반신반의했던 미국의 프랭클린 루스벨트 대통령은 이 사건을 지켜보면서 참전의지를 확고히 다지게 되었다.20

네 명의 지도자들이 적들을 대상으로 보여준 그 모든 무자비한 행동만큼이나 우리에게 신선한 충격을 주는 것은 흔들리고 있는 동맹국과 내부의 반대세력에 대한 단호한 대처이다. 클레망소는 조금도 주저하지 않고 국내의 정치적 반대세력들을 체포했고, 심지어 파리에서 섣부른 패배주의나 독일의 영향력에 대해 유언비어를 퍼뜨린 자들을 총살시키기까지 했다. 벤구리온은 무기를 가득 실은 알타레나호를 침몰시키기까지 했다. 또한 그는 이 사건으로 인해 조국 이스라엘을 위해 목숨을 바쳐 싸울 유대인 전사들이 죽은 일에 대해서도, 죽는 날까지 강경하고 확신에 찬 어조로 자신의 결정은 절대적으로 옳았다고 주장했다. 헌법에 대한 강한 신념의 소유자인 링컨 또한 인신보호영장habeas corpus 청구권을 무시하고 군법을 적용하여 군법회의를 통해 포토맥 육군 내에서 만연했던 패배주의를 일소하도록 했다. 중용은 다른 말로 표현하면 강철 같은 의지와 같은 말인 것이다.

이들 지도자들의 기질과 심리상태는 평온한 것과는 거리가 멀었다. 네 명 중 가장 온화한 성품을 가졌던 링컨조차도 우울증에 빠져 절망감에 사로잡힐 때가 있었다. 예를 들어, 게티스버그 전투 이후에 링컨이 보인 반응이나 1862년 말 링컨이 자신의 비서에게 "기분이 한도 끝도 없이 추락하는 것 같다."라고 한 말을 참고하면 링컨의 심리상태를 알 수 있다. 벤구리온의 경우는 주위의 모든 사람들이 의기양양해 환성을 지를 때에도 홀로 비탄에 잠기기도 했다. 하지만 이들은 가장 힘들고 암울한 순간에는 확신감에 차 있었고 주위에서 경솔하게 승리를 자축할 때면 서슴지 않고 자중할 것을 지시했다.

처칠 또한 우울증에 시달렸고 벤구리온은 발작 증세마저 있었다. 호랑이 클레망소의 거침없는 호기의 이면에는 과연 무엇이 있었는지에 대해서는 영원한 수수께끼로 남을 것이다(클레망소는 전시중에 자신이 적은 모든 기록들을 태워버렸다고 한다). 이들은 자신들이 시작한 투쟁의 본질을 누구보다도 정확하게 꿰뚫어 보았다. 더군다나 이들은 같은 진영 내에서도 극심한 반대를 무릅써야 했다. 처칠은 1942년 영국 내각의 불신임 투표를 당해야 했고, 클레망소 또한 의회에서 탄핵을 당했으며 벤구리온은 내부의 음모에 시달렸고, 링컨은 선거에서 상당한 도전에 직면해야 했다. 이들의 입지는 탄탄한 기반을 구축하는 것과는 거리가 멀었으며, 이들이 시작한 전쟁의 결과는 막판까지도 아무도 장담할 수 없는 상황으로 진행되었다.

이들 각자가 자신의 주장을 굽히지 않고 계속 매진해 나갈 수 있었던 원동력은 용기였다. 클레망소는 "용기야말로 인간을 위대하게 만드는 것이다."라고 말했다.[21] 처칠은 "용기는 인간의 여러 가지 속성 중에서 으뜸가는 것으로 평가받는다. 이는 다른 모든 속성들의 근거가 되기 때문이다."라고까지 했다.[22] 물론 이들 네 명의 지도자들 모두 겉으로 드러나는 용기의 측면에서도 일반인들 수준 이상이었다. 각자는 주위의 만류에도 불구하고 위험한 곳도 마다하지 않고 방문했다.

하지만 더 중요한 점은 이들에게는 다른 차원의 용기가 있었다는 점이었다. 나폴레옹식으로 말하자면 '새벽 3시의 용기three-o'clock-in-the-morning courage'와 같은 차원의 용기였다. 나폴레옹은 이와 같은 용기는 장군들에게 필수적인 자질이라고 기술했다. 이는 충동적인 도박꾼의 용기도 아니요, 자포자기 상태에서 나오는 무모한 치기稚氣도 아니다. 이는 데이나가 링컨에 대해 기술한 것을 인용하면 '아무런 환상 없이' 상황을 있는 그대로 볼 줄 아는 정치인의 용기이다.

전시에 사물을 자신이 보고 싶은 면만을 보는 것이 아니라 있는 그대로 보고, 실망스러운 결과에도 굴하지 않고 이겨내고, 앞으로 수많은 기회를 놓치고 위험이 닥쳐올 것을 예견하고, 부관들과 동료들이 다소 마음에 들지 않거나 심지어는 적의를 품고 있다는 것을 알면서도 꿋꿋이 이끌어가는 것이야말로 좀처럼 찾아보기 어려운 정치인의 진정한 용기이다. 이는 포탄이 휘날리는 전장도 마다않고 방문하는 형이하학적 용기와는 다소 차이가 난다. 이런 진정한 용기가 없다면 그 외의 모든 장점들도 아무 소용이 없을 것이다.

APPENDIX

민간인 통제이론

헌팅턴은 민간인의 역할과 군의 역할간의 구분을 주장하면서도 민간이 군을 통제하기 위한 처방을 내놓는다. 그는 '객관적 통제'야말로 민군관계의 바람직한 형태라고 본다. 이는 민간인 통제의 형태이긴 하지만 군인들의 전문화를 증진시키고 그러면서 군을 정치권과는 무관한 하나의 독립된 개체로 인정하는 작동원리이다.

"일반 국민과는 다른 남자들의 집단"

민군관계는 정치학에서 가장 오래된 주제 중의 하나이다. 플라톤은 『국가론Republic』에서 후견인 계층을 양성하는 데 내재한 어려움을 기술하고 있다. 여기서 후견인 계층이란 '자신이 소속된 사회에 대해서는 친절하지만 적에게 대해서는 잔인하고' 마치 '숭고한 개noble dogs'와 같이 자신들의 이상적인 도시를 위해 봉사하는 계층'을 가리킨다.1 영국과 미국의 정치학자들은 군사적 독재를 두려워했다. 이들은 인류 역사에서 대규모의 군대는 민권을 억압하는 위협이 될 수 있다고 보았다.

18세기 영국의 한 의원은 이를 가리켜 "군인들은 일반 국민과는 다른 남자들의 집단이다. 이들은 이질적인 법, 맹목적인 순종, 상관의 명령에 대한 절대적인 복종에 의해 지배되고 이야말로 이들의 유일한 원칙이다. … 어떤 국가에서든 거대한 규모의 군대가 존재한다면 국민의 민권을 보호하는 일은 정말 불가능하다."라고 말했다.2 전제 정치는 종종 군부 세력이 주체가 되어 시작하게 된다.

20세기 초의 프랑스 같은 공화국에서도 정치인들은 군사 독재를 줄이고 군에 대한 적절한 형태의 민간인 통제를 위한 수단과 방법을 강구했다. 평화시에 미군의 규모나 병력 수는 상대적으로 작지만 미국의 민군관계는 정기적으로 위기를 맞곤 했다. 위기감이 가장 고조되었던 시기는 남북전쟁 동안이었는데, 에이브러햄 링컨 대통령과 휘하의 장군들은 여러 번에 걸쳐 극심한 갈등을 빚기도 했다. 하지만 전반적으로 볼 때 미군은 미국의 헌법에 완전히 '종속'되며 '지배'된다.3 미국과 대부분의 민주주의 국가에서 민군관계의 주요 문제는 군이 정부를 전복하는 것과 같은 근본적인 차원의 문제는 아니었다. 군 자체의 문화적 변용과 수많은 상대 세력과 제도가 존재하는 등 여러 가지 이유로 인해 쿠데타에 대한 두려움은 미국 정치인들의 관심사가 아니었다. 하지만 정치인들은 정치적 목적에 부합하도록 무력의 준비와 사용에 관한 민군관계를 조절하는 데에는 큰 관심을 보였다.

쿠데타의 위험이 없다면 민군관계가 심각할 정도로 악화될 소지도 없다는 생각이야말로 이 문제에 대한 진지한 사고와 논의가 이뤄지지 못한 주요 걸림돌 중의 하나였다. 외교 정책을 수립하고 군의 교전수칙을 설정하고, 다양한 임무에 가장 적합한 군을 창설하고, 군의 활동을 지원하기 위해 민간 부문을 동원하는 데 있어서 군의 적절한 역할은 논쟁거리 중의 하나이다. 군은 거의 예외 없이 한 국가의 정부를 구성하는 가장 큰 요소이다. 군은 정부 지출의 상당 부분을 차지하고 무력의 합법적인 사용에 대한 독점권을 갖는다. 하지만 군이 정치 지도자들의 바람과 목적에 따라 행동해야 한다는 부분에 대해서는 분명한 원칙도 불가피성도 존재하지 않는다.

50년 전에 사무엘 헌팅턴Samuel P. Huntington은 민군관계 이론을 정립했고 이후 그의 이론은 민간인과 군인들에게 하나의 지침서 역할을 하고 있다. 헌팅턴의 이론은 정치학 분야에서 고전이 되었고, 그의 저서 『군인과 국가The Soldier and the State』는 이후 미국에서 민군관계를 주제로 하는 논의에서 자주 인용되었다. 이 책의 내용을 좀더 단순화해서 나온 이론이 민군관계에 대한 '정상'이론인 것으로 일반적으로 인식되고 있다.

'정상'이론은 현실 세계에서 민군관계에 대한 여러 사안에 기본적인 판단의 근거를 제시하는 역할을 하고 있다.4 대부분의 고전서처럼 『군인과 국가』는 실제 읽혀지기보다는 인용되는 경우가 더 많고, 많은 사람들은 실제로 이 책의 부제가 무엇이었는지에 대해서 모르고 있다. 어쨌든 이 책은 아직도 엄청난 영향력을 행사한다.

헌팅턴은 의료인이나 법조인과 같이 하나의 전문적인 직업으로서의 군인officership(여기서 말하는 군인은 일반 사병이나 부사관을 말하는 것이 아니라 단위 부대의 지휘관이나 사령관급을 대상으로 한다)에 대한 분석에서 시작한다. 그에 따르면, 다른 전문직종과 같이 군인이라는 직업은 전문적 식견, 특히 인간적 측면에서 다른 직종과 다르다고 한다. 여기서 인간적인 측면이란 자신의 일에 대한 금전적 보상의 측면을 뛰어넘어 일종의 책임의식이고, 공동체 의식과 자신의 부대원들에 대한 헌신 등을 의미한다.5

헌팅턴에게는 군인의 핵심적인 능력은 '무력의 운용management of violence'과 작전계획, 병력조직 및 배치 등에 대한 능력을 의미하지만 이를 실전에서 응용하는 기술은 포함되지 않는다. 적어도 지상전이나 해전의 경우에 지휘관들은 무력의 사용을 총지휘하고 조율한다. 하지만 극단적인 경우가 아니면 직접 나가 싸우지는 않는다. 이는 용어의 소극적인 정의에서 보자면 "모든 군인들이 전문적인 군인은 아니다."를 의미할지도 모른다.6

이런 식의 협소한 기준에 따르면 군 관계자라 할지라도 무력 사용과 관련하여 직접적으로 관련이 없는 부문에 종사하는 사람들은 엄밀한 의미에서 전문적인 군인은 아니다. 또한 분명히 명시하지는 않았지만, 보직이 무력의 관리나 계획이 아니라 무력을 직접적으로 행사하는 경우에도 진정한 전문적 군인과는 거리가 멀다.

헌팅턴은 군대식 사고방식은 독특하다고 믿고 있다. 그에 따르면 "군대식 사고란 비관적이고 집단적이며 역사적 사실을 중요시하고 권력 지향적이며 군국주의적이고 군사주의적이며 평화지향적이고 군인을 수단으로 간주한다. 간단하게 말하면 군대식 사고는 현실적이고 보수적이다."7 확실히 이런 식의 설명은 이상론에 가깝다. 하지만 그는 이러한 군인 정신은 매우 강력하며 비단 군대뿐만 아니라 사회 전반에서 큰 힘을 발휘할 수 있는 저력의 원천이라고 주장한다. 『군인과 국가』의 결론 부분에서 그는 미국의 웨스트포인트와 근처 민간인 거주 지역인 하이랜드 폴스 Highland Falls 간에 존재하는 외면상 그리고 내면상의 차이점에 대해 기술한다. 여기에는 물론 문화적 차이도 반영되어 있다. 이를 통해 헌팅턴은 군사명령의 준엄함과 목적성은 배울 만한 가르침이 있으며, 특히 민주사회의 심각한 이질성과 무질서를 보완하는 데 도움을 줄 수 있을 것이라고 주장한다.

헌팅턴은 민간인의 역할과 군의 역할간의 구분을 주장하면서도 민간이 군을 통제하기 위한 처방을 내놓는다. 그는 '객관적 통제'야말로 민군관계의 바람직한 형태라고 본다. 이는 민간인 통제의 형태이긴 하지만 군인들의 전문화를 증진시키고 그러면서 군을 정치권과는 무관한 하나의 독립된 개체로 인정하는 작동원리이다. 그는 자신의 '객관적 통제'와 소위 말하는 '주관적 통제subjective control'를 비교한다.

주관적 통제는 군을 민간화하고 그 과정에서 군이 정치적으로 눈을 뜨게 되거나 아니면 군 내부에 민간인 인사들을 기용하여 군을 통제함으로써 군을 길들이는 것을 목표로 하고 있다. 이 이론을 지지하는 이들은 기본적으로 '혼합주의자fusionists'로서 정치와 군사문제를 구분하는 일은 매우 어렵다고 믿고 있다.8 과거라면 이들 혼합주의자들은 군인들을 지배계층의 일원으로 묶어둠으로써 군에 대한 민간인 통제를 유지하려고 했을 것이다. 하지만 현재에 이르러 이들은 군사적 전문성의 자주적 본질을 침해하려고 한다.

이와는 대조적으로 객관적인 민간인 통제는 직업군인들의 자주적인 군사적 전문성을 인정한다.9 여기에 호재가 있다. 객관적 통제에 따를 때 군인들은 민주주의 정치의 테두리를 벗어나지도 않으면서도 좀더 효과적인 군사작전을 수행할 수 있다. 정치권에서 순수하게 군사적인 문제는 군인들의 재량권하에 남겨두고 군의 활동과 민간의 활동에 대해 명확한 선을 그을 때 특정 군 조직이 부상하게 된다. 정치적 중립에 대한 군의 이상, 즉 '훌륭한 군인the good soldier'과 '최고의 부대the best regiment'라는 원칙에 고무된 군인들은 정치적 이념이나 개인적 야심이나 허영에 의해 자극받은 이들에 비해 더욱 뛰어난 모습을 보이게 될 것이다.10

이러한 견해는 전략적으로 암시하는 바가 매우 크다. 헌팅턴은 미국 육군 지휘참모대학Command and General Staff College에서 1936년 출판한 책자의 한 단락을 흡족한 듯 인용한다.

정치와 전략은 본질적으로 그리고 근본적으로 서로 분리되어 있다. 전략은 정치와는 전혀 별개의 문제이다. 군인들이 원하는 모든 요구사항은 일단 정치권에서 판단이 내려지면 그후에 전략과 지휘는 정치와는 완전히 분리된 사항으로 간주되어야 하다는 것이다. … 정치와 전략, 보급, 작전은 반드시 구별되어야 한다. 일단 양자를 구분하는 분명한 선이 그어진 후에는 모든 주체 세력들은 월권행위를 삼가야 한다.11

양자간의 명확한 구분이 가능한 이유는 군의 전문적 기술은 분명하고 일반적이지 않기 때문이다. "군사 문제의 효율에 대한 기준은 한정적이고 구체적이며 상대적으로 객관적이다. 반면 정치적 예지의 기준은 불명확하며 모호하고 매우 주관적이다."12 정치 지도자들은 군을 군사적 문제에만 엄격하게 묶어놓고 반면 엄밀하게 군사적 문제가 아닌 정책적 문제에 대한 판단은 자신들이 배타적으로 보유함으로써 자신들의 통제권을 강화할 수 있다.

민주주의 국가의 많은 정치인들과 국민들은 전략에 대한 이해를 통해 군에 대한 통제력을 강화할 수 있다고 본다. 전쟁이 전문적인 기술이라고 믿는다는 것은 전쟁에서 실수나 어리석은 행동, 언쟁과 사소한 문제에 대한 의견 차이, 불화와 예측불가능성은 용납되지 않는다고 믿는 것이다. 이러한 면에서 군사적 능력은 불변성을 갖는다.

군인의 특수한 능력에 있어서 그 본질은 시간이 지나고 장소가 바뀌어도 영향을 받지 않는다는 점에서 보편적인 성질을 지니고 있다. 좋은 의사가 되기 위해 요구되는 자질은 취리히나 뉴욕이나 마찬가지이고 군사적인 전문가가 되기 위한 기준 또한 러시아나 미국이나 그리고 19세기나 20세기나 다름이 없다.13

이러한 믿음은 군에 대해 불안해 하고 있는 정치인들과 시민들에게 다소 위안을 준다. 자포자기할 정도의 고통 속에서 상처입고 병약한 많은 환자는 따뜻하고 다정한 손길을 가진 의사를 전적으로 믿게 된다. 마찬가지로 너무나 많은 민간인들이 차분한 몸가짐이나 박력있는 행동과 믿음직한 모습을 보여주는 장군들을 전적으로 신뢰한다. 사활이 걸린 문제에 당면했을 때 사람들은 전문가들에게 의지하게 된다.

헌팅턴의 견해에 따르면 이로 인해 미국이 제2차 세계대전 동안 군사적 성공을 거두게 되었다고 한다. "정책과 전략부문의 주요 결정에 관한 한, 군이 전쟁을 주도했다."14 이 또한 좋은 것이라고 헌팅턴은 덧붙여 말할 것 같다.

군의 전문성에 대한 헌팅턴의 단순화된 개념은 여전히 미국 군부의 주류의견으로 자리잡혀 있다. 1980년대 중반에 군 개혁에 대한 논의가 시작되었고 그 결과로 1986년 골드워터 니콜라스 국방부 특별법이 마련되었다. 이 특별법에 힘입어 합참과 합참의장의 권력은 더욱 강화되었지만, 한편으로 군의 질은 저하되었고 국방부 장관의 권한도 어느 정도 축소되었다.15 이 법안의 작성자들은 미군 역사에 대한 헌팅턴의 인식에 동감했을 뿐만 아니라 민간인 지도자에게 자주적인 군의 조언을 제공하는 것이 자신들의 책임이라고 보았다.16

헌팅턴의 이론은 미군이 만성적으로 무력사용에 의지하는 사례가 늘고 있는 시점에서 특히 중요하다. '객관적 통제'에 대한 개념은 군사 조직이 민주주의에 미치는 위험을 대처하는 한 가지 방법을 제공한다. 이는 토크빌Tocqueville이 기술한 "불안하고 격정적인 기상으로서 민주주의 사회에서 군대의 구성 자체에 내재하며 도저히 치유할 수 없는 병폐"를 말한다.17 객관적 통제는 정치인들이 군을 어떻게 이끌 것인지, 군인들에 대한 정신교육은 어떤 식으로 이루어져야 하는지에 대한 단순한 해법을 제공한다. 또한 이를 통해 민간인 통제와 헌법에 따른 통치뿐만 아니라 전략적 성공까지 도모할 수 있다.

하지만 객관적 통제 이론은 현실 상황과 민군관계의 당위성에 대한 기술로는 충분치 못하다. 학계의 비판자들은 군사적 전문화의 본질에 대한 헌팅턴의 가정을 문제 삼고 있으며, 여기에는 일리 있는 근거가 있다. 더군다나 비교적 성공적이라 할 만한 걸프전을 포함해서 최근의 역사를 검토해 볼 때 헌팅턴 식의 바람직한 민군관계 모형은 민군간의 갈등을 설명하지 못하고 있다.

민주주의 국가에서 가장 성공적인 전시 리더십의 사례로서, 남북전쟁 당시 링컨이 북부군을 지휘하면서 보여준 지도력과 처칠이 제2차 세계대전 동안 연합군을 이끌면서 입증한 지도력을 들 수 있다. 또한 벤구리온이 이스라엘 독립전쟁 동안 보여준 지도력도 빼놓을 수 없다. 이 모든 사례에서 민군관계에 대한 '정상'이론이 처방하는 민과 군의 엄격한 구분은 찾아볼 수 없었다.

'정상'이론의 비판자들

군사적 전문성의 개념이 일반적으로 받아들여지고 있지만 이에 대해 상당수의 비판자들이 존재하고 있는 것도 사실이다. 역사학자 앨런 거트먼Allen Guttmann은 헌팅턴이 자신의 이론을 정립하는 과정에서 미국의 역사를 잘못 해석했다고 주장했다.[18] 19세기 말과 20세기 초 그리고 양차대전 동안에 미군 장성들은 정치권에 개입하지 않은 것이 아니라 사실상 정치권을 대표했다고 거트먼은 주장했다. 그리고 군부는 민간 사회의 주류 의견보다 더 보수적인 세계관을 고수한 것이 아니라 미국 사회가 지향했던 실용적이고 민주적인 견해를 가졌다.

헌팅턴은 민간과 군의 가치 간에는 대립하고 충돌하는 면이 있음을 발견하고 이를 인정했다. 그는 군이 지향하는 가치는 민간 사회의 가치와는 별개로 취급되어야 한다고 주장했다. 하지만 거트먼은 헌팅턴의 견해에 반대했고 이에 대해 헌팅턴을 비판했다.

헌팅턴이 정의하는 이상적인 군인은 헬무스 폰 몰트케Helmuth von Moltke 같은 분명한 귀족주의 성향의 군인이다. 이들은 강한 애국심을 가지고 있지만 한편으로는 군인이라는 직업에 더 강한 자부심을 가지고 있다. 헌팅턴은 군인의 명예를 군의 핵심적인 모습으로 명시하고 찬양했지만, 거트먼은 미군 장성들이 그보다는 실용주의를 더 중요하게 여기며 이에 집착하고 있다는 사실을 지적했다. 거트먼은 미국적 군인의 전형이라 할 수 있는 스톤월 잭슨 같은 군인은 기사도식의 정중한 격식과 예의와는 거리가 멀었다고 주장했다. 그와 같은 기사도 정신과 격식은 유럽의 장군들이 매우 중요시하는 부분이고 헌팅턴의 이론에서도 중요하게 다뤄지는 부분이다.

하지만 사실 잭슨의 실제 모습은 그와는 거리가 멀었다. 남북전쟁 당시 남부군의 한 대령이 잭슨에게 북부군의 침공을 성공적으로 격퇴했다는 소식을 보고하면서 적군의 대담무쌍함을 경탄하고 그런 용감한 군인들을 죽여야 했던 현실에 대해 유감스러워한 적이 있었다.19 잭슨은 "아냐, 그들 모두 쏴버려. 나는 그들이 용감해지는 걸 바라지 않네."라고 말했다고 한다.20

다른 전문가들 또한 거트만과 다소 다른 접근법을 시도하고 있긴 하지만 유사한 결론에 도달한다. 이들은 그 근거로 미군 지휘관들의 사회적 배경을 지적한다. 즉 미군 지휘관들은 사회적 가치와 욕구 면에서는 중산층에 가깝고 민간사회에서 확고한 뿌리를 내리고 있다는 것이다.21 헌팅턴은 민간과 군의 가치 차이에서 긴장과 충돌이 일어나고, 이러한 충돌이 긍정적인 방향으로 상승작용을 일으키기를 바랐다. 하지만 민간인들과 똑같은 텔레비전 프로그램을 시청하고 똑같은 음악을 듣는 군인들에게서 그런 식의 자주적이고 독특한 가치형성은 기대하기 힘들다.

사회학자 모리스 야노비츠Morris Janowitz와 다른 학자들도 유사한 의견을 피력했다. 이들의 주장에 따르면, 군사적 전문성에 대한 전통적인 개념은 약화되었고 전쟁 자체도 변했다는 것이다. "전쟁에 복잡한 기계장비가 수반됨에 따라 군사조직과 비군사조직간에 구분은 모호해졌고, 군에게서 하나의 거대한 조직에서나 나타나는 전형적인 특성들을 찾아볼 수 있는 기회가 더 잦아지고 있다."22 헌팅턴이 주장한 '객관적인 통제' 개념은 양차 대전이 일어나던 시대에는 통했다. 하지만 핵 기술의 비약적인 발전으로 인해 이제 군사조직과 민간조직간의 거리는 좁아지고 있다.

야노비츠는 군인이라는 직업의 '경찰 개념constabulary concept'을 제안한다. 이는 세심하게 정의된 환경에서 제한된 무력의 사용을 골자로 한다.23 그는 전통주의와 영예를 구현하고자 하는 '영웅적인 지도자'들과 과학적이고 이성적인 전쟁 수행에 관여하는 '군대의 관리자' 간에 분명한 선을 긋고 있다.24 그는 여기서 양자간의 진정한 승자는 현대의 군 관리자라는 사실은 의심의 여지가 없고, 관리자로서 군인들의 모습이 나쁘지 않다고 믿는 듯하다.

이런 까닭에 야노비츠는 군사적 전문성에 대한 헌팅턴의 정의에 대해서 부분적으로 수용하는 입장을 보이지만, 민군간의 가치 차이에 대해서는 다른 견해를 보인다. 즉 군사적 전문성의 부산물로서 민간과 군의 가치간에는 엄연한 차이가 있다는 헌팅턴의 주장에 대해 야노비츠는 꼭 그래야 한다는 필요성은 없다고 본다.

다른 군사부문 전문가들은 여기서 한 걸음 더 나아간다. 1977년 찰스 모스코스Charles Moskos는, 군은 '가치와 규범'에 의거하여 정통성이 부여되는 공공기관에서 '시장, 즉 업무수행과 능력에 대한 금전적 보상에 의해 정통성이 부여되는' 하나의 직업으로 서서히 그렇지만 지속적으로 변형이 시작되었다고 주장했다.25 군과 민간부문 간의 봉급 격차는 계속 줄어들고 구내매점 등에서 나오는 부수입 등이 점점 줄어드는 현상이(구내매점의 수익이 줄어든다는 것은 군인들이 민간시장에서 물품을 구입하는 양이 늘어나고 있다는 사실을 의미한다) 그의 시각에서는 군인들의 삶이 민간인들의 삶과 아주 큰 차이가 없게만 보였다. 어쨌든 완전히 가시적으로 드러나 보이지는 않지만 모든 군부대는 헌팅턴이 말한 소위 '주관적 통제'하에서 존재하는 것만은 사실이다.

낙관적인 시각의 한 학자는 "'민간'에 대한 개념 그 자체가 부적당할지도 모른다."라고 주장하면서 '조화'이론을 제안했다.26 이 이론의 주된 작동원리는 "군·정계·민간 사회간의 대화, 수용, 가치공유 또는 목적 공유"이다.27 어떤 면에서 이 이론은 민군관계의 문제점을 아예 정의 차원에서 제외시켜 버린다고도 볼 수 있다.

헌팅턴과 그의 비판자들이 동의하지 않을지도 모르지만, 이들 모두는 모순되지만 일반 국민들에게 위안을 주는 메시지를 남겼다. 헌팅턴은 군의 대외적 이미지를 구성하는 요소들은 사실상 군의 본래 기능과 관련이 있을 뿐만 아니라 바람직하다는 사실을 발견했다. 물론 미국에서 자유주의 성향의 국민들은 군에 대한 불안감을 떨치지 못하고 있다. 하지만 헌팅턴은 이에 대해 "자유주의는 군 기관과 군의 기능에 대해 이해하지 못하고 있고 그렇기에 이들에 대해 적대적이다."라고 주장했다.28

거트먼과 야노비츠 그리고 모스코스의 경우는 그 반대이다. 즉 이들은, 군은 미국이라는 나라와 유사점이 있으며 미국의 엘리트들이 신봉하는 가치를 공유하고 미국의 사회적 근본과 삶의 방식과도 크게 어긋나지 않는다는 점을 발견했다. 19세기와 20세기에는 국가간 전면전이 일어났지만 이제 좀 더 제한적인 전쟁 형태를 띠게 되었고, 군은 군사작전을 수행하는 방법에 대해서 민간인의 주장을 내면화했다. 군과 민간의 사고방식 간에 존재하는 엄연한 차이는 헌팅턴 이론의 핵심 논거를 제공하기도 했지만 이제는 차이 자체가 모호해졌다는 것이다.

하지만 헌팅턴이나 다른 비판자들은 전시나 평화시에 민간인 통제와 군의 효율성을 결합하는 것과 관련하여 나타나는 문제점에 대해서는 아무런 언급이 없다. 사실 여러 전문가들이 '민간인 통제'라는 용어는 1964년 출시된 영화 〈5월의 7일Seven Days in May〉, (이 영화는 진보적 성향의 미국 대통령이 러시아와 군축 협정을 추구하면서 보수 우익 성향의 군부와 갈등을 일으키고 마침내 군이 정부를 전복한다는 내용을 줄거리로 하고 있다)에서 연출된 암울한 장면을 연상케 하는 면이 있다고 보고 있으며, 그렇기에 다소 엉뚱한 용어라고 지적한다. 이 영화의 줄거리는 군이 정부를 전복하는 것과 관련되어 있다.29

1961년 한 군사 전문가는 책에서 "민간인 통제의 개념이 미국의 국가 안보에 미치는 영향은 거의 없다."라고 기록했다.30 이는 지금 생각해 보면 다소 그 타당성에 의심이 드는 주장이다. 특히 지금과 같이 미국 역사상 민간인과 군인들 간의 갈등이 가장 파괴적인 형태로 나타나는 시점에서는 더욱 그렇다. 이와 함께 1985년 군의 권력을 강화하는 법안을 마련한 의원들은 "미군의 사령관들이 자신들의 권한을 뛰어넘어 월권행위를 저지를 가능성은 지금까지 매우 드물다. … 이러한 행보 중에 어떤 것도 군에 대한 민간인 통제에 심각한 위협을 주지도 않는다."라고 말하기도 했다.31

거트먼, 야노비츠, 모스코스 어느 누구도 전시의 민군관계에 대해서는 깊이 천착하지 않았다는 사실을 주목할 필요가 있다. 이들은 전시중 미군의 역사에 대해 헌팅턴 식의 해석을 모두는 아니더라도 상당 부분 그대로 수용하고 있다. 또한 민군관계와 관련하여 헌팅턴을 비판하는 가장 영향력 있는 일부 저서들도 전쟁에 대해서는 언급도 하지 않고 있다.32 사실, 헌팅턴을 제외하고 민군관계에 대한 대부분의 출판물들은 다소 기이할 정도로 전시에 일어나는 문제를 소홀히 하는 경향을 보인다.

한 가지 예외를 들면, 영국의 학자 파이너S. E. Finer를 들 수 있다. 헌팅턴에 대한 그의 비판은 미국의 학자들과는 판이하게 다르다. 그는 헌팅턴이 민간인 통제와 관련한 문제점을 심각할 정도로 과소평가했다고 주장한다. 일원화된 명령체계, 위계질서, 기강, 결속력, 용감무쌍함과 애국심 그리고 규율과 같은 가치들은 민간 사회에 매력적인 모습으로 다가오면서, 군은 효과적인 방법으로 민간인 통제에 저항할 수 있다.33

헌팅턴은 가장 전문화된 군대의 예로 독일군을 들면서 찬사를 아끼지 않았지만 독일 군부는 여러 차례 반복해서 정치에 개입했다. 파이너는 이 사실을 주목하면서 군사적 전문성은 실질적으로 군이 정치에 개입하려는 경향을 더욱 심하게 만드는 요인이라고 주장한다.34 특히 전시에 민간인 지도자들은 자신들의 지식에 대해 확신하지 못하고 여론을 두려워하며 군의 전문적 의견에 끌려가는 형국을 보이기 때문에 군에 대해 많은 통제력을 행사할 수 없다는 것이다. "'전쟁은 너무나 중요해서 장군들에게만 맡겨놓을 수는 없다.'라는 말에 공감을 표시할 민간인은 거의 없고 하물며 이에 공감을 표시할 만한 장군들은 극소수이다."라고 파이너는 주장한다.35 이 점에 있어서 국가마다 상황은 다를 수 있다.

미국에서 민군관계의 갈등에 대한 전형적인 예는 독단적인 더글라스 맥아더 장군과 그에 못지않게 대담했던 해리 트루먼Harry Truman 대통령간의 불화이다. 트루먼이 맥아더를 해임함으로써 본격적인 대립이 시작되었다. 영국의 경우, 1914년 커러Curragh 항명 사건이 민군관계의 갈등에 대한 좋은 예가 될 수 있다. 당시 영국 정부는 군에게 북아일랜드를 영국 영토의 일부로 계속 두자고 주장을 하는 북아일랜드 세력들을 진압하라는 명령을 내렸다. 하지만 영국군 여단 소속 70명의 장교 중 57명이 이에 반대하여 집단으로 사임의사를 밝힌 것이다. 이 사건은 미국의 경우에 비해 민간인 통제에 대한 좀더 전형적이고 불온한 위협이다.36

이보다 더 많은 교훈을 던져주는 것은 제1차 세계대전 동안 영국의 민간 지도자들과 군부간의 갈등이다. 데이비드 로이드 조지 총리는 자신의 권위가 영국군의 고위 장성들, 특히 참모총장인 윌리엄 로버트슨과 프랑스에 파견된 영국군 사령관 더글라스 헤이그를 중심으로 한 군 내부의 파벌에 의해 도전받고 있다고 믿었다. 또한 이들의 주위에는 일부 정치인들과 언론인들 또한 가세했다.37 파이너는 민간인 통제에 대한 너무 편협한 해석을 내림으로써 평화시에 군이 민간 권력에 형식적으로 복종을 다짐하는 것에 만족할 경우, 전시에 군을 동원하여 무력 통제권을 행사하는 데 따르는 어려움이 과소평가될 수도 있다고 주장한다. 민군관계에 대해 연구하는 대부분의 학자들과 달리, 파이너는 민간인 통제에 대한 전망을 비관적으로 보고 있었던 것이다.

반대 이론: 전략적 허무주의

민군관계와 관련하여 또 다른 이론도 존재한다. 이 이론은 정상이론 자체를 거부하는 이론으로서 군사학교에서도 거의 다루지 않거니와 권력층 내부에서도 힘을 얻지 못하고 있다. 전략적 허무주의strategic nihilism 이론에 따르면 전시에 민간인이 주도적인 리더십을 발휘하는 가능성은 더욱 줄어든다. 왜냐하면 이 이론에서는 전쟁의 합목적성이나 군인을 전사로서 이해하는 것이 아니라 전문가로서 이해하는 인류학적인 결정론 anthropological determinism을 부인하기 때문이다.

헌팅턴과 비판론자들은 무력 사용은 이성적 통제에 의해 행사되는 활동으로 이해한다. 이들은 민간사회로부터의 고립과 핵무기 시대에서 통제된 폭력의 본질로 이해되는 군의 전문성에 대해서는 의견을 달리한다. 하지만 전략적 허무주의 이론에서는 이성이라는 기본 가정 자체를 인정하지 않는다.

전략적 허무주의자로서 가장 유명한 이는 레오 톨스토이Leo Tolstoy 이다. 그의 책을 읽어본 많은 독자들은 톨스토이의 철학이 볼콘스키 Bolkonsky와 로스토프Rostov(볼콘스키와 로스토프는 소설『전쟁과 평화』에 나오는 등장인물이다) 같은 이들의 이야기에서 단순히 곁가지로 흘러버린 차원으로 생각할 수도 있을 것이다. 하지만 그의 걸작『전쟁과 평화War and Peace』는 전쟁을 직접 자세히 지켜보았고 오랫동안 연구했던 톨스토이가 전쟁에 대해서 진지하게 그리고 결집력 있게 관조한 내용을 담고 있다.[38]

책 속의 영웅들이 우연찮게 전쟁에 맞닥뜨리게 되었을 때, 이들은 전쟁이 자신들이 기대했던 정형화된 형태나 규칙이 전혀 없다는 사실을 깨닫게 된다. 작중 인물인 피에르 베주코프Pierre Bezukhov는 보로디노

Borodino 전투에 참전하게 되고 큰 충격을 받게 된다. "그는 심지어 아군과 적군을 구별할 수도 없었다."39 그가 곧 경험하는 것처럼, 실제의 교전 상황은 그가 전쟁이 시작되기 전에 병력을 배치하면서 느꼈던 혼란보다 훨씬 더 혼란스러웠다.

베주코브의 친구인 안드레이 볼콘스키 공작은 직업군인으로서 고위 사령관이 되는 꿈을 갖고 있었지만 전쟁에 관한 진실을 깨닫게 되면서 그의 꿈 또한 점점 시들해져 버린다. 어떤 면에서 자신의 영웅이자 동시에 적이기도 했던 나폴레옹을 닮기를 열망했던 안드레이는 점차 군사부문의 천재는 단지 사기꾼에 불과하다는 사실을 깨닫는다. 그는 "전쟁학은 존재하지도 않았고 존재할 수도 없으며 결과적으로 군사부문의 천재성이란 개념은 존재하지 않는 것이다."라고 선언한다. 이에 대한 이유로 그는 다음과 같이 말한다.

조건과 환경이 알려져 있지 않고 또한 결정될 수도 없으며, 특히 교전 중인 군의 무력을 확인할 수 없는 상태에서 어떤 이론이나 과학이 가능하겠는가?. … 아무것도 예측할 수 없다. 숀그라벤Schongraben 전투에서처럼, "아군이 뚫렸다."라고 울부짖으며 도망치는 자가 아니라 "돌격"을 외치는 용감무쌍하고 기백에 넘치는 자가 선봉에 설 때면, 비록 5천의 군사라도 5만의 병력에 버금가기도 한다. 하지만 오스테를리츠Austerlitz 전투에서처럼, 5만의 군사가 8천의 군사에 패퇴하는 경우도 발생한다. 실질적인 차원에서 항상 그런 것처럼 결정된 조건은 아무것도 없고 상황은 수많은 변수들에 따라 가변적으로 달라지며, 특히 결정적인 순간에 무슨 일이 일어날지 아무도 모르고 더군다나 그러한 순간들이 도대체 언제 도래할지도 모르는 판국에 어떤 과학이 가능하단 말인가?40

이따금씩 톨스토이는 이 이론에 대해 소설이나 강의의 형식을 통하지 않고 직접적으로 의견을 피력했다. 그는 나폴레옹과 러시아의 알렉산더 Alexander 황제는 프랑스와 러시아간의 끔찍한 전쟁이 전개된 데 대해서 실질적인 통제력을 갖고 있지 못했다고 주장했다. "왜냐하면 그들의 의지는 실제로 무언가를 해야만 했던 수백만 명의 의지에 달려 있었기 때문이다. … 왕은 역사의 노예이다. …"41 톨스토이에 따르면, 정치 때문에 수백만 명의 군인들이 죽거나 불구자가 되었다는 주장은 터무니없다고 한다. 부분적인 이유를 들자면, 그러한 원인들은 너무 미세하고 사소한 차원에 국한되지만 실질적으로 초래된 사건은 너무나 거대하기 때문이다.42

죽음이 얼마 남지 않은 시점에서 볼콘스키 공작은, 장군들이 천재로 불리는 진짜 이유는 자신들의 직위가 주는 권위 때문이며, 권력을 가진 자들에게 아부하고 싶은 인간의 강렬한 충동 때문이라는 사실을 깨닫는다. "내가 아는 한 최고의 장군들은 어리석거나 아무 생각이 없는 인물들에 불과했다."라고 그는 결론짓는다. 또한 그들 중에서 가장 성공적인 장군으로 꼽혔던 코투조프 Kutuzov가 톨스토이의 관심을 많이 끈 주요한 이유는, 그는 어떤 방식으로든 종래의 전략가들처럼 행동하려고 하지 않았기 때문이었다.

톨스토이에게 군 역사의 허위는 수정주의식 역사 해석에 있었다. 즉 개인이나 일부 집단들이 역사 속에서 발생한 수많은 개별적이고 독립적인 사건들을 일정한 연관성을 갖는 사건별로 묶어버리는 행위는 역사를 기만하는 행위라고 생각했다. 그는 비통한 어조로, 역사학자들이나 군사 전문가들이 수천 명의 병사들이 수천 마일에 걸쳐 배치되어 있는 상황을 논의할 때는 '거짓말의 필요성'을 느끼게 된다고 말했다.43

또한 톨스토이는 군사 분야의 역사학자들이 전투나 작전의 세부적 사실들을 기록한 글은 사기행위와 전혀 다름이 없으며, 이성으로는 이해할 수 없는 세계에 대해서 이성적 사고를 통해 사건을 해석하는 것이라고 주장했다.44 역사학자들과 일반인들은 전쟁을 정치인들과 장군이 전략을 집행하는 데 필요한 하나의 구성요소라고 이해한다. 하지만 톨스토이는 전략의 필수적인 요소, 즉 전투와 이를 구성하는 시간, 장소, 행동은 거짓말을 밑바탕으로 구성하고 있음을 보여줌으로써, 전략이라는 개념 자체에 대해서도 의문을 표시한다.45

혹자는 소설가 식으로 전쟁을 기술하는 것은 전체적인 상황보다는 등장인물을 중심으로 이야기가 전개되기 때문에 전략의 역할을 과소평가하게 마련이라고 한다. 하지만 톨스토이의 주장은 역사학 분야에서 활동하는 대학자들의 저서에서도 눈에 띈다. 민군관계와 전쟁계획 부문에 대한 위대한 독일 역사가인 게르하르트 리터Gerhard Ritter, 지난 반세기 동안 미국의 군사 부문 역사학자들 중 최고로 꼽히는 러셀 웨이글리Russell Weigley, 지난 20세기 군사 분야 역사서 중 가장 많은 판매 부수를 기록했던 책들의 저자인 존 키건John Keegan 등을 예로 들 수 있다. 이들 역사학자들은 각자 나름의 방식으로, 전쟁을 이용한 정치적 목적 실현의 과정에서 전략에 대한 의구심을 표출하고 심지어 전략 자체를 거부하기까지 한다. 이를 통해 전시에 군에 대해 민간인 통제를 실현하는 일은 거의 불가능한 일이라고 규정한다. 이들의 이론은 거의 자포자기에 가까운 주장이지만 면밀한 검토할 필요는 있다.

『검과 왕위 : 독일 군국주의의 문제점The Sword and the Scepter: The Problem of Militarism in Germany』은 리터의 최고 작품으로 꼽히고 있다. 여기서 그는 전쟁을 정치권에서 주도해야 한다는 부분에서는 클라우제비츠의 주장에 동조하지만, 그에 따른 어려움에 대해서 클라우제비츠는 상당부분 과소평가한 측면이 있다고 본다. 리터는 "전시에 정치인들은 항상 작전에 성공한 장군들에 반대하여 자신들의 권위를 세우고 유지하는 데 어려움을 겪게 된다."라고 말했는데, 이 점은 파이너도 의견을 같이한다.46 그는 군인과 정치인 간의 본질적인 갈등의 원인은 관점이나 시각의 차이 때문이라고 주장한다.

예를 들어 몰트케와 비스마르크의 경우, 몰트케는 현재 가용중인 수단으로 최대의 전공을 거두기를 원했지만, 비스마르크는 안정을 되찾고 유지하길 원했다는 것이다. 물론 그 수단은 무력을 통한 것이지만 말이다.47 리터는 민군관계의 문제는 '군사적 입장과 건설적인 평화'를 조화시키는 데 있지만, 양자는 본질적으로 갈등을 일으키게 된다고 보았다. 리터는 보다 구체적이고 경험에 근거한 기술도 남겼다. 그에 따르면, 전쟁과 정치의 조화는 인간의 본성에 어긋나는 일이며, 인간의 본성은 클라우제비츠가 가정하는 것보다 원대하지도 않고 그렇게 열정적이지도 않다는 것이다.

클라우제비츠의 전쟁이론에서 정치인들은 원대함, 영웅주의, 명예, 국력, 자유를 위한 충동에 사로잡혀 있고, 맹목적인 증오심에 의해 행동하지 않고 사소한 술책이나 이익을 훨씬 초월하여 차분한 정치적 이성에 의해 행동하는 인물이라고 가정하게 된다. 그는 여기서 더 나아가 군인들은 자신들을 군 통수권자의 충실한 하인이라는 발상에 익숙해 있고, 정치적 야심이나 열정을 충족시키기 위해 위험천만한 행동을 하는 일은 없으며 국가의 최고지도자에 반대하거나 국민들의 지지를 등에 업고 자신들의 목적을 달성한다는 등의 생각은 꿈에도 하지 않는 이들이라고 가정한다. 클라우제비츠는 단 한 줄이라도 그러한 상황 설정은 현실과 매우 다를 수도 있다는 단서를 제공하지 않는다.48

이런 주장은 군인들은 기본적으로 보수적인 집단이고 정치인들은 일반적으로 자유주의적이며, 양자의 세계는 매우 다르지만 모두 일관되고 논리에 맞는 입장이 있고 도덕적 신념을 갖추고 있다는 헌팅턴의 주장과는 판이하게 다르다. 리터는 제1차 세계대전 당시 독일의 기본적인 전쟁계획이었던 슐리펜 계획Schlieffen Plan에서 정책이 전략에 의해 끌려다니는 비극적이고 전형적인 사례를 발견했다.49

당시 독일의 정치인들은 이 계획이 무엇을 수반할 것인지에 대해 구체적으로 검토하지 않았다. 물론 독일 외무부는 1912년 12월까지 군부에서 이에 대한 보고를 전혀 받지 못했던 사실을 감안하고라도 말이다. 또한 이들은 전쟁이 정치적으로 초래하는 파장에 대해서도 고려할 능력도 없었고 용의도 없었다.50

제1차 세계대전 동안 독일의 민군관계는 전략을 수립하는 데 따르는 어려움을 더욱 극적으로 보여주는 사례이다. 당시의 독일은 미온적이고 결단력 없는 정치인들과 편협한 시각으로 상황을 판단하고 호전적이기까지 했던 군부에 의해 주도되었고, 이 때문에 클라우제비츠 식의 전략이 성공하지 못했던 이유라고 리터는 주장하는 듯하다.

리터의 뒤를 따라 웨이글리 또한 전략에 대해 불신하는 태도를 보였다. 그는 리터가 언급한 '권력의 본질인 광란의 속성'을 전시에 민간인 통제를 확보하는 데 있어서 거의 극복할 수 없는 장애물로 규정한다.51 웨이글리는 '전쟁을 혁명적 투쟁으로 몰고 가는 논리' 때문에 전쟁을 정책의 집행 수단으로 사용하는 것은 거의 불가능하다고 믿었다.52 사실 20세기에 전쟁은 자체적인 목표를 설정하고 있다.53 그에 따르면, 민주주의 체제이든 군주체제이든 전제주의 체제이든 어떠한 정권도 전쟁을 '독재적 무력이 아니라 절제된 형태의 정책 수단'으로 만들 수는 없다고 주장한다.54

물론 전쟁을 이용하여 자신의 정치적 목표를 달성했던 링컨과 같은 예외적인 정치인들도 있다. 하지만 심지어 링컨조차도 한계에 부딪혔고 너무 과중한 책임을 떠맡아야 했기 때문에 군사적 전략술을 다지는 데 많은 시간을 할애하지는 못했다.55 좀더 전형적인 경우는, 민간인들을 동원하여 군사화하고 군사적 작전의 논리에 이들을 이용하고 당장의 작전을 위해 장기적인 정치적 목표를 변질시키는 전쟁의 사악한 경향이다. 그리하여 보기에는 무력의 사용에 대해 민간 정치인들이 아주 효과적으로 통제를 하고 있지만, 이에는 기만적인 속성이 있다고 웨이글리는 주장한다. 즉 정치인들은 단지 전쟁의 신들을 위한 대변인 노릇을 할 뿐이다.

하지만 리터와 웨이글리가 전략을 수립하고 집행하려는 시도 자체에 대해 개탄했던 것은 아니다. 웨이글리는 18세기의 전략 탐구 노력은 이해할 만한 과정이라고 주장했다. 하지만 그는 이러한 노력을 단지 17세기 유럽을 수놓았던 고질적인 전쟁의 대재앙을 피하려는 헛된 바람으로 이해했다. "결정적인 전투를 위한 여정은 교육받은 군인들이 전쟁을 효과적으로 치르고자 하는 이성적 노력이다. 이는 전투를 통해 국가자원의 낭비를 예방하고자 하는 즉각적인 결정이다."56 하지만 18세기의 이런 노력은 19세기와 20세기까지 계속되었고 결국에는 실패로 돌아갔다. 전쟁의 목표와 수단이 아니라 소모전을 통한 장기전의 승패가 전쟁의 결과를 결정했다.

웨이글리는 전쟁으로 인해 일부 국가의 야심을 저지하는 일도 있다는 부분에 대해서는 인정했다. 예를 들면 전쟁으로 인해 프랑스와 독일은 유럽 대륙의 패권을 차지할 수 없었던 점 등이었다.57 하지만 전쟁을 통해 긍정적인 목표를 달성할 수 있다고 보지는 않았다. 칼 폰 클라우제비츠는 한때 전쟁은 자체의 문법 즉 전투가 있고, 자체의 논리 즉 정치는 없다고 말했다. 전략적 허무주의자의 관점에서 볼 때, 그 문법이야말로 전쟁의 가장 단순한 논리 외의 모든 것을 압도한다.

존 키건은 다른 이유로 헌팅턴의 이론에 기초한 전략 가능성을 배제하고 있다. 즉 전략은 이를 주도하는 인간의 본성에 어긋난다는 것이다. 그는 다른 전략을 인정하지 않는 이론가들에 비해 좀더 신랄하고 분명한 어조로 주장한다. 그는 "나는 전략이란 것 자체가 없다는 신념 쪽으로 점점 더 끌리고 있다."58 또는 "제1차 세계대전을 수행하는 데 있어서 정치의 역할은 언급할 만한 것이 없다."라고 말했다.59 하지만 전략을 거부한 데 대한 그의 이유는 톨스토이나 리터 또는 웨이글리와는 다르다. "전쟁은 외교나 정치와는 완전히 다르다. 전쟁을 수행하는 이들의 가치와 능력은 외교관이나 정치인들과는 다르기 때문이다."60

키건은 다른 부문과는 구별되는 독특한 군사적 방식이 존재한다고 주장한다. 이러한 군사적 방식은 여러 가지 측면에서 문화의 다양성을 부인한 채 "오직 하나의 전사 문화가 있다."라고 외치며 정치에는 적대적이라고 주장한다. 키건은 군인 자체에 대해서는 매우 모호한 태도를 취하면서, 일반 사회에서 군인들을 소위 '획일화된 군인'이라는 틀 속에 묶어둠으로써 그들을 길들이려 해왔다고 주장한다. 이들 '인위적으로 유지되는 전사 집단'은 현대 국가에서 매우 중요한 역할을 해왔지만 이제 이들의 전성시대는 기울어지고 있다고 키건은 믿고 있다. 키건의 첫 작품이자 최고의 저서로 꼽히는 『전투의 얼굴The Face of Battle』에서 그는 고전적인 전투와 고전적인 전사들은 이제 쓸모없게 되어간다고 주장했다. 이 책의 마지막 문장은 "전투가 이미 그 자체를 폐지해 버렸다는 의혹이 점점 더 커지고 있다."로 끝난다.61

키건은 정치적 목적을 위하여 폭력을 이성적으로 통제하는 것을 골자로 하는 클라우제비츠 식 전쟁 모형을 거부한다. 왜냐하면 단순히 전략의 실행 자체가 아니라 전략을 실행하는 사람들이 본질적으로 그러한 임무에 부적낭하기 때문이라고 한다. 군인 정신은 불가피하게 정치에 반대하며 정치적으로 아무 의미가 없는 방향으로 전쟁을 몰고 간다는 것이다. 물론 키건은 군인이나 전사의 존경할 만한 자질들에 대해서는 인정하는 자세를 취하지만, 기존의 군사적 기능은 변형될 필요가 있다고 한다.

이러한 주장을 펼치면서 키건은 군의 미덕에 대해서는 찬사를 던지면서 전시에 그러한 미덕이 나타날 때는 이를 개탄하는 우를 범하게 된다. 즉 군인들의 용기, 충성심, 대담함 등의 가치를 계속 유지하려 하면서도 그러한 가치들이 향하는 지향점 자체를 바꾸려는 것이다. 윌리엄 제임스 William James가 언급한 '전쟁의 도덕적 등가물moral equivalent of war'이나 전쟁술을 연구하는 현대의 학자들이 찬양해 마지 않는 '신新전사the new warrior'는 다른 상이한 방법으로 키건이 시작한 프로젝트를 완수하려는 시도이다.62

키건은 군사적 전문성에 대한 헌팅턴과 야노비츠의 개념 모두 순진한 낙관론으로 간주할 것이다. 키건이 주장한 이론의 많은 부분은 전쟁과 정치의 관계에 대한 클라우제비츠의 고전적 이론에 이의를 제기한다. 사실 키건의 경우에는 클라우제비츠 이론을 거의 본능에 가까울 정도로 혐오하는 수준이다. "전쟁이 … 정치를 암시할 필요는 없다. 전쟁을 일으키는 사람들 중에서 많은 이들이 신봉하는 가치는 전쟁 억지력이나 외교술을 거부하기 때문이다."63 키건에 따르면, 클라우제비츠는 군사력을 정치인 의사의 손에 들린 메스로 간주하고 있지만, "전사의 가치가 정치인의 가치를 몰아낼 수 있고 또 실제로도 그러하다."는 사실을 이해하지는 못한다고 주장한다.64

일반적인 허무주의자와 마찬가지로 전략적 허무주의자들 역시 실제 현장에서 적용될 수 있는 처방이나 해법을 내놓진 않는다. 하지만 이들의 주장이 항상 근거 없는 주장은 아니다. 또한 전략적 허무주의자들의 주장은 건전한 민군관계의 작동원리에 대한 헌팅턴이 내놓은 해법에도 영향을 미친다. 왜냐하면 이들의 주장은 헌팅턴이 민군관계에서 가정하는 여러 사항들 자체의 타당성에 의문을 제기하기 때문이다.

특수한 직업

헌팅턴의 이론에 대한 다양한 반론에도 불구하고, 그의 일반적인 주장은 여전히 유효하며 인기를 누리고 있다. 군인의 삶에 많은 변화가 생긴 것은 사실이지만, 아직까지는 여전히 일반인들의 삶과는 다르기 때문이다. 이에 대한 실례가 1993년 클린턴 행정부 시절에 논의된 적이 있다. 당시 클린턴 대통령은 동성애자들의 입대를 금지하는 미군의 금지 규정을 철회하려고 시도했다.

언론인 톰 릭스Tom Ricks는 오늘날 군인의 삶을 '린든 존슨 대통령이 구상했던 위대한 사회Great Society가 지향하는 것'이라고 간주했다. "이는 일본식 미국에 가깝다. 여기서는 비교적 화합이 쉽고 극단적으로 위계질서가 분명하고 거의 항상 개인보다는 집단이 중요하다."65 자기절제에 기초한 특이한 삶의 방식과 함께 임무, 규율, 명예에 대한 다소 시대착오적인 신념이 군 내부에 팽배해 있다. 또한 군은 민간사회에서는 일반적으로 묵인해 주는 죄들, 예를 들면 간통과 같은 문제에 대해서는 고위급 지휘관이라 할지라도 징계조치를 가하는 집단이다.

군이 단순한 치안유지 역할, 즉 중무장한 경찰 정도로 바뀔 것이라고 예견한 이들의 주장 또한 사실과는 거리가 먼 것으로 판명되었다. 이러한 주장이 맨 처음 제기되기 시작한 이후로 지금까지 미국은 베트남 전쟁과 걸프 전쟁이라는 두 차례의 전쟁만을 치렀을 뿐이다. 하지만 대규모 전쟁이 거의 일어나지 않는다고 해서 대규모 병력을 관리하는 군의 기능이 위축되는 것을 의미하지는 않는다. 또한 이와 관련하여 다른 설명도 가능하다. 즉 국제정치 무대에서 미국은 초강대국으로서 세계를 압도하고 있고 그 이면에는 무력에 있어서 미국의 절대적인 우위가 중요한 역할을 하고 있는 것이다. 하지만 이런 모든 점을 감안한다 하더라도, 키건이 말한 "전투는 이미 전투 자체를 폐지해 버렸다는 의혹이 증폭되고 있다."라는 주장은 타당성이 떨어진다.66 특히 포클랜드 전쟁, 레바논 전쟁 걸프전쟁, 유고슬라비아 전쟁 같은 재래식 전쟁이 지금까지 일어났다는 점을 고려할 때는 더욱 그렇다.

더 나아가 군의 '경찰 기능constabulary function'의 주창자들이 제안하는 것과는 정반대로, 오늘날 소규모의 무력개입 작전과 평화유지 활동 등은 과거와 크게 달라지지 않았다. 과거의 미 육군과 해병대는 적개심에 불타는 인디언이나 니카라과 반군을 진압했다. 오늘날의 미 육군과 해병대 역시 아이티Haiti에 파견되기도 하고 그라나다Grenada를 침공하며 파나마의 독재정부를 전복시키기도 한다. 또한 소말리아의 부족민들과 전투를 하며 세르비아의 민병대 세력을 진압한다. 달라진 점은 별로 없고 있어도 크지 않다.

전략적 허무주의자들의 주장은 지적으로 흥미로운 것은 사실이지만, 그들의 주장 또한 궁극적으로 설득력이 떨어진다. 일부 전쟁이나 소규모 전투에서는 애초에 계획했던 정치적 목표를 분명히 달성한 경우가 있기 때문이다. 예를 들어 1973년 10월에 발발한 이집트 전쟁은 이집트와 이스라엘 간의 평화가 이뤄지는 계기를 마련했고, 걸프전 또한 소기의 목적을 달성했다고 볼 수 있다. 여기서 더 나아가, 전략적 허무주의는 궁극적으로 무책임한 이론으로서 정치인이나 군인들에게 어떠한 행동의 지침도 마련해 주지 않는다. 심지어 헌팅턴의 주장에 대한 파이너의 반박 또한, 군 지도자들이 민간인 지도자들에게 복종을 하는 현실에 비춰볼 때 다소 주장의 타당성에 의문점이 제기된다. 맥아더 사건을 제외한다면, 최근의 서구 사회에서는 1914년부터 1918년 사이에 영국과 프랑스의 경우처럼 군과 정치인들 간에 극심한 갈등을 보인 사례는 거의 없었다.

하지만 헌팅턴의 견해에는 또 다른 비판이 제기될 수 있는데, 이는 주로 헌팅턴과 비판자들이 전문성을 정의하는 데 있어서 차이를 보이기 때문이다. 단순히 말하면, 군인은 하나의 직업이지만 여러 가지 측면에서 다른 직업과는 많은 차이를 보이고 있다. 군인이 전문직종이라 해도 다른 전문직종인 의료인이나 법조인과는 크게 구별된다. 사실 헌팅턴 식의 해석은 1950년대에 만연했던 전문성의 개념을 대표한다.

1970년대의 한 학자는 "문외한이라면 단순히 이성만을 가지고 이해할 수 없는 것이 바로 전문성의 근본이다." 같은 신랄한 표현을 하기도 했다.[67] 법, 의료, 공학과 달리 군은 오직 하나의 고용주, 즉 정부만을 섬기며 오직 하나의 거대한 조직 구조만을 가진다. 다른 차이점들은 더욱 중요하다. 특히 전문적 활동의 목표와 그를 위한 전문성의 본질에 이르러서는 더욱 그렇다.

모든 전문적인 활동은 당사자들에게 도덕적 선택의 어려움과 궁극적 목적의식을 제시한다. 말기환자를 치료하는 데 있어서 아주 어려운 선택의 과정이 수반된다는 것은 이미 잘 알려진 사실이다. 또한 의뢰인의 범죄 사실에 대해 알고 있으면서도 그를 위해 변론해야 하는 변호사의 윤리적 딜레마도 마찬가지이다. 하지만 법조인과 의료인들은 전반적으로 볼 때 매우 분명한 목표를 가지고 있다. 의사에게 그 목표는 환자의 질병을 치료하는 것이거나 아니면 적어도 환자의 고통을 경감시키는 일이다. 물론 때로는 이 두 가지 목표가 서로 상충하기도 한다. 법조인의 목표는 재판에서 승소하여 의뢰인의 혐의를 풀어주거나 최대한의 배상금을 타는 일 정도이다.

군인의 궁극적인 목표는 훨씬 더 모호하다. 클라우제비츠와 다른 전문가들이 주장하는 바에 따르면, 군인의 목표는 정치인에 의해 설정된 정치적 목표를 실현하는 일이다. 하지만 정치적 목표는 말 그대로 정치적인 성격을 띠게 되며 본질적으로 애매모호하고 모순되고 불확실하다. 이 때문에 군인들은 크나큰 좌절감을 느끼게 되고, 정치인들은 나름대로 군사적 행동을 결정한 배경과 군사작전상의 제한적 조치와 조건 등을 자세하게 말해주는 데 어려움을 느낀다. 더군다나 군사적 활동에 대한 '전문성'의 개념으로 인해 전쟁의 정치적 동기는 순전히 외교정책의 문제로 변질되어 버린다. 그리고 실제 전시 상황에서는 전쟁의 '숭고한' 정치적 목표가 국내정치나 다른 하찮은 정치적 이유로 인해 우선순위가 뒤바뀌기도 한다.

링컨 대통령이 1864년 여름에 벌어진 애틀랜타 전투에서 승리를 원했던 이유는 물론 남부군을 처부수기 위한 차원이었지만, 한편으로는 자신의 재선 가능성을 높이려는 노림수도 포함되어 있었다. 루스벨트 대통령은 군사 전문가들의 조언을 뿌리치고 1942년 북아프리카 침공 명령을 내렸다. 이 결정은 제2차 세계대전을 조기에 종결하겠다는 의도도 있겠지만 유럽의 작전권역에서 벌어지는 전투에 대해 미국의 여론을 환기시키기 위한 의도가 있었다고 루스벨트 자신이 설명했다. 린든 존슨 대통령은 1965년부터 1968년 사이에 베트남의 하노이와 하이퐁 지역에 대해서 공습작전을 제한했는데, 이는 자신이 구상한 '위대한 사회'를 실현하기 위한 정치적 자산을 확보하고 중국의 참전을 막고자 하는 의도였다.

군사적 전문성에 대한 전통적 이론에서는 정치적 동기로부터 군의 자주적인 영역을 분리하는 일은 가능하다고 가정한다.[68] 물론 군과 정치 간의 분리는 여러 가지 방법으로 가능하다. 하지만 언뜻 보기에는 분명한 구분이 있는 부분이라 할지라도 일단 전시 상황으로 돌입하면 이야기는 달라진다.

예컨대, 1944년 늦여름에서 가을까지 연합군은 프랑스 전선에서 중대한 결정 사항에 부딪히게 된다. 즉 전선을 확장할 것인지 아니면 프랑스, 벨기에, 네덜란드 해안을 따라 프랑스 북부지방 공략에 남은 병력과 자원을 집중할 것인지 아니면 남쪽으로 이동하여 독일 중부지방을 공략할지를 놓고 영국군과 미군의 장군들 간에 의견 차이가 발생하기도 했다. 혹자는 독일과의 전쟁에서 승리한다는 궁극적인 목표를 염두에 두면서 군사적인 '최선책'이 존재할 것이라고 말할지도 모른다. 하지만 제2차 세계대전의 정치적 목표에는 독일을 상대로 단순히 승리를 거두는 것 이상의 복합적인 측면이 있었다. 여기에는 사상자 수와 물질적 피해의 문제, 연합국의 민간인 피해 최소화, 국가적 위신의 문제 등이 포함되어 있었던 것이다.

이러한 사항들은 독일을 상대로 전승을 거두는 '군사적' 목표에 부수적으로 첨가되는 차원이 아니라 하나하나가 전쟁의 필수적인 목표였다. "정치와 전략 간의 구분은 여러 관점이 제기되면서 모호해지게 된다. 정상회담에서 진정한 정치와 전략은 하나이다."69 헌팅턴의 이론을 세심하게 파악하지 않은 이들은, 헌팅턴 또한 군사적으로나 정치적으로 중복되는 결정사항들이 실제로 발생한다고 주장한 사실을 간과할 수도 있다. 실제 상황에서는 이런 종류의 중복된 결정사항들이 '정상'이론에서 암시하는 것보다 훨씬 더 비일비재하게 발생한다.

훌륭한 군인이 되기 위해서는 그에 걸맞은 군사적 전문성을 갖춰야 한다는 데에는 아무도 부인하지 않을 것이다. 하지만 '군인의 특수한 능력'은 시간이나 국적 그리고 장소에 상관없이 항상 '보편적'일까? 1965년 베트남 전쟁 당시, 훌륭한 베트남군 지휘관이 되기 위해 필요했던 자질들은 그들을 상대로 전쟁을 벌이던 미국측의 관점에서 훌륭한 미국 군 지휘관이 되기 위한 자질과는 분명한 차이가 있었을 것이다. 당시의 베트남 지휘관들에게는 부하들의 고통과 죽음을 외면해 버릴 수 있는 냉혹하고 비정한 결단력이 요구되었다. 반면 미군 지휘관이 부하들을 그런 참혹한 상황에 처하게 했다면, 그는 도덕적으로 양심의 가책을 느꼈을 뿐만 아니라 자신의 부하들로부터 살아남지 못했을 수도 있었다. 또 미군 지휘관이라면 누구나 숙지하고 있었을 군사적인 지식들에 대해서 베트남 지휘관들은 전혀 모를 수도 있었던 것이다.

베트남 전쟁을 연구한 여러 역사학자들은 연구서를 통해, 베트남전에서 미군의 전쟁 실패 원인은 부분적으로 미군 지휘관들이 군사적 전문성을 전쟁에 적극적으로 적용시키길 거부했기 때문이라고 지적했다. 미군은 소말리아의 무하마드 파라 에이디드Muhammad Farah Aideed와 같은 비재래식 적군과 대치하면서 고전을 면치 못했다. 이 사실은 미군이 '전문성'에 대한 종래의 개념에서 탈피하기를 꺼리고 있었음을 반영하는 사례였다.[70]

어쨌든 현대에 이르러 전문화된 군이 더 나은 군이라는 헌팅턴의 주장은 군 내부에서는 정설로 자리잡혀 있지만 어느 정도 보완이 필요하다.[71] 역사상 가장 강력했던 군대로 평가받는 독일 국방군German Wehrmacht에 대한 연구가 활발하게 진행되면서, 정치적 이념이 독일 국방군의 성과에 지대한 역할을 했었다는 사실이 새롭게 밝혀지고 있다.[72] 제2차 세계대전 후 30년 동안 학계에서는 전쟁 동안 독일군이 과시했던 탁월한 전투력은 군의 정치적 중립성과 전문성에 기인했다고 주장했다. 즉 소규모 부대단위 편성을 통한 부대원들 간의 단결과 장교와 부사관들의 선발과 임용에 대한 신중한 관행들에 힘입어 독일군이 군사적 성공을 거두었다는 것이다.[73]

하지만 많은 시간과 주의 깊은 조사를 벌였던 학자들은 독일군의 전력을 향상시킬 수 있었던 요인으로서 독일군의 정신무장에 큰 역할을 했던 나치 이념을 꼽는다.74 나치 이념은 독일 병사들의 전의를 고취시켰을 뿐만 아니라 전술적인 측면에서도 긍정적인 영향을 미쳤다. 냉혹한 나치 이념의 영향으로 정치적 반대파나 의심이 가는 인물들에 대해서는 단호한 제재조치를 가할 수 있었던 것이다. 제1차 세계대전 동안 독일에서는 4만 8천 명이 사형을 당했고, 제2차 세계대전 동안에는 1만 3천 명에서 1만 5천 명 정도의 독일인들이 총살형을 당했다.

반면 영국의 경우 제1차 세계대전 동안 356명이 그리고 제2차 세계대전 동안에는 불과 40명만이 처형당했을 뿐이었다.75 동시에 히틀러 유겐트Hitler Jugend 또는 나치스 청년단의 단원들은 나치 이념의 영향을 받아 이타심, 육체적 용기, 솔선수범 등과 같은 군사적 지도력을 구성하는 가치들을 맹목적으로 신봉했고 독일군에 입대하여 초급장교나 군 지휘관으로 활동했다.76

나치 이념의 역할은 무장 친위대Waffen-SS 의 활동에서 확연하게 드러난다. 제2차 세계대전 말에 무장 친위대의 병력 규모는 독일 육군의 4분의 1이나 되었으며, 여러 차례에 걸쳐서 놀라운 전과를 기록했다. 무장 친위대 사단 중에서 가장 성공적인 전적을 기록했던 토텐코프Totenkopf 부대의 지휘관이었던 테오도르 에이케Theodor Eicke에 대해 한 역사학자는 다음과 같이 기록했다. "에이케의 지휘 방식은 전쟁이 발발하기 전에 그가 정치범 수용소를 운영했던 방식과 거의 차이가 없었다. … 그는 정식으로 장교 교육을 제대로 받지 못했고 지휘관으로서 상상력이나 책략도 부족하지만 성실함과 넘치는 활력, 그리고 기계화된 전쟁이 수반하는 기술적 난제들을 꾸준히 이해하려고 노력함으로써 자신의 단점을 극복하려고 시도했다."77 만약 에이케가 전쟁에서 살아남았다면 자신이 저지른 수많은 반인류 범죄로 인해 전범 재판에 회부되었을 것이다. 하지만 에이케는 바로 그런 잔악무도한 범죄를 통해서 성공적인 군 지휘관이 될 수 있었던 것이다.

군과 이념 간의 상호작용은 독일에서만 나타났던 현상은 아니었다. 중국의 인민해방군, 스페인 내전에 참전한 국제여단, 이스라엘이 독립을 선포하기 전 팔레스타인 지방에서 활동했던 팔마흐 부대 또한 투철한 이념 무장을 통해서 병력규모나 장비 면에서 월등했던 적의 정규군을 상대로 전술적 우위를 보여주었다. 이념으로 무장한 군인은 훌륭한 초급 장교의 자질, 즉 자기희생 정신, 성실함, 전장에서 부하들을 독려할 수 있는 지도력 등을 갖추게 된다. 비단 초급 장교뿐만이 아니라 에이케의 경우에서 볼 수 있는 것처럼, 고위 사령관도 이념 무장을 통해 지휘능력의 향상을 도모할 수 있다.78

헌팅턴의 주장대로, 군사적 전문성이 '무력의 운용'으로 이루어져 있다면, 이는 군사적 활동의 상당부분에 이르는 영역을 간과하는 것이다. 군사적 활동에는 병참활동과 같이 군사작전에 필수적이면서도 상당 부분 민간 활동과 중복되는 부분이 있기 때문이다.79 군사적 전문성에 해당하는 많은 지식과 기술들은 민간 부문과 호환성을 갖고 있다. 걸프전 당시에 미국 육군의 병참부문 총책임자였던 거스 페이거니스Gus Pagonis 중장이 은퇴하자마자 시어즈Sears의 이사로 영입되어 성공한 경영자가 된 것은 우연이 아니다. 또 양차 대전 동안에는 미군에서 민간 부문의 고위 경영자들을 영입하여 빠른 속도로 군의 고위 지휘계통에 예편한 경우도 있다.

더군다나 오늘날에 이르러 거의 대부분의 군 조직에서 군인들의 교육과 훈련에 많은 노력을 하고 있지만, 민간 출신으로서 군에 예편되어 빠른 속도로 군의 필수적인 사항들을 익힌 후에 군인으로서 맹활약을 벌인 인물들은 역사에서 수없이 많다. 이들은 평화시에는 짧은 기간 동안 정규군 조직에서 군 복무를 했을 뿐이지만 실전에서는 아주 혁혁한 전공을 거두었다.

예를 들어 제1차 세계대전 동안 최고의 장군 중의 한 사람인 존 모네쉬John Monash는 토목기술자로서 전쟁 전의 군 경력이라고는 민병대 대원으로서 짧은 기간 동안 활동한 이력이 다였다. 하지만 그는 연합군 소속 부대 중에서 가장 강력한 사령부로 꼽혔던 호주 제국군의 사령관이 되었다.80 심지어 100년 전에도 독학을 하거나 전직 의사 또는 기술자 출신의 군인들이 군의 작전 성공에 많은 공헌을 한 경우도 있지만, 이에 대해서는 거의 알려져 있지 않은 실정이다.

군사적 전문성은 민간 부문의 전문경영인만큼이나 직무 자체에 관한 문제이다. 명석한 두뇌를 갖춘 사업가라 할지라도 자신들의 창조적 천재성을 발휘하여 세운 기업을 운영하면서 겪게 되는 문제점에 대해서는 속수무책으로 당할 수도 있다. IBM과 같이 오랜 세월 동안 첨단기술 분야의 기업에서 능력을 인정받은 경영자라 할지라도 디즈니Disney와 같은 엔터테인먼트 회사에서 책임자로 일할 경우 상당한 어려움을 겪을 수도 있다. 물론 어느 정도 경영상의 공통점이 있는 분야도 있을 것이다.

예컨대 연발식 소총을 제조하는 회사를 경영하는 일과 벤 앤 제리Ben & Jerry 같은 대형 아이스크림 생산업체를 경영하는 일은 어느 정도 상통하는 면이 있을 수 있다. 하지만 그렇다고 해서 항상 성공이 보장되지는 않는다. 많은 기업에서 고위 경영진들은 수시로 바뀌게 되고 그 이유 또한 매우 다양한데 이런 상황은 '전시'의 다양한 조건들에 비유할 수도 있다. 즉 힘든 교육과정과 오랜 경험을 거쳐 고위 직위에 오를 충분한 객관적 자질을 갖추었지만, 실제 현장에서 좋은 실적을 못 올린다든지 해왔던 일에 싫증을 느낀다든지, 아니면 단순히 운이 좋지 않아 성과를 못 거둔 경우 등 여러 가지 다양한 경우가 발생할 수 있다. 이 모든 사례는 치열한 전쟁이 전개되는 동안 장군들이 처하게 되는 상황과 연관성이 있다. 어떤 의미에서 사업 자체가 매일매일 수행해야 하는 '전쟁'과 같기 때문에 그리 놀랄 일도 아니다.

이러한 사실들로 인해 군사적 전문성의 본질로써 무력운용 능력을 언급하는 데에는 다소 문제가 있는 것이다. 법조인들은 지속적으로 법정에 출석하여 심문을 벌이고 변론을 펼친다. 의사들은 일상적으로 수술을 시행하고 약을 처방한다. 기술자들 또한 교량을 건설하고 컴퓨터를 설계하는 일이 자신의 일상사이다. 하지만 군인들은 실전에서 무력 운용을 하는 일은 매우 드물다.

적어도 오늘날에 이르러서는 대규모 전쟁과 같은 경우는 거의 일어나지 않는다. 군인들은 무력을 운용하는 준비, 즉 군사훈련을 실시한다. 무력운용에 무엇이 필요한지를 미리 검토하고 과거의 무력사용 사례를 조사한다. 하지만 자신들의 직업을 정의하는 핵심활동에 실제로 참여하게 되는 일은 거의 없다. 제1차 세계대전 후에 영국의 한 장군은 다음과 같은 글을 남겼다.

이미 매설되었지만 사용되지 않고 방치된 채 언제 발생할지 모르는 긴급 상황에만 쓰이게 될 거대한 규모의 철도를 상상해 보라. 더군다나 실제로 사용되는 시기 또한 내부 책임자가 아니라 다른 부문의 책임자에 의해 결정될 것이 확실한 상황이다. 1년에 한 번 그것도 단 한 번 철도는 1주 (훈련) 동안 부분적으로 개방된다. 나머지 51주 동안 기차의 통행은 전무할 뿐만 아니라 기관차마저 해체되고 핵심 부품은 외딴 시골구석에 보관된다.

하지만 일단 신호가 떨어지면 4일 만에 모든 엔진 부품은 조립돼야 하고, 기차의 몸체에는 모든 바퀴가 부착되어야 하고, 특등석 객차를 위해 충격완충 장치를 장착해야 하며, 모든 직원은 정 위치에 대기해야 하고, 산더미만한 분량의 석탄이 준비돼야 하고, 그래서 거대하고 복잡하지만 가장 빠른 속도로 그리고 꽉찬 일정에 맞춰 수송 및 이동활동이 즉시 이뤄져야 하는 것이다. 물론 상대 업체가 회사의 책임자를 불시에 습격하거나 터미널을 폭격하는 일이 없을 경우에 말이다.[81]

아마 대부분의 군인들은 실전에 참전하는 일 없이 군 생활을 마감할 것이다. 심지어 참전한 경우에도 자신의 군 복무 경력에 비해 매우 짧은 기간 동안에 한정될 것이며 한 번 이상 참전하면서 같은 직위에서 복무한 경우는 거의 없을 것이다. 반면 같은 기간 동안에 변호사나 검사들의 경우 수백 건의 송사를 경험하게 되고, 의사들은 수백 또는 수천 가지의 질병을 치료하게 된다. 군인들은 보통 특정 직위에서 근무할 기회가 한번밖에 없고 항상 계급과 업무가 바뀌게 된다.

장군들 중에서 사단장이나 사령관을 역임한 이력을 갖춘 이는 얼마 되지 않는다. 하물며 작전권역 사령관이나 해당 군의 참모총장직을 역임한 경우는 매우 드물다. 결과적으로, 특히 개전 초에는 한 나라에서 가장 경력이 많고 높은 지위에 있는 군 지휘관들이라 할지라도 법률회사나 병원에서 신출내기 변호사나 검사 그리고 의사 같은 경우에 있다고도 볼 수 있는 것이다.

군의 고위 인사들에게 실전 경험이 부족하다는 사실은 매우 놀랍지만 결코 드물게 나타나는 현상은 아니며, 이는 심각한 결함에 해당한다.[82] 슐리펜 계획에서 발견된 오류는 정치적인 차원이 아니라 병참부문에서 발생한 문제에 기인했다. 즉 슐리펜 계획을 수립한 이들은 이행하기에 거의 불가능할 정도의 보급계획과 진군계획을 수립했던 것이다. 1918년 3월 높은 수준의 능력을 자랑했던 독일의 전술가들은 미카엘MICHAEL 공격 작전을 단행했지만, 독일 육군은 참패를 맛보아야 했고 결국 독일의 패배를 재촉했다.

　제2차 세계대전 당시인 1943년 미 공군 소속 장군들 또한 주간 시간대에 엄호해주는 전투기 편대도 없이 폭격기 편대만을 단독으로 가동하여 정밀 폭격 작전을 실시했다가 슈바인푸르트Schweinfurt에서 대실패를 겪어야 했다. 1973년 전쟁 상황에서 이스라엘군은 전차를 운용하는 전쟁 계획에 집착했지만, 적군의 대전차포 때문에 전차를 제대로 기동할 수가 없었다. 그 결과로 이스라엘군은 전쟁이 개시된 지 하루만에 휴대용 미사일과 로켓 추진 수류탄으로 무장한 이집트 보병으로부터 상당한 타격을 입어야 했다. 베트남전의 경우, 제2차 세계대전에 참전한 백전노장의 베테랑 지휘관들이 전쟁을 이끌었다. 하지만 이들이 채택한 '수색 및 소탕' 전략은 베트남 공산주의자들에 대한 완전히 그릇된 가정에 기초한 작전 계획이었다.[83]

　이러한 군사작전상의 실패는 흔히 알려진 것처럼 무능함의 소치가 아니라 전쟁이 갖는 특성 때문이었다. 즉 공포, 증오, 명예욕 같은 심리적 요인이 작용하고, 적군의 저항이 존재하고, 전시에는 아무런 규정이나 수칙이 존재하지 않기 때문이었다. 클라우제비츠가 주장한 것처럼, "모든 전쟁은 수많은 상이한 일화로 구성되어 있다. 각각은 수많은 암초들로 둘러싸인 미지의 바다와 같다."[84] 또한 "각 시대마다 나름의 고유한 전쟁이론이 있다. 언제나 과학적 원칙에 근거하여 상황을 분석하고자 하는 충동이 어디서나 보편적으로 존재해 왔지만 말이다."[85] 전쟁은 너무나 다양한 형태로 전개되기 때문에 하나의 전문적 사고방식만으로 풀 수는 없는 것이다.

불평등한 대화

하지만 '전문성'과 '정치성'에 대한 엄격한 구분에 반대하여 논리의 비약이 일어나서는 안 될 것이다. 분명한 점은, 민간 부문의 평범한 경영자나 학자가 수많은 항공기를 탑재한 항공모함의 함장이 될 수는 없는 노릇이고 하물며 전투기 조종사나 보병 전투장비의 정비병 임무를 맡는다는 것은 꿈도 못 꾸는 일이다. 아마 나름의 군사작전을 계획하는 정치인이라면 누구나 이 사실에 대해 유감스러워할 것이다. 1919년 소련의 볼셰비키 공산주의자들에서 시작하여 반세기 후 이란의 회교학자들에 이르기까지 여러 혁명 주체세력들은 혁명을 완수하기 위하여 어쩔 수 없이 못미덥지만 능력을 인정받은 군인들의 도움을 받아야 했다.

물질주의 문화의 달콤한 유혹에도 불구하고 명예와 같은 개념을 높이 숭상하는 군의 가치관은 여전히 유효하다. 미 육군 직업군인윤리센터 Army's Center for the Professional Military Ethic의 창립 위원회는 "군인에게 최고로 중요한 가치는 명예이다."라는 어구를 남겼다.86 군의 전문성이 처음 생각했던 것보다는 다소 실체가 모호하게 보일 수도 있겠지만, 엄연히 존재하고 있다는 사실은 부인할 수 없다.

냉전이 한창 진행되고 있는 상황에서도 영국의 한 저명한 장성은 전쟁의 동기와 군의 전문성을 구분하는 듯한 발언을 했다. "나는 서방 국가에서 직업군인이 되어 공산주의에 맞서는 사람이 일부는 존재하리라고 본다. 물론 나는 그런 사람이 없기를 바라는 바이다."87 그의 발언은 다른 직업군인들에게는 즉각적으로 수긍이 가는 말이겠지만, 대부분의 민간인들에게는 그렇지 않을 것이다(군사적 전문성의 입장에서 보면, 이는 군인 본연의 임무에서 벗어난 것이라고 생각할 수 있다. 즉 군인은 군사작전 자체에 대한 임무에 충실할 뿐, 이념투쟁에는 관여하지 말아야 하기 때문이다).

여기에 덧붙여, '객관적 통제'를 전면적으로 부정하는 행위는 중대한 위험을 수반한다. 정책 문제와 군사행정 및 군사작전을 구분하는 헌팅턴의 이 이론을 거부할 경우 군의 정치화를 보장하는 것과 마찬가지 결과를 초래하기 때문이다. 군의 조직규모와 조직력에서 볼 때 정치 세력화된 군은 국내외 문제에 대해 정치적으로 막강한 영향력을 발휘할 수 있게 된다. 민주주의 전통이 정착되지 못한 나라에서 정치 세력화된 군은 정치에 직접적으로 관여하게 될 것이다. 헌팅턴은 그런 식의 민군관계는, 군의 능력을 저하시킬 것이라고 주장했고, 이는 정확한 지적이다.

하지만 '정상'이론은 군의 전문성과 민간인 통제에 대한 이해에서 일정 부분 수정과 보완이 필요한 이론이다. 앞서 논의한 것처럼, 군인이라는 직업은 특수한 직업이고 군사적 기술은 매우 다양하며 모호한 측면이 있다. 그래서 정치적 목표와 군사적 수단 간의 경계가 헌팅턴이 주장하는 것보다는 더 불확실하게 될 경우, 민간인 통제는 '객관적 통제'와는 판이한 형태를 띠게 될 것이다. 적어도 원칙적 이해의 단계에서는 말이다.

감사의 글

이 책이 나오기까지는 상당한 시간이 소요되었다. 물론 여기서 그 세세한 이유를 밝힐 필요는 없을 것 같다. 이 책이 마침내 햇빛을 볼 수 있게 된 데에는 여러 친구와 동료들의 도움과 성원이 중요한 역할을 했다. 아내 주디Judy에게 많은 신세를 졌다. 아내는 큰 불평 없이 필자와 이 책의 가치를 믿어주었고 덕택에 마침내 완성되었다. 연구 조교들의 도움도 빼놓을 수 없는 부분이다. 조교들은 자료들을 검색하고 주석을 검토하고 편집을 도와주는 등 다양한 방법으로 많은 도움을 주었다.

특히 루리 아길레라Luli Aguilera, 헤더 코인A. Heather Coyne, 리처드 도Richard Do, 스콧 더글라스Scott Douglas, 대니얼 긴스버그Daniel Ginsberg, 라일 골드스타인Lyle Goldstein, 로렌스 카플란Lawrence Kaplan, 골 루프트Gal Luft, 피터 맥코믹Peter McCormick, 숀 맥도날드Sean McDonald, 조헤나 모링Johanna Moehring, 타미 슐츠Tammy Schultz, 조나단 슈왈츠Jonathan Schwarz, 캘빈 테헌Calvin Tehan, 윌리엄 영William Young, 킴벌리 제페그노Kimberly Zeppegno, 로렌스 저리프Lawrence Zuriff에게 감사의 뜻을 전하고 싶다. 도나 밴디시Donna Vandish, 지나 존슨Gina Johnson, 테이어 맥켈Thayer McKell은 필자가 책임자로 활동한 전략연구 프로그램Strategic Studies program에 참여했으며, 필자가 연구 활동에 전념할 수 있도록 최선의 노력을 다해 주었다.

제자들, 특히 〈군인, 정치인, 그리고 무력사용〉 과목을 수강한 학생들은 내게 많은 영감과 건설적인 의견을 개진해 주었고 이에 감사하는 바이다. 특히 톰 도넬리Tom Donnelly, 톰 어하드Tom Earhard, 마이크 바이커스Mike Vikers는 항상 의욕적이고 설득력 있는 주장을 펼쳤다. 고대 랍비 중의 한 사람은 "나는 스승으로부터 많은 것을 배웠고 동료들로부터 더 많은 것을 배웠지만, 학생들로부터 가장 많이 배웠다."고 말했다. 나 또한 이 자리에서 이 말이 주는 참의미를 깨닫게 되었다.

집필 활동은 외로운 일이지만, 이를 검토하는 데에는 여러 사람의 노력이 필요하다. 마이크 에이브러모위츠Mike Abramowitz, 앤디 바세비치Andy Bacevich, 딕 베츠Dick Betts, 타미 비들Tami Biddle, 톰 릭스Tom Ricks, 알렉스 롤랜드Alex Roland, 스테판 로젠Stephen Rosen이 원고를 읽고 나와 함께 의견을 나누면서 비판과 제안을 아끼지 않는 등 다양한 방법으로 보다 양질의 작품이 될 수 있도록 애썼다. 이분들처럼 좋은 동료들과 좋은 친구들을 두게 되어 필자는 더 없이 운이 좋은 사람이라고 생각한다.

우드로 윌슨 국제센터Woodrow Wilson International Center for Scholars는 이 책을 집필하는 데 많은 지원 활동을 해주었다. 특히 리 해밀턴Lee Hamilton, 로버트 릿웍Robert Litwak, 샘 웰스Sam Wells에게 감사의 마음을 전하고 싶다. 스미스 리처드슨 재단Smith Richardson Foundation은 필자의 연구 활동을 위한 재정적 지원을 해주었다. 재단 소속 데본 크로스Devon Cross와 머린 스트르메키Marin Strmecki는 필자의 든든한 친구로서 물심양면으로 많은 도움을 주었다. 퍼블릭 레코드 오피스Public Record Office, 리델 하트 센터Liddell Hart Center for Military Archives of King's College Library와 같은 해외 연구기관들도 큰 도움을 주었다. 특히 소속 연구원인 캐이트 오브라이언Kate

O'Brien과 패트리샤 메스벤Patricia Methven은 연구 활동 초기에 필자를 따뜻하게 대해준 분들이다. 미 의회도서관Library of Congress은 인류의 위대한 보물을 간직하고 있는 곳으로서 도서관의 자료들에서 놀라울 정도로 많은 도움을 받았다. 스데 보커에 있는 벤구리온 연구센터 Ben-Gurion Research Center로에서도 많은 흥미로운 자료들을 제공받았다. 투비아 프릴링Tuvia Friling 소장과 직원들은 연구 활동에 도움을 주었을 뿐만 아니라 사막에 자리한 자택에 초대하는 환대까지 베풀어 주었다.

집필활동을 하는 동안 프리 프레스Freee Press에서는 두 명의 편집들이 거쳐 갔다. 밥 왈리스Bob Wallace 편집인은 오랫동안 원고를 교정해 주었고, 채드 콘웨이Chad Conway 편집인은 이 책이 신속하게 출판될 수 있도록 해주신 분이다. 브루스 니콜스Bruce Nichols는 직장 동료와 원고 교열 편집자들과 함께 이 책의 최종본을 검토해 주었다. 이 분들과 함께 일을 하는 것은 필자에게 큰 기쁨이었다.

존스홉킨스 대학의 폴 H. 니체 국제 대학원Paul H. Nitze School of Advanced International Studies은 이 책에서 다룬 여러 가지 주제에 대해 깊이 생각할 수 있는 쾌적한 환경을 제공했다. 국제 대학원에서는 많은 역사학자들의 역사와 정책분석에 대한 자료를 제공하고 있으며, 워싱턴 정가에서 벌어지는 일상의 정치문제에 대한 정보도 쉽게 파악할 수 있다. 이런 자료와 정보를 통해 필자는 이 책에서 논의된 주제들을 결정하고 정리하는 데 결정적인 도움을 얻었다. 필자에게 격려를 아끼지 않은 동료와 조지 패커드George Packard 학장 그리고 폴 월포위츠Paul Wolfowitz 학장에게 진심으로 감사한다. 이 책을 완성하는 과정에서 가르침을 주신 스테판 스자보Stephen Szabo 학장께도 고마울 따름이다. 대학원 도서관에서 연구 활동에 많은 유용한 정보를 얻을 수 있었고, 특히 도서관의 책임자로 계신 피터 프로맨Peter Promen, 린다 칼슨Linda Carlson에게 감사의 마음을 전하고 싶다.

필자는 이 책을 위한 예비 조사를 로드아일랜드 뉴포트 소재 해군 군사학교와 하버드 대학의 올린 전략연구소Olin Institute for Strategic Studies에서 실시하였다. 올린 연구소에서 필자는 항상 현명하고 관대한 스승이신 사무엘 헌팅턴 교수로부터 학생으로서 그리고 신출내기 학자로서 많은 영감을 받았다. 이 책은 헌팅턴 교수의 이론에 대해 이의를 제기하는 측면이 있지만 한편으로는 그의 이론에 대한 보완의 측면도 있다. 이야말로 헌팅턴 교수의 교수철학이고 학자로서 일생 동안 몸소 실천하신 원칙이다. 헌팅턴 교수는 진리추구를 최고의 선善으로 생각하셨고, 활발한 논쟁을 통해 진리를 얻고 그 과정에서 큰 기쁨을 추구하고자 하시는 분이다. 여러 가지 측면에서 이 책을 헌팅턴 교수에게 바치는 책이다.

이 책에 대한 구상이 이루어진 곳은 해군군사학교이며 이곳에서 동료 교수들과 도서관에서 근무하는 밥 슈네어Bob Schnare로부터 많은 도움을 받았다. 이 책이 나오는데 가장 중요한 역할을 하신 분은 전략학부의 책임자로 계시는 알 번스타인Al Bernstein이다. 번스타인 교수는 필자를 해군군사학교로 초청해 주셨고, 교수로서 지도자로서 뛰어난 능력을 통해 필자에게 많은 영감을 고취해주신 분이다. 우리는 군사학교에서 그리고 워싱턴에서 함께 일했다. 그는 격무에 시달리면서도 항상 이 책에 대해 남다른 관심을 표명해 주셨다. 우리는 평생 친구로서 우정을 나누었지만 번스타인 교수가 뜻하지 않게 별세하셨기 때문에 애통한 마음을 가눌 길이 없었다. 이 책을 그와 함께 한 기억에 바친다.

NOTES

PREFACE

1. Henry A. Kissinger, *The White House Years* (Boston: Little, Brown and Co., 1979), p. 1299. The reference Anwar Sadat.
2. Samuel Elliot Morison "History as Literary Art," *By Land and By Sea : Essays and Addresses by Samuel Elliot Morison* (New York: Alfred A. Knopf, 1953), p. 298.
3. Edmund Wilson, "Re-examining Dr. Johnson," *Classics and Commercials: A Literary Chronicle of the Forties* (New York: Farrar, Straus and Giroux, 1944), p. 248

CHAPTER 1 : 군인과 정치인

1. Livy, Histories, Book XLIII, Alfred C. Schlesinger trans. (Cambridge: Harvard University Press, 1951), Vol XIII, pp. 159-63.
2. Bill Gertz, "Ex-commander in Somalia hits second guessing," *Washing times*, 22 October 1993, p. A8.
3. *Washington Post*, 21 October 1992, p. B1.
4. Lloyd J. Matthews, "The Politican as Operational Commander," *Army* (March 1996) : 36.
5. Samuel P. HuntingTon, *The Soldier and the State* (Cambridge: Harvard University Press, 1957).
6. Martin Gilbert, *Winston S. Churchill*, Vol.VIII, *Never Despair* (Boston: Houghton Mifflin Co., 1988), p. 1329.
7. Carl von Clausewitz, *On War*, Michael Howard and Peter Paret eds. and trans. (Princeton: Princeton University Press, 1982).
8. Ibid., I :1, p. 87; emphasis added.
9. Ibid., VIII: 6, p. 608.
10. 예를 보기 위해서는 Elliot A. Cohen, "Playing Powell Politics," *Foreign Affairs* 74 : 6 (November/December 1995) : 102-10 참조.
11. S. W. Roskill, *The War at Sea* (London: HMSO, 1954), Vol. I, pp. 457-58.
12. 1946년 전시내각 및 군사령관 위원회 의사록. CAB 79/88. C.O.S. (43) 325, 130th meeting, 23 June 1943.
13. Stephen P. Rosen, *Winning the Next War* (Ithaca : Cornell University Press, 1991), p. 19. Stephen P. Rosen, Societies and Military Power: India and Its Armies(Ithaca: Cornell University Press, 1996), pp. 266 ff. 참조.
14. Arel Sharon with David Chanoff, *Warrior : The Autobiography of Ariel Sharon* (New York: Simon & Schuster, 1989), p. 286.

15. Charles de Gaulle, *The Edge of the Sword*, trans. Gerard Hopkins (London : Faber and Faber, 1960), pp. 98-99. 이 책은 1932년 프랑스에서 처음 출판되었음. 전반적으로 유사하면서도 통찰력 있는 견해가 Pat C. Hoy, "Soldiers and Scholars," *Harvard Magazine* (May-June 1996) : 64-70.
16. Winston S. Churchill, *The Gathering Storm* (Boston : Houghton Mifflin, 1948), p. 462. Churchill은 이에 덧붙여 "전쟁 동안, 그리고 앞으로도 그럴 것이지만, 참모진들에게 다양한 군사작전에 대해 연구 및 조사를 할 것을 종용했다."라고 말했다.
17. Scott Cooper, "The Politics of Airstrikes," *Policy Review* 107 (June/July 2001). Web version. http://www.policyreview.org/jun01/cooper.html.
18. 현역 군인들을 대통령의 국가안보 부문 자문위원으로 임명하는 관행이 정례화 된 것은 레이건 행정부 시절 당시 해군 부제독 John Poindexter의 임명 이후이다. 군인들을 의회 정무 부문 직위에 임명한 부분에 대해서는 Dana Priest, "Pentagon to Review Hill 'Fellowships,'" *Washington Post* (10 October 1996) pp. 1, 19 참조.
19. Alexsandr A. Svechin, *Strategy*, Kent D. Lee ed., trans. unknown (1927 ; Minneapolis, MN : East View Publications, 1991), p. 145.
20. Harry D. Train, "An Analysis of the Falklands/Malvinas Islands Campaign," *Naval War College Review* 41 : 1 (Winter 1988): 50. 원본에는 강조 표시.
21. Bernard Brodie, *War and Politics* (New York : Macmillan, 1973), p. 496.

CHAPTER 2 : 링컨의 편지

1. Roy P. Basler ed., *The Collected Works of Abraham Lincoln* (New Brunswick, NJ : Rutgers University Press, 1953-55), .Vol. VII, p. 324.
2. T. Harry Williams, *Lincoln and His Generals* (New York : Knopf, 1952), pp. 7-8, 13.
3. Charles A. Dana, *Recollections of the Civil War: With the Leaders in Washington and in the Field in the Sixties* (New York : D. Appleton and Company, 1898), p. 188. Lincoln은 1864년 5월 6일에 Dana에게 야전으로 향할 것을 지시했음.
4. James M. McPherson, *Abraham Lincoln and the Second American Revolution* (New York : Oxford University Press, 1990), pp. 68-89. Joseph T. Glatthaar, in his *Partners in Command: The Relationships Between Leaders in the Civil War* (New York : Free Press, 1994), p. 265에서 Williams의 주장을 쟁점화했지만 많은 지면을 할애하진 않았다.
5. Basler, ed., *Works*, Vol. IV, p. 316.
6. Lincoln에 대한 이런 식의 해석은 최근에 발표된 전기에 좀더 폭넓게 다뤄지고 있다. : David Hervert Donald, *Lincoln* (New York : Simon & Shuster, 1995).
7. See General Scott's Memorandum for the Secretary of War, 17 March 1861, in *The War of the Rebellion: A Compilation of the Official Records of the Union and Confederate Armies*, 70 volumes, 128 books (Washington, DC : US Government Printing Office, 1881-1901), Series I, Vol. I, pp. 200-201 ; 이하 OR로 표기.
8. Meigs의 섬터 요새 구조에 관한 자료 : Russel Weigley, *Quartermaster General of the Union Army: A Biography of M. C. Meigs* (New York : Columbia University Press, 1959), pp. 138-53.
9. Abraham Lincoln이 Lyman Trumbull에게 보낸 편지, 10 December 1860, in Basler,

ed., *Works*, Vol. IV, pp. 149-50.
10. 이 상황을 상세히 분석한 자료를 얻기 위해서는, Steve E. Woodworth, "Davis, Bragg, and Confederate Command in the West," in Gabor Boritt ed., *Jefferson Davis's Generals* (New York: Oxford University Press, 1999), pp. 65-83 참조.
11. Basler, ed., *Works*, Vol. VI, pp. 78-79; 원문에는 강조 표시. 이 서신은 백악관에서 사적인 담화 도중에 Hooker 장군에게 전달된 것으로 보임.
12. Ibid., Vol. VII, p. 499, Ulysses S. Grant에게 보낸 편지, 23 August 1864.
13. Ibid., Vol. VI, p. 357. "Order of Retaliation," 30 July 1863.
14. Webb Garrison, *The Lincoln No One Knows: The Mysterious Man Who Ran the Civil War* (Nashville, Tennessee: Rutledge Hill Press, 1993), pp. 124-25. 참조
15. Dana, *Recollections*, p. 183.
16. William H. Herndon, *Life of Lincoln* [1888] (New York: Da Capo Press, 1983), pp. 269-70.
17. A. Lincoln, "Opinion on the Draft," in Basler, ed., *Works*, Vol. VI, p. 445. 전체 내용은 연방 정부의 징병에 대한 필요성과 정당성을 냉철하게 평가했음. 원래 목적은 연설용일 것이라고 추정되지만 실제로 연설을 통해 발표된 적은 없음.
18. Carl von Clausewitz, *On War*, Michael Howard and Peter Paret trans. (Princeton : Princeton University Press, 1982), I:6, p. 118.
19. Nicolay and Hay, *Lincoln*, Vol. IV, pp. 75-76.
20. J. F. C. Fuller, *The Generalship of Ulysses S, Grant* (New York: Dodd, Mead, 1929), pp. 43-62 참조. 여기에는 강선식 소총이 남북전쟁에 미치는 영향에 대한 초기의 논쟁 내용 수록. Grady McWhiney and Perry D. Jamieson, *Attack and Die: Civil War Military Tactics and the Southern Heritage* (University, AL: University of Alabama Press, 1982)에도 관련 내용 수록. Paddy Griffith, *Battle Tactics of the Civil War* (New Haven, CT: Yale University Press, 1987)에는 앞의 주장에 대한 반론 내용 수록. Edward Hagerman, *The American Civil War and the Origins of Modern Warfare: Ideals, Organization, and Field Command* (Bloomington: Indiana University Press, 1988) 참조.
21. Roger Hannaford가 Waynesboro 전투에서 했던 말, 2 March 1865, Stephen Z. Starr, *The Union Cavalry in the Civil War*, Vol. II, *The War in the East from Gettysburg to Appomattox, 1863-1865* (Baton Rouge: Louisiana State University Press, 1981), p. 373에서 인용. 아울러 Cold Harbor에서 남부군의 Kershaw 장군이 이끄는 보병사단 병력이 맞서 북부군의 기병대가 방어하는 대목(p. 123) 참조. 이 전투는 연발식 화기의 위력에 힘입어 전투를 시작한 지 단 5분 만에 전세가 결정되었다. 더 일반적인 내용을 보기 위해서는 p. 89에 나와 있는 논의내용을 살펴볼 것.
22. Robert V, Bruce, *Lincoln and the Tools of War* (Indianapolis: Bobbs-Merrill, 1956).
23. US Department of Commerce, Bureau of the Census, *Historical Statistics of the United States: Colonial Times to 1970* (Washington DC: US Government Printing Office, 1975), Part II, p. 731. 기준 자료는 George Edgar Turner, *Victory Rode the Rails: The Strategic Place of the Railroads in the Civil War*(Lincoln: University of Nebraska Press, 1953) 참조.
24. 이에 대한 설명을 위해서는, Charles R. Shrader, "Field Logistics in the Civil War," in Jay Luvaas and Horold W. Nelson eds., *The U.S. Army War College Guide to*

the Battle of Antietam (Carlisle, PA : Carlisle: South Mountain Press, 1987), pp. 255-84 참조.
25. Turner, *Victory Rode the Rails*, p. 280.
26. Thomas Weber, *The Northern Railroads in the Civil War, 1861-1865* (New York: Columbia University Press, 1952) 참조.
27. Ibid., pp. 282-96.
28. Jack K. Bauer, *The Mexican War* (New York : Macmillan, 1974), pp. 237, 396.
29. Robert L. Thompson, *Wiring a Continent: The History of the Telegraph Industry in the United States, 1832-1866* (Princeton : Princeton University Press, 1947), p. 217. 전신기술 및 시설의 증가에 대한 이야기는 Thompson의 주장과 *Wiring a Continent*, pp. 241, 394, 408의 도표의 내용 참고.
30. 기준 자료는 William R. Plum, *The Military Telegraph During the Civil War in the United States*, 2 vols. (Chicago : Jansen, McClurg, & Co., 1882). Plum에 따르면, 1871년 프랑스에서 프러시아 군이 사용한 전신 시설은 본문에서 언급한 길이의 10분의 1에 불과했다고 한다.
31. Ibid., Vol. II, pp. 141, 238.
32. U.S. Military Telegraph의 사령관이 국방장관에게 보고한 내용, 31 October 1864, *OR*, Series III, Vol. IV, p. 842..
33. Nicolay and Hay, *Lincoln*, Vol. IV, pp. 352-54.
34. David Homer Bates, *Lincoln in the Telegraph Office: Recollections of the United States Military Telegraph Corps During the Civil War* (New York : The Century Co., 1907), pp. 94, 134-36. Bates는 1862년 3월부터 전쟁이 끝날 때까지 국방부 산하 전신사무소의 간부였다. 그의 상관이었던 Thomas T. Eckert는 전신관련 참모장이었고 후에 국방차관이 되었다.
35. 미육군 통신대장 서리가 국방장관에게 보고한 내용, 31 October 1864. *OR*, Series III, Vol. IV, p. 820.
36. Bates, *Lincoln in the Telegraph Office*, pp. 42, 123.
37 예를 찾기 위해서는, Kenneth P. Williams, *Lincoln Finds a General: A Military Study of the Civil War*, 5 vols. (New York : Macmillan, 1949-1959), Vol. II, pp. 635-36에 나와 있는 Halleck과 Hooker와의 통신 내용에 대한 논의를 참조.
38. C. R. Shradar, "Field Logistics in the Civil War," in J. Luvaas and H. W. Nelson, eds., *The U.S. Army War College Guide to the Battle of Antietam*, pp. 255-84. 남북전쟁의 병참술에 대한 탁월한 설명이 수록되어 있음.
39. Letter to Orville Browning, 22 September 1861, in Basler, pp. 531-33.
40. Letter to James C. Conkling, 26 AAugust 1863, ibid., Vol. VI, p. 407.
41. Letter to Joseph Hooker, 10 June 1863, ibid., Vol. VI, p. 257.
42. 1861년 7월 27일과 1861년 10월 1일의 작전 계획에 대한 링컨의 비망록, ibid., Vol. IV, pp. 457-58, 544-46 참조.
43. Letter to Horace Greeley, 22 August 1862, ibid., Vol. VI, p. 338.
44. McPherson, *Lincoln*, p. 41; 원문에는 강조 표시.
45. 남북전쟁의 전략에서 기습 작전의 역할에 대해 알아보기 위해서는, Archer Jones, *Civil War Command & Strategy : The Process of Victory and Defeat* (New York : Free

Press, 1992), pp. 84 ff 외 여러 군데 참조. 책에서 Jones의 주장은 너무 비약적인 측면이 있다.
46. Charles Royster, *The Destructive War: William Tecumseh Sherman, Stonewall Jackson, and the Americans* (New York : Alfred A. Knopf, 1991) and Mark Grimsley, *The Hard Hand of War: Union Military Policy toward Southern Civilians 1861-1865* (Cambridge : Cambridge University Press, 1995) 참조.
47. McPherson, *Lincoln*, pp. 91 ff.
48. Emory Upton, *The Military Policy of the United States* (New York : Greenwood, 1968), p. 236 (1904년 인쇄본을 재출판 했음).
49. Butler와 항공정찰 기술에 관해 알아보기 위해서는, Robert V. Bruce, *Lincoln and the Tools of War* (Indianapolis : Bobbs-Merrill, 1956), pp. 72-73, 137, 122-23, 290, 283-84 외 여러 군데 참조.
50. Sherman을 여기서 언급한 것에 대해 의아해 하는 독자들이라면 Albert Castel, *Decision in the West: The Atlanta Campaign of 1864* (Lawrence KS : University Press of Kansas, 1992) 참조.
51. 1862년 5월 9일 Hunter 장군이 내린 노예해방 군사명령을 철회하는 성명서, in Basler, eds., Vol. V, pp. 222-23.
52. Letter to General Joseph Hooker, 10 June 1863, ibid., Vol. VI, p. 257.
53. Letter to Major John J. Key, 26 September 1862, ibid., Vol. V, pp. 442-43.
54. Letter to Major John J. Key, 24 September 1862, ibid., p. 508.
55. John J. Key 소령 처리에 대한 Lincoln의 최종 결정, 27 September 1862, ibid., 6권, p. 20.
56. Nicolay and hay, *Lincoln*, Vol VII, p. 278.
57. Letter to George G. Meade, 14 July 1863, in Basler, eds., Works, Vol VI. p. 328.
58. Gabor Boritt, " 'Unfinished Works,' " Gabor Boritt, eds., *Lincoln's Generals* (New York : Oxford University Press, 1994), pp. 81-120. 참조.
59. Lorenzo Thomas and Ethan Allen Hitchcock to Edwin Stanton, 2 April 1862, OR, Series, Vol. 12, Part I, pp. 228-29. 아울러 1862년 3월 30일 Hitchcock이 대통령께 보고한 내용을 참조, pp. 229-30
60. 대화내용에 대해 구체적으로 알기 위해서는, 1862년 7월 8일에서 9일자 Lincoln의 비망록 참조, in Basler, *Works*, Vol. V. pp. 309-12.
61. See Abraham Lincoln to Joseph Hooker, 14 May 1863, ibid., Vol. VI, p. 217.
62. M. Epstein, "The Creation and Evolution of the Army Corps in the American Civil War," *Journal of Military History* 55:1:21-46 참조.
63. Dana, *Recollections*, p. 1.
64. Ibid., p. 20. Stanton이 국방장관인 자신뿐만 아니라 대통령 또한 Dana의 보고서를 면밀하게 검토할 수 있도록 배려를 했다는 점은 주목할 만하다. 이 사실을 확인해 주는 다른 증거로는, Lincoln은 개인적으로 1864년 5월에 Dana를 다시 한 번 파견하여 Grant를 감시하도록 지시했다는 사실이다. 아울러 P. H. Watson이 1863년 11월 27일 Dana에게 보낸 편지 참조, OR, Series I, Vol. XXXI, Part III, P. 256, 편지 내용에는 "양자(Stanton 장관과 Lincoln 대통령) 모두 자네의 보고서를 정기적으로 수령하고 있으며 이를 높이 평가하고 있다네."라는 대목이 있다.

65. Dana, *Recollections*, p. 33.
66. Ibid., p. 235.
67. Charles Dana to E. M. Stanton, 12 October 1863, *OR*, Series Ⅰ, Vol. ⅩⅩⅩ, Part Ⅰ, p. 215.
68. Grant의 음주벽에 대한 내용을 알기 위해서는, William S. McFeely, *Grant: A Biography* (New York: W. W. Norton, 1981), pp. 132 ff. 참조.
69. Charles Dana to E. M. Rawlins, 15 July 1864, John Y. Simon, ed., *The Papers of Ulysses S. Grant*, Vol. ⅩⅠ, *June 1-August 15, 1864* (Carbondale: Southern Illinois University Press, 1967), p. 253 인용.
70. Edwin M. Stanton to Ulysses S. Grant, 3 March 1865, in Basler ed., *Works*, Vol. Ⅷ, pp. 330-31.
71. William Tecumseh Sherman, *Memoirs of General William T. Sherman*(New York: Library of America, 1990), pp. 842-66에서 Sherman이 자세히 설명하고 있음. 여기에는 휴전 협상의 원래 조항들과 이에 대해 Stanton이 냉담한 반응을 보였다는 내용이 나옴.
72. 당시 배석했던 Dana의 설명에 따르자면, Stanton 또한 먼저 악수를 청하지 않았다고 한다. 그는 단지 '자신의 머리를 앞으로 약간 숙였고 이는 약 20도 정도였다'라고 한다. Dana, *Recollections*, p. 290.
73. Nicolay and Hay, *Lincoln*, Vol. Ⅷ, p. 341에는 Lincoln이 연설을 하기 전 Grant를 안내한 부분이 재미있게 묘사되어 있다.
74. Ulysses S. Grant to Abraham Lincoln, 19 July 1864, in ,ed., *Grant Papers*, Vol. ⅩⅠ, p. 280.
75. inter alia, *OR*, Series Ⅰ, Vol. ⅩⅩⅩⅦ, Part Ⅱ, pp. 65 ff ; Dana, *Recollections*, pp. 229-32; Basler, *Works*, Vol Ⅶ, pp. 424-76 참조.
76. Glatthaar, *Partners in Command*, pp. 211-16. 이에 관한 일화가 상세히 소개되었음.
77. Letter to Ulysses S. Grant, 3 August 1864, in Basler, ed., *Works*, Vol Ⅶ, p. 476.
78. 예를 들어, Lincoln이 David Hunter 장군에게 보낸 간결하고 통찰력 넘치는 서신을 참조, 23 July 1864, ibid., p. 456.
79. Stephen Ambrose, *Halleck: Lincoln's Chief of Staff* (Baton Rouse: Louisiana State University Press, 1962), p. 157. 인용.
80. Williams, *Lincoln Finds a General*, Vol. Ⅴ, pp. 271-82. 여기에서 저자는 Halleck에 대한 흥미로운 평가를 시도하고 있다. 저자는 남북전쟁 당시의 인물의 평가에 대한 대목에서 Halleck에 대해서는 자신의 견해가 많이 수정되었다고 선언했고 그에게 좀더 후한 점수를 주었다. 아울러 Ambrose, Halleck을 참조. 아래 주석 82를 참조.
81. Howard K. Beale, ed., *Diary of Gideon Welles*, 3 vols. (New York: W. W. Norton, 1960), Vol. Ⅰ, pp. 216, 364.
82. Helleck은 전쟁사를 연구하는 학자들로부터 후한 평가를 거의 받지 못했다. 하지만 다음에 소개하는 Helleck의 전기는 Helleck에 대한 평가에서 다른 시각을 견지하고 있다. Stephen E. Ambrose, *Helleck: Lincoln's Chief of Staff* (Baton Rouge: Louisiana State University Press, 1962). Curt Anders, *Henry Halleck's War* (Carmel, Indiana : Guild Press of Indiana, 1999).
83. Ulysses S. Grant to Julia Dent Grant, 30 April 1862, in Ulysses S. Grant, *Personal*

Memoirs of U. S. Grant (New York: Library of America, 1990), p. 1006.
84. Stanton의 전기 중 최고의 작품은 Benjamin P. Thomas and Harold M. Hyman, *Stanton: The Life and Times of Lincoln's Secretary of War* (New York: Alfred A. Knopf, 1962).이다
85. Ibid., p. 385에서 인용. 양자간의 관계에 대해 좀 더 일반적인 내용을 알기 위해서는 pp. 381-91 참조.
86. Ibid., pp. 402-18.
87. William B. Hesseltine, *Lincoln and the War Governors* (New York: Alfred A. Knopf, 1955). 참조.
88. Ulysses S. Grant to Charles A. Dana, 15 July 1864, in Simon, ed., The Papers of Ulysses S. Grant, Vol. XI, June 1-August 15, 1984 (Carbondale: Southern Illinoise University Press, 1967-2001), p. 251. "Hunter 장군과 같은 용맹스런 노장을 소명의 기회도 한번 주지 않고 그런 식으로 대우했다는 소식을 듣게 되어 유감이오." 하지만 한 작가는 Hunter를 "군의 고위 지휘관들을 임명하는데 있어서 Lincoln의 무능함을 적나라하게 보여주는 좋은 예이다"라고 묘사했다. 이에 대한 내용은 Ezra Warner, Generals in Blue: Lives of the Union Commanders (Baton Rouge: Louisiana State University Press, 1962), p. 244.
89. Nicolay and Hay, Lincoln, pp. 359-60.

CHAPTER 3: 클레망소의 방문

1. Winston S. Churchill, *Amid These Storms: Thoughts and Adventures*, "A Day with Clemenceau" (New York: Charles Scribner's Sons, 1932), pp. 173-74, 176.
2. David S. Newhall, *Clemenceau: A Life at War* (Lewiston, ME: Edwin Mellen, 1991), p. 318. 인용.
3. 필자는 본 장에서 나오는 통계치의 대부분을 다음의 책 2권으로부터 인용했다. Patrick H. Hutton, Amanda S. Bourque, and Amy J. Staples eds., *Historical Dictionary of the Third French Republic, 1870-1940*, 2 vols. (New York: Greenwood Press, 1986). Randal Gray with Christopher Argyle, *Chronicle of the First World War*, 2 vols. (New York: Facts on File, 1990).
4. Alistair Horne, *The Prince of Glory: Verdun 1916* (London: Macmillan, 1962), pp. 327-28.
5. John Keegan, *The First World War* (New York: Alfred A. Knopf, 1999), pp. 367-69.
6. Jean-Baptiste Duroselle, Clemenceau (Paris: Fayard, 1988) p. 108.
7. Newhall, *Clemenceau*, pp. 48-50.
8. Duroselle, *Clemenceau*, p. 445.
9. André Beaufre, "Foch," in Michael Carver ed., *The War Lords: Military Commanders of the Twentieth Century* (Boston: Little, Brown, 1976), p. 126.
10. Duroselle, *Clemenceau*, p. 596.
11. Newhall, *Clemenceau*, p. 322 인용.
12. Ibid., p. 195 인용.
13. Jere Clemens King, *Generals & Politicians: Conflict Between France's High Command. Parliament and Government, 1914-1918* (Westpor tCT: Greenwood, 1951), pp. 11 ff. 제1차 세계대전 이전에 프랑스의 민군관계를 파악하는 일은 전쟁 동안 민간인과 군 장성들간에 초래됐던 긴장된 관계를 이해하는데 필수적인 일이다. 이를 알아보기

위해서는 Douglas Porch, *The March to The Marne: the French Army, 1871-1914* (Cambridge: Cambridge University Press, 1981) 참조.
14. Ibid., pp. 115 ff.
15. Edward Spears, *Prelude to Victory 1917* (London: Jonathan Cape, 1939), p. 435.
16. Guy Pedronici, *Pétain: Le Soldat, 1914-1940* [The Soldier, 1914-1940] (Paris: Perrin, 1998), p. 122으로부터 사망자 및 형량 관련 수치를 인용함. Gray and Argyle, *Chronicle*, Vol. 2, p. 40으로부터 반란에 가담한 모든 사람들의 수를 인용함.
17. Martin Gilbert, *The First World War: A Complete History* (New York: Henry Holt & Company, 1994), p. 385.
18. Jean Jules Henri Mordacq, *Le Ministère Clemenceau: Journal d'un Témoin* [Minister Clemenceau: Journal of a Witness], Vol. I, *Novembre 1917-Avril 1918* (Paris: Librairie Plon, 1930), p. 13.
19. Ibid., p. 205.
20. Ibid., Vol. II, p. 54.
21. Ibid., p.62
22. Ibid., Vol. I, p. 233.
23. Anne Blanchard, *Histoire Militaire de la France* [Military History of France], Vol. 3, *De 1871 á 1940*, ed. Guy Pedroncini (Paris: Presses Universitaires de France, 1992-1994), Chapter 7, "Larmee francaise et la Grande Guerre," [The French Army and the Great War,"] pp. 161-202).
24. Ibid., p. 170.
25. 이 부분에서 논의되는 역사적 사실은 기본적으로 Mordacq 장군의 일지에 기초한 것이다. 그는 전쟁 동안뿐만 아니라 그 후에도 계속해서 꼼꼼히 기록을 남겼다. Clemenceau가 자신이 정리한 문서를 모두 파기했기 때문에 Mordacq의 자료는 호랑이 Clemenceau 총리의 활동을 파악할 수 있는 정보의 주요 원천 역할을 한다.
26. Mordacq, *Journal*, Vol. I, p. 6.
27. Edward Spears, *Assignment to Catastrophe*, Vol. II, *The Fall of France 1940* (New York: A. A. Wyn, 1955), p. 98. 제1차 세계대전에서처럼 제2차 세계대전에서도 Spears는 프랑스와의 연락장교 역할을 했다.
28. Bertrand Favreau, *Georges Mandel ou la passion de la Republique* (Paris: Fayard, 1996), p. 476.
29. Mordacq, *Journal*, Vol. I, pp. 174 f.f 참조.
30. Ibid., Vol. II, p. 55. 숙청 과정에 대한 기술은 pp. 70-72를 참조.
31. Ibid., Vol. I, pp. 148, 174 ff.
32. Ibid., pp. 114 ff.
33. Ibid., p. 141.
34. Ibid., p. 172.
35. Clemenceau가 꽃다발을 받은 이야기는 Mordacq, *Journal*, Vol. II, p. 105에 소개되어 있다.
36. Guy Pedroncini, *Pétain le Soldat*, p. 226.
37. Ferdinand Foch, *The Principles of War*, trans. J. de Morinni (New York: H. K. Fly, 1918). 좀더 통찰력 있는 분석을 위해서는, Gideon Y. Akavia, *Decisive Victory and Correct Doctrine: Cults in French Military Thought Before 1914* (Stanford, CA: Stanford University Center for International Security and Arms Control, 1993). 참조.

38. Ferdinand Foch, *The Memoirs of Marshal Foch*, trans. T. Bentley Mott (New York : Doubleday, 1931), p. 179.
39. Foch에 대한 역사적 재평가를 살펴보기 위해서는, Damien Fenton, "Unjustly Accused: Marshal Ferdinand Foch & the French 'Cult of the Offensive,'" *WaiMilHist* 1:4 (July 1999) 참조. *WaiMilHist*는 New Zealand Hamilton에 소재한 University of Waikato 역사학부에서 발행하는 전자 저널로 군 역사에 대한 주제를 다루고 있다. Web site : www.waikato.ac.nz/wfass/subject/history/waimilhist/1999/contents.htm
40. Jean Autin, *Foch, ou le triomphe de la volonté* [*Foch, or the Triumph of the Will*] (Paris : Librairie Academique, 1987), p. 129 외 여러 군데.
41. Ibid., p. 192 인용.
42. Ibid., p. 129.
43. Jean-Jules- Henri Mordacq, *Clemenceau* (Paris : Les Editions de France, 1939), p. 209.
44. Ibid.
45. Donald Smythe, *Pershing: General of the Armies* (Bloomington : Indiana University Press, 1986), p. 73. 인용.
46. Foch, Memoirs, p. 185.
47. Ibid., p. 16.
48. Ibid., p. 26.
49. Pétain의 전기 작가인 Guy Pedroncini는 그의 이런 면을 강조한다. 다소 지나치다는 느낌이 들 정도이다. Guy Pedroncini, *Pétain: le soldat*, pp. 10 ff 외 여러 군데.
50. Alastair Horne, *The Price of Glory: Verdun 1916* (London : Macmillan, 1962), p. 134 인용. 이 책의 132쪽에서 141쪽에는 Pétain의 이력과 성격에 대해 잘 요약해 놓았다.
51. Pedroncini, *Pétain le soldat*, pp. 117-22.
52. Foch는 1918년 3월 26일 거행된 뒤로젤 회의에서 연합군의 활동을 조율하는 총사령관으로 결정되었다. 총사령관으로 임명된 시점은 4월 14일이었고 5월 2일에는 이탈리아군과 벨기에군을 망라하는 거대 규모의 군대가 그의 책임하에 놓이게 되었다.
53. William Robertson, *Soldiers and Statesmen 1914-1918*, 2 vols. (London : Cassell, 1926), Vol. II, pp. 296-97.
54. Maurice Hankey의 회고록에서 이에 대한 흥미로운 설명을 발견할 수 있다. Maurice Hankey는 전쟁 당시 국방장관의 비서직을 수행했으며, 본문에서 언급한 일과 관련된 사건 추이에 정통해 있었다. Maurice Hankey, *Supreme Command 1914-1918*, 2 vols. (London : Allen & Unwin, 1961), Vol. II, pp. 775-84.
55. 상세한 설명을 위해서, G. C. Wynne, *If Germany Attacks: The Battle in Depth in the West* (1940 ; Westport CT : Greenwood, 1976) 참조.
56. Jean-Jules- Henry Mordacq, *Le commandement unique: comment il fut realise* [*The Unified Command: How It Was Achieved*] (Paris : Éditions Jules Tallander, 1929), pp. 46-47 외 여러 군데 ; Pedroncini, *Pétain le soldat*, pp. 197 ff.
57. 보다 일반적인 논의를 참고하기 위해서는, Tim Travers, *The Killing Ground : The British Army, the Western Front and the Emergence of Modern Warfare 1900-1918* (London : Allen & Unwin, 1987) 참조.
58. 흥미롭게도 Foch는 제1차 세계대전이 끝난 후에도 독일군이 취했던 복잡하면서도 대담했던 Schlieffen Plan에 찬사를 아끼지 않았다. Raymond Recouly, *Foch : My Coversations with the Marshal*, trans. Joyce Davis (New York : D. Appleton, 1929), p. 15. 참조.

59. Georges Clemenceau, *Grandeur and Misery of Victory*, trans. F. M. Atkinson (New York: Harcourt, Brace, 1930), p. 76.
60. Mordacq, Journal, Vol. II, p. 8.
61. Raymond Poincaré, *Au Service de la France: Neuf Années de Souvenirs* [in the Service of France: Nine Years of Memoirs] (Paris: Librairie Plon, 1928), Vol. X, *Victoire et Armistice 1918* [Victory and Armistice: 1918], p. 213.
62. Mordacq, *Journal*, Vol. I, p. 115.
63. Ibid., pp. 139-41.
64. 이에 대한 미국측 시각을 알아보기 위해서는, David F. Trask, *The AEF and Coalition Warmaking, 1917-1918* (Lawrence: University Press of Kansas, 1993), pp. 33-36 참조.
65. Autin, *Foch*, pp. 214-16.
66. Foch, *Memoirs*, p. 440.
67. Pedroncini, *Pétain, Général en Chef* [Pétain: General in Chief] pp. 210-30.
68. Mordacq, Journal, Vol. I, p. 240.
69. Ibid., Vol. II, pp. 38-77.
70. Clemenceau, *Grandeur and Misery*, p. 48.
71. Ibid., p. 61.
72. Ibid., p. 75.
73. Foch, *Memoirs*, p. 185.
74. Ibid., pp. 434-35 인용.
75. Recouly, *Foch*, pp. 39-40.
76. Ibid., p. 436.
77. Symthe, *Pershing*, pp. 237, 229 외 여러 군데.
78. Clemenceau, *Grandeur and Misery*, p. 124.
79. Mordacq, *Journal*, Vol. II, p. 284
80. Holger H. Herwig, *The First World War: Germany and Austria-Hungary, 1914-1918* (London: Arnold, 1997), pp. 425 ff.
81. Woodrow Wilson, *War and Peace: Presidential Messages, Addresses, and Public Papers 1917-1924*, 2 vosl., Edited by Ray Stannard Baker and William E. Dodd (New York: Harper, 1927), Vol. I, pp. 161-62.
82. Mordacq, *Journal*, Vol. II, p. 293.
83. Recouly, *Foch*, pp. 39-40.
84. King, *Generals and Politicians*, pp. 196 ff.
85. Mordacq, *Journal*, Vol. II, pp. 284-85 참조. 아울러 정전 협상에 대한 Mordacq의 연구, *La Verité sur l'armistice* [The Truth About the Armistice] (Paris: Éditions Jules Tallandier, 1929), pp. 70 ff. 참조.
86. Recouly, *Foch*, pp. 39-40.
87. Foch, *Memoirs*, p. 456. 인용.
88. Mordacq, *La Vérité*, p. 71.
89. Recouly, *Foch*, p. 45. 인용
90. Ibid., p. 41.
91. Mordacq, *Journal*, Vol. II, p. 339.
92. Recouly, *Foch*, pp. 176-77.
93. Jere Clemens King, *Foch versus Clemenceau: France and German Dismember- ment, 1918-1919* (Cambridge MA: Harvard University Press, 1960). 그리고 Newhall,

Clemenceau, pp. 447 ff. 참조.
94. Recouly, *Foch*, pp. 193-99. 참조
95. William Maxwell Aitken, *Men and Power 1917-1918* (New York: Duell, Sloan and Peace, 1956), p. 150 외 여러 군데.
96. Miquel, *Clemenceau*, p. 318 ff.
97. 이에 관한 일화는 Mordacq, *Journal*, Vol.III, pp. 226-31 참조.
98. G. Ward Price, "Historic Interview with Marshal Foch," *The Daily Mail*, April 19, 1919.
99. Miquel, *Clemenceau*, pp. 360 ff.
100. Ibid., p. 362. Miquel의 설명은 대부분 André Tardieu, *The Truth About the Treaty* (Bloomington: Bobbs Merrill, 1921)에 근거했음. Web site: www.ukans.edu/~libsite/wwi-www/treatytruth/tardieu00tc.htm 참조. 세부적 설명을 위해서는, Chapter 5, "The Left Bank of the Rhine" 참조. Web site: www.ukans.edu/~libsite/wwi-www/treatytruth/tardieu05.htm#V.
101. Mordacq, *Journal*, Vol.III, p. 259.
102. Paul Mantoux, *The Deliberations of the Council of Four (March 24-June 28, 1919): Notes of the Official Interpreter Paul Mantoux*, 2 vols., trans. and ed. Arthur S. Link (Princeton: Princeton University Press, 1992), Vol. II, p. 466.
103. Ibid., p. 468.
104. Ibid., pp. 474-75.
105. Clemenceau, *Grandeur and Misery*, p. 11.
106. Ibid., p. 7.
107. Maxime Weygand, *Le Maréchal Foch* (Paris: Flammarion, 1947), p. 293.
108. Mantoux, *Deliberations*, Vol. I, p. 28. (Link의 서문에서 발췌)
109. Clemenceau, *Grandeur and Misery*, p. 239; 원문에는 강조 표시.
110. Ibid., pp. 403, 405.
111. Charles de Gaulle, *The War Memoirs of Charles de Gaulle*, Vol. II, *Unity, 1942-44*, trans. Richard Howard (New York: Simon & Schster, 1959), p. 351.

CHAPTER 4 : 처칠의 질문

1. Winston S. Churchill, *The Second World War*, Vol. II, *Their Finest Hour* (Boston: Houghton Mifflin Co., 1949), pp. 184-85.
2. Ibid., p. 185.
3. R. V. Jones, *The Wizard War: British Scientific Intelligence 1939-1945* (New York: Coward, McCann & Geoghegan, 1978), pp. 107-8
4. Churchill, *Their Finest Hour*, pp. 386-87. See as well as F. H. Hinsley et al., *British Intelligence in the Second World War: Its Influence on Strategic and Operations*, Vol. I (London: Her Majesty's Stationary Office, 1979), pp. 550-56.
5. G. R. Elton, *Political History: Principles and Practice* (New York: Basic Books, 1970), p. 71.
6. John Charmley, *Churchill: The End of Glory* (New York: Harcourt Brace, 1993).
7. Liddel Hart Centre for Military Archives, Alan Brooke Papers, 5/9, entry of 10 September 1944.
8. Bernard Fergusson, *Business of War: The War Narrative of Major-General Sir John*

Kennedy (New York: William Morrow, 1958), p. 115.
9. Sir Hastings Ismay to Sir Leslie Hollis, 18 February 1957, Ismay papers, King's College, London, I/14/60.
10. David Fraser, *Alanbrooke* (New York: Atheneum, 1982), p. 532; Alex Danchev, *Very Special Relationship: Field Marshal Sir John Dill and the Anglo-American Alliance 1941-44* (London: Brassey's, 1986)에서도 유사한 주장이 수록되어 있음.
11. David Reynolds, "1940: The Worst and Finest Hour," in Robert Blake and Wm. Roger Louis, eds., *Churchill* (New York: W. W. Norton, 1993), p. 255.
12. Martin Kitchen, "Winston Churchill and the Soviet Union During the Second World War," *Historical Journal* 30 : 2(June 1987) : 435.
13. Sheila Lawlor, "Greece, March 1941: The Politics of British Military Intervention," *Historical Journal* 25 : 4 (December 1982) : 933
14. Kitchen, "Winston Churchill."
15. Warren F. Kimball, "Churchill and Roosevelt," in Robert Blake and William Roger Louis, eds., *Churchill* (New York: W. W. Norton, 1993), p. 306.
16. Fergusson, *The Business of War*, p. 60.
17. Ibid., p. 157.
18. John Colville, *The Fringes of Power: 10 Downing Street Diaries, 1939-1945* (New York : W. W. Norton, 1985), 23 October 1940 entry, p. 275.
19. Alex Danchev, " 'Dilly-Dally.' or Having the Last Word : Field Marshal Sir John Dill and Prime Minister Winston Churchill," *Journal of Contemporary History* 22 (1987) : 37.
20. Ibid., p. 29.
21. Michael Howard, "The End of Churchillmania? Reappraising the Legend." *Foreign Affairs* (September/October 1993), p. 143. Howard가 두 달에 걸쳐 기고한 이 글은 흥미롭게도 Churchill에 대한 긍정적인 측면보다는 부정적인 측면에 더 중점을 두고 있다.
22. Charles Wilson, *Churchill Taken from the Diaries of Lord Moran : The Struggle for Survival 1940-1965* (Boston: Houghton Mifflin Co., 1966).
23. John Colville, *The Churchillians* (London: Weidenfield and Nicolson, 1981), p. 191.
24. Churchill에 대한 학계의 비판적인 견해는 A. J. P. Taylor, ed., *Churchill Revised : A Critical Assessment* (New York: Dial Press, 1968)와 같은 작품들을 필두로 터져 나오기 시작했다. 최근에까지도 이런 종류의 비판서들이 나왔는데, 대표적으로 Robert Blake and William Roger Louis, eds., *Churchill* (New York: W. W. Norton, 1993) 등이 있다.
25. Martin Gilbert, In Search of Churchill (New York: John Wiley & Sons, 1994), p. 216에서 인용구 형식으로 소개.
26. Ibid., p. 184.
27. Winston S. Churchill, *The Second World War*, 6 vols., Vol. I , *The Gathering Storm* (Boston: Houghton Mifflin Co., 1948), p. 421. Jeremy Campbell, *Winston Churchill's Afternoon Nap* (New York: Simon & Shuster, 1986), p. 210. 책의 여러 대목에 걸쳐서 24시간 주기로 작동되는 인간 신체의 생리학에 대해 기술하고 있고 '고대의 수면 능력을 백분 활용하기 위해서는' 한 시간 정도의 낮잠을 취하는 일은 필요하다고 주장한다.
28. Churchill, *Their Finest Hour*, memorandum to General Sir Hastings Ismay, chief of Imperial General Staff, and Sir Edward Bridges, 19 July 1940, pp. 17-18.

29. Imperial Defense College에서의 강의, October 1949, Ismay papers Ⅲ/4/12.
30. Ismay letter to Anthony Eden, 7 January 1964, Ismay papers Ⅳ/Avon/16a.
31. Winston S. Churchill, *Marlborough: His Life and Times* (New York: Charles Scriber's Sons, 6 vols., 1933-38, Vol. Ⅰ (1933), p. 94. Churchill은 Halifax를 '요즘 시대의 가장 중요한 정치인'으로 묘사했다.
32. Winston S. Churchill, *My Early Life*, Winston S. Churchill, *Painting as a Pastime* (New York: McGraw-Hill, 1950), p. 331.
33. Winston S. Churchill, *Amid These Storms: Thoughts and Adventures* (New York: Charles Scribner's Sons, 1932), pp. 39-50에 나오는 에세이 "Consistency in Politics" 참조.
34. Churchill, *Marlborough*, Vol. Ⅱ, p. 35.
35. Winston S. Churchill, *The River War* (London: Longmans Green, 1902), p. 162.
36. Churchill, *The World Crisis*, Vol. Ⅰ, 1911-1914 (New York: Charles Scribner's Sons, 1924), pp. 125-48.
37. Maurice Ashley, *Churchill as Historian* (London: Secker & Warburg, 1968) 참조.
38. Churchill, *Marlborough*.
39. Churchill, *Marlborough*, Vol. Ⅴ, p. 246.
40. Winston S. Churchill, *History of the English-speaking Peoples*, 4 vols.,(New York: Dodd, Mead & Co., 1956), Vol.Ⅳ, pp. 149-263.
41. Churchill, *Second World War*, Vol. Ⅲ, *The Grand Alliance*, p. 608.
42. Winston S. Churchill, 미 의회연설, 19 May 1943, in Robert Rhode James ed., *Winston S. Churchill: His Complete Speeches*, Vol.Ⅶ, 1943-1949 (London: Charles House Publishers, 1974), p. 6783.
43. Winston S. Churchill, *Painting as a Pastime* (New York: McGraw-Hill, 1950).
44. Martin Gilbert, *Winston S. Churchill*, Vol. Ⅶ, *Road to Victory, 1941-1945* (Boston: Houghton Mifflin, 1986), p. 20.
45. 전시중 Churchill과 Roosevelt와의 첫 번째 회동을 위해 마련된 자료, 16 December 1941, in Warren F. Kimball ed., *Churchill and Roosevelt: The Complete Correspondence* (Princeton: Princeton University Press, 1984), Vol. Ⅰ, p. 303.
46. Churchill, *The World Crisis*, Vol. Ⅰ, 1911-1914, p. 174
47. Churchill, *Marlboro*, Vol. Ⅵ, p. 600.
48. Churchill의 전략관에 대한 필자의 견해. "Churchill at War," *Commentary* 83:5 (May 1987): 40-49.
49. Harold Macmillan의 일기, 16 November 1943, Gilbert, *The Road to Victory*, p. 554 에 인용.
50. Gilbert, *The Road to Victory*, p. 759.
51. James Leasor, *War at the Top* (London: Michael Joseph, 1959), p. 173.
52. Norman Brook to Hastings Ismay, 27 January 1959, Ismay papers Ⅰ/14/8. Liddel Hart Center.
53. Churchill, *The World Crisis*, Vol.Ⅳ, 1916-18, Part Ⅱ (1927), p. 247.
54. Tim Travers, *The Killing Ground: The British Army, the Western Front and the Emergence of Modern Warfare 1900-1918* (London: Allen & Unwin, 1987) 참조.
55. Churchill, *World Crisis*, Vol.Ⅲ, 1916-18, pp. 194-95.
56. Churchill, *World Crisis*, Vol.Ⅱ, 1915, p. 284.
57. Ibid., p. 164.

58. Personal Minute D 185/3, 14 October 1943. Prime Minister's Office, Operational Papers 3/336/3; 이하 PREM으로 표기.
59. Brooke Diary, entry for 5 June 1944.
60. C. O. S. (41) 334, Minute 4, 26 September 1941. CAB 79/86 (COS 회의 자료에 대한 기밀 부록).
61. R. Stuart Macrae, *Winston Churchill's Toyshop* (Kineton: The Roundwood Press, 1971). pp 166~16에서 Macrae가 Churchill에 대해 기술한 내용은 특히 흥미롭고 본문에서 언급한 주장을 뒷받침해 주고 있다. Macrae는 당시 영국 육군 대령으로서 제2차 세계대전 동안 M.D. 1 작전의 부지휘관의 임무를 맡았다.
62. Winston S. Churchill, speech of 15 February 1942, *Winston Churchill: His Complete Speeches, 1897-1963*, ed. Robert Rhodes James (London: Bowker, 1974), Vol. VI, p. 6584.
63. Winston S. Churchill, Minute of 8 April 1943, Michael Howard, *Grand Strategy*, Vol. IV (London: HMSO, 1970), p. 369 인용.
64. Winston S. Churchill, Minute to the Cabinet, 16 December 1939, Churchill Prime Minister's Office: Operational Papers, *The Second World War*, Vol. I, p. 547 인용.
65. Hastings L. Ismay, *The Memoirs of General Lord Ismay* (New York: Viking, 1960), p. 166.
66. Prime Minister's Serial D 114.1, PREM/3/496/4.
67. Prime Minister's Serial D 136/1, PRE/2/496/4.
68. 이는 부분적으로 Cunningham의 회고록이 갖는 영향력에 힘입은 바 크다. 사실 총리뿐만 아니라 해군 제독들이나 장군들도 정부 요직에서 자신들의 이력에 대한 회고록을 발표하여 많은 효과를 보았다.
69. S. W. Roskill, *Churchill and the Admirals* (New York: William Morrow, 1978), p. 188.
70. Churchill과 장군들에 대한 다른 내용을 알아보기 위해서는, Arthur J. Marder, *From the Dardanelles to Oran: Studies of the Royal Navy in War and Peace* (London: Oxford University Press, 1974). 참조.
71. PREM 3/322/5/6.
72. 경리관이 총리에게 보낸 보고서, "The Post-War Fleet", 5 July 1944, WP(44) 764, 29 December 1944, PREM 3/322/5/6에서 재출판.
73. Prime Minister Personal Minute M 767/3 to First Sea Lord, 1 November 1943, PREM 3/322/5/6.
74. S. W. Roskill, The War at Sea, Vol. I (London: HMSO, 1954), p. 576 참조. 1943년 6월 영국 해군과 해병대 병력은 모두 66만 명이었다. 이듬해 6월에는 77만8천 명에 이르렀다. 본문에서 언급한 논란이 터져 나온 시점은 1943년 11월 무렵으로 해군과 해병대 병력의 수는 66만에서 77만 사이에 달했을 것이다. 해병대 병력이 증가했기 때문에 처칠의 주장이 아마 더욱 힘을 얻은 듯 하다.
75. John Ehrman, *Grand Strategy*, Vol. V, August 1943-September 1944, pp. 398-403에서 재출판된 처칠의 비망록 참조.
76. Gilbert, *Road to Victory*, p. 865.
77. Norman Brook in John Wheeler-Bennett, ed., *Action This Day: Working with Churchill* (London: Macmillan 1968), p. 22.
78. Prime Minister to Secretary of State for War, 21.11.42, PREM 3/54/7. 본문에 언급된 모든 자료는 여기에서 발췌.

79. John Colville, *The Fringes of Power: 10 Downing Street Diaries 1939-1955* (New York : W. W. Norton, 1985), p. 433.
80. F. H. Hinsley et al, *British Intelligence in the Second World War*, Vol. II (New York : Cambridge University Press, 1981), pp. 655-57.
81. 중동 지역에 탱크 부대를 파견하는데 반대하여 1941년 5월 6일 Dill의 비망록에 대해 Ismay의 논평을 참조: Letter to John Connell, 13 September 1961, Ismay papers/IV/Con/4/6a.
82. Ibid.
83. Danchev, " 'Dilly-Dally' ": 27 인용.
84. Philip Warner, "Auchinleck," in John Keegan ed., *Churchill's Generals* (New York : Grove Weidenfield, 1991), p. 138.
85. Letter of 26 June 1941, cited in J. R. M. Butler, *Grand Strategy*, Vol. II, *September 1939-June 1941* (London : HMSO, 1957), pp. 530-31.
86. Walt W. Rostow, *Pre-Invasion Bombing Strategy : General Eisenhower's Decision of March 25, 1944* (Austin : University of Texas Press, 1981).
87. PREM 3/334/4.
88. Churchill, *Second World War*, Vol. VI, *Triumph and Tragedy* (1953), p. 456.
89. Warren F. Kimball, *Churchill & Roosevelt : The Complete Correspondence* (Princeton : Princeton University Press, 1984), Vol. II, pp. 389-402.
90. Dwight D. Eisenhower to George Catlett Marshall, FDW 18345, 30 March 1945. In Alfred Chandler, ed., *The papers of Dwight David Eisenhower: The War Years* (Baltimore : Johns Hopkins University Press, 1970), Vol. IV, p. 2561.
91. 영국인들뿐만 아니라 미국인들도 '그림 속으로' 끌어들여졌으며, 이는 주목할 만한 사항이다. Edward Mead Earle이 독창적인 방법으로 편집한 책의 서문을 참조, *Makers of Modern Strategy : Military thought from Machiavelli to Hitler* (Princeton : Princeton University Press, 1943), p. 7.

CHAPTER 5 : 벤구리온의 세미나

1. Michael Bar Zohar, Ben-Gurion : A Biography, trans. Peretz Kidron (New York : Adama Book, 1978), p. 198.
2. Ben-Gurion은 언어마다 유창한 정도는 다르겠지만 히브리어, 이디시어Yiddish, 노어, 폴란드어, 영어, 독어, 불어, 터키어, 아랍어를 구사했다. 그는 제2차 세계대전과 다른 전쟁에 관한 수많은 역사 서적을 소장하고 있었다. 미국의 남북전쟁에 대한 서적도 상당수 소장했는데, 여기에는 Freedman의 *Lee's Lieutenants*와 Lincoln에 대한 서적들도 있었다.
3. Shabtai Teveth, *Ben-Gurion and the Holocaust* (New York : Harcourt Brace, 1996).
4. Michael Bar Zohar, *Ben-Gurion : The Armed Prophet* (Englewood Cliffs, NJ : Prentice Hall, 1968), pp. 129 ff.
5. 아랍 인구수에 관한 수치는 자료마다 달리 기록되어 있다. 또한 팔레스타인의 경계를 어떻게 정의하느냐에 따라 다를 수도 있다. 즉 영국 식민지령하의 모든 지역을 말하는 것인지, 유엔 분리안에 의해 이스라엘에게 할당된 지역을 말하는지, 그 후에 이스라엘의 영토로 편입된 곳까지 포함해서 말하는지에 따라 인구수 또한 달리 나올 수 있다.
6. 제2차 세계대전 후 대영제국의 몰락에 대한 설명을 위해서는 William Roger Louis,

"The Dissolution of the British Empire," in Judith M. Brown and William Roger Louis, eds., *The Oxford History of the British Empire*, Vol.Ⅳ, *The Twentieth Century* (New York: Oxford University Press, 1999), pp. 329-56 참조.
7. Ben-Gurion에 대한 가장 포괄적인 내용의 전기는 Shabti Teveth의 작품이다. 영문 번역판은 Shabti Teveth, *Ben-Gurion : The Burning Ground, 1886-1948* (Boston : Houghton Mifflin, 1987). 책 제목과는 맞지 않게 이 책은 제2차 세계대전 초기까지만 다루고 있지만 그럼에도 불구하고 훌륭한 책이다.
8. Ben-Gurion의 독립전쟁 당시의 상황을 연구용 목적에 맞게 편집한 책은 Gershon Rivlin and Elchanan Oren, eds., *The War of Independence: Ben-Gurion's Diary*, 3vol. (Tel Aviv : Ministry of Defense Publishing House, 1982)이다. 이 책은 1947년 10월에서 1949년 7월까지의 일기를 수록하고 있다. Ben-Gurion Research Center에서는 일기의 이전 부분도 출판하고 있다.
9. Shabtai Teveth, *Ben-Gurion and the Palestine Arabs : From Peace to War* (Oxford University Press, 1995), 여러 군데.
10. 예를 들면 1947년 4월 3일 Ben-Gurion의 발언 참조 : David Ben-Gurion, *Chimes of Independence : Memoirs (March-November 1947)*, ed. Meir Avizohar (Tel Aviv : Am Oved, 1993, in Hebrew), p. 150. 이 책은 회고록이 아니라 Ben-Gurion의 일기를 편집한 책이다.
11. Ben-Gurion, *Chimes*, p. 198.
12. 하가나 조직에 대한 설명은 Meir Pa'il, *The Emergence of ZAHAL(I.D.F)* (Tel Aviv : Zmora, Bitan, Modan, 1979, in Hebrew) 참조. 특히 이 책의 끝 부분에 있는 도표 5 참조. 이 책의 번역명은 부정확함. 좀더 정확하게 표현하자면 "From the Haganah to the Israel Defense Forces."
13. Susan Hattis Rolef ed., *Political Dictionary of the State of Israel*, 2nd ed. (New York : Macmillan, 1993), pp. 136-37에서 발췌한 자료.
14. Ben-Gurion, *Chimes*, p. 142. 문제점과 해법에 대한 그의 평가를 요약해 놓은 부분은 1947년 5월 27일자 도입부, p. 192에 있음.
15. Ibid., p. 148.
16. the diary entry of 4 June 1947, p. 290 참조.
17. Ibid., 10 April 1947, p. 159.
18. Ibid., 10 April 1947, pp. 171-72.
19. Ibid., 22 April 1947, p. 176.
20. Record Group 319, Records of the Army Staff, Army Intelligence Document File 1944-1955. National Archives at College Park, College Park, Maryland. File 435169, "Foreign Report," 28 January 1948. See also File 456080, "Arab and Jewish Military Forces in the Middle East, 25 January 1948," and File #455109, "Preliminary Report on Palestine Visit," 20 March 1948. 참조.
21. Ben-Gurion, *Chimes*, 2 May 1947, p. 181.
22. Ibid., 30 May 1947, p. 201.
23. Yosef Avidar oral history, 13 March 1977, Ben-Gurion Archives—Oral Histories, Ben-Gurion Research Center, Ben-Gurion University, pp. 12-13. 이하 BEN-GURION-OH로 표기.
24. Ben-Gurion, *Chimes*, 30 April 1947, p. 180; 2 May 1947, p. 181.
25. David Ben-Gurion, *The War of Independence : Ben-Gurion's Diary*, Gershon Rivlin and Elhanan Oren, eds., 3 vol. (Tel Aviv : Ministry of Defense, 1983), Vol. Ⅰ, p. 53 (Hebrew : 이하 War Diary로 표기)

26. Ben-Gurion과 Galili와의 관계에 대한 지극히 객관적이면서도 흥미로운 견해를 위해서는, Anita Shapira, *The Army Controversy 1948: Ben-Gurion's Struggle for Control* (Tel Aviv: Hakibbutz Hameuchad, 1985, in Hebrew), pp. 12-13 참조.
27. *War Diary*, Vol. I, 23 October 1947, p. 421.
28. Neil Asher Silberman, *A Prophet From Amongst You: The Life of Yigal Yadin: Soldier, Scholar, and Mythmaker of Modern Israel* (Reading MA: Addison-Wesley, 1993), pp. 82 ff.
29. Ibid., pp. 80-82.
30. Ben-Gurion, *Chimes*, 4 June 1947, pp. 290-91, 8 June 1947, p. 300.
31. Mordechai Naor, *Laskov* (Jerusalem: Keter, 1989, in Hebrew), pp. 169-85.
32. Ibid.
33. Yoav Gelber, *The Kernel of a Regular Jewish Army: The Contribution of British Army Veterans to the IDF* (Jerusalem: Yitzchak ben Zvi Foundation, 1986, in Hebrew).
34. 이에 대한 매우 흥미있는 논의를 위해서는, Jehuda Wallach, *Called to the Colors: The Creation of a Citizen Army in War Time* (Tel Aviv: Ministry of Defense, 1997, in Hebrew) 참조.
35. Zahava Osterfeld, *An Army Is Born: Main Stages in the Buildup of the Army under the Leadership of David Ben-Gurion*, 2vols. (Tel Aviv: Ministry of Defense, 1994, in Hebrew), Vol. II, p. 821.
36. Ibid., p. 835.
37. 연설 내용은 David Ben-Gurion, *When Israel Fought in Battle* (Tel Aviv: Am Oved, 1950, in Hebrew; reprint 1975).
38. diary entry for 18 October 1947, Ben-Gurion, *Chimes*, pp. 406-7 참조.
39. *Wisdom of the Fathers*, 2:1, trans. Avrohom Davis (New York: Metsudah, 1986), p. 41.
40. Ben-Gurion, *Chimes*, p. 503.
41. 이스라엘의 전투기는 단 한차례 공중전에서 영국 공군 소속 Spitfire 5대를 격추시켰다.
42. 당시의 복잡한 아랍 정세를 알아보기 위해서는, Uri Bar Joseph, *The Best of Enemies: Israel and Transjordan in the War of 1948* (London: Frank Cass, 1987) and P. J. Vatikiotis, *Politics and the Military in Jordan: A Study of the Arab Legion, 1921-1957* (London: Frank Cass, 1967) 참조.
43. Jon and David Kimche, *Both Sides of the Hill: Britain and the Palestine War* (London: Secker & Warburg, 1960), p. 12.
44. *War Diary*, Vol. I, p. 415 (entry of 14 May 1948).
45. Ibid., pp. 196 ff. (entry of 31 January 1948).
46. Ibid., pp. 330-31 (entry of 31 March 1948).
47. 이 일화에 대한 보충 설명을 위해서는, Silberman, *Prophet*, p. 119 참조. 저자는 Yadin이 기술한 내용에 대해 반신반의하는 입장이다.
48. Latrun에 대한 훌륭한 설명을 위해서는, Anita Shapira, "Historiography and Memory: Latrun, 1948," *Jewish Social Studies: The New Series* (Fall 1996) 3:1, pp.20-61 참조.
49. Ben-Gurion 대정부 연설, 16 June 1948, "In the Days of the Truce," Ben-Gurion, *When Israel Fought in Battle*, p. 129 참조.
50. Bar Zohar, Ben-Gurion, pp. 181 ff., *War Diary*, Vol. III, p. 712.
51. David Ben-Gurion, 의회연설, 27 September 1948, *War Diary*, Vol. III, p. 726.
52. "How shall we deal with coming things?" 11 September 1948, in Ben-Gurion,

When Israel Fought in Battle, p. 230.
53. Yitzhak Rabin, Service Notebook, 2 vols. (Tel Aviv : Maariv, 1979, in Hebrew), Vol. I, p. 79.
54. *War Diary*, entry of 18 June 1948, Vol. II, p. 534.
55. Ibid., pp. 528-34.
56. 이르군이 이스라엘 방위군에 흡수되는 부분에 대한 세부 사항을 알기 위해서는, Ostfeld, *An Army is Born*, Vol. II, pp. 622-79 참조.
57. Altalena 사건의 전말을 알아보기 위해서는, Shlomo Nakdimon, *Altalena* (Jerusalem : Edanim, 1978, in Hebrew) 참조.
58. Altalena 사건은 아직까지 이스라엘 정계에서 회자되고 있다. Menachem Begin, *The Revolt*, trans. Samuel Katz (Tel Aviv : Steimatzky, 1951), pp. 154-176; Bar Zohar, *Ben-Gurion*, pp. 170-75.
59. Ben-Gurion, Chimes, diary entry of 5 November 1947, p. 464.
60. Yoav Gelber, *Why the Palmach was Dissolved: Military Power in the Transition from Yishuv to State* (Jerusalem : Schocken, 1986, in Hebrew)
61. Shapira, *Army Controversy*, pp. 33-36.
62. Ben Dunkelman의 자서전 *Dual Allegiance* (New York : Crown, 1976) 참조.
63. Ibid., p. 206.
64. Shapira, *Army Controversy*.
65. Ibid., p. 103.
66. David Ben-Gurion, "Letter to a comrade in the Palmach," 17 October 1948, Ben-Gurion, *When Israel Fought in Battle*, pp. 272-82.
67. Yitzhak Rabin, *Service Notebook*, Vol. I, pp. 83-88.
68. 이스라엘의 민군관계를 가장 잘 기술한 책은, Yoran Peri, *Between Battles and Ballots : Israeli Military in Politics* (Cambridge : Cambridge University Press, 1983) and Yehuda Ben Meir, *Civil-Military Relations in Israel* (New York : Columbia University Press, 1995) 이다.
69. Rabin, *Service Notebook*, Vol. I, pp. 150 ff.
70. Ben-Gurion, "From the Haganah in the Underground to a Regular Army," 19 June 1948, in His *When Israel Fought in Battle*, p. 151.
71. Ibid., p. 152.
72. Ben-Gurion, Mapai에서 한 연설, 30 October 1947, *Chimes*, p. 446.
73. David Ben-Gurion, "Army and State," *Ma'archot* (May 1981, Hebrew): 2-11 참조.
74. Ibid., p. 2.
75. Ben-Gurion, *When Israel Fought in Battle*, p. 11.

CHAPTER 6 : 리더십은 있으나 천재는 없다

1. Winston S. Churchill, *Marlborough: His Life and Times*, 6 vols. (New York : Charles Scribner's Sons, 1938), 6권, p. 600.
2. Mark Clodfelter, *The Limits of Air Power: The American Bombing of North Vietnam* (New York : Free Press, 1989). 필자는 이 책으로부터 많은 도움을 받았음.
3. 이 주제에 대한 책들 중 가장 최근에 발표된 것으로는, Qiang Zhai, *China and the Vietnam Wars, 1950-1975* (Chapel Hill : University of North Carolina Press, 2000).
4. William M. Momyer, *Air Power in Three Wars* (Washington, DC : US Government

Printing Office, 1978), p. 388.
5. Larry Berman, *Planning a Tragedy: The Americanization of the War in Vietnam* (New York: W. W. Norton, 1982), pp. 112-13.
6. H. R. McMaster, *Dereliction of Duty: Lyndon Johnson, Robert McNamara, the Joint Chiefs of Staff, and the Lies That Led to Vietnam* (New York: HarperCollins, 1997), p. 147.
7. Charles G. Cooper, "The Day it Became the Longest War," *Proceedings of the US Naval Institute* (May 1996): 78. 당시 쿠퍼는 해병대 장교로서 합참에서 지도보관 업무를 담당했다.
8. Clodfelter, *Limits*, pp. 100-101.
9. Stanley Karnow, *Vietnam: A History* (New York: Viking, 1983), p. 555, 전 국방장관 Clark Clifford와의 인터뷰.
10. Andrew F. Krepinevich, *The Army and Vietnam* (Baltimore: Jones Hopkins University Press, 1986)와 Harry Summers, *On Strategy: A Critical Analysis of the Vietnam War* (Novato, CA: Presidio, 1982) 참조. 본문의 논의에 대한 전반적인 요약자료를 얻기 위해서는, Jeffrey Record, "Vietnam in Retrospect: Could We Have Won?" *Parameters* 26:4 (Winter 1996-1997): 51-65, Dale Andrade, "Rethinking the Years After Tet," *Joint Force Quarterly* (Autumn/Winter 1999-2000), pp. 107-8 참조. 또는 웹사이트 www.dtic.mil/doctrine/jel/jfg_pubs/2123.pdf 참조.
11. Coldfelter, *Limits*, p. 85.
12. Bruce Palmer, *The 25-Year War: America's Military Role in Vietnam* (Lexington, KY: University of Kentucky, 1984), p. 35. Palmer는 베트남 전쟁 당시 서열 2위의 사령관이었고 나중에 미 육군 부참모총장이 되었다.
13. McMaster, *Dereliction of Duty*, p. 331.
14. *The Pentagon Papers: The Defense Department History of United States Decisionmaking on Vietnam*, Senator Gravel edition, 4 vols. (Boston: Beacon Press, 1975), Vol. IV, pp. 424-25.
15. George Allen, *None So Blind: A Personal Account of the Intelligence Failure in Vietnam* (Chicago: Ivan R. Dee, 2001), p. 99.
16. Robert W. Komer, *Bureaucracy Does Its Thing: Institutional Constrainta on U.S.-GVN Performance in Vietnam* (Santa Monoca: RAND, 1972), R-967-ARPA, pp. 40 외 여러 군데. 다소 차이가 나는 설명을 위해서는 *Bureaucracy at War: U.S. Performance in the Vietnam Conflict* (Boulder, CO: Westview, 1986).
17. Komer, *Bureaucracy at War*, p. 34.
18. William C. Westmoreland, *A Soldier Reports* (New York: Doubleday, 1976), p. 307.
19. Robert S. McNamara, *In Retrospect: The Tragedy and Lessons of Vietnam* (New York: Vintage, 1995), p. 203.
20. Westmoreland, *A Soldier Reports*, p. 171. 아울러 Robert W. Komer, *Bureaucracy Does Its Thing* 참조.
21. Julian J. Ewell and Ira A. Hunt, *Sharpening the Combat Edge: The Use of Analysis to Reinforce Military Judgment* (Washington, DC: Department of the Army, 1974), pp. 227, 228.
22. Stephen Peter Rosen, "Vietnam and the American Theory of Limited War," *International Security* 7:2 (Fall 1982): 83-113.
23. Jeffrey Record, "Vietnam in Retrospect"에서 저자는 베트남 전쟁을 도저히 이길 수 없는 전쟁으로 정의했다.

24. Lewis Sorley, *Thunderbolt: General Creighton Abrams and the Army of His Times* (New York: Simon & Schuster, 1992), p. 364.
25. www.amsc.belvoir.army.mil/ecampus/gpc/prework/strategy/use.htm; National Press Club에서 발표된 연설; 28 November 1984. Defense (January 1985): 1-11 수록.
26. General Howell Estes, Jr, "Give War a Chance," FRONTLINE, PBS Program #1715, 11 May 1999. 방영; www.pbs.org/wgbh/pages/frontline/shows/military/etc/script.html 참조.
27. George H. W. Bush and Brent Scowcroft, *A World Transformed* (New York: Random House, 1998), p. 354.
28. Colin Powell, *My American Journey* (New York: Random House, 1995), p. 167.
29. Bob Woodward, *The Commanders* (New York: Simon and Schuster, 1991).
30. Colin Powell with Joseph E. Persico, *My American Journey* (New York: Random House, 1995), pp. 465-66. Powell의 비망록에 대한 비판적인 시각을 담은 자료를 보기 위해서는, 필자가 기고한 "Playing Powell Politics," *Foreign Affairs* 74:6 (November/December 1995): 102-10 참조.
31. Ibid., pp. 238-39.
32. Henry Rowen, "Inchon in the Desert: My Rejected Plan," *The National Interest* 40 (Summer 1995): 34-39. Rowen은 미 국방부 국제안보 담담 차관보를 역임.
33. Michael R. Gordon과 Bernard E. Trainor, *The Generals' War: The Inside Story of the Conflict in the Gulf* (Boston: Little, Brown, 1995), pp. 123-58.
34. Bob Wooward, *The Commanders*, p. 79.
35. Powell with Persico, *My American Journey*, p. 503.
36. 이 일화에 대한 요약 자료를 얻기 위해서는, Thomas A. Keaney and Elliot A. Cohen, *Revolution in Warfare? Air Power in the Gulf* (Annapolis MD: Naval Institute Press, 1955), pp. 58-59, pp. 130, 185, 214, 222 참조. 이 책은 Eliot A. Cohen ed., *Gulf War Air Power Survey* for 1991-93, 5vols. (Washington, DC: US Government Printing Office, 1993)을 요약한 자료.
37. Williamson Murray, *Operations*, Cohen 편집, *Gulf War Air Power Survey*, Vol. II, Part I, p. 221.
38. 결과론적으로 볼 때, 이스라엘이 전쟁에 참전했다면 동맹체제가 붕괴되었으리라 보는 것에는 다소 문제가 있다.
39. Keaney and Cohen, *Revolution in Warfare*, pp. 74-78.
40. Gordon and Trainor, *The Generals' War*, p. 234 외 여러 군데.
41. Bush and Scowcroft, *A World Transformed*, p. 486.
42. George H. W. Bush, "Address to the Nation Announcing the Deployment of United States Armed Forces to Saudi Arabia," 8 August 1990; 이울러 bushlibrary.tamu.edu/ papers/1990/90080800.html 참조.
43. 10년 후에 Bush는 자신의 실수를 인정했다. Jeff Franks, "Ex-President Bush Says He Underestimated Saddam," Reuters, 23 February 2001. 참조. 아울러 user.tninet.se/ ~qk1782y/report5/z0224e14.htm 참조.
44. Norman Schwarzkopf, *It Doesn't Take a Hero* (New York: Bantam, 1992), pp. 479-80.
45. Ibid., p. 484.
46. Ibid., p. 473.
47. George H. W. Bush, "Remarks to the American Legislative Exchange Council,"

March 1, 1991; 아울러 www.bushlibrary.tamu.edu/papers/1991/ 91030102.html 참조.
48. Bush와 Scowcroft, *A World Transformed*, p. 484.
49. Ibid., pp. 484-85.
50. Peter Feaver and Richard Kohn, "The Gap: Soldiers, Civillians, and Their Mutual Misunderstanding," *The National Interest* 61 (Fall 2000): 29-37.
51. Bradley Graham, "Joint Chiefs Doubled Air Strategy," *Washington Post*, 5 April 1999.
52. Rowan Scarborough, "Chiefs Sound Bosnia Alarm; Chaos Seen for U.S. troops," *Washington Times*, 12 August 1992.
53. Richard Holbrooke, *To End a War* (New York: Random House, 1998), p. 118.
54. David Halberstam, *War in Time of Peace: Bush, Clinton, and the Generals* (New York: Scribner, 2001), p. 416.
55. Wesley K. Clark, *Waging Modern War: Bosnia, Kosovo, and the Future of Combat* (New York: Public Affairs, 2001), p. 341.
56. R. Jeffrey Smith, "A GI's Home is His Fortress: High-Security, High-Comfort U.S. Base in Kosovo Stirs Controversy," *Washington Post*, 5 October 1999.
57. Rebecca L. Schiff, "Civil-Military Relations Reconsidered: A Theory of Concordance," *Armed Forces & Society* 22:1 (Fall 1995): 7-24.
58. Dana Priest, *Washington Post*, 28-30 September 2000. 지면에 실린 사령관들에 대한 기사 참조.
59. Anthony C. Zinni, "A Commander Reflects," *Proceedings of the US Naval Institute* (July 2000): 34. Zinni는 당시 중부 사령부의 총 사령관이었다.
60. Clark, *Waging Modern War*.
61. Steven Lee Myers, "Gore's Service Does Not Keep Vets from Bush," *New York Times*, 9 September 2000.
62. Forrest C. Pogue, *George C. Marshall*, vol. 3, *Organizer of Victory, 1943-1945* (New York: Viking, 1973), pp. 458-59.
63. Peter Feaver and Richard Kohn, eds., *Soldiers and Civilians: The Civil-Military Gap and American National Security* (Cambridge, MA: MIT Press, 2001).
64. Palmer, *The 25-Year War*, p. 201.
65. Gordon Smith 상원의원 (공화당, 오리건), "The War in Kosovo and a Post-war Analysis," 미국 상원외교관계위원회, 제106차 회기, April 20, September 28, and October 6, 1999 (Washington, DC: US Government Printing Office, 2000), p. 77.
66. Powell, *My American Journey*, p. 109.
67. Carl von Clausewitz, *On War*, trans. Michael Howard and Peter Paret (Princeton: Princeton University Press, 1982), II:4, p. 154.

CHAPTER 7 : 불평등한 대화

1. Georges Clemenceau, *Grandeur and Misery of Victory*, trans. F. M. Atkinson (New York: Harcourt Brace, 1930), p. 404.
2. John Colville, *The Churchillians* (London: Weidenfeld and Nicolson, 1981), p. 143.
3. Roy P. Basler, ed., *The Collected Works of Abraham Lincoln* (New BrunsWick, NJ: Rutgers University Press, 1953), Vol.VIII, pp. 330-31.

4. Henry Adams, *The Education of Henry Adams* (New York : Library of America, 1983), p. 818.
5. Isaiah Berlin, "Political Judgment," in Henry Hardy ed., *The Sense of Reality : Studies in Ideas and their History* (New York : Farrar, Straus & Giroux, 1996), p. 45.
6. Ibid., p. 46.
7. Berlin, "The Sense of Reality," in Hardy ed., *The Sense of Reality*, p. 24.
8. Winston S. Churchill, *Clemenceau*, in *Great Contemporaries* (London : Thornton Butterworth, 1937), pp. 311-12.
9. Basler, *Collected Works of Lincoln*, Vol. VII, p. 281.
10. Ibid., Vol. V, p. 537.
11. Winston S Churchill, *The Second World War*, Vol. II, *Their Finest Hour* (Boston : Houghton Mifflin, 1949), p. 15.
12. Lord Beaverbrook (William Maxwell Aitken), *Men and Power 1917-1918* (New York : Duell, Sloan and Pearce, 1956), p. 151 인용.
13. Lord Beaverbrook (William Maxwell Aitken), *Politicians and the War* (New York : Duell, Sloan and Pearce, 1960), pp. 238-39.
14. Winston S. Churchill, "Consistency in Politics," *Amid These Storms : Thoughts and Adventures* (New York : Charles Schbner's Sons, 1932), p. 39.
15. Ferdinand Foch, *The Memoirs of Marshal Foch*, intro. and trans. T. Bentley Mott (New York : Doubleday, 1931), p. 25.
16. Aristotle, *Nichomarchean Ethics*, Book II.
17. Jean-Jules-Henri Mordacq, *Le Ministère Clemenceau : Journal d'un Témoin*, Vol. II, *Mai 1918-11 November 1918* (Paris : Librarie Plon, 1930, French), p. 61.
18. Robert Rhodes James, ed., *Winston S. Churchill : His Complete Speeches 1897-1963* (New York : Chelsea House Publishers, 1974), Vol. VI, p. 6249.
19. Churchill, *Their Finest Hour*, pp. 232, 238.
20. Robert Sherwood, *Roosevelt and Hopkins : An Intimate History* (New York : Harper & Bros, 1948), p. 149.
21. Jean-Jules-Henri Mordacq, *Clemenceau* (Paris : Les Editions de France, 1939, French), p. 209 인용.
22. Colin R. Coote, ed., *A Churchill Reader* (Boston : Houghton Mifflin, 1954), p. 386 인용.

APPENDIX : 민간인 통제 이론

1. Allan Bloom, *The Republic of Plato* (New York : Basic Books, 1968), Book II, 375a-d, pp. 52-53.
2. 반연방주의의 주요 인물인 "Brutus" "On the Calamity of a National Debt that cannot be Repaid, and on Standing Armies," *New York Journal*, 10 January 1778, 인용. Bernard Bailyn ed., *The Debate on the Constitution* (New York : Library of America, 1993), p. 734에서 재인쇄.
3. Richard Kohn, "The Constitution and National Security," in Richard Kohn ed., *The United States Military Under the Constitution of the Unted States, 1778-1989* (New York : New York University Press, 1991), p. 87.

4. Huntington의 이론에 대한 논리적 토대를 알아보기 위해서는, Sam C. Sarkesian and Robert E. Corner, Jr, *The US Military Profession into the Twenty-First Century: War, Peace and Politics* (London : Frank Cass, 1999)와 Don M. Snider, John A. Nagl, and Tony Pfaff , "Army Professionalism, the Military Ethic, and Officership in the 21st Century" (Carlisle Barracks: US Army War College Strategic Studies Institute, 1999) 참조. 아울러 US Army's Field Manual 100-1, *The Army*, 현재 웹사이트에서 열람 가능. (www.adtdl. army.mil/cgi-bin/atdl.dll/fm/100-1/toc.htm); 14 June 1994.
5. Samuel P. Huntington, *The Soldier and the State: The Theory and Politics of Civil-Military Relations* (Cambridge : Harvard University Press, 1959), pp. 8-11
6. Samuel P. Huntington, "Power, Expertise, and Military Profession," *Daedalus* (Fall 1963) : 785-86.
7. Huntington, *The Soldier and the State*, p. 68.
8. Ibid., pp. 80 ff,, 351-60.
9. Ibid., p. 83.
10. Ibid., p. 74.
11. Ibid., p. 308.
12. Ibid., p. 76.
13. Ibid., p. 13
14. Ibid., p. 315.
15. 미국 상원군사위원회, Defense Organization: The Need for Change, Senate Print 99-86, Staff Report to the Committee on Armed Services, 99회 정기의회, 제1차 회의 (Washington, DC : US Government Printing Office, 1985).
16. 미국 상원군사위원회, Defense Organization: The Need for Change: Staff Report to the Committee on Armed Services, United States Senate. Washington, DC : GPO, 1985, p. 36, 제2차 세계대전에 대해 Huntington이 말한 내용을 인용함. 상원에서 파악한 문제점들의 목록을 보기 위해서는, pp. 3-10 참조.
17. Alexis de Tocqueville, *Democracy in America*, J. P. Mayer ed., George Lawrence, trans. (New York : Harper & Row, 1969), Vol. II, Part III, Ch. 22, p. 653. Chapters 22-26에서 이 문제에 대해 폭넓게 다루고 있음.
18. Allen Guttmann, "Political Ideas and the Military Ethic," *America Scholar* 34 : 2 (Spring 1965) : 221-37. 아울러 Allen Guttmann, *The Conservative Tradition in America* (New York : Oxford University Press, 1967), Ch. 4, "Conservatism and the Military Establishment," pp. 100-122 참조.
19. Ibid., p. 108.
20. Douglas Southall Freeman, *Lee's Lieutenants: A study in Command* (New York : Charles Scribner's Sons, 1943), Vol. I , p. 424.
21. Sam Sarkesian, "Military Professionalism and Civil-Military Relations in the West," *International Political Science Review* 2 : 3 (1981): 283-97.
22. Morris Janowitz, *The Professional Soldier: A Social and Political Portrait* (New York : Free Press, 1971), p. 15.
23. Ibid., p. 418.
24. Ibid., p. 21
25. Charles C. Moskos, "From Institution to Occupation: Trends in Military Organization," *Armed Forces and Society* 4 : 1 (Fall 1977) : 41-54.
26. Rebecca L. Schiff, "Civil-Military Relations Reconsidered: A Theory of

Concordance," *Armed Forces & Society* 22:1 (Fall 1995): 7.
27. Ibid., p. 12
28. Huntington, *The Soldier and the State*, p. 144. 그에 따르면 자유주의적 군사정책은 군의 발전을 저해하는 요인이라고 한다: "Conform or die," p. 155.
29. 군에 의한 쿠데타는 민군관계에 대한 진지한 논의를 위한 매개체가 되었다는 사실을 주목할 것. Charles J. Dunlap, Jr., "The Origins of the American Military Coup of 2012," *Parameters* 22:4 (Winter 1992/93): 2-20.
30. Gene M. Lyons, "The New Civil-Military Relations," *American Political Science Review* 55:1 (March 1961): 53.
31. *Defense Organization*, p. 42.
32. Lyons, "The New Civil-Military Relations."
33. S. E. Finer, *The Man on Horseback: The Role of the Military in Politics* (New York : Praeger, 1962), pp. 7-10.
34. Ibid., pp. 207 ff.
35. Ibid., p. 72.
36. Kenneth Kemp and Charles Hudin, "Civil Supremacy over the Military: Its Nature and Limits," *Armed Forces and Society* 19:1 (Fall 1992): 7-26.
37. Lord Beaverbrook (William Maxwell Aitken), *Men and Power 1917-1918* (New York: Duell, Sloan and Pearce, 1956), pp. 186 ff.
38. Isaiah Berlin, *The Hedgehog and the Fox: An Essay on Tolstoy's View of History* (New York: Simon & Schuster, 1953). 역사학자 및 철학자로서 Tolstoy에 대한 내용.
39. Leo Tolstoy, *War and Peace*, trans. Anne Dunnigan, (New York: Penguin, 1968), III.2.21, pp. 915-16.
40. Ibid., III.1.11, pp. 774-75.
41. Ibid., III.1.1.
42. Ibid., III.1.1.
43. Ibid., p. 128, Tolstoy가 1868년에 쓴 에세이에서 인용.
44. Berlin, *Hedgehog and the Fox* 참조. 아울러 James T. Farrell, "Leo Tolstoy and Napoleon Bonaparte," *Literature and Morality* (New York: Vanguard, 1946), pp. 103 ff 참조.
45. Richard K. Betts, "Is Strategy an Illusion?" *International Security* (Fall 2000): 5-50 참조.
46. Gerhard Ritter, *The Sword and the Scepter: The Problem of Militarism in Germany*, Heinz Norden (Coral Gables: University of Miami Press, 1969-1973), Vol.III, p. 486.
47. Ibid., Vol. I, pp. 70-75. 최대성과를 내기 위한 군의 노력에 대해서 Ritter가 내린 판단의 많은 부분이 19세기 후반과 20세기 초반에 걸쳐 독일군의 활동을 기준으로 한 것임.
48. Ibid., Vol. I, p. 68.
49. Gerhard Ritter, *The Schlieffen Plan: Critique of a Myth*, trans. Andrew Wilson and Eva Wilson (New York: Praeger, 1958).
50. Ibid., p. 91. 아울러 Ritter, *Sword and Scepter*, Vol. II, p. 210 참조.
51. Ritter, *Sword and Scepter*, Vol. I, p. 49.
52. Russell Weigley, "Military Strategy and Civilian Leadership," in Klaus Knorr, ed., *Historical Dimensions of National Security* (Lawrence, KS: University of Kansas, 1976), p. 69. Weigley에 대한 비판을 보기 위해서는, Christopher Bassford,

Clauserwitz in English: The Reception of Clausewitz in Britain and America 1815-1945 (New York: Oxford University Press, 1994), pp. 24 외 여러 군데.
53. Russell Weigley, "The Politiical and Strategic Dimensions of Military Effectiveness," Allan R. Millett
54. Ibid., p. 39.
55. Ibid., p. 42.
56. Russell Weigley, *The Age of Bottles: The Quest for Decisive War from Britainfeld to Waterloo* (Bloomington: Indiana University Press, 1991), p. 536.
57. Ibid., p. 539.
58. John Keegan, *The Mask of Command* (London: Penguin, 1987), p. 7.
59. John Keegan, *A History of Warfare* (New York: Knopf, 1993), p. 21.
60. Ibid., p. 16.
61. John Keegan, *The Face of Battle* (New York: Viking, 1976), p. 336.
62. William James, "The Moral Equivalent of War" (1910), *William James: Writings 1902-1910* (New York: The Library of America, 1987), pp. 1281-93에서 재출판됨. 아울러 Forrest E. Morgan, *Living the Martial Way: A Manual for the Way a Modern Warrior Should Think* (Fort Lee, NJ: Barricade Books, 1992)와 Inazo Nitobe, *Bushido: The Soul of Japan* (Rutland, VT: Charles E. Tuttle, 1969). 참조.
63. John Keegan, letter to the editor, *Times Literary Supplement* (UK), 23 April 1993, P. 15.
64. Ibid.
65. Thomas E. Ricks, "The Great Society in Camouflage," *Atlantic Monthly* (December 1996): 24.
66. John Keegan, *The Face of Battle* (New York: Viking, 1976), p. 336.
67. Edward Layton Jr., *The Revolt of the Engineers* (Cleveland: The Press of Case Western University, 1971), p. 4. 전문성에 대한 좀더 일반적인 기술을 보기 위해서는, Talcott Parsons, "Professions," in David L. Sills ed., *International Encyclopedia of the Social Sciences* (New York: Macmillan, 1968), Vol. 12, pp. 536-57 참조. Parsons는 전문직업의 등장은 "아마도 현대 사회의 직업체계에 있어서 일어난 가장 중요한 변화"라고 한다.
68. 예를 참고하기 위해서는, Huntington, *The Soldier and the State*, pp. 56, 255 참조.
69. Winston S. Churchill, *The World Crisis, 1915* (New York: Charles Scribner's Sons, 1923), p. 6.
70. A. J. Bacevich, "The Use of Force in Our Time," *Wilson Quarterly 19* (Winter 1995) : 50-63.
71. Richard Holmes, *Acts of War: The Behavior of Men in Battle* (New York: Free Press, 1985), pp. 281-90.
72. Omer Bartov, *Hitler's Army: Slodiers, Nazis, and War in the Third Reich* (New York : Oxford University Press, 1991) 참조. 아울러 제2차 세계대전에 대한 독일의 공식 역사자료 중 Jurgen Forster, "Das Unternehmen 'Barbarossa' als Eroberungs- und Vernichtungs- krieg" ["The 'Barbarossa' Campaign as a War of Conquest and Destruction"], Horst Boog, *Das Deutsche Reich und der zweite Weltkrieg* ["The German Governement and the Second World War], Vol. IV, *Der Angriff auf die Sowjetunion* [The Attack on the Soviet Union] (Stuttgart: Deutsche Verlags-Anstalt, 1983), pp. 413-47 참조.
73. Edward Shils and Morris Janowitz, "Cohesion and Disintegration in the

Wehrmacht in World War II," Morris Janowitz, *Military Conflict: Essays in the Institutional Analysis of War and Peace* (Beverly Hills : Sage, 1975), pp. 177-220. Martin van Creveld, *Combat Power: German and US Army Performance, 1939-1945* (Westport, CT : Greenwood, 1982).
74. 다른 학자들 또한 같은 주장을 펼쳤다. 예를 들면 Shils와 Janowitz는 Wehrmacht를 구성하는 주요 군인들은 나치이념에 강한 신념을 갖고 있는 이들이라고 주장했다.
75. Bartov, *Hitler's Army*, p. 96.
76. Jürgen Förster, "The Dynamics of Volksgemeinschaft : The Effectiveness of the German Military Establishment in the Second War," in Millett and Murray, ed., *Military Effectiveness*, Vol.III, pp. 180-220.
77. Charles W. Sydnor, Jr., *Soldiers of Destruction: The SS Death's Head Division, 1933-1945* (Priceton : Priceton University Press, 1977), p. 274.
78. 1948년 이스라엘 독립전쟁 당시 뛰어난 사령관이었던 Yigal Alon은 전직 팔마흐 출신이었다. 아울러 러시아 혁명에 있어서 '승리의 조직책'이라고 일컬어지는 Leon Trotsky에 대해 생각해보라.
79. 군사적 전문성의 본질로서의 무력의 운용에 대한 내용을 검토하기 위해서는, Huntington, *The Soldier and the State*, p. 11 참조. Huntington의 추정으로는 정규군의 80% 그리고 예비군의 20%가 이 기준에 부합한다고 본다("Power, Expertise, and the Military Profession," p. 785). 하지만 이는 비군사 부문에서 전문적 기술(병참, 의료, 법률, 통신, 종교, 항공관제 등)을 보유한 군인들의 수를 지나치게 과소평가했다.
80. Malcolm Falkus, "Monash," in Michael Carver, ed., *The War Lords: Military Commanders of the Twentieth Century* (Boston : Little Brown, 1976), pp. 134-43.
81. Ian Hamilton, *The Soul and Body of an Army* (New York : George H. Doran, 1921), p. 25.
82. John Gooch와 필자는 *Military Misfortunes: The Anatomy of Failure in War* (New York : Free Press, 1990)에서 이 문제에 대해 상당부분의 지면을 할애하여 심도 있게 논의했다.
83. Andrew F. Krepinevich Jr., *The Army and Vietnam* (Baltimore : Johns Hopkins University Press, 1986).
84. Clausewitz, *On War*, I:7, p. 120.
85. Ibid., VIII:3, p. 593.
86. Snider, Nagl, and Pfaff , "Army Professionalism," p. 38.
87. John Hackett, *The Profession of Arms* (London : Times Publishing Co., 1963), p. 47.